Elham Manea

Frauen und die Scharia:
Die Auswirkungen des Rechtspluralismus in Großbritannien

Wenn Religionsrecht mit Zivilrecht kollidiert
Mit einem Ausblick auf Deutschland, Österreich und die Schweiz

Für meinen Mann, den Wind unter meinen Flügeln.

Elham Manea

FRAUEN UND DIE SCHARIA:
DIE AUSWIRKUNGEN DES RECHTSPLURALISMUS IN GROSSBRITANNIEN

Wenn Religionsrecht mit Zivilrecht kollidiert
Mit einem Ausblick auf Deutschland, Österreich und die Schweiz

Aus dem Englischen übersetzt von Paul Nellen

Mit einem Vorwort von Susanne Schröter

Bibliografische Information der Deutschen Nationalbibliothek
Die Deutsche Nationalbibliothek verzeichnet diese Publikation in der Deutschen Nationalbibliografie; detaillierte bibliografische Daten sind im Internet über http://dnb.d-nb.de abrufbar.

Bibliographic information published by the Deutsche Nationalbibliothek
Die Deutsche Nationalbibliothek lists this publication in the Deutsche Nationalbibliografie; detailed bibliographic data are available in the Internet at http://dnb.d-nb.de.

Diese Ausgabe basiert, aktualisiert und erweitert, auf der englischen Originalausgabe "Women and Shar'ia Law ", erschienen 2016 bei I.B. Tauris.

ISBN-13: 978-3-8382-1542-6
© *ibidem*-Verlag, Stuttgart 2022
Alle Rechte vorbehalten

Das Werk einschließlich aller seiner Teile ist urheberrechtlich geschützt. Jede Verwertung außerhalb der engen Grenzen des Urheberrechtsgesetzes ist ohne Zustimmung des Verlages unzulässig und strafbar. Dies gilt insbesondere für Vervielfältigungen, Übersetzungen, Mikroverfilmungen und elektronische Speicherformen sowie die Einspeicherung und Verarbeitung in elektronischen Systemen.

All rights reserved. No part of this publication may be reproduced, stored in or introduced into a retrieval system, or transmitted, in any form, or by any means (electronic, mechanical, photocopying, recording or otherwise) without the prior written permission of the publisher. Any person who does any unauthorized act in relation to this publication may be liable to criminal prosecution and civil claims for damages.

Printed in the EU

Vorwort

Als vor einigen Jahren der Missbrauchsskandal von Rotherham offenkundig wurde, war Europa schockiert. Von 1997 bis 2013 hatten pakistanischstämmige Männer 1.400 weiße Mädchen aus der Unterschicht vergewaltigt und zur Prostitution gezwungen. Obwohl es zahlreiche Hinweise gab, sahen Mitarbeiter von Behörden, Polizei und Politik weg, weil sie Angst hatten, als Rassisten denunziert zu werden.

Wer verstehen will, wie es so weit kommen konnte, muss sich mit aktuellen Debatten zu Rassismus, Kulturrelativismus und Rechtspluralismus auseinandersetzen, die viele europäische Gesellschaften nachhaltig lähmen und zu einer Erosion der Menschenrechte geführt haben. Auch andere Berichte irritieren nämlich. Da ist zum einen der islamische Extremismus, dessen Vertreter von vielen Wohlmeinenden zu Opfern eines angeblich strukturell verankerten "antimuslimischen Rassismus" stilisiert werden, zum anderen aber auch der Umstand, dass sich mitten in Europa muslimische Parallelgesellschaften herausgebildet haben, in denen islamistische Hardliner die Spielregeln des täglichen Zusammenlebens diktieren. Dort, wo sich die Mehrheitsverhältnisse in der Bevölkerung zugunsten der Muslime entwickeln, geraten selbst staatliche Einrichtungen unter Druck. So wurden beispielsweise 2019 in Nordengland schulische Unterrichtseinheiten, in denen es um Toleranz gegenüber Homosexuellen gehen sollte, nach Protesten muslimischer Eltern aufgegeben. Vielfach erfolglos von der Schulaufsicht gerügt, wird in vielen Schulen inzwischen eine strikte Trennung zwischen Jungen und Mädchen praktiziert. Auch andere repressive Normen werden im Namen des Islam durchgesetzt. Opfer dieser Islamisierung sind vor allem muslimische Mädchen, die von Mitschülern genötigt werden, sich "islamisch" zu kleiden und sich "sittsam" zu verhalten.

Wer angesichts dieser Zustände erwartet, dass sich die Wissenschaft des Themas annimmt, dass Migrations- und Ungleichheitsforscher, Soziologen, Ethnologen, Erziehungs- und Politikwissenschaftler große Forschungsprogramme auf den Weg bringen, um das Phänomen in seinen vielfältigen Facetten interdisziplinär und international zu untersuchen, wird enttäuscht. Das Gegenteil ist der Fall. Islamismus und Parallelgesellschaften gelten als Reizworte, die diejenigen sorgsam zu vermeiden haben, die sich um die Einwerbung finanzieller Mittel für Forschungsprojekte bemühen. Aber es ist nicht nur die Terminologie, die unter Verdacht steht, sondern auch der Gegenstand der Forschung selbst. Die Schattenseiten von Migration und Islam gelten weithin als tabuisiert und jeder, der sich damit befasst, muss damit rechnen, als "rechts", "islamophob" oder "rassistisch" abgestempelt zu werden. Für eine akademische Karriere sind diese Formen des Mobbings, deren Wahrheitsgehalt nicht überprüft werden muss, gewöhnlich verheerend. Aus diesem Grund herrscht weithin Schweigen in den Wissenschaften.

Lediglich in Frankreich, wo streitbare Intellektuelle sich einer Islamo-Gauche genannten islamistisch-linken Allianz standhaft widersetzen, gibt es ein signifikantes Korpus belastbarer empirischer Daten zu segregierten muslimischen Gemeinschaften. Dafür stehen beispielsweise Gilles Kepel, der Doyen der Islamismusforschung, oder der Islamwissenschaftler Bernard Rougier, der eine Gruppe von Studenten vier Jahre lang in französische Vorstädte geschickt hatte, um die örtlichen Verhältnisse in Augenschein zu nehmen. Sie besuchten Moscheen, Cafés und Fußballplätze und unterhielten sich mit den dort lebenden Menschen. In 150 Kommunen entdeckten sie bedrückende Parallelgesellschaften, in der es keine Bildung mehr für Kinder gibt, sondern nur noch islamistische Indoktrination, und in denen der Staat und seine Repräsentanten durch weitgehende Abwesenheit auffallen. Die Frauen sind dort aus der Öffentlichkeit verbannt und gehalten, sich zu verschleiern, wenn sie aus dem Haus gehen. Andernfalls laufen sie Gefahr, vergewaltigt zu werden. Rougiers Monographie *Les territoires conquis de l'islamisme* hat für erhebliche Verunsicherung gesorgt, und der französische Präsident Emmanuel Macron kündigte daraufhin ein entschiedenes Vorgehen gegen diese Missstände an. Die Frage steht seitdem im Raum, ob es sich nur um spezifisch französische Probleme oder um die Spitze eines europäischen Eisberges handelt.

Elham Manea hat jetzt ein Buch vorgelegt, das sich mit ähnlichen Verhältnissen in Großbritannien befasst. Sie hat mit Imamen,

Politikern und Menschenrechtsaktivisten gesprochen und analysiert, was die Akzeptanz muslimischer Normen in einer sich tolerant gebenden multikulturellen Gesellschaft für Frauen in muslimischen Communities bedeutet. Die Gemeinsamkeiten mit den französischen Verhältnissen sind frappierend. Im Namen des Islam werden minderjährige Mädchen verheiratet, häusliche Gewaltverhältnisse gerechtfertigt und Frauenrechte negiert. Ermöglicht wird diese Diskriminierung muslimischer Frauen und Mädchen durch nichtmuslimische Advokaten des Kulturrelativismus, die dafür werben, Elemente des islamischen Rechts anzuerkennen. *Rechtspluralismus* lautet das Zauberwort, das in diesem Zusammenhang als Synonym für weltoffene Diversität präsentiert wird. Darunter, so deckt Elham Manea kenntnisreich auf, verbirgt sich allerdings keine schöne neue Welt, in der gelebte kulturelle Vielfalt die Gesellschaft bereichert. Rechtspluralismus bedeutet vielmehr einen Rückfall in eine überwunden geglaubte patriarchalische Vergangenheit bzw. eine partielle Angleichung britischer Rechtsnormen an diejenigen, die in der islamisch geprägten Welt vorherrschen.

Im islamischen Recht, so Manea, existiert keine Gleichheit der Geschlechter. Die Dominanz des Mannes gehört ebenso zum religiösen Normenkatalog wie die Pflicht der Frau, sich dem Gatten zu unterwerfen. Männer erhalten das Privileg der unbeschränkten sexuellen Verfügbarkeit der Ehefrau, und sie können bis zu vier Frauen heiraten, darunter auch Mädchen, die noch nicht die Pubertät erreicht haben. Es ist ihnen sogar gestattet, die Ehefrau zu schlagen, wenn diese es an Gehorsam und Unterwürfigkeit mangeln lässt. Die Scheidung ist für Männer einfach, für Frauen nur unter Auflagen möglich. Dabei verlieren diese dann automatisch die Vormundschaft für ihre Kinder. Vor Gericht zählen die Aussagen zweier Frauen so viel wie die eines Mannes, und eine ähnliche Benachteiligung besteht auch hinsichtlich des Erbes. Diese in den religiösen Texten niedergelegten Diskriminierungen sind keineswegs allein theoretischer Natur, führt Manea aus. Sie werden in den Familiengesetzen muslimischer Länder ausbuchstabiert und prägen den Alltag in den Familien und Gemeinschaften.

Während Frauenrechtlerinnen in islamisch geprägten Ländern große Anstrengungen unternehmen, das Familienrecht zu reformieren, und sich dabei auf die Menschenrechte, die Aufklärung und den Säkularismus beziehen, versuchen Islamisten in Großbritannien den umgekehrten Weg zu gehen. Sie beanspruchen Sonderrechte, um Regularien zu implementieren, die sich gegen die Menschenrechte und die Aufklärung richten. Ihr Fundament ist ein rückwärtsgewandter patriarchalischer Islam, der vor allem für Mädchen und Frauen nichts Gutes verheißt.

Elham Manea ist es gelungen, Licht ins Dunkel eines ausgeblendeten Bereichs der Migrationsforschung zu bringen, der nicht nur in Großbritannien stärker beachtet werden sollte. Sie fordert einen Paradigmenwechsel in den Wissenschaften und einen Abschied von theoretischen Konzepten, die wenig hilfreich sind, wenn es darum geht, die Errungenschaften der Frauenbewegung für die Bürgerinnen Europas ungeachtet ihres religiösen oder kulturellen Hintergrunds zu bewahren. Für alle, die sich ohne intellektuelle Scheuklappen mit der Gegenwart europäischer Einwanderungsgesellschaften befassen wollen, ist das Buch ebenso ein Muss wie für diejenigen, die sich um die Zukunft der Rechte von Frauen und Mädchen sorgen.

Frankfurt am Main, im Februar 2022
Susanne Schröter

Inhalt

Danksagungen XV

Einführung in die Debatte 1

Kapitel 1
Eine kritische Überprüfung des essentialistischen Paradigmas 15
    Erstes Merkmal: Kombination von Multikulturalismus und Rechtspluralismus in einem sozialen Kontext 15
    Zweites Merkmal: Gruppenrechte 17
    Drittes Merkmal: Kulturrelativismus 29
    Viertes Merkmal: Die Bürde des weißen Mannes 38

Kapitel 2
Islamisches Recht im Westen: Der Fall Großbritannien 49
    Einwanderung, Rassismus und pluraler Monokulturalismus 51
    Befürworter des islamischen Rechts im Westen: Die Essentialisten 66

Kapitel 3
Rechtspluralismus in der Praxis 73
    Das Erbe des Millet-Systems in der arabischen MENA-Region 80
    Die Folgen des Rechtspluralismus aus Staatsbürgerschafts- und Menschenrechtsperspektive 92
    Stratifizierte Bürgergesellschaft und das Syndrom der doppelten Diskriminierung 96

Kapitel 4
Islamisches Recht und Menschenrechte zwischen Theorie und Realität: Großbritannien als Vorzeigebeispiel 123

    Ein essentialistisches Argument für das islamische Recht: Rowan Williams und die Freiheit, aus Gewissensgründen aus den universellen Menschenrechten auszusteigen 124

    Eine universalistische Antwort auf das Argument von Rowan Williams 129

    Würde UND Menschenrechte: Beides gehört zusammen ... 143

    Scharia-Recht in Großbritannien: Eine anthropologische Version des Rechts 150

    Ein essentialistisches akademisches Argument für das islamische Recht 160

    Islamisches Recht und universelle Menschen- und Frauenrechte 162

Kapitel 5
Islamismus und islamisches Recht im Westen: Das Offensichtliche aussprechen? Großbritannien als Beispiel 183

    Die Konstruierung der muslimischen Gemeinschaft: Die Landschaft herausbilden 186

    Die Landschaft des britischen Islams 188

    Gesellschaftlicher und politischer Islamismus im britischen Kontext 193

    Die Konstruktion der britischen muslimischen Gemeinschaft 221

        Der britische Kontext 221

        Maßnahmen der islamistischen Bewegungen, gesellschaftlich oder politisch 224

        Die britische Politik und der Einsatz von Mittelsleuten, um die "asiatische Wählerschaft" zu gewinnen 230

    Die Zusammenhänge herstellen: Über die Bedeutung dieser Verbindungen 237

Kapitel 6
Verortung der Debatte in der Realität von Frauen:
Scharia-Recht – angefochten 249
    Der Kontext der Frauen 255
    Querschnitt der Frauen, die sich an Scharia-Gerichte
    wenden 272
        Erster Falltypus: Religiöse Scheidung 272
        Zweiter Falltypus: Heirat außerhalb des Vereinigten
        Königreichs 273
        Dritter Falltypus: Ehe außerhalb des Zivilrechts in
        Großbritannien 274
    Warum Frauen sich an Scharia-Gerichte wenden 276
    Scharia-Recht angefochten: Ein folgenreicher Diskurs 285
    Frauenorganisationen und die Scharia in Großbritannien .. 293

Fazit: Zeit für einen Paradigmenwechsel
Ein folgenorientierter Ansatz für Menschenrechte und
Menschenwürde 309
    Das essentialistische Paradigma 310
    Politische Empfehlungen 323

Epilog 327
    Rechtspluralismus in den deutschsprachigen Ländern 332
    Eine vorläufige Einschätzung 332
    Beziehungen von Staat und Religion in Österreich,
    Deutschland und der Schweiz 335
    Vorbemerkungen zu Schiedsgerichtsbarkeit und
    Mediation: Die Schweiz als Fallbeispiel 344
    Vorläufige Ergebnisse 347
    Das Dilemma der "nur religiösen Ehen" in Deutschland 353
    Schlussbetrachtung 360

Die Autorin

Elham Manea ist Privatdozentin am Institut für Politikwissenschaft der Universität Zürich. Sie lehrt und forscht in den Bereichen Rechtspluralismus und islamisches Recht, Politik der arabischen Halbinsel, Gender und Politik sowie Politischer Islam. Außerdem ist sie Autorin und Menschenrechtsaktivistin und berät staatliche und internationale Organisationen zu den Themen Islamismus, Gender und Länder in Konfliktzonen (Jemen). Sie ist die Vizepräsidentin der Schweizerischen Eidgenössischen Kommission für Migration und Mitglied des österreichischen Beirats der Dokumentationsstelle für politischen Islam. Zu ihren letzten Buchveröffentlichungen gehören "*Der alltägliche Islamismus*" (2018).

Danksagungen

Ich habe mehrere Bücher veröffentlicht, doch dieses hier liegt mir besonders am Herzen. Denn dieses Buch habe ich mit einer bestimmten Absicht geschrieben. Es ist Ausdruck einer mehr als zwei Jahrzehnte währenden Enttäuschung über einen Diskurs zu Differenz und Identität, der einige postmoderne Kreise kennzeichnet. Es war unumgänglich, diesem Diskurs einen Namen zu geben – das *essentialistische Paradigma* – und dieses Buch zu schreiben.

Es ist der Höhepunkt einer vierjährigen Forschungsarbeit und das Ergebnis intensiver Diskussionen und Beratungen mit Kollegen und Freunden. Die Liste derer, die das Manuskript gelesen und kommentiert haben, ist lang. Ihnen allen bin ich dankbar. Insbesondere möchte ich meinen Schweizer Kollegen und Freunden Helene Aecherli, Prof. Anke von Kügelgen, Prof. Antonius Liedhegener, Prof. Livia Schubiger, Dr. Dorothea Weniger und Prof. Judith Wyttenbach für ihr wertvolles, kritisches Feedback und für ihre Kommentare zu diesem Buch danken.

Ich hatte das Glück, Teile meines Buches im Jahre 2014 in Bern den Kollegen der Universitäten von Witwatersrand, Bern und Basel präsentieren zu können. Ich möchte ihnen allen für ihre kritische Beurteilung danken.

Ich stehe nicht zuletzt in der Schuld vieler Personen im Vereinigten Königreich, die großzügig ihre Kontakte, ihre Zeit, ihr Wissen und ihre Fachkenntnisse mit mir geteilt haben. Sie haben meine Feldforschung erleichtert und meinen Aufenthalt im Vereinigten Königreich mit ihren Diskussionen bereichert. Ohne sie hätte dieses Buch nicht fertiggestellt werden können. Ich bin mir bewusst, dass einige von ihnen aus verschiedenen Gründen hier nicht erwähnt werden wollen, und ich werde das respektieren. Sie wissen, wer sie sind, und ich bin ihnen sehr dankbar.

Besonderen Dank möchte ich Gita Sahgal für die unschätzbaren Einsichten aussprechen, die sie mit mir geteilt hat. Ich schätze die Zeit, die mir Baroness Caroline Cox während meiner Recherchen geschenkt hat, und auch ihr bin ich sehr dankbar, ebenso wie Jenan Al Jabiri, Rashad Ali, Salma Dean, Shaista Gohir, Dr. Usama Hasan, Habiba Jaan, Gina Khan, Tehmina Kazi, Maryam Namazie,

Charlotte Proudman und Tahmina Saleem. Darüber hinaus bin ich Helen Snively zu Dank verpflichtet, die mich bei diesem Vorhaben begleitet und das Manuskript professionell redigiert hat. Abschließend möchte ich diejenigen um Verzeihung zu bitten, die ich vielleicht zu erwähnen vergessen habe.

Ich habe das Glück, meinen Mann Thomas und meine Tochter Selma an meiner Seite zu wissen. Ihre fortdauernde Liebe, Ermutigung und Unterstützung waren es – selbst bei meinen haufigen physischen und mentalen Abwesenheit –, die dieses Buch erst ermöglicht haben.

Einführung in die Debatte

Alles begann mit einer Medienkontroverse in der Schweiz. Das Buch in Ihren Händen ist das direkte Resultat hieraus. Auslöser war ein kurzer Artikel eines Professors für Sozialanthropologie an der Universität Fribourg. Die Eidgenössische Kommission gegen Rassismus widmete ihr Bulletin TANGRAM vom Dezember 2008 dem Thema "multikulturelle Gesellschaft". In dieser Ausgabe veröffentlichte Professor Christian Giordano (verstorben im Dezember 2018) einen Artikel mit dem Titel *"Rechtspluralismus: Ein Werkzeug für den Multikulturalismus?"*

Es dauerte einige Wochen, bis die Medien das Bulletin und mit ihm den Artikel in die Hände bekamen. Eine angesehene Sonntagszeitung, die *NZZ am Sonntag*, diskutierte die Implikationen von Giordanos Argument, interviewte ihn und veröffentlichte einen Artikel mit der Überschrift *"Scharia-Gerichte für die Schweiz: Freiburger Professor fordert spezielle Gesetze für Muslime und andere Gruppen"*.

Als arabische Akademikerin, die den Islam als ihre Religion betrachtet und die die Bedingungen aller Geschlechter in der Region des arabischen Nahen Ostens und Nordafrikas (MENA) eingehend erforscht hat, als Frauenrechtlerin, die sich in verschiedenen Kampagnen für Geschlechtergerechtigkeit engagiert hat, und als Frau, die die schwerwiegende Folgen der Anwendung des Scharia-Gesetzes gesehen hat, wusste ich nur zu gut, was dieser Vorschlag nach sich ziehen würde. In der folgenden Woche veröffentlichte dieselbe Sonntagszeitung meine Antwort auf Giordanos Vorschlag mit dem Titel *"Das islamische Recht in der Schweiz wäre verheerend"* im Meinungsteil.[1]

Diese Debatte veranlasste mich, das Thema weiter zu recherchieren und schließlich dieses Buch zu schreiben.

Die vorliegende Schrift kritisiert einen Denkansatz, der für den postkolonialen und postmodernen akademischen Diskurs des Westens charakteristisch geworden ist: Eine Denkweise, die darauf besteht, Menschen als "homogene Gruppen" zu behandeln, ihre

---

[1] Elham Manea: "Islamisches Recht in der Schweiz wäre verheerend", *NZZ am Sonntag*, 4. Jan. 2009.

Kulturen und Religionen zu essentialisieren, besondere Gesetze und eine besondere Behandlung für Gruppen innerhalb einer Gesellschaft zu fordern, die menschenrechtlichen Konsequenzen ihres akademischen Diskurses zu unterschätzen und die Stimmen von Menschen aus eben jenen "Kulturen" als "nicht authentisch genug" zu verwerfen. Ich nenne dies das *essentialistische Paradigma*.

Dies ist auch ein Buch über den Kontext, in dem sich dieser Diskurs abspielt. Oft sind diese westlichen Akademiker zu ahnungslosen Verbündeten von Islamisten geworden, die eine Ideologie des Islamismus propagieren, die den Islam essentialisieren will, und die vorgeben, die einzige Instanz zu sein, die für die Muslime spricht. Sie bestehen darauf, als "homogene Gruppe" behandelt zu werden, und behaupten, dass die Menschenrechte eine "westliche Zumutung" seien; zugleich verletzen sie diese Rechte ungestraft. Was die westlichen Akademiker nicht zu bemerken scheinen, ist der totalitäre Gehalt, der der Ideologie des Islamismus inhärent ist, und sein Ziel unterdrückerischer politischer Herrschaft.

Beide Ausprägungen der Essentialisten argumentieren, dass das islamische Recht im Namen des Multikulturalismus in die westlichen Rechtssysteme eingebracht werden sollte. Großbritannien ist ein bekanntes, und ich wage zu behaupten: ein katastrophales Beispiel für dieses Experiment.

Als Antwort auf derlei Bestrebungen stellt dieses Buch eine Kritik am Diskurs der Essentialisten und zugleich eine Verteidigung der Universalität der Menschenrechte dar.

Ich behaupte, dass wir, um die Ernsthaftigkeit und Schwere der Forderung der Essentialisten zu verstehen, den Kontext des Rechtspluralismus und seine tatsächliche Praxis betrachten müssen. Wir müssen auch die Konsequenzen der Einführung von "Sondergesetzen" für "bestimmte Gruppen" kennen. Dies sind die Konsequenzen, auf die es ankommen sollte. Und auch für diese kann das britische Beispiel reichlich Belege liefern.

Aber ich greife mir selbst voraus. Lassen Sie mich Ihnen zunächst die damalige Debatte vorstellen und erklären, warum ich zur Überzeugung gelangt bin, dass ein Paradigmenwechsel notwendig ist.

***

Was hatte Professor Christian Giordano eigentlich gesagt? Ich möchte einen Absatz seines Artikels zitieren, der sein Argument am besten illustriert:

> "Europa befindet sich angesichts massiver Migrationswellen an einem Wendepunkt: Es hat die Wahl, auf der Einzigartigkeit und der Unumstösslichkeit der existierenden, ausschliesslich auf dem *positiven* Recht basierenden Rechtssysteme zu beharren oder zu versuchen, diese zu pluralisieren, und damit offiziell die Existenz unterschiedlicher Ansprüche an das Recht und unterschiedlicher Rechtskulturen anzuerkennen. Ein solcher *Rechtspluralismus* kann selbstverständlich nicht auf der Errichtung von vollständigen und autonomen parallelen Rechtsprechungen gründen. Ein *starker* Rechtspluralismus bleibt in der westlichen Welt offenkundig inakzeptabel. Es geht vielmehr darum, in bestimmten Bereichen des positiven Rechts *andere Rechtsmechanismen* zu integrieren, mithilfe derer kultureller und soziostruktureller Vielfalt Rechnung getragen wird. Selbstverständlich müssen Hierarchien zwischen den verschiedenen juristischen Segmenten, die ein pluralistisches Rechtssystem ausmachen, geschaffen und respektiert werden, um die Rechtsgültigkeit der Verfassung, die unbedingt säkular sein muss, und die Wahrung der Menschenrechte sowie der demokratischen Grundprinzipien des Rechtsstaates zu garantieren (Hefner, 2001: 3). Hinzu kommt aber, dass die Individuen die freie Wahl haben sollten,, zu entscheiden, weichen zu entscheiden, welchen Rechtsmechanismen und dazugehörigen Verfahren sie unterworfen werden möchten."[2]

Giordano schlug vor, dass die Schweiz einen, wie er es nannte, schwachen Rechtspluralismus[3] einführen sollte, also einigen Gruppen mit unterschiedlichem kulturellen oder religiösen Hintergrund zu gestatten, ihre eigenen Gesetze in bestimmten Bereichen der Rechtsprechung anzuwenden. In seinem Interview mit der *NZZ am Sonntag* räumte er ein, dass er mit seinem Vorschlag bewusst provozieren wolle; gleichwohl sei er der Meinung, dass in der Schweiz die Zeit für eine solche Debatte reif sei. Er argumentierte, dass die Anwesenheit von Migrantinnen und Migranten aus "sehr entfernten Kulturkreisen" diese Rechtsumstellung erforderlich mache:

---

[2] Christian Giordano: "Der Rechtpluralismus: Ein Instrument für den Multikulturalismus?" Eidgenössische Kommission gegen Rassismus, *Bulletin TANGRAM*, Nr. 22 (Dez. 2008), S. 74–77.

[3] Der erste, der die binäre Unterscheidung zwischen starkem und schwachem Rechtspluralismus einführte, war der Anthropologe John Griffiths. Siehe John Griffiths: "What is Legal Pluralism?", *Journal of Legal Pluralism*, 32 (24), 1986.

"Die kulturelle Distanz ist zu groß. Und so sehr sich diese Migranten auch assimilieren, es bleibt immer ein Unterschied; das gilt auch für unser Rechtssystem."

Des Weiteren schlug er die Einführung von Scharia-Gerichten und anderer religiöser Gerichte vor. Solche Gerichte sollten sich insbesondere mit Zivilsachen, aber auch mit Straftaten und Körperverletzungen befassen. Natürlich könne er die Vorstellung islamischer Urteile, die zu körperlicher Bestrafung führten, nicht tolerieren. Er bekräftigte, dass die Menschenrechte unter keinen Umständen verletzt werden dürften. Körperliche Züchtigung solle vielmehr "in Geldstrafen umgewandelt" werden. "Natürlich müssten die Menschenrechte in einem Schweizer Scharia-Gericht vollumfänglich gewahrt bleiben".

Leichter gesagt als getan. Es ist nicht möglich, die Menschenrechte vor einem Scharia-Gericht vollständig einzuhalten.

Vereinfacht ausgedrückt, sind es oft Frauen und Kinder, die einen hohen und schmerzhaften Preis für derlei gut gemeinte Vorschläge zahlen.

Stellen Sie sich eine 36-jährige, geschiedene Mutter im Jemen vor, die neben einem Imam steht, der ihren 18-jährigen Sohn in den Vereinigten Staaten anruft, um dessen Erlaubnis zu erhalten, dass seine Mutter wieder heiraten darf. Was, wenn er Nein sagt? Der Imam wird sich weigern, die Trauung zu vollziehen. Sie braucht die Erlaubnis ihres Vormunds, um heiraten zu dürfen. Da ihr Vater gestorben ist, ist ihr Sohn zu ihrem Vormund geworden.

Stellen Sie sich eine religiöse Rechtsprechung vor, die kein Mindestalter für die Eheschließung festlegt. Wenn ein Mädchen als "heiratsfähig" eingestuft wird, kann ihr Vormund sie verheiraten, und es spielt keine Rolle, ob sie neun, zwölf oder dreizehn Jahre alt ist. Wenn sie ihre Monatsregel bekommen hat und ihr Vormund sie als "ehetauglich" erachtet, wird sie verheiratet, gleichgültig, ob mit neun, zwölf oder dreizehn Jahren. Allzu oft, wenn eine sehr konservative Auslegung des Islam wieder erwacht, geben Imame hierzu gerne ihren Segen. "Je früher, desto besser", wie ein berühmter Scheich vor einem Scharia-Gericht in Großbritannien in einem aufgezeichneten Video meinte.[4]

Stellen Sie sich ferner eine religiöse Rechtsprechung vor, die Ihnen sagt, dass es für Sie als Ehefrau keine Rolle spielt, wie viele Jahre Sie in Ihrer Ehe verbracht haben. Wenn Sie sich scheiden lassen, beträgt Ihr gesamter finanzieller Anspruch drei Monate Unterhalt. Was wäre, wenn eine Frau 30 Jahre lang verheiratet wäre? Falls sie sich nicht mit Eigentum und Bankguthaben auf ihren eigenen Namen "abgesichert" hat, erhält sie dennoch nur Unterhalt für drei Monate. Drei Monate Unterhalt sind die Regel.

Stellen Sie sich eine religiöse Rechtsprechung vor, die Ihnen sagt, dass Sie sich als Mann von Ihrer Frau scheiden lassen können, indem Sie das Wort "geschieden" dreimal aussprechen – einfach so! Ihre Frau hat kein Einspruchsrecht, da Sie sich so entschieden haben. Die ganze Macht liegt allein in Ihren Händen. Doch wenn wiederum sie sich für die Scheidung entscheidet, muss sie ein quälendes Gerichtsverfahren durchlaufen, bis sie schließlich geschieden werden kann. Selbst in dieser Situation braucht sie Ihre Erlaubnis, um sich scheiden zu lassen, und ohne diese Erlaubnis muss sie entweder einen Schaden nachweisen oder ihre finanziellen Ansprüche aufgeben.

Stellen Sie sich eine religiöse Rechtsprechung vor, die eine Mutter ihres Rechts auf das Sorgerecht für ihre Kinder beraubt, wenn sie sich entschließt, nach ihrer Scheidung wieder zu heiraten.

Stellen Sie sich ein System vor, das Ihnen sagt, dass Sie als Tochter Anspruch auf die Hälfte des Anteils Ihres Bruders am Erbe Ihrer Eltern haben. Er hat Anspruch auf das Doppelte Ihres Anteils, weil er männlich ist. Sein Geschlecht legt seinen Anteil fest.

Vergegenwärtigen Sie sich dies alles und sagen Sie mir dann: Wie sollen wir die Menschenrechte – die die Gleichheit von Männern und Frauen und die Freiheit von Diskriminierung ungeachtet der Religion und des Geschlechts beinhalten – vor einem Scharia-Gericht uneingeschränkt wahren?

---

[4] Scheich Haitham al-Haddad, http://www.youtube.com/watch?v¼thoP4Ejt mzE (Zugriff am 24. Jan. 2014; das Video wurde später von YouTube entfernt). Das Video und seine Niederschrift sind auf Haitham al-Haddads Blog "The Islamic Far-Right in Britain under Islamic Supremacy" zu finden: http://tifrib.com/haitham-al-haddad/ (Zugriff am 6. April 2015).

Beachten Sie, dass ich hier "bewusst" – um ein Wort von Giordano zu verwenden – von einem akademisch-juristischen Diskurs abgewichen bin. Ich habe absichtlich zu einer Sprache gegriffen, die die Konsequenzen von Giordanos Vorschlag in aller Deutlichkeit veranschaulicht. Es sind die Konsequenzen, auf die es in dieser ganzen Debatte ankommt: Die Konsequenzen für das tägliche Leben von Frauen und Kindern. Und es sind Konsequenzen, die am häufigsten die Schwächsten und die am wenigsten Privilegierten in den unterschiedlichen Gemeinschaften muslimischer Frauen treffen.

Eine gebildete und emanzipierte muslimische Frau wird in der Lage sein, für ihre Rechte zu kämpfen. Sie wird wissen, dass diese "rechtlichen Mechanismen" freiwillig sind. Sie wird die Schlupflöcher in der islamischen Rechtsprechung kennen, und es gibt derlei viele. Wenn sie kein islamisches Schiedsverfahren will, kann sie sich einfach an das Zivilgerichtssystem wenden. Sie wird in der Lage sein, zu verhandeln und ihre eigene Handlungskompetenz zu nutzen. Aber stellen Sie sich eine junge Frau vor, die aus ihrem Dorf in ein westliches Land gebracht wurde, um einen Cousin zu heiraten, die kaum die hiesige Sprache spricht, sich ihrer Rechte nicht bewusst ist und die fest in einer missbräuchlichen Ehe und einer patriarchalischen Familienstruktur verfangen ist. Diese Frau wird nicht in der Lage sein, zu verhandeln oder ihre Macht zu nutzen, um ihre Rechte wahrzunehmen.

Eine junge Frau, die in einer geschlossenen und soziale Kontrolle über die Frauen ausübenden Gemeinschaft aufwächst, wird in ähnlicher Weise Angst davor haben, gegen den Strom der Regeln zu schwimmen, die von den Ältesten und Anführern der Gemeinschaft diktiert werden. Allzu oft wird dieser jungen Frau bedeutet, dass Gott diese ungerechten Regeln angeordnet hat, weil er es besser wisse – und wer sei sie denn, dass sie es wage, die Fairness dieser Entscheidungen in Frage zu stellen? Wird sie das Urteil der "Richter" eines Scharia-Gerichts wirklich ablehnen können?

Ein System, das es denjenigen mit den größten Privilegien erlaubt, sich an ihre Rechte zu klammern, während es Diskriminierung und Missbrauch für die am wenigsten Privilegierten fortschreibt, ist kein faires System. Es ist willkürlich und von Natur aus parteiisch. Als solches kann es die Beachtung der Menschenrechte nicht garantieren. Das ist das Kernproblem des Vorschlags, einen abgeschwächten Rechtspluralismus im westlichen Kontext einzuführen.

***

Doch das ist noch nicht alles.

Meine Antwort auf Giordanos Vorschlag hat drei Aspekte. Diese legen den Weg frei für Überlegungen, die ich in diesem Buch vorstellen werde.

Erstens macht der spezifische Kontext der Schweiz und ihrer aus islamischen Ländern stammenden Migranten einen solchen Vorschlag sinnlos. Giordano argumentierte in der *NZZ-Sonntagszeitung*, dass Muslime sich nicht integrieren können, weil sie an Rechtssysteme gewöhnt sind, die dem Schweizer System kulturell fremd sind. Diese Behauptung ist nicht nur falsch, sie widerspricht auch rechtlichen Tatsachen.

Die Mehrheit der muslimischen Einwanderer stammt aus der Türkei und aus den Ländern des ehemaligen Jugoslawiens. Die Türkei ist säkular – die Scharia ist nicht Teil ihres Rechtssystems. Tatsächlich basiert das türkische Familienrecht auf dem Schweizer Familienrecht. In Bosnien gibt es seit 1946, als die Scharia per Gesetz abgeschafft wurde, kein Scharia-Gericht mehr. Und Albanien wendet eine Mischung aus Zivil- und Gewohnheitsrecht an, die keinen Raum für islamisches Recht lässt.[5]

Angesichts dieser Tatsachen ist es bizarr, zu verlangen, dass die Schweiz die abstrakte Idee eines Scharia-Gesetzes für Personengruppen einführt, deren Herkunftsländer nicht einmal islamisches Recht in ihrem Rechtssystem anwenden. Diese Idee wirft auch viele Fragen auf über das mit diesem Argument verwendete Paradigmenprisma.

Dieses Prisma ist *die anthropologische Version des Rechts*: eine Version ohne jeglichen historischen, politischen oder gar juristischen Kontext. Vorgestellt wurde mir dieser Begriff erstmals von Tahmina Saleem, Mitbegründerin der britischen muslimischen

---

[5] Manea: "Islamisches Recht in der Schweiz wäre verheerend".

Frauenorganisation *Inspire*.⁶ Sie beschrieb mir, wie britische Gerichte dann, wenn sie sich mit Fällen befassen, in die britisch-pakistanische Bürger involviert sind, eine Version des islamischen Rechts akzeptieren, die es nicht einmal im pakistanischen Rechtssystem selbst gibt. Ich werde später, in Kapitel 4, auf dieses Konzept zurückkommen.

Zweitens: Rechtspluralismus wird in den Ländern der MENA-Region bis auf sehr wenige Ausnahmen praktiziert. In Ländern wie Syrien, Libanon und Ägypten wendet jede Gemeinschaft für Familienangelegenheiten ihre eigenen religiösen Gesetze an. Aber dieses System ist kaum ein Modell, dem man nacheifern sollte, erst recht nicht, wenn es um Aspekte der Geschlechtergerechtigkeit, der Gleichberechtigung und der Menschenrechte geht. Tatsächlich beschrieb der *Arab Human Development Report* (AHDR) mit dem Titel "*Towards the Rise of the Arab Woman*" die Folgen der Anwendung dieser religiösen Gesetze als eine Form der "gesetzlich sanktionierten Diskriminierung".[7]

Den AHDR haben arabische Experten verfasst – die besten auf diesem Gebiet. Ihre Kritik zeugt von einem kritischen Diskurs in der MENA-Region über religiöse Gesetze und insbesondere über das islamische Recht. Dieser Diskurs hat immer wieder sowohl die Genderfrage als auch die Problematik der Anwendung des Scharia-Rechts für Familienangelegenheiten beleuchtet. Viele arabische und muslimische Intellektuelle, Schriftsteller und Aktivisten, Männer wie Frauen, haben sich mit der Genderfrage befasst und betont, dass die Emanzipation der Frau eine Voraussetzung für die Entwicklung der arabischen Gesellschaft ist. Sie machten zugleich deutlich, dass diese Emanzipation nicht ohne eine Änderung der Familiengesetze erreicht werden kann, die das Leben der Frauen reglementieren.[8]

Interessant ist, dass diejenigen, die die Einführung des islamischen Rechts in den westlichen Rechtskontext vorschlagen, diesen

---

[6] Tahmina Saleem, Interview der Autorin, Luton, 27. Jan. 2013.
[7] Entwicklungsprogramm der Vereinten Nationen; Arabischer Bericht über die menschliche Entwicklung 2005: *Towards the Rise of Women in the Arab World* (New York: Vereinte Nationen, 2006).
[8] Elham Manea: "Islamisches Recht in der Schweiz ist gefährlich", *NZZ am Sonntag*, 3. Juli 2011.

kritischen Diskurs oft ignorieren und sie das islamische Recht und die Scharia als etwas Gegebenes und Einheitliches betrachten, genau so, wie dies Islamisten tun. Diese Wahrnehmung korreliert mit einer anderen, ähnlichen Annahme, die sie treffen: dass Muslime homogen seien und sich zunächst und ausschließlich als religiöse Personen verstünden. Islamisten argumentieren ganz ähnlich. Ich werde diesen Punkt und die Rolle der Islamisten in Kapitel 5 näher erläutern.

Bezeichnenderweise zeigt meine Forschung über die politischen Folgen der Anwendung des Rechtspluralismus im arabischen Kontext überraschende Folgen für den Zusammenhalt und die nationale Einheit einer Gesellschaft auf. Vereinfacht ausgedrückt: Der religiöse Charakter der angewandten Familiengesetze verfestigt die soziale Fragmentierung in ihren jeweiligen Gesellschaften. In Syrien etwa machen alle Familiengesetze, unabhängig davon, um welches religiöse Familienrecht es sich handelt, es Mitgliedern verschiedener religiöser oder konfessioneller Gemeinschaften praktisch unmöglich, untereinander zu heiraten. Diese Gesetze haben erheblich dazu beigetragen, Ehen zwischen Angehörigen verschiedener Sekten, Religionen und Stämme zu verhindern. Tatsächlich halten sie, indem sie Mischehen behindern, die Gesellschaft im Zustand der Spaltung. In mehreren Ländern haben diese Gesetze auf diese Weise die Entwicklung eines sozialen Zusammenhalts und einer nationalen Identität sabotiert. Weit davon entfernt, ein Beispiel zu sein, dem man nacheifern sollte, zeigen diese Erfahrungen die negativen politischen und menschenrechtlichen Konsequenzen des Rechtspluralismus auf. Diesen Aspekt werde ich in Kapitel 4 näher untersuchen.[9]

In meiner Antwort auf Giordanos Vorschlag erwähnte ich auch die Möglichkeit, dass, wenn die Schweiz den Muslimen die Tür zu "religiösen und archaischen Sonderrechten" öffnen würde, andere nichtmuslimische Migrantengruppen die gleiche Behandlung für sich einfordern würden. Diese Möglichkeit ist, wie ich später erfuhr, in Großbritannien mittlerweile Realität geworden. Gita Sahgal, die Direktorin des *Centre for Secular Space* (Zentrum für sä-

---

[9] Elham Manea: *The Arab State and Women's Rights: The Trap of Authoritarian Governance* (London: Routledge, 2011), S. 197–198.

kularen Raum) und Gründerin von *Women against Fundamentalism* (Frauen gegen Fundamentalismus), erklärte mir, dass die Führer einiger britischer Hindu- und Sikh-Gruppen genau beobachteten, was die britischen Muslime täten, und dass sie für sich das Gleiche wollten: "Es gibt bereits informelle Kastenräte, die alle möglichen Entscheidungen zu Zwangsheirat, Heirat, Scheidung [und] Sorgerecht treffen."[10]

Zum Dritten habe ich eine Gemeinsamkeit in der Denkweise von denjenigen herausgearbeitet, die die Einführung paralleler religiöser Rechtsprechungen im westlichen Kontext befürworten: das sogenannte "Winnetou-Syndrom".

Winnetou ist ein fiktiver indianischer Held in einigen Romanen (die später verfilmt wurden), die Karl May (1842–1912) auf Deutsch geschrieben hat. Die Romane wurden zu Bestsellern – auch wegen ihrer romantischen Zeichnung eines imaginierten einfacheren Lebens in einem engen Kontakt zur Natur. Diese romantische Wahrnehmung anderer Kulturen scheint mir im Paradigma der Essentialisten deutlich zu dominieren. Es lässt sie fürchten, dass sie die edlen Anderen beleidigen und ihnen ihre eigenen Gesetze und Werte aufzwingen könnten. Offenbar lautet das Argument, dass wir Einwanderern aus fernen Kulturen nicht unsere eigenen Werte aufzwingen können.

Zum Zeitpunkt meiner Antwort dachte ich, dass hinter der Fassade der scheinbaren Toleranz eine Arroganz steckt, die ein Gefühl der Überlegenheit sichtbar werden lässt. Heute bin ich in meinem Urteil weniger hart. Deutlicher sehe ich heute vielmehr die Schuld des weißen Mannes (und der weißen Frau) und die Last des Vermächtnisses der Kolonialisierung. Ich beobachte eine aufrichtige Angst davor, das zu beleidigen, was die Menschen als das "Andere" wahrnehmen: Personen, die sie offensichtlich nicht verstehen. Ich sehe ebenso eine echte Überzeugung, dass dieser Andere anders sei und deshalb anders behandelt werden sollte. Daher das Winnetou-Syndrom – ein Ausdruck, der von Thomas Kessler, ehemaliger Delegierter für Migrations- und Integrationsfragen im Schweizer Kanton Basel-Stadt, geprägt wurde. Kessler sagte, er habe dies erfahren, als er sich mit dem Thema Zwangsheirat in sei-

---

[10] Gita Sahgal, Interview der Autorin, London, 24. Jan. 2013.

nem Kanton beschäftigte: "Man will den edlen Wilden so lange [wie] möglich in seinem Reservat belassen."[11]

Bei all meinen Überlegungen betone ich einen entscheidenden Punkt: Das Schweizer Recht ist vorbildlich in der Achtung der Menschen- bzw. Frauenrechte und der Geschlechtergerechtigkeit. Das ist wichtig. Wir sprechen über ein Gesetz, das die Rechte der Frauen bei Familienangelegenheiten garantiert, eines, das auf den universellen Menschenrechten und der Anwendung der zentralen Menschenrechtskonventionen der Vereinten Nationen beruht. Die Schweizer haben eine Weile gebraucht, um an diesen Punkt zu gelangen – das Familienrecht wurde 1988 geändert, und 1971 erhielten Frauen das Wahlrecht. Doch heute können wir auf diese Errungenschaft stolz sein.

Das gilt nicht für das islamische Recht. Es entspricht nicht den internationalen Menschenrechtsnormen, und allzu oft verletzt seine Anwendung in der Rechtsprechung (sog. *fiqh*-Entscheidungen) eben diese Rechte. Wir sprechen also über zwei sehr unterschiedliche Arten von Rechtsvorschriften: Eine, die Rechte garantiert und schützt, und eine andere, die dies nicht tut. Mein Argument ist nur dann stichhaltig, wenn wir eine Gesetzgebung haben, die die universellen Menschenrechte und die Bürgerrechte respektiert, denn die Absurdität des Vorschlags wird deutlich, sobald wir die beiden Arten von Rechtsvorschriften vergleichen. Befürworter des Rechtspluralismus fordern, ein paralleles Rechtssystem einzuführen, das die Rechte von Frauen verletzt, und es dann zu nutzen, um die systematische Diskriminierung von Frauen und Kindern unterschiedlichen Glaubens zu legitimieren. Auf diesen Punkt werde ich in Kapitel 4 ausführlich eingehen.

***

Ich bin mir des Ausdrucks, den ich hier verwende, sehr bewusst: "essentialistisch". Das war keine willkürliche Entscheidung, sondern Absicht. Und es schmerzt mich, ihn zu benutzen, zumal mir

---

[11] Martin Beglinger: "Bis dass der Zwang euch bindet", *Das Magazin, Tages-Anzeiger*, Bd. 24 (2007), S. 18.

bewusst ist, dass in manchen akademischen Kreisen viele empört sein werden, wenn sie als Essentialisten bezeichnet werden.

Wie können sie das sein? In ihrer Perspektive widersetzen sie sich vehement orientalistischen Diskursen. Sie glauben fest daran, dass sie für die Anti-These zum Essentialismus stehen. Schutz ist eindeutig ihre Motivation – sprich: der Schutz von Minderheiten, von Unterdrückten und natürlich von Muslimen.

Aber so sehr ich auch von ihren noblen Absichten überzeugt bin, bestehe ich dennoch darauf, dass einige postmoderne Diskurse nicht zu einem besseren Schutz beigetragen haben – eher zu einer Verletzung. Ich benutze das Wort *Essentialist*, um dieses Paradigma zu beschreiben, und wegen des Prismas, durch das es die Welt sieht:

1. Das Paradigma insistiert darauf, dass eine Gruppe von Menschen aufgrund ihrer Religion oder Kultur unveränderliche Merkmale aufweist.
2. Es ignoriert, dass jede Gruppe durch verschiedene politische, soziale und religiöse Faktoren konstruiert wird.
3. Es behauptet, dass eine Person in erster Linie ein religiöses Wesen und Teil einer übergeordneten religiösen Ganzheit ist.
4. Es versäumt, die komplexen verschiedenen Schichten der Identität zu erkennen – und dass eine Person sich erst gar nicht dieser religiösen Identität anschließen will.
5. Es verkennt das dynamische Wesen von Kultur, Religion, Gesellschaft und sicherlich auch von Identität.
6. Das Paradigma fürchtet, dem "Anderen" das aufzunötigen, was dieser als "westliche" Werte empfindet, und legitimiert dabei schwere Menschenrechtsverletzungen. Weil internationale Menschenrechtsstandards als "westliche" Werte betrachtet werden, die auf andere Gesellschaften oder auf Gruppen, die in westlichen Gesellschaften leben, nicht anwendbar seien, wird auf raffinierte Weise autoritären Regierungen und islamistischen Fundamentalisten in die Hände gespielt, die einen ähnlichen Diskurs nutzen, um ihre beschämende Bilanz an Menschenrechtsverletzungen zu legitimieren.

7. Und schließlich ignoriert das Paradigma die Entwicklungen und Kämpfe, die in islamischen Ländern selbst stattfinden: für die Änderung von Familiengesetzen, die Frauen und Kinder diskriminieren, für Staaten, die alle ihre Bürger repräsentieren, schließlich für die Achtung der Meinungsfreiheit, der Freiheit zur und von Religion und die Trennung von Religion und Staat. Da das Paradigma diese Forderungen als universalistisch betrachtet, weist es sie als nicht authentisch genug zurück. Mit anderen Worten, es bestimmt sich selbst zum Schiedsrichter darüber, wer im Namen von "Muslimen" und "Minderheiten" sprechen sollte.

Angesichts der Folgen dieses Paradigmas besteht mein Anliegen darin, diese Art des westlichen postmodernen Diskurses zu dekonstruieren und zu zeigen, wie es den Boden bereitet für einen Diskurs der Gleichgültigkeit – einen Diskurs, der schwerwiegende Folgen für das Leben vieler Menschen hat.

Kapitel 1
Eine kritische Überprüfung des essentialistischen Paradigmas

Wie Sie vielleicht an der Art und Weise meiner Argumentation bemerkt haben, habe ich mich selbst auf einen Weg der Transformation, des Lernens und der Forschung begeben. Ich habe dadurch gelernt, dass das, womit wir es zu tun haben, nicht allein die absurde Auffassung einer einzelnen Person ist. Giordanos Vorschlag ist die Spitze eines Eisberges.

Er ist Ausdruck eines paradigmatischen Denkens – ich nenne es das *essentialistische Paradigma* –, und dieses Denken hat vier bestimmte ideologische Merkmale. Das erste Merkmal ist eine Kombination von Multikulturalismus und Rechtspluralismus in einem sozialen Kontext. Das zweite Merkmal betrifft Gruppenrechte, das dritte ist der Kulturrelativismus und das vierte die Bürde des weißen Mannes.

Erstes Merkmal:
Kombination von Multikulturalismus und Rechtspluralismus in einem sozialen Kontext

Schon der Titel von Giordanos Artikel "*Rechtspluralismus: Ein Werkzeug für den Multikulturalismus?*" enthält zwei wichtige Begriffe: Rechtspluralismus und Multikulturalismus. In ihrer Kombination führen die Begriffe zu einem relativistischen Ansatz in Bezug auf grundlegende Menschenrechte und auf Geschlechtergerechtigkeit. Die Forderung, die beiden Begriffe in einem sozialen Kontext zu kombinieren, ist ein grundlegendes Merkmal des essentialistischen Paradigmas.

Wie Kenan Malik, ein linksgerichteter, in Indien geborener englischer Denker, neige auch ich dazu, zwischen zwei Arten von Multikulturalismus zu unterscheiden. Die eine Art nennt Malik die gelebte Erfahrung von Vielfalt: "Die Erfahrung, in einer Gesellschaft zu leben, die weniger insular, sondern lebendiger und kosmopolitischer ist."[1]

Diese Art des Multikulturalismus begrüße ich und ich mache ihn mir zu eigen. Denn dieser Typus schätzt das Zusammenleben von Menschen mit unterschiedlichen Wurzeln und Ursprüngen auf der Grundlage von gegenseitigem Respekt und Akzeptanz. Die Herkunft, Hautfarbe, Rasse, Religion oder das Geschlecht eines Menschen wird nicht als geringer angesehen als die eines anderen. Wir sind gleich, weil wir Menschen sind. Punkt.

Um mit den Worten von Anne Phillips, der britischen Professorin für politische und Gendertheorie, zu sprechen: Es handelt sich um eine Art des Multikulturalismus, der auf den Rechten des Einzelnen und nicht auf denen von Gruppen beruht.[2]

Es ist freilich die zweite Art des Multikulturalismus, die ich kritisiere und problematisch finde. Gemeint ist, was Malik Multikulturalismus als politischen Prozess bezeichnet. Hierbei geht es darum, mit dieser Vielfalt umzugehen, und dies bringt eine Reihe von Strategien mit sich, die die Vielfalt zu institutionalisieren suchen. Bei diesem Typus werden die Menschen in ethnische und kulturelle Schubladen gesteckt. Die individuellen Bedürfnisse und Rechte werden anhand der Schubladen definiert, in denen die Menschen sich befinden, und diese Schubladen werden für die Gestaltung der Politik genutzt.[3] Diese Politik wird in Großbritannien betrieben.

Wenn Multikulturalismus als ein politischer Prozess mit der Politik des Rechtspluralismus kombiniert wird, führt dies ebenfalls dazu, Menschen in Schubladen einzuteilen: nach Herkunft, Kultur, Religion und letztlich nach Geschlecht. Dies grenzt Menschen voneinander ab und platziert sie in parallele rechtliche Enklaven. Jede Enklave wird von einem anderen Regelwerk regiert: Regeln, die

---

[1] Kenan Malik: *Multiculturalism and its Discontents* (London: Seagull Books, 2013), S. 7–8.

[2] Anne Phillips: *Multiculturalism Without Culture* (Princeton University Press, 2007), S. 162–163. Ich bin mir der unterstützenden Position von Phillips gegenüber den Scharia-Räten in Großbritannien bewusst, ich betrachte dies jedoch nicht als Grund, ihre nuancierte und hervorragende Auseinandersetzung mit Multikulturalismus zu verwerfen.

[3] Ebd.

den gleichen Vorstellungen von Recht und Gerechtigkeit, die in der erweiterten Gesellschaft vorherrschen, folgen können – oder auch nicht. Infolgedessen werden Menschen nicht als einzelne Mitglieder einer größeren Gesellschaft oder Nation definiert, die auf alle ihre Mitglieder dieselben Regeln und Gesetze anwendet. Stattdessen werden sie vornehmlich als Mitglieder einer kulturellen oder religiösen Gruppe verstanden. Jede Gruppe hat angeborene und kulturelle Wesensmerkmale, die eine besondere Behandlung und damit besondere Gesetze erfordern, damit die Gruppe überleben kann. Dieser letzte Aspekt wird oft als "Gruppenrechte" bezeichnet.

Zweites Merkmal: Gruppenrechte

Der Idee der Gruppenrechte ist ein zweites Merkmal des essentialistischen Paradigmas, ein Begriff, den bekanntermaßen der Vater des Rechtspluralismus vertritt, der kanadische Philosoph Charles Taylor. Ich bin mir bewusst, dass auch andere Philosophen und Wissenschaftler den Diskurs über Gruppenrechte beeinflusst haben. Ich nehme Taylors Arbeit hier als Beispiel; insbesondere seine Idee der Politik der Anerkennung, die er in seinem Sammelband *"Multiculturalism: Examining the Politics of Recognition"* vorgestellt hat, hat einen Großteil des Denkens der Rechtspluralismus-Befürworter beeinflusst. Auch er bezieht sich auf die Politik des Multikulturalismus. Aber Taylor tut dies in Hinblick auf die Forderungen nach Anerkennung, die Minderheiten oder subalterne Gruppen selbst stellen:

> "Die Forderung nach Anerkennung wird in diesen letztgenannten Fällen durch die unterstellten Verbindungen zwischen Anerkennung und Identität dringlich, wobei der letztgenannte Begriff so etwas wie das Verständnis einer Person von dem bezeichnet, was sie ist – von ihren grundlegenden definierenden Eigenschaften als Mensch also. Die These ist, dass unsere Identität zum Teil durch Anerkennung oder durch ihre Abwesenheit, oft auch durch die *Ver*kennung anderer geprägt wird [Hervorhebung im Original]. Dadurch kann eine Person oder eine Gruppe von Menschen einen realen Schaden, eine reale Entstellung erleiden, wenn Menschen oder die Gesellschaft um sie herum ein einengendes, erniedrigendes oder verächtliches Bild von ihr selbst auf sie zurückspiegeln. Nichtbestätigung oder Verkennung kann Schaden zufügen, kann eine Form der Unterdrückung sein, die

jemanden in einer falschen, verzerrten und reduzierten Seinsweise gefangen hält."[4]

Taylor erläutert seine Idee anhand einiger Beispiele. Schwarze hätten in weißen Gesellschaften gelitten, die auf sie ein erniedrigendes Bild von sich projizierten – und einige Schwarze hätten dieses Bild verinnerlicht. In ähnlicher Weise seien Frauen in bestimmten Gesellschaften dazu gebracht worden, ein Bild von sich selbst als minderwertig anzunehmen, und sie hätten das Bild ihrer eigenen Minderwertigkeit verinnerlicht. Die Selbsterniedrigung beider Gruppen werde zu einem der mächtigsten Instrumente ihrer eigenen Unterdrückung. Deshalb müssten sie sich von dieser aufgezwungenen und zerstörerischen Identität freimachen. Taylor sagt, dass das Verkennen der Identität dieser Gruppen durch eine Gesellschaft nicht nur dazu führt, dass ihnen der ihnen gebührende Respekt nicht erwiesen werde. Es füge auch Schaden und schwere Verletzungen zu, die den Opfern einen lähmenden Selbsthass aufbürdeten: "Die gebührende Anerkennung ist nicht nur eine Höflichkeit, die wir den Menschen schulden. Sie ist ein lebenswichtiges menschliches Bedürfnis."[5]

Die Gesellschaft mag in der Tat ein erniedrigendes Bild auf ein Individuum projizieren – aufgrund seiner Hautfarbe, seines Geschlechts und/oder seiner Religion. Doch der Prozess ist kompliziert und nicht so einfach, wie Taylor ihn beschreibt.

Ich möchte ein persönliches Beispiel anführen, um diesen Punkt zu veranschaulichen.

Ich erinnere mich noch, wie ich mich fühlte, als ich vor 26 Jahren in die Schweiz kam. Plötzlich wurde ich mir meiner Hautfarbe sehr bewusst. Ich bin Araberin mit jemenitischen und ägyptischen Wurzeln, und nie zuvor hatte ich auch nur einen zweiten Gedanken an meine Hautfarbe, an Bronze oder Hellbraun, verschwendet. Tatsächlich war ich stolz auf mein Aussehen. Vielleicht finden Sie es seltsam, hier das Wort "Stolz" zu lesen. Aber ich bin in einer liebevollen Familie aufgewachsen – in einer Familie, die mir das Gefühl gab, dass ich sowohl wertvoll als auch schön bin. Dieses Gefühl

---

[4] Charles Taylor: *The politics of recognition, in Multiculturalism: Examining the Politics of Recognition* (Princeton, NJ: Princeton University Press, 1994), S. 25.
[5] Ebd., S. 26.

blieb mir erhalten, als ich mit einem Fulbright-Stipendium nach Washington, DC, zog, um dort einen Master-Abschluss zu machen. Dort lebte ich in einem multikulturellen Kontext und fühlte mich anerkannt. Ich merkte auch, dass mich unter anderem meine Hautfarbe irgendwie "exotisch" machte, was mich als junge, alleinstehende Frau sehr beliebt machte.

In der Schweiz war es nicht die Tatsache, dass man mich nicht anerkannte, die mir meine Hautfarbe bewusst machte. Mein Mann und ich tendierten dazu, mit Schweizern zu leben und Kontakte zu knüpfen, die so waren wie wir: gebildete Menschen mit Berufen, die sie in direkten Kontakt mit der Welt um sich herum brachten. Unsere Nachbarn seit fast zwei Jahrzehnten sind offen und einnehmend. Mit einigen pflege ich enge und herzliche Beziehungen. Es ging also nicht um Wertschätzung. Was mich vielmehr auf meine Hautfarbe aufmerksam machte, war das Gefühl, dass ich mich durch sie von den anderen abhob. Das, was mir das Gefühl gab, anders zu sein, war also nicht ein tatsächlich erniedrigendes Bild, welches mir vonseiten der Gesellschaft vermittelt wurde, sondern bloß die Tatsache, in einer rein weißen Gesellschaft "farbig" zu sein. Es hat eine Weile gedauert, bis ich mich mit diesem Gefühl des Unbehagens gegenüber meiner Hautfarbe auseinandergesetzt habe: um seine Wurzeln zu erkennen und das Wissen zu verinnerlichen, dass "anders sein" nicht "weniger zu sein" bedeutet und um einmal mehr zu der Überzeugung zu gelangen, dass eben dies meine Hautfarbe ist und dass sie schön ist.

Auf der anderen Seite versuchten einige Menschen, mir als Mädchen, das in einem jemenitischen sozialen Kontext lebte, den Eindruck zu vermitteln, ich sei "ein minderwertiges Wesen" und "sollte mich so verhalten wie andere Mädchen". Es versteht sich von selbst, dass ich mich natürlich nicht so verhielt, wie sie dachten, dass ich mich verhalten sollte.

Ich sagte bereits, dass ich in einer liebevollen Familie aufgewachsen bin. Meine Eltern liebten und respektierten mich. Wichtiger noch war, vor allem im patriarchalischen und stammesgeschichtlichen Kontext des Nordjemen, dass ich einen Vater hatte, der die Vorstellung, ein Mädchen sei weniger wert als ein Junge, nicht teilen wollte. Das war keine Selbstverständlichkeit. Mein Vater kam zu diesem Schluss nur auf einem persönlichen Weg der Bildung und Reife. Seine Ausbildung und seine anschließenden Reisen als Diplomat waren sicherlich entscheidend für diesen Prozess. Er war es, der mir immer das Gefühl gab, dass ich ein freier Mensch und unabhängig bin und dass ich danach streben könne, das zu sein, was ich sein möchte. Diese Überzeugung spiegelte sich in meiner Erziehung wider, und in der Tatsache, dass ich Dinge tun durfte, die andere Mädchen der Familie väterlicherseits nicht taten.

Der sichere Hafen, den meine Familie für mich bildete, stand in krassem Widerspruch zu einigen der Botschaften, die ich aus dem gesellschaftlichen Umfeld erhielt. Ich erinnere mich noch lebhaft an einen Vorfall, als ich 11 Jahre alt war und am Rande unseres Viertels spazieren ging. Eine Gruppe von halbwüchsigen Jungen begann, Steine auf mich zu werfen, sie nannten mich "Hure", weil ich Hosen trug und meine Haare nicht bedeckte. Diese Jungs vermittelten eine Botschaft, die sie aus ihrem eigenen familiären und sozialen Kontext verinnerlicht hatten: Mädchen tragen ein Kopftuch und später einen *Sharshaf*, die beiden schwarzen Tücher, die die Frau von Kopf bis Fuß bedecken, ergänzt durch ein weiteres Tuch, mit dem das Gesicht verdeckt wird. Und jedes Mädchen, das kein Kopftuch und später den *Sharshaf* trägt, ist kein "ordentliches" Mädchen. Ich kann davon ausgehen, dass die Verwendung des Wortes "Hure" ein Ausdruck ihrer kindlichen Überzeugung von dieser Botschaft war.

Trotz des Schmerzes, den ich aufgrund dieses Vorfalls empfand, beachten Sie bitte, dass ich bewusst das Wort "einige" verwendet habe, als ich mich auf die Botschaften bezog, die ich aus meinem sozialen Umfeld erhielt. Das ist wichtig, denn während einige dieser Botschaften negativ waren – und zwar sehr negativ, wie im oben geschilderten Vorfall –, waren andere positiv, und wieder andere waren neutral. Meine Familie knüpfte Kontakte zu Gruppen von Familien, die die gleichen Normen bezüglich der Wahrnehmung von Mädchen und ihrer Rechte teilten. Von dieser Gruppe erhielt ich das Signal der Akzeptanz. Ein Mädchen zu sein war keine Ursache von Schande oder eine Belastung. Die väterliche Seite meiner Familie hingegen hatte gelernt, meine "Andersartigkeit" auf eine Weise zu akzeptieren, die ihre Botschaft "neutral" machte: "Du magst vielleicht nicht so sein, wie wir glauben, dass sich Mädchen in unserem gesellschaftlichen Kontext verhalten sollten, aber wir akzeptieren dich".

Ich stimme daher mit Taylor überein, dass die Gesellschaft manchmal ein erniedrigendes Bild auf den Einzelnen projiziert, aber ich neige auch dazu, die Situation als vielschichtiger zu betrachten. Die Gesellschaft ist nicht homogen, sie ist komplex und setzt sich oft aus Untergruppen zusammen. Die Botschaft, die ich von meinem gesellschaftlichen Umfeld erhielt, war ebenfalls nicht homogen oder statisch, und sie änderte sich je nach den Untergruppen, mit denen ich in Verbindung trat.

Am wichtigsten ist, dass einer Person manchmal eine religiöse, eine geschlechtsbezogene oder eine kulturelle Identität aufgezwungen werden kann, auch wenn sie sich selbst nicht in gleicher Weise wahrnimmt. Denken Sie an eine Person, die als Muslim bezeichnet, als Muslim "wahrgenommen" und als Muslim "behandelt" wird, obwohl diese Person möglicherweise gar nicht religiös ist oder es vorzieht, durch ihre Nationalität identifiziert zu werden. Hier in der Schweiz möchte ich als Bürgerin wahrgenommen werden, als Schweizerin arabischer Herkunft. Das ist es doch, was wir mit anderen Menschen anderer Religionen tun: Wir identifizieren sie über ihre Nationalität, nicht über ihre Religion. Warum also darauf bestehen, mich auf eine religiöse Identität zu reduzieren?

Dies scheint freilich nicht das Argument von Charles Taylor zu sein. Und genau so, wie er die von der Gesamtgesellschaft ausgehende Botschaft als in sich homogen betrachtet, tendiert er auch dazu, Identität und damit Kultur und Gesellschaft als etwas Statisches zu sehen, als etwas, das sich nicht ändert – als ein Ganzes, das angeborene und vorgegebene Züge hat.

Identität ist für ihn, "wer wir sind, woher wir kommen", und damit "der Hintergrund, vor dem unsere Geschmäcker und Wünsche, unsere Meinungen und Bestrebungen einen Sinn ergeben". Aber in seinem Paradigma existiert Identität nicht in einem Vakuum. Sie ist sehr stark mit dem Konzept dessen verflochten, was er "Authentizität" nennt: "Es gibt eine bestimmte Art des Menschseins, die *meine* Art ist. Ich bin aufgerufen, mein Leben auf diese Weise zu leben und nicht in der Nachahmung des Lebens eines anderen."⁶ Dieser "Begriff legt Wert darauf, mir selbst treu zu sein. Wenn ich es nicht bin, verfehle ich den Sinn meines Lebens; ich verfehle, was Menschsein für *mich* ist [Hervorhebung im Original]."⁷

Diese Vorstellung von authentischer Identität hat zu dem geführt, was er die "Politik der Differenz" nennt, wobei Unterscheidungen zur Grundlage einer differenzierten Behandlung gemacht werden:

> "Das Ziel besteht darin, die Verschiedenheit wertzuschätzen, nicht nur jetzt, sondern für immer. Wenn es uns nämlich um Identität geht, was ist dann legitimer als das Bestreben, sie niemals zu verlieren?"⁸

Die Wertschätzung von Unterschieden erfordert die Einführung einer Politik der "kollektiven Ziele", die auf das "kulturelle Überleben" ausgerichtet ist. Taylor besteht darauf, dass eine Gesellschaft mit starken kollektiven Zielen immer noch liberal sein kann, wenn sie "zugleich in der Lage ist, die Vielfalt zu respektieren, insbesondere im Umgang mit Menschen, die die gemeinsamen gesellschaftlichen Ziele nicht teilen; und vorausgesetzt, die Gesellschaft kann angemessene Garantien für die Grundrechte bieten"⁹.

Abgesehen von den Grundrechten hält es Taylor für durchaus möglich, dass die Rechte des Einzelnen eingeschränkt werden, wenn der Staat sich auf den Schutz der kollektiven Ziele konzentriert. Er räumt auch ein, dass das Streben nach dem kollektiven Ziel wahrscheinlich eine unterschiedliche Behandlung von Insidern und Outsidern erfordert.

***

Charles Taylors Identitätskonzept befasst sich nicht mit Identität auf individueller Ebene. Er konzentriert sich auf die kollektive Identität einer kulturellen Gruppe. Bei dieser Kulturgruppe kann es sich um Ureinwohnergruppen oder um Frankokanadier handeln, insbesondere aus Quebec. Es könnte auch eine Gruppe sein, die durch ihr Geschlecht gekennzeichnet ist, zum Beispiel Frauen.

---

6 Ebd., S. 30.
7 Ebd., S. 30–33.
8 Ebd., S. 40.
9 Ebd., S. 61.

Es könnte sich um eine religiöse Gruppe handeln, wie zum Beispiel die Muslime. Seine Hauptmotivation bei der Beschreibung der Politik der Anerkennung und damit der Differenz ist die Angst davor, der Kultur einer Minderheit eine hegemoniale Kultur "aufzuzwingen". Taylors Ziel ist es, und das sollte betont werden, Minderheitenrechte zu schützen, zu bewahren und zu gewährleisten, dass sie nicht verletzt werden. Aus dieser Perspektive ist sein Ziel also gewiss nobel.

Das Problem liegt in seinem Versuch, sicherzustellen, dass die kollektive Identität einer kulturellen Gruppe überleben kann. Hier tappt er in eine essentialistische Falle: Die Konzentration auf die authentische Identität einer kulturellen Gruppe setzt voraus, dass sie grundlegende unveränderliche Züge aufweist. Diese Annahme ignoriert freilich die Tatsache, dass Kulturen sich verändern, dass sie nicht statisch sind. Was wir gestern noch als Teil unserer kulturellen Normen und Identität betrachtet haben, mag heute als ziemlich abscheulich erscheinen.

Hinzu kommt, dass Minderheitengruppen nicht homogen sind, wie Taylor annimmt. Sie stellen nicht einen einheitlichen kulturellen Block mit ähnlichen, standardisierten Merkmalen und Eigenschaften dar. Häufig haben Angehörige von Minderheitengruppen einen vielschichtigen Bestand an Identitäten, die sie in verschiedenen Zusammenhängen unterschiedlich zum Ausdruck bringen. Taylor ignoriert auch die Machtstrukturen innerhalb von Minderheitengruppen, die die Angelegenheit erschweren, insbesondere, wenn einige beanspruchen, Vertreter einer bestimmten kulturellen Gruppe zu sein, und sich damit das Recht anmaßen, zu definieren, was die authentische Identität ihrer Gruppe ist und was nicht.

Taylor versuchte, ein bestimmtes Recht für bestimmte Personengruppen zu schützen, aber seine Bemühungen führten zu einem Fiasko. Warum verwende ich das Wort Fiasko? Weil wir, wenn wir das Konzept der Gruppenrechte propagieren, auch die Verletzung von Menschenrechten in Minderheitengruppen als Ausdruck unterschiedlicher kultureller Konzepte von Recht und Gerechtigkeit rechtfertigen. Die Rechte von Frauen werden genau aus diesem Grund ungestraft verletzt. Tatsächlich wird eben dieses

Argument auf internationaler Ebene von tyrannischen Regimes der Unterdrückung angeführt. Die Folgen der Verbreitung dieses Modells sind daher nicht nur auf nationaler, sondern auch auf internationaler Ebene spürbar.

Kultur verändert sich. Falls Sie das vergessen haben sollten, möchte ich Sie daran erinnern.

Denken Sie daran, dass zwischen 1877 und Mitte der 1960er Jahre das "Jim-Crow"-Rassentrennungssystem in den Südstaaten der Vereinigten Staaten als durchaus akzeptabel galt. Das System behandelte Schwarze wie eine degenerierte Kaste und wie Bürger zweiter Klasse. Es schloss sie aus von öffentlichen Verkehrsmitteln und öffentlichen Einrichtungen, von der Berufung als Geschworene vor Gericht und vom Zugang zu bestimmten Arbeitsplätzen und Stadtvierteln. Und es regulierte streng die sozialen Interaktionen zwischen den Ethnien. Zu jener Zeit war es ganz normal, dass es getrennte Krankenhäuser, Gefängnisse, Schulen, Kirchen, Friedhöfe und öffentliche Einrichtungen für Schwarze und Weiße gab. Diese Gesetze und diese Politik wurden durch eine ganze Reihe religiöser, erzieherischer und "wissenschaftlicher" Diskursen unterstützt und gefördert. Die gängige christliche Auslegung lehrte damals, dass "die Weißen das auserwählte Volk, die Schwarzen aber dazu verdammt waren, Diener zu sein, und dass Gott die Rassentrennung unterstütze".[10] Wissenschaftler (Schädelkundler, Eugeniker, Phrenologen und Sozialdarwinisten) untermauerten den Glauben, dass Schwarze den Weißen intellektuell und kulturell von Natur aus unterlegen seien, über alle Bildungsstufen hinweg. Die Medien trugen ihren Teil dazu bei, indem sie Schwarze üblicherweise als "Nigger, Waschbären und Schokos" bezeichneten und in "ihren Artikeln anti-schwarze Stereotype verstärkten".[11]

In jenen Tagen unterlagen sowohl Schwarze als auch Weiße kulturellen Normen, die vorgaben, wie sie miteinander umgehen sollten. So durfte zum Beispiel ein schwarzer Mann einem weißen Mann nicht die Hand reichen, um ihm die Hand zu schütteln, da

---

[10] David Pilgrim: *What was Jim Crow?* (Big Rounds, MI: Jim Crow Museum, Ferris State University). Zugriff über http://www.ferris.edu/jimcrow/what.htm (Zugriff am 14. Juli 2015).

[11] Ebd.

eine solche Geste soziale Gleichheit implizierte. Unter keinen Umständen durfte ein schwarzer Mann einer weißen Frau anbieten, ihr die Zigarette anzuzünden; dies unterstellte zudem Intimität, und jede Intimität zwischen einem schwarzen Mann und einer weißen Frau konnte mit Lynchjustiz bestraft werden.[12]

Vor 50 Jahren war diese Kultur der Rassendiskriminierung in einigen Südstaaten durchaus akzeptabel. Viele Weiße betrachteten das "Jim-Crow"-Rassentrennungssystem als Bestätigung dessen, in Taylors Worten: "Wer wir sind und woher wir kommen"; als solches war es "der Hintergrund, vor dem unsere Vorlieben und Wünsche, unsere Meinungen und Bestrebungen einen Sinn ergeben". Als andere begannen, Änderungen dieser Gesetze zu fordern – und damit dieser Bestandteile der Lebensweise des Südens –, empfanden Weiße derlei Forderungen als gleichbedeutend mit der Auferlegung einer "Nachahmung des Lebens anderer" und mit der Beschädigung einer "bestimmten Art des Menschseins, die die eigene ist".[13]

Ich weiß, ich provoziere jetzt. Aber wenn wir Taylors Argument über Authentizität, Identität und Kultur für bare Münze nähmen, würde das bedeuten, dass die Weißen in den Südstaaten "geborene Rassisten" waren und dies vielleicht immer noch sind. Das war "ihre Art zu sein". Rassismus und der Glaube, den Schwarzen überlegen zu sein, wäre "fest damit verbunden, wie sie ihrem Leben einen Sinn geben", und von daher sollten wir ihre "Andersartigkeit" wertschätzen, nicht nur heute, sondern für immer". Schließlich "war das ihre Kultur" – sollten wir also nicht nach deren "Überleben" trachten? Wie schrecklich würde diese Argumentation wohl klingen?

Aber es ist ja auch nicht zutreffend, oder? Menschen sind keine geborenen Rassisten. Sie werden zu Rassisten gemacht – von einer ganzen Reihe von Institutionen, Einrichtungen der Religion, der Wissenschaft, der Medien und der Bildung eingeschlossen. Diese Institutionen und ihre Diskurse haben das Jim-Crow-System der Rassendiskriminierung unterstützt und aufrechterhalten. Ich erwähne sie absichtlich, weil Kulturen nicht im luftleeren Raum

---

[12] Ebd.
[13] Taylor: *The politics of recognition*, S. 26–30.

wirken. Sie können aufrechterhalten oder verändert werden, je nach den Kontexten, in denen sie operieren, und je nach den Systemen, die sie unterstützen. Deshalb war es kein Zufall, dass, sobald Männer und Frauen, Schwarze und Weiße sowohl aus den Süd- als auch aus den Nordstaaten begannen, die intellektuellen Grundlagen der Diskriminierung anzugehen und sich ihnen zu widersetzen, schließlich die Kultur des Kastensystems zu zerfallen begann, und mit ihr die Normen, die es aufrechterhielten.

Was für die "hegemoniale" Kultur gilt, gilt auch für die "Minderheitenkultur": Die Minderheitenkultur verändert sich, sie funktioniert nicht im luftleeren Raum. Sie kann aufrechterhalten oder verändert werden, je nach Kontext, in welchem sie operiert, und je nach den Systemen, die sie aufrechterhalten. Dieser Gedanke wird in den Kapiteln 2 und 5 klarer werden, wo ich auf die südasiatischen Gemeinschaften von Pakistani und Bangladeschis im Vereinigten Königreich eingehe, die später als muslimische Gemeinschaften bezeichnet wurden.

Außerdem ist eine Minderheitengruppe ist nicht homogen. Sie stellt keinen einheitlichen kulturellen Block mit ähnlichen und standardisierten Merkmalen und Eigenschaften dar. Die Vielfalt innerhalb einer Minderheitengruppe kommt in unterschiedlichen Formen zum Ausdruck, sowohl auf individueller als auch auf Gruppenebene.

Nehmen wir das Beispiel einer jungen Frau, die ich im Januar 2013 in London während eines Meetings von Mitgliedern einer kleinen LGBT-Selbsthilfegruppe für Muslime namens "Imaan" traf, Arabisch für "Glauben".[14]

Die junge Frau ist südasiatischer Herkunft, Atheistin und Lesbierin, und sie trägt ein Kopftuch. Ich werde sie Leila nennen. Sie trägt das Kopftuch wegen des Drucks der islamischen Gemeinschaft in ihrer Nachbarschaft in Birmingham. Sie will es eigentlich

---

[14] Imaan unterstützt die Bemühungen von LGBT-Muslimen, ihren Familien und Freunden, sich mit Fragen der sexuellen Orientierung im Islam auseinanderzusetzen. Es bietet einen sicheren Raum und ein Unterstützungsnetzwerk, in dem Menschen Fragen von gemeinsamem Interesse durch den Austausch individueller Erfahrungen und institutioneller Ressourcen angehen können. Weitere Informationen hierzu auf der Webseite http://www.imaan.org.uk/about/about.htm

nicht tragen, aber sie lebt in einer abgeschotteten Community, in der ein Verstoß gegen die auferlegten Regeln ihr und ihrer Familie Schaden zufügen würde. Deshalb nimmt sie den leichteren Weg und trägt es. Wenn sie es aber trägt, wird sie sofort in eine religiöse Schublade gesteckt: Muslimin. Ihr Auftreten als Frau mit Kopftuch verwandelt sie von einer Frau in eine muslimische Frau, und normalerweise ist eine muslimische Frau eine religiöse Person. Aber sie ist Atheistin. Die größere Gesellschaft ist nicht in der Lage, diesen Teil von ihr zu sehen – wenn sie den Schleier trägt, dann muss sie gläubig sein. Es versteht sich von selbst, dass ihr Glaube oder, besser gesagt, ihr Mangel daran, ein Geheimnis ist, das sie innerhalb ihrer Gemeinschaft für sich behält.

Obendrein ist sie lesbisch. Wie passt das in das Prisma unserer ethnischen Schubläden? Sie passt in keine der kulturellen oder ethnischen Schablonen, in die wir sie gerne einordnen würden: weder in ihrer Gemeinschaft, die ihren Mitgliedern ihre Werte aufzwingt, noch in der größeren Gesellschaft. Sie ist eine komplexe Person mit verschiedenen Identitäten. Doch alles, was wir sehen, wenn wir sie anschauen, ist eine religiöse Identität, an die sie selbst nicht glaubt.

Auf individueller Ebene kann daher eine ethnische oder religiöse Zuordnung eine Person aus zwei Gründen oft nicht beschreiben: weil eine bestimmte Person verschiedene Identitäten hat, und weil die Zugehörigkeit zu einer religiösen Gruppe diese Person nicht automatisch religiös oder zu einem Teil der Gruppe macht.

Zudem ist eine Minderheit auf Gruppenebene nicht homogen. Denken Sie an die muslimische Gemeinschaft (Singular) in Großbritannien. In den 1960er Jahren wurden diese Menschen als südasiatische Gemeinschaften (Plural) bezeichnet. Hierzu gehörten Migranten aus Pakistan, Indien und Bangladesch. Innerhalb dieser nationalen Gruppierungen waren sie in ihren religiösen Bekenntnissen und ethnischen Hintergründen immer noch sehr vielfältig. Damals wäre es, so sagten mir viele Interviewpartner, schwierig gewesen, eine Frau zu finden, die einen Schleier trägt, geschweige denn eine Burka. Sie identifizierten sich damals über ihre Nationalitäten und manchmal auch über ihre regionale Zugehörigkeit, zum Beispiel zu Mirpur, einem Distrikt und einer der größten Städte in der pakistanischen Kaschmir-Region. Sie mögen ihre Religion ausgeübt haben, doch war dies nicht das Prisma, durch das sie mit der Welt interagierten. Es war nicht der Mantel, den sie mit sich herumtrugen. Ihre Religion war nicht die Identität, die sie betonten.

Aus Gründen, die ich in den Kapiteln 2 und 5 erläutern werde, führte Großbritannien eine multikulturelle Politik ein, die in Wirklichkeit den Gemeinschaften (Plural) eine religiöse Identität aufzwang und unbeabsichtigt die Herausbildung der muslimischen Gemeinschaft (Singular) erleichterte: eine erfundene, keine eingebildete Gemeinschaft, um Benedict Andersons Begriff zu verwenden. Als die Regierung diese erfundene Gemeinschaft schuf, geschah dies nicht, um damit Vielfalt in einem britischen Kontext zu zelebrieren. Stattdessen wurde eine Gruppe von lautstarken Islamisten zu auserwählten "Community Leaders" erhoben. Diese repräsentierten allerdings nicht die Mehrheit innerhalb ihrer Gemeinden. Mehrere von mir befragte Personen, die Islamismus und Extremismus in Großbritannien kompetent beurteilen können, heben diesen Punkt hervor. Die "Gemeinde" hat diese sogenannten Führer nicht gewählt, und die Führer genossen damals auch nicht die Unterstützung der Mitglieder. Ihre Forderungen spiegelten ihre eigene politische Agenda wider: die Verbreitung ihrer Richtung des politischen Islamismus. Aber indem die Regierung sie in diesen auserwählten Status erhob, versetzte sie diese Führer in die Lage, die kulturellen und religiösen Bedürfnisse ihrer Gruppe zu definieren. Sie waren die *gatekeeper*, Torwächter, der "muslimischen Minderheit".

Das Geld, die Ressourcen und die Unterstützung, die sie von der britischen Regierung zusätzlich zu jener aus den Golfstaaten erhielten, halfen ihnen, eine Fülle von Bildungs-, religiösen und karitativen Einrichtungen zu schaffen. Nun verfügten sie über die Mittel, ihre islamistische Richtung unter den Mitgliedern ihrer Gemeinden zu verbreiten. Wichtiger noch, sie trugen dazu bei, das zu schaffen, was ich als geschlossene Gemeinschaften bezeichne, mit patriarchalischen Machtstrukturen, die soziale Kontrolle über ihre Mitglieder ausüben und diejenigen einschüchtern, die die von ihnen festgelegten sozialen Regeln ablehnen. Geschlossene Gemeinschaften wie jener, in der Leila lebt. Sie trägt einen Schleier, nicht weil sie will, sondern weil sie muss. Sie wagt es nicht, sich als

Lesbe oder Atheistin zu bekennen, weil sie weiß, dass sie für einen solchen Akt der Rebellion gegen die Art und Weise, wie sich eine ordentliche muslimische Frau verhalten soll, teuer zu bezahlen hätte.

Ich bin ganz sicher, dass Charles Taylor nicht wusste, wohin ihn seine Ideen führen würden. Er ging davon aus, dass es möglich sei, dass die Rechte des Einzelnen durch das Staatsziel, kollektive Zwecke zu schützen, eingeschränkt würden. Aber es kam ihm nicht in den Sinn, dass Menschen entweder eine Gemeinschaft erfinden oder die grundlegenden Menschenrechte ihrer Mitglieder verletzen würden. Leider ist genau dies das Ergebnis seines theoretischen Ansatzes; eines Ansatzes, der die politischen und sozialen Kontexte dessen ignoriert, was er beschreibt. Er suggeriert einfach eine ihres Kontextes entleerte Idee und missachtet dabei die Mechanismen und Institutionen, die sie entweder aufrechterhalten oder verändern. Ich komme damit zum dritten Merkmal des essentialistischen Paradigmas: dem Kulturrelativismus.

Drittes Merkmal: Kulturrelativismus

Kulturrelativismus ist zu einem tief verwurzelten Merkmal des essentialistischen Paradigmas geworden. In seinem Artikel schlug Charles Taylor vor, dass wir uns dem Studium bestimmter Kulturen mit einer Mutmaßung über ihren Wert annähern sollten. Seiner Prämisse gemäß "schulden wir allen Kulturen den gleichen Respekt", und dies sollte eine "Ausgangshypothese sein, mit der wir an das Studium jeder anderen Kultur herangehen sollten". Taylor stellt fest, dass die Verweigerung dieser Annahme allein als das Ergebnis von Vorurteilen oder böswilligen Absichten gesehen werden könnte. Es wäre gar "gleichbedeutend mit einer Ablehnung eines gleichen Status".

Verfährt man dagegen wie folgt, sei dies eine logische Erweiterung der Politik der Würde: "So wie alle, unabhängig von ethnischer Herkunft oder Kultur, die gleichen Bürgerrechte und das gleiche Recht zu wählen haben müssen, so sollten alle in den Genuss der Annahme kommen, dass ihre überlieferte Kultur wertvoll ist".[15]

---

[15] Taylor: *The politics of recognition*, S. 68.

Als ich diesen Teil von Taylors Kapitel las, hat mich seine Formulierung irritiert. Vor allem aber war ich über mich selbst erschrocken. Ich stimme gewiss zu, dass wir alle Kulturen gleichermaßen respektieren sollten. Dann wurde mir jedoch klar, dass ich tatsächlich ein Problem mit seinem Standpunkt habe. Ich unterstütze zwar die Forderung, dass wir Menschen aus anderen Kulturen mit Respekt und auf der Grundlage gleichen Wertes und gleicher Würde behandeln sollten. Doch glaube ich, dass das Studium oder die Annäherung an eine Kultur nicht unbedingt die gleiche Herangehensweise erfordern sollte. Ja, ich werde den Gegenstand meiner Studien mit Respekt behandeln, werde aber davon absehen, ihm einen Wert beizumessen, ehe ich ihn studiere und sehe, was er für das Leben der Menschen in ihrem sozialen und politischen Kontext bedeutet. Erst, wenn ich all dies verstanden habe, werde ich es wagen, ein Urteil abzugeben.

Denken Sie an den traditionellen Brauch des "Zwillingsfluchs" auf Madagaskar. In der Stadt Mananjary an der abgelegenen Ostküste Madagaskars kontrolliert eine ganze Reihe von Tabus, die über viele Generationen weitergegeben wurden, das Leben der Stammesmitglieder. Diese Regeln werden von Stammeshäuptlingen, den Königen, umgesetzt und am Leben erhalten. Eines dieser Tabus besagt, dass Zwillinge als Fluch, als Abscheulichkeit zu betrachten seien, weil sie schreckliches Unglück, ja sogar den Tod bringen. Wenn eine Frau Zwillinge zur Welt bringt, dann wird von ihr erwartet, dass sie sie im Stich lässt. Wenn sie sich weigert, wird sie von der Gemeinschaft geächtet und gezwungen, aus ihrer Heimat und ihrem Dorf zu fliehen. In der Vergangenheit wurden neugeborene Zwillinge zum Sterben im Busch zurückgelassen. Heute werden die meisten immer noch ausgesetzt. Aber einige Mütter haben es gewagt, sich diesem Tabu zu widersetzen und leben zusammen in einem "Zwillings-Flüchtlingslager", wie die Channel-4-Reporterin Kiki King es nannte.[16]

---

[16] Unreported World: *The Cursed Twins of Madagascar*, Dokumentarfilm von Channel 4, 9. Mai 2014; Kiki King: "The cursed twins of Madagascar", *Huffington Post*, Blog-Eintrag, 9. Mai 2014, http://www.huffingtonpost.co.uk/kiki-king/unreported-world-twins-in-madagascar_b_5293247.html (Zugriff am 14. Juli 2015); IRIN: "Madagascar: Twins taboo splits a community", *IRIN News, UN Office for the Coordination of Humanitarian Affairs*, 3. Nov. 2011, http://www.irinnewsorg

Wie sollte ich mich als Sozialwissenschaftlerin dieser Tradition nähern? Ich kann die historischen Wurzeln, seinen Kontext, sein Wertesystem und natürlich die Machtstrukturen erklären, die den Brauch aufrechterhalten: Die Stammeshäuptlinge sind diejenigen, die diese Tabus durchsetzen; man glaubt, dass sie in der Lage sind, mit toten Vorfahren zu kommunizieren und auch deren Erlaubnis haben, die Tabus zu ändern. All das werde ich sicherlich berücksichtigen. Aber sollte ich auch sagen, dass ich diesen Brauch schätze? Klar gesagt – das tue ich nicht. Ich schätze diese Praxis nicht oder die kulturellen Normen, die sie hervorgebracht haben, weil diese dazu führen, dass Menschen neugeborene Babys aussetzen, die sterben werden. Hier werde ich es wagen, ein Urteil abzugeben. Aber ich werde mein Urteil erst dann fällen, wenn ich die Konsequenzen der Tradition beurteilen kann. Deshalb kann ich sagen, dass es sich um eine schädliche Praxis handelt, die gegen ein grundlegendes, fundamentales Menschenrecht verstößt.

Bitte beachten Sie, dass ich keine hegemoniale ethnozentrische Position einnehme, die auf andere herabschaut. Ich stelle nur fest, dass es viele kulturelle Praktiken gibt, die schädlich sind und im Namen von Religion, Kultur und Tradition ausgeübt werden. Der Schaden, den sie verursachen, ist der Grund, weshalb ich über sie urteile. Es sind die Folgewirkungen, die hier zählen.

Diese Konsequenzen scheinen die Befürworter des essentialistischen Paradigmas nicht zu berühren. Gruppenrechte sind oft mit zwei Varianten des Kulturrelativismus verknüpft: dem starken und dem schwachen Kulturrelativismus. Die "starken" Kulturrelativisten vertreten die Ansicht, dass "die Kultur die Hauptquelle für die Gültigkeit eines moralischen Rechts oder einer moralischen Regel ist [...]. Die Annahme lautet, dass Rechte (und andere soziale Praktiken, Werte und moralische Regeln) kulturell bestimmt sind".[17] Die "schwachen" Kulturrelativisten hingegen behaupten, dass "die Kultur eine wichtige Quelle für die Gültigkeit eines moralischen Rechts oder einer moralischen Regel sein kann. Universalität wird zuvör-

---

/report/94124/madagascar-twins-taboo-splits-a-community (Zugriff am 14. Juli 2015).

[17] Jack Donnelly: "Cultural relativism and universal human rights", *Human Rights Quarterly* VI/4 (Nov. 1984), S. 401.

derst angenommen, aber die Bedingtheiten der menschlichen Natur, der Gemeinschaften und der Rechte dienen als Hindernis möglicher Auswüchse des Universalismus".[18]

Beide Versionen des Kulturrelativismus durchdringen die Forderungen nach Gruppenrechten und damit nach Rechtspluralismus. Tatsächlich schloss Giordanos Argumentation beide Versionen gleichzeitig ein: Einerseits erwartet er von den Muslimen nicht, dass sie sich an die schweizerische Rechtstradition halten, weil die kulturelle Distanz zu groß sei. Andererseits besteht er darauf, dass bei Anwendung des islamischen Rechts in Zivilsachen die universellen Menschenrechte nicht verletzt werden dürften. Diese doppelte Forderung ist nur schwer zu erfüllen.

Noch einmal: Es sind die Konsequenzen, die zählen. Durch die gleichzeitige Förderung des Konzepts der Gruppenrechte und eines kulturrelativistischen Ansatzes gegenüber Rechten und Würde rechtfertigen die Essentialisten Menschenrechtsverletzungen sowohl innerhalb von Minderheitengruppen als auch durch autoritäre Regime – als Ausdruck unterschiedlicher kultureller Konzepte von Recht und Gerechtigkeit.

Die Folgen indessen sind schlimm und drohen die Menschenrechte auf internationaler Ebene zu untergraben. Denken Sie an die von Russland eingebrachte und vom Menschenrechtsrat der Vereinten Nationen im September 2012 verabschiedete Resolution, die aufruft zur "Förderung der Menschenrechte und der Grundfreiheiten durch ein besseres Verständnis der traditionellen Werte der Menschheit". Sie verlangt eine Erfassung der besten traditionell-gewohnheitsrechtlichen Praktiken und erklärt, dass "alle Kulturen und Zivilisationen in ihren Traditionen, Bräuchen, Religionen und Überzeugungen einen gemeinsamen Wertekanon teilen".[19] Als ich diese Resolution las, wurde mir klar, warum ich ein Problem mit Taylors Forderung hatte, dass alle Kulturen den gleichen Status haben sollten.

---

[18] Ebd.
[19] Text der Resolution 16/3: "Promoting human rights and fundamental freedoms through a better understanding of traditional values of humankind", Human Rights Council, 8. April 2011, http://daccess-dds-ny.un.org/doc/RESOLUTION/EN/G11/124/92/PDF/G1112492.pdf?OpenElement (Zugriff am 15. Juli 2015).

Die Bedeutung dieser Resolution ist auch *Human Rights Watch* nicht entgangen. Die Organisation leitete ihren Menschenrechtsbericht 2013 mit einem Artikel ein unter dem Titel "*Das Problem mit der Tradition: Wenn ‚Werte' die Rechte mit Füßen treten*". Der Artikel warnt vor den Gefahren der Berufung "auf ein einheitliches, vermeintlich vereinbartes Wertesystem, das die Vielfalt niederwalzt, die Dynamik traditioneller Bräuche und Gewohnheitsrechte ignoriert und jahrzehntelangen Fortschritt in der Achtung der Rechte von Frauen und Angehörigen u.a. der lesbischen, schwulen, bisexuellen und Transgender(LGBT)-Gemeinschaften untergräbt."[20]

Bezeichnenderweise, so argumentiert der Artikel, können traditionelle Werte "korrumpiert werden, indem sie Regierungen als praktisches Werkzeug bei ihrem Geschäft der Repression dienen". Vereinfacht ausgedrückt: Tradition, Kultur und Religion würden benutzt, um die Menschenrechte in autoritären Regimen zu untergraben.

Beispiele hierfür gibt es reichlich. Denken Sie etwa an den Iran. Dieser hat in seinen Beziehungen zu internationalen Menschenrechtsorganisationen oft einen Diskurs des Kulturrelativismus in Bezug auf die Menschenrechte geführt und ein Recht auf kulturelle Ausnahmen geltend gemacht, indem er sich auf "authentische kulturelle und religiöse" Rechtfertigungen für seine beschämende Menschenrechtsbilanz berief. Die Erklärung des iranischen Vertreters bei der Menschenrechtskommission aus dem Jahr 1995 veranschaulicht dieses Argument deutlich:

> "Die Menschenrechtskommission und andere UN-Organe nehmen keine Rücksicht auf religiöse Werte; man kann sogar sagen, dass unter verschiedenen Vorwänden eine Art Kampf gegen religiöse Werte und Überzeugungen stattfindet. Sie nehmen auch moralische Gebote nicht ernst. Sie ziehen ebenso wenig die Möglichkeit ernsthaft in Betracht, die Freiheit des Einzelnen eingedenk angemessener moralischer Zwänge einzuschränken, wie sie in der Allgemeinen Erklärung der Menschenrechte (Artikel 29-2) ebenfalls berücksichtigt werden. Keiner Regierung würde je der Vorwurf gemacht, unbegrenzte Freiheiten zu gewähren, die gegen moralische Gebote und korrekte religiöse Werte verstoßen. Wenn eine Regierung jedoch um des Schut-

---

[20] Graeme Reid: "The trouble with tradition: When ‚values' trample over rights", *HRW World Report* 2013. Zugriff über http://www.hrw.org/world-report/2013/essays/trouble-tradition (Zugriff am 14. Juli 2015).

zes der öffentlichen Moral willen Beschränkungen für ihre Bürger festlegt, wird sie in UN-Resolutionen infrage gestellt und angeklagt!"[21]

Der Iran mag behaupten, er schütze "die öffentliche Moral und richtige religiöse Werte". Aber Reza Afshari, der den iranischen Menschenrechtsdiskurs und die tatsächliche Bilanz der Menschenrechtsverletzungen dieses Landes in seiner maßgeblichen Studie *"Human Rights in Iran – The Abuse of Cultural Relativism"* dokumentiert hat, zeigt überzeugend auf, dass es nicht um "den Islam als privaten Glauben von Einzelpersonen" geht. Vielmehr gehe es darum, "was Staatsbeamte, die islamische Autorität für sich beanspruchen, über die Behandlung der Bürger durch den Staat zu sagen haben könnten".[22]

Indem er in iranischen Regierungsdokumenten, Menschenrechtsaufzeichnungen und Archiven der Vereinten Nationen recherchierte, lieferte Afshari zahlreiche Beweise dafür, dass sich der Iran bei seinen Menschenrechtsverletzungen wie eine bemerkenswert autoritäre Regierung verhalten hat. Das Land inhaftierte, folterte und richtete systematisch Dissidenten ohne ordentliches Gerichtsverfahren hin, ermordete politische Gegner fern der Staatsgrenzen und verteidigte diese Taten oft als "authentische kulturelle Praktiken".

"Authentische kulturelle Praktiken" und "richtige religiöse Werte" klingen ziemlich hohl angesichts der Verfolgung, die die iranische Baha'i-Minderheit – die größte nichtmuslimische Minderheit im Iran – erdulden muss. Da sie nicht anerkannt ist und daher offiziell nicht existiert, schwanken die Schätzungen ihrer Anhänger zwischen 150.000 und 500.000 Menschen. Die Baha'i-Religion, ein monotheistischer Glaube, entstand in Schiraz im Jahr 1840, gilt im Iran aber als "falsche" Offenbarung, und ihre Anhänger werden als Abtrünnige behandelt.

Baha'is werden auf eine Weise verfolgt, die darauf abzielt, die Bedingungen zu zerstören, die sie brauchen, um als Gemeinschaft zu überleben. Einzelpersonen werden aus allen möglichen Gründen und in allen Bereichen des öffentlichen Lebens angegriffen. Zur

---

[21] Reza Afshari: *Human Rights in Iran: The Abuse of Cultural Relativism* (Philadelphia: University of Pennsylvania Press, 2011), S. 5.
[22] Ebd., S. XVI.

Unterdrückung gehören Hinrichtung, Folter, willkürliche Inhaftierung, Verweigerung von Bildung und Beschäftigung, willkürliche Beschlagnahme von Häusern und Besitz, Einziehung von Gemeindevermögen sowie Beschlagnahme, Schändung und Zerstörung heiliger Stätten.[23]

Das Ziel der Schikanen und Verfolgungen ist es, die Baha'is zum Islam zu bekehren. Ein offizieller Brief, den eine iranische Behörde an einen Baha'i schickte, dem nach der islamischen Revolution seine Rente verweigert wurde, ist ein aufschlussreiches Dokument:

> "Nach uns vorliegenden Informationen sind Sie Baha'i und haben daher keinen Anspruch auf eine Rentenzahlung. Sollten Sie jedoch zum Islam konvertieren und Reue darüber zeigen, ein Baha'i gewesen zu sein, und diesem Amt zudem den Nachweis erbringen, dass Sie den Islam angenommen haben, werden wir Schritte unternehmen, um die Rentenzahlungen an Sie wiederaufzunehmen."[24]

In der Tat kann niemand den Entzug der Rente einer Bürgerin oder eines Bürgers mit dem Argument rechtfertigen, dass dadurch "die öffentliche Moral und authentische religiöse Werte" geschützt würden.

Saudi-Arabien ist ein weiteres Regime, das die Religion als Instrument zur Rechtfertigung jeglicher von der Regierung gewählten Politik benutzt – ein schwerlich originelles Instrument der Legitimation. So berufen sich die saudischen Behörden zum Beispiel auf religiöse Lehren und kulturelle Normen, um Frauen und Mädchen das Recht zur Teilnahme an sportlichen Aktivitäten zu verweigern: "Schritte des Teufels" auf dem Pfad in die Unmoral nannte sie ein religiöser Führer.[25]

Diese Verletzung der Rechte von Mädchen wurde 2013 im Bericht von *Human Rights Watch* zitiert. Doch dank internationalen und internen Drucks änderte sich die Politik im April 2014. Plötzlich, nach Jahrzehnten des Beharrens darauf, dass die islamischen Lehren Mädchen Sport verbieten würden, änderte sich diese Lehre auf wundersame Weise – die Regierung zitierte das religiöse Edikt

---

[23] Ebd., S. 124.
[24] Ebd. zitiert, S. 123.
[25] Graeme Reid: "The trouble with tradition".

eines toten Mufti, um ihren Kurswechsel zu rechtfertigen.[26] Obwohl die neue Politik zu begrüßen ist, zeigt dieses Beispiel doch deutlich, wie Religion und Kultur tatsächlich als Rechtfertigungsinstrumente eingesetzt werden.

Aus dem gleichen Grund beriefen sich saudische Behörden oft auf die Religion, um politische Kritik an ihrem autoritären Regierungsstil zum Schweigen zu bringen. Der Vorwurf des Abfalls vom Glauben gegen den saudischen Blogger und Intellektuellen Raif Badawi ist ein berühmtes Beispiel. Im Jahr 2006 gründete er das *Saudi Liberal Network*: eine Plattform für ernsthafte Diskussionen über liberale Ideen, religiöse Autoritäten und die wahhabitische Interpretation des Islam im Königreich. Daraufhin wurde er im Juni 2012 inhaftiert und verbüßt seitdem eine zehnjährige Haftstrafe, die zugleich 1.000 Peitschenhiebe, eine Geldstrafe von 266.631 US-Dollar und ein Reise- und Äußerungsverbot in den Medien für zehn Jahre nach seiner Verurteilung umfasst. Er wurde des Abfalls vom Glauben angeklagt und – den Worten des Strafgerichtshofs von Dschidda zufolge – für schuldig befunden, "zu etwas beigetragen zu haben, was die öffentliche Ordnung, die religiösen Werte und die Moral stören würde", "Sünde, Aggression und Beleidigung der Heiligtümer der Muslime" zu begünstigen sowie "islamische religiöse Persönlichkeiten lächerlich gemacht zu haben".[27] Eine internationale Kampagne, in die ich selbst eingebunden bin, setzt sich seither für seine Freilassung ein.

Beachten Sie aber, dass Badawi seiner Religion nie abgeschworen hat. Sich für oder gegen seine Religion zu entscheiden, ist ein grundlegendes Menschenrecht. Doch hier geht es um mehr als um die Verletzung dieses Rechts: Es ist die Strategie der saudischen Behörden, jeden oppositionellen Menschen des Glaubensabfalls zu

---

[26] "Saudi Arabia: Shura Council approves sport for girls based on the fatwa [edict] of Sheikh Ibn Baaz and postpones [the issue of] female teachers teaching boys", *CNN Arabic*, 9. April 2014 (auf Arabisch), http://arabic.cnn.com/middleeast/2014/04/07/saudi-shura-sport-vote (Zugriff am 14. Juli 2015).

[27] Text der Gerichtsentscheidung N. 34184394 (7. Mai 2014) (auf Arabisch), Strafgerichtshof Jeddah, Saudi-Arabien; "A thousand lashes and 10 years in prison for online Saudi Arabian activist", Presseerklärung, Amnesty International, 7. Mai 2014, http://www.amnestyusa.org/news/news-item/a-thousand-lashes-and-10-years-in-prison-for-online-saudi-arabian-activist (Zugriff am 14. Juli 2015).

beschuldigen, um ihn dadurch zu delegitimieren. *Amnesty International* bezeichnete Raif Badawis Verurteilung als "empörend" und beschrieb ihn als einen Gewissensgefangenen, der sich nichts weiter als den Mut zur Schaffung eines öffentlichen Forums zur Diskussion und zur friedlichen Ausübung des Rechts auf freie Meinungsäußerung zuschulden kommen ließ.[28]

***

Heutzutage berufen sich Länder wie Iran und Saudi-Arabien auf traditionelle Werte, Kultur und Religion, um Menschenrechtsverletzungen und Unterdrückung zu rechtfertigen. Es mag überraschen, dass es in der Mitte des zwanzigsten Jahrhunderts die Kolonialmächte waren, die die Strategie des Kulturrelativismus nutzten, um die Universalität der Menschenrechte zu verleugnen. Wie heute der Iran und Saudi-Arabien nutzten sie diese Strategie, um die Verletzung der Rechte der Bürger in ihren Kolonien zu rechtfertigen.

Tatsächlich wurde der Kulturrelativismus in den frühen 1950er Jahren hauptsächlich von den imperialen Mächten vorangetrieben. Von den Delegierten der wenigen Entwicklungsländer, die damals in die Vereinten Nationen aufgenommen worden waren, wurde er dagegen heftig bekämpft. Es war also das genaue Gegenteil von dem, was die akademischen Befürworter des Kulturrelativismus als Orthodoxie verteidigen. Diese Tatsache wurde von Roland Burke in seinem beeindruckenden Buch "*Decolonization and the Evolution of International Human Rights*" erforscht und dokumentiert. Burke schreibt:

> "Anfang der 1950er Jahre war der Kulturrelativismus die Sprache der westlichen Kolonialmächte, die sich jedem Versuch widersetzten, die Menschenrechte auf ihre Kolonien auszudehnen. Diplomaten aus Großbritannien, Frankreich, Belgien und den Niederlanden erklärten vor dem Dritten Ausschuss der UNO, warum bestimmte Menschenrechtsverträge nicht auf die von ihnen kontrollierten Kolonien angewendet werden könnten. René Cassin, ein Nobelpreisträger [...] veranschaulichte diese Tendenz, als er sich 1950 während einer Debatte über Menschenrechtsverträge darüber beklagte, dass es unangemessen wäre, 'Länder, die von verschiedenen Völkern bewohnt werden, einheitlichen Verpflichtungen zu unterwerfen', insbesondere von solchen Völkern, 'die sich auf der untersten Stufe der Entwicklung befinden'. Als der belgische Vertreter im Oktober 1950 dagegen protestierte,

---

[28] Ebd.

galten die Menschenrechte für fortgeschrittene 'zivilisierte' Länder, nicht aber für Afrikaner."[29]

Westliche Kolonialdelegationen versuchten, sich ihren Menschenrechtsverpflichtungen durch eine "vorgetäuschte Ehrfurcht vor der traditionellen Kultur der indigenen Bevölkerung" zu entziehen.[30]

Diese letzte Beobachtung ist sehr wichtig, weil sie einer zentralen Annahme des essentialistischen Paradigmas widerspricht: dass die Menschenrechte eine Auferlegung imperialer Mächte sind. Damit komme ich zum letzten Merkmal dieses Paradigmas.

Viertes Merkmal: Die Bürde des weißen Mannes

Weiter oben sagte ich bereits, dass Taylors Absichten achtbar seien, weil sein eigentliches Motiv der Schutz der Rechte von Minderheiten sei. Dieser Gerechtigkeitssinn ist mit einem starken Gefühl von Schuld und Scham verknüpft: die Last der westlichen Hegemonie und der kolonialen Vergangenheit, d. h. die Bürde des weißen Mannes.[31]

Taylors Text wird deutlich von der Bürde des weißen Mannes geprägt. Die beiden Elemente des Schutzwillens und des Schuldgefühls fügen sich bei ihm zusammen, wenn er seine Vorstellung von Gruppenrechten sowie die gleichberechtigte Anerkennung des Wertes und der Bedeutung verschiedener Kulturen rechtfertigt:

> "Dies führt uns zu der heute oft diskutierten Frage des Multikulturalismus, die viel mit der Aufnötigung einiger Kulturen auf andere und mit der mut-

---

[29] Roland Burke: *Decolonization and the Evolution of International Human Rights* (Philadelphia: University of Pennsylvania Press, 2010), S. 114.
[30] Ebd.
[31] Der Wendung "Bürde des weißen Mannes" tauchte erstmals 1899 als Titel eines Gedichts des englischen Dichters Rudyard Kipling auf, in welchem dieser den weißen Mann dazu aufrief, Nationen zu kolonisieren, um den in diesen Nationen lebenden Menschen zu helfen; der Begriff wurde zum Sinnbild sowohl des eurozentrischen Rassismus als auch des westlichen Bestrebens, die Entwicklungsländer zu beherrschen. William Easterly verwendete den Titel für sein Buch "The White Man's Burden" (Oxford University Press, 2007); darin kritisierte er die Hilfsmaßnahmen in den Entwicklungsländern und geißelte die selbstgefällige und bevormundende Haltung des Westens, der versuche, diesen Lösungen von oben herab aufzuzwingen.

maßlichen Überlegenheit zu tun hat, die diese Aufzwingung antreibt. Westliche liberale Gesellschaften gelten in dieser Hinsicht als äußerst schuldig, teils wegen ihrer kolonialen Vergangenheit, teils aufgrund ihrer Marginalisierung von Bevölkerungsteilen, die anderen Kulturen entstammen. In diesem Zusammenhang kann die Antwort 'so machen wir eben die Dinge hier' grob und unsensibel erscheinen. Auch wenn es in der Natur der Sache liegt, dass hier Kompromisse nahezu unmöglich sind – entweder man verbietet oder man erlaubt Mord –, so wird die in der Antwort vermutete Haltung als Ausdruck von Verachtung betrachtet. In der Tat ist diese Vermutung oft richtig. Damit kommen wir wieder zurück zur Frage der Anerkennung."[32]

Die Kombination dieser beiden Elemente – der Wunsch, die Rechte von Minderheiten oder Menschen in ehemaligen Kolonien zu schützen, und das starke Gefühl von Scham und Schuld über die koloniale und imperiale Vergangenheit des Westens und sein politisches Verhalten – führt zu einer Annahme, die dem essentialistischen Paradigma zugrunde liegt:

Menschenrechte sind ein westliches Unterfangen und eine Zumutung der Mächtigen.

Und sie sind ein westliches Konstrukt mit begrenzter Übertragbarkeit, wie Adamantia Pollis und Peter Schwab bekanntlich in ihrem 1979 herausgegebenen Buch "*Human Rights: Cultural and Ideological Perspectives*" meinen. Für sie sind Menschenrechte nicht universell. Bemühungen, diese Rechte durchzusetzen, spiegeln einen "moralischen Chauvinismus und eine ethnozentrische Voreingenommenheit" wider und sind "zum Scheitern verurteilt". Für sie sind die Menschenrechtsprinzipien, wie sie in der Allgemeinen Erklärung der Menschenrechte verankert sind, nicht einmal für Gesellschaften mit einer nicht-westlichen kulturellen Tradition oder einer sozialistischen Ideologie relevant. Ironischerweise schließen Pollis und Schwab Spanien, Portugal und Griechenland in ihre Vorstellung von nicht-westlichen Ländern mit ein. Wirtschaftliche, kulturelle und kollektive Rechte haben für diese Autoren ebenso viel Gültigkeit und Legitimität wie individuelle bürgerliche und politische Rechte.[33]

Das ist die Geisteshaltung, die das essentialistische Paradigma durchdringt. Diese Denkweise nimmt den "Anderen" – sei es eine

---

[32] Taylor: *The politics of recognition*, S. 63–64.
[33] Adamantia Pollis und Peter Schwab: *Human Rights: Cultural and Ideological Perspectives* (New York, Praeger, 1979), S. 1–17.

"Minderheit" oder ein "Dritte-Welt-Land" – als den "Unterdrückten" wahr und sieht Menschenrechtsgesetze als "Werkzeuge" des "Unterdrückers". Und die Schuld, die Last der westlichen kolonialen Vergangenheit und des gegenwärtigen Imperialismus, dient als Motivation, diese Minderheiten oder Kulturen von westlicher Hegemonie zu befreien. Aus ihrer Perspektive betrachtet ist es ein Kampf, ein Ringen, und sie stehen auf der Seite der Unterdrückten gegen den westlichen Unterdrücker.

Dieser Denkweise wohnt die Idee der Authentizität inne und die Frage, wer als authentischer Vertreter des "Anderen" herhalten kann.

Pollis und Schwab hatten die Dreistigkeit, die Menschenrechte kategorisch als elitär und diejenigen, die diese Werte verteidigen, als verwestlicht abzulehnen: "Die westlich geprägten Vorstellungen von Menschenrechten, wie sie von politischen Eliten der Dritten Welt artikuliert werden, spiegeln die Verwestlichung dieser Eliten wider. Es kann nicht unterstellt werden, dass die Mehrzahl der Menschen diese Konzepte teilt."[34]

Taylor tut dasselbe, aber subtiler, indem er sich auf Frantz Fanons Roman "*Les Damnés de la Terre*" bezieht. Darin argumentiert Fanon, dass die "Hauptwaffe der Kolonisatoren die Auferlegung ihres eigenen Bildes vom Kolonisierten auf die unterjochten Menschen war. Letztere müssen, um frei zu sein, sich zunächst von diesen abwertenden Selbstbildern befreien". Dies führe, so Taylor, "zu einem Kampf um ein verändertes Selbstbild, der sowohl innerhalb der Unterworfenen als auch gegen den Beherrscher geführt wird".[35]

Von hehren Absichten abgesehen, drückt die essentialistische Denkweise ungewollt eine ethnozentrische Besessenheit von ihrem eigenen "Selbst" aus: dem westlichen Selbst. Ethnozentrismus ist ein zweischneidiges Schwert. Wer auf der einen Seite steht, sieht die Welt durch das Prisma des Rassismus. Aber das ist nicht das Prisma der Essentialisten. Was sie repräsentieren, ist die andere Seite, eine Geisteshaltung, die so sehr von ihrer Beschäftigung mit sich selbst und ihren Unzulänglichkeiten geprägt ist, dass sie die

---

[34] Ebd., S. 12.
[35] Taylor: *The politics of recognition*, S. 65.

Hoffnungen, Sehnsüchte und Forderungen anderer Menschen nicht getrennt von ihren eigenen sieht.

Darüber hinaus grenzt die essentialistische Geisteshaltung an Arroganz, wenn nicht gar an Überheblichkeit: Essentialisten gehen davon aus, dass sie die Bedürfnisse der Entwicklungsländer und ihrer Kulturen sowie von ethnischen Minderheiten besser als andere kennen. Ferner glauben sie, dass sie wissen, wer diese Gesellschaften repräsentieren sollte – jemand, der ihren Kriterien für Authentizität zu entsprechen habe, ein folkloristisches Konstrukt eines indianischen Eingeborenen mit einer Feder auf dem Kopf. Genau wie ihre Vorgänger, die Kolonisatoren, die Einheimische in ihren Kolonien als unzivilisierte Menschen behandelten, die nicht in der Lage sind, selbst zu entscheiden, handeln die Essentialisten, wenn auch unbeabsichtigt: Sie unterstellen, dass sie besser wissen, was das Beste für die Einheimischen ist, und behandeln diejenigen, die dem Prisma ihres Paradigmas widersprechen, wie Minderjährige, die ihre eigenen Interessen nicht kennen.

Wenn die Bürde des weißen Mannes lediglich ein theoretischer akademischer Diskurs wäre – sowohl ethnozentrisch als auch arrogant –, hätte ich nichts dagegen. Aber er ist nicht nur theoretisch: Dieser akademische Diskurs hat schwerwiegende Konsequenzen. Er wurde benutzt, um sowohl Verletzungen grundlegender Menschenrechte als auch Gewalt gegen Frauen, Minderheiten, LGBT-Personen und Menschen mit unterschiedlichen politischen oder ideologischen Orientierungen zu rechtfertigen.

Die folgenden zwei Beispiele mögen mein Argument verdeutlichen.

Erstes Beispiel. In ihrem hitzigen Angriff gegen die Auferlegung westlicher Werte und in ihrem Beharren darauf, dass die Menschenrechte nicht universell seien, lieferten Pollis und Schwab schließlich eine Rechtfertigung für den Totalitarismus. Indem sie sich auf das Bedürfnis der Kolonien nach wirtschaftlicher Entwicklung und nationaler Identität konzentrierten, entschuldigten sie Nationen, die die Menschenrechte ungestraft verletzten:

"Die Einheit einer traditionellen Kultur, die das Individuum im Hinblick auf seine Gruppenzugehörigkeit definierte; das Bedürfnis, diese Gruppenidentität auf die nationalstaatliche Ebene zu übertragen; eine Definition von Modernisierung mittels wirtschaftlicher Entwicklung und die Herausbildung der Vorstellung von einem Einparteienstaat als Verkörperung des Volkes – dies erleichterte die Verabschiedung von Dekreten, die die Meinungsfreiheit einschränkten, die Annahme von Gesetzen zur Sicherungsverwahrung, die Ächtung rivalisierender politischer Parteien, die Unterwerfung der Justiz unter Parteikontrolle und die Einverleibung aller selbstgewählten Zusammenschlüsse unter dem Dach einer Partei. Diese Maßnahmen wurden nicht als antidemokratisch betrachtet, sondern als Voraussetzung dafür, dass ethnisch vielfältige, extrem arme Staaten sich einen einheitlichen politischen Rahmen schaffen konnten, der für ihre wirtschaftliche Entwicklung unerlässlich ist. Wie Nkrumah und Nyerere oft sagten: Die Wirtschaft würde zum Erliegen kommen, wenn man zuließe, dass politische Differenzen den Staat beherrschten, da die für seine Entwicklung notwendige Einheit fehlte."[36]

Pollis' und Schwabs Verweis auf wirtschaftliche Rechte ist in diesem Zusammenhang sehr problematisch: Zwischen politischen und wirtschaftlichen Rechten sehe ich keinen Gegensatz. 1996 traf ich als Teil eines Schweizer Fernsehteams, das die Wasserknappheit im Jemen dokumentierte, Amina, eine Frau, die in einem abgelegenen Dorf am Rande von Taiz lebt. Für Amina haben die Rede- und Vereinigungsfreiheit keine Bedeutung. Sie sind Unfug. Für sie haben Wasser, Nahrung, Gesundheit und Bildung für ihre Kinder Priorität. Ein menschenwürdiges Leben, das auf wirtschaftlichen Rechten beruht.

Doch dies negiert nicht die Notwendigkeit, die Rede- und Vereinigungsfreiheit zu respektieren. Jemenitische Frauen wie Arwa Othman und Amal Al-Basha, bekannte Bürger- und Menschenrechtsaktivistinnen, verteidigen diese Rechte, weil sie ihnen Schutz vor der Tyrannei ihrer Regierung garantieren. Diese Rechte gewährleisten ihre Fähigkeit, sich für Transparenz und gutes Regierungshandeln einzusetzen.

Wirtschaftliche Rechte stehen ebenso wenig im Widerspruch zur Notwendigkeit fairer Gerichtsverfahren und zum Verbot der Folter. Feras Shamsan, ein junger jemenitischer Journalist, der 2014 in einem ägyptischen Polizeigefängnis inhaftiert wurde, weiß sehr genau, dass diese Rechte weder überflüssig noch theoretisch sind.

---

[36] Pollis und Schwab: *Human Rights...*, S. 10.

Schamsan wurde inhaftiert, weil er versucht hatte, einen Streit zwischen zwei Frauen zu schlichten, die sich über Abd al-Fattah as-Sisi stritten, den ehemaligen ägyptischen Verteidigungsminister und heutigen Präsidenten. Shamsan wurde zusammen mit 30 anderen Häftlingen 35 Tage lang in eine kleine Zelle gesteckt. Sie können sich die Bedingungen in dieser Zelle vorstellen. Eigentlich aber können Sie das nicht. Er musste die meiste Zeit stehen, konnte die Beine ausstrecken und musste die stärksten Schläger in der Zelle dafür bezahlen, einen Platz zum Schlafen zu bekommen. Schlimmer noch, zusammen mit anderen inhaftierten Aktivisten musste er gegen die täglichen Versuche der Schlägertypen kämpfen, die Jüngsten und Schwächsten unter ihnen zu vergewaltigen. Er war zwischen zwei Kräften eingezwängt: Mitgliedern des ägyptischen Sicherheitsapparates, die ihn verhörten und ihm Folter und Vergewaltigung androhten, wenn er nicht kooperiere, und einem brutalen Machtsystem innerhalb der Zelle, das von kriminellen Schlägern regiert wurde.[37]

Für Shamsan bedeutet das Fehlen dieser Rechte den Unterschied zwischen Vergewaltigung und Nichtvergewaltigung: Daran ist nichts besonders Westliches. Für jeden Gefangenen, seien es Amerikaner, Jemeniten oder Chinesen, sind Haftbedingungen, die ihre Würde und Rechte respektieren, keine Diskussionen, die aufgeschoben werden können. Für Othman und Al-Basha bedeutet das Fehlen dieser Rechte den Unterschied zwischen Freiheit und Gefangenschaft. Auch daran ist nichts besonders Westliches. Für sie sind dies grundlegende Menschenrechte, für Menschen des Westens und für Nichtwestler gleichermaßen – eben für alle Menschen. Für sie ist das Fehlen dieser politischen Rechte undemokratisch.

Doch das ist es nicht, was uns Pollis und Schwab mitteilen. Sie erklären, dass es, wenn eine Bevölkerung afrikanisch und arm ist, der Definition nach unvermeidlich sein wird, die Menschenrechte ihrer Bürger zu verletzen. Diktatur und autoritäre Regime seien für solche Entwicklungsländer am besten geeignet, weil die wirtschaftliche Entwicklung Vorrang habe. Es überrascht nicht, dass mehrere autoritäre Führer das theoretische Argument, das Pollis und

---

[37] Feras Shamsan: Interview der Autorin via Skype, 18. Mai 2014.

Schwab anbieten, verwendet haben, von marxistisch-panafrikanischen Führern wie Nkrumah in Ghana über den panarabischen Nationalisten Gamal Abdel Nasser in Ägypten bis hin zum militärischen Machthaber Abd al-Fattah as-Sisi in Ägypten. Allzu oft gelang es diesen Führern weder eine wirtschaftliche Entwicklung noch eine demokratische Ordnung zu schaffen, die die Menschenrechte achtet.

Krasse Ausbeutung dieser Art veranlasste Pollis 1996 dazu, ihre Argumentation zu überdenken. Obwohl sie nach wie vor fest von der Stichhaltigkeit ihrer anfänglichen Behauptung überzeugt war, dass "in vielen Gesellschaften – in Asien, Afrika, Osteuropa (einschließlich Russlands) und im Nahen Osten – die liberale Menschenrechtsdoktrin nicht mit der Weltsicht des Volkes korrespondiert"[38], räumte sie ein, dass "das Argument der kulturellen Vielfalt dem Staat oft in die Hände spielt und dazu benutzt wird, willkürliche Machtausübung zu rechtfertigen".[39]

Zweites Beispiel. Die Vorstellung über die Bürde des weißen Mannes sowie die Besessenheit vom Imperialismus und von westlicher Hegemonialmacht wurden häufig dazu benutzt, all jene Stimmen zum Schweigen zu bringen, die auf Gewalt gegen Frauen, Minderheiten, LGBT-Personen und gegen Menschen mit unterschiedlichen politischen oder ideologischen Orientierungen hinweisen.

Meredith Tax, eine amerikanische Schriftstellerin, politische Aktivistin und Direktorin des *Zentrums für den Säkularen Raum*, hat dies in ihrem Buch "*Double Bind*" mit wortgewaltig zum Ausdruck gebracht:

> "Jede Feministin in Großbritannien oder Nordamerika, die Fragen der Geschlechterpolitik in Ländern mit muslimischer Mehrheit aufwirft, wird wahrscheinlich als Orientalistin bezeichnet [...] Ist sie weiß, wird man ihr vorhalten, sie sei Kolonialistin; ist sie eine farbige Frau oder Feministin aus dem globalen Süden, wird ihr mangelnde Authentizität unterstellt werden. Man wird ihr vorwerfen, dass sie den politischen Islam 'essentialisiere' und die Unterschiede innerhalb des Islam ignoriere; dass es ihr an Nuancierung und Kontextualisierung mangele; dass sie die Vorstellungen von westlicher

---

[38] Adamantia Pollis: "Cultural Relativism Revisited: Through a State Prism", *Human Rights Quarterly*, 18.2 (1996), S. 316.
[39] Ebd., S. 320.

Überlegenheit verinnerlicht habe; [...] dass sie eine Verräterin ihrer Community und Kultur sei."[40]

Tax erkannte schnell die Auswirkungen dieses akademischen Diskurses, insbesondere im Zusammenhang mit der US-Besetzung des Irak und dem irakischen Aufstand.

Dieser Aufstand umfasst Gruppen, die mit al-Qaida verbündet sind. Er wird von militanten Sunniten gebildet, die konfessionelle Gewalt gegen die Schiiten ausüben. Sie zünden Bomben auf Marktplätzen und in Wohnvierteln und setzen in ihrem fanatischen Versuch, einen islamischen Staat zu erzwingen, einen reaktionären Verhaltenskodex durch.

Obwohl irakische Linke und Feministinnen den irakischen Aufstand ablehnen, haben ihn linke Akademiker und einige Anti-Kriegs-Koalitionen auf der Nordhalbkugel mit der Begründung unterstützt, dass er das Eindringen des Auslandes und den Imperialismus bekämpfe.

Doch richtete sich der Aufstand und seine Gewalt hauptsächlich gegen das eigene Volk und weniger gegen die USA, wobei er vor allem Frauen ins Visier nahm. Die von den irakischen Aufständischen begangenen Gräueltaten wurden von Anissa He'lie klar beschrieben, einer feministischen Wissenschaftlerin mit algerischen Wurzeln und ehemaligen Koordinatorin für *"Women Living Under Muslim Laws"*. Im Jahr 2005 schrieb sie:

> "Zum Beispiel warnte eine extremistische Gruppe im Irak, die sich *Mudschahedin Shura* (Rat der Kämpfer) nennt, dass sie jede Frau töten würde, die unverschleiert auf der Straße gesehen wird. Der jüngste Fall von Zeena Al Qushtaini hat gezeigt, dass dies keine leere Drohung ist. Zeena, eine Frauenrechtlerin und Geschäftsfrau, die dafür bekannt war, 'westliche' Kleidung zu tragen, wurde von Jamaat al Tawhid wa'l Jihad, einer anderen bewaffneten islamistischen Gruppe, entführt und hingerichtet. Ihre Leiche wurde gefunden, eingewickelt in die traditionelle Abaya, die sie zu Lebzeiten nicht tragen wollte. An die Abaya geheftet war eine Botschaft: 'Sie war eine Kollaborateurin gegen den Islam'. Muslimische Extremisten sind bereits dazu übergegangen, männliche und weibliche Friseure zu ermorden, denen sie vorwerfen, 'westliche' Mode zu fördern. Sie richten sich auch gezielt gegen Gewerkschaftsführer sowie gegen Schwule und Lesben. Auch religiöse Minderheiten werden angegriffen, wie z.B. Christen in der nördlichen Stadt Mo-

---

[40] Meredith Tax: *Double Bind: The Muslim Right, the Anglo-American Left, and Universal Human Rights* (London: Centre for Secular Space, 2012), S. 99.

sul, wo Frauen aus der christlichen Gemeinde in einer Vergewaltigungskampagne herausgegriffen wurden."[41]

Diese Gräueltaten, die sich gegen eine Vielzahl an Irakern richteten – Frauen, Minderheiten, Friseure und Gewerkschaftsführer ebenso wie Schwule und Lesben –, wurden von Corinna Mullin, einer Dozentin an der *School of Oriental and African Studies*, beiseite geschoben, als sie auf den Text von Anissa He'lie antwortete. Ihr Argument verkörpert die Besessenheit der Essentialisten mit dem Imperialismus:

> "Es ist unklar, ob He'lies' ein Problem mit dem bewaffneten Widerstand im Allgemeinen oder nur mit bewaffneten Widerstand von Menschen hat, die andere Überzeugungen vertreten als sie selbst. Sie hat sicherlich Recht, dass es 'viele unbewaffnete Zivilisten sowie Gruppen jedweder politischen Richtung gibt, die die US-Besatzung ablehnen, jedoch keine Gewalt oder Menschenrechtsverletzungen begehen', wie es im algerischen Unabhängigkeitskrieg der Fall war, auf den sie sich bezieht. Aber wie He'lie sich vielleicht noch erinnert, wurde die Frage der wahllosen Angriffe oder des 'Terrorismus' während dieser Zeit auch von vielen europäischen Linken kritisiert, die wie He'lie ebenfalls des 'Mit-allen-gebotenen-Mitteln'-Arguments überdrüssig waren; vielleicht, weil sie die Natur der asymmetrischen Kriegsführung nicht verstanden und/oder wenig Erfahrung mit der Art von Verzweiflung hatten, die aus den ausbeuterischen und brutalen Verhältnissen entsteht, hervorgerufen durch Kolonialismus oder Okkupation [...]. Zugegeben, die konfessionelle Gewalt ist von etwas anderer Natur, aber dennoch ist sie ein Thema, das, wie der 'Terrorismus', im Kontext von Kolonialismus/Neokolonialismus und Besatzung gesehen werden muss."[42]

Zivilisten zu töten, weil sie ihre eigene Kleiderordnung gewählt haben, weil sie als Friseure arbeiten, Christen, Juden oder Yesiden sind, weil sie Gewerkschaftsführer, lesbisch oder schwul sind – die Tötung dieser Menschen ist unter keinen Umständen zu rechtfertigen. Kolonialismus/Neokolonialismus und Besatzung zu benutzen, um solche Gräueltaten auf einer akademischen Konferenz intellektuell zu rechtfertigen, ist für mich unbegreiflich. Doch genau das ist der Punkt – oder etwa nicht? Eine akademische Diskussion ist es nur für diejenigen, die sich für ein Verständnis solcher Gräueltaten einsetzen. Wären diese Akademiker oder ihre Familien von solchen Angriffen selbst betroffen, hörte es augenblicklich auf, nur

---

[41] Ebd., S. 74.
[42] Ebd., S. 96.

theoretisch zu sein. Schmerz und Entsetzen würden eine solche Diskussion beschämend machen.

Die Konsequenzen würden kristallklar werden.

Denn noch einmal: Auf die Konsequenzen kommt es an.

Erwähnenswert ist hier, dass Menschenrechtsverletzungen individuelle, aber auch kollektive Auswirkungen haben. Die Dichotomie von Individuum und Gruppe, die dem essentialistischen Paradigma innewohnt, ist hier irrelevant. Ein jeder beeinflusst den anderen.

Wie bereits erwähnt, verbringt Raif Badawi zehn Jahre im Gefängnis: seiner Freiheit und der Möglichkeit beraubt, seine Frau und seine drei Kinder sehen zu können. Sobald er aus dem Gefängnis entlassen wird, drohen ihm weitere zehn Jahre eines Reise- und Äußerungsverbot in den Medien, inklusive des Schreibens und öffentlichen Sprechens. Er und seine Familie spüren die Auswirkungen, wenn sein Recht auf freie Meinungsäußerung verletzt wird. Doch Raif Badawi ist nur eine Person unter vielen, die in Saudi-Arabien und der Golfregion aus politischen Gründen gefangen gehalten werden. Nach Angaben des *Golf-Forums für Zivilgesellschaften* befinden sich in den Gefängnissen der sechs Golfstaaten rund 40.000 politische Gefangene in Haft, die meisten davon in Saudi-Arabien und Bahrain. Die Mehrheit dieser Inhaftierten sind Schriftsteller, Ärzte, politische Aktivisten usw.[43] Die Notlage, in der sich jeder einzelne von ihnen befindet, spiegelt ein Klima der Angst und des Terrors wider, das in diesen Gesellschaften herrscht; sie zeugt von der despotischen Natur und dem Machtmissbrauch ihrer jeweiligen Regime.

***

Wie ich eingangs sagte, stellt Giordanos Argument nur die Spitze eines Eisbergs dar. Das Paradigma, das darunter liegt, hat die postkolonialen, postmodernen Diskurse schon viel zu lange dominiert.

---

[43] Agence France Presse AFP: "A human rights organization demands the release of prisoners of conscience in Gulf Countries", *Swissinfo*, 16. Mai 2014 (auf Arabisch), http://www.swissinfo.ch/ara/detail/content.html (Zugriff am 15. Juli 2015).

Es verbindet den Multikulturalismus als politischen Prozess mit der Politik des Rechtspluralismus, indem es Menschen entlang kultureller, religiöser und ethnischer Grenzen trennt, sie aussondert und in parallele rechtliche Enklaven platziert. Es nimmt Rechte aus einer Gruppenperspektive wahr – die Gruppe hat die Rechte, nicht die Individuen innerhalb der Gruppe –, und es besteht darauf, dass jede Gruppe eine kollektive Identität und Kultur hat, eine wesenhafte Identität und Kultur, die geschützt und aufrechterhalten werden sollte, auch wenn dadurch die Rechte der Individuen innerhalb der Gruppe verletzt werden. Das Paradigma wird von einer kulturrelativistischen Herangehensweise an Rechte dominiert und es argumentiert, dass Rechte – und andere soziale Praktiken, Werte und moralische Regeln – kulturell bestimmt seien. Zugleich wird es sehr stark von der Bürde des weißen Mannes geprägt, die von starken Scham- und Schuldgefühlen für die koloniale und imperiale Vergangenheit des Westens und vom paternalistischen Wunsch bestimmt ist, Minderheiten oder Menschen aus ehemaligen Kolonien zu schützen. Es handelt sich um eine Denkweise, die den anderen, sei es ein Angehöriger einer Minderheitengruppe oder ein ganzes Entwicklungsland, als den Unterdrückten und die Menschenrechte als vom westlichen Unterdrücker auferlegte Werkzeuge betrachtet. Diese Denkweise vertritt die Ansicht, dass diejenigen, die in ihrer eigenen Gesellschaft für die universellen Menschenrechte kämpfen, keine authentischen Vertreter ihrer eigenen Länder seien. Dabei ignoriert oder rechtfertigt sie schwere Menschenrechtsverletzungen, die im Namen von Gruppenrechten oder kulturellen und religiösen Rechten begangen werden.

Das ist das essentialistische Paradigma.

Wir sehen seine Spuren nicht nur in akademischen Kreisen, sondern auch in der Art und Weise, wie Politik vorgeschlagen und gemacht wird. Ein Beispiel dafür ist Giordanos Vorschlag, einen schwachen Rechtspluralismus in das Schweizer Rechtssystem einzuführen und mit diesem zugleich das islamische Recht, um die Angelegenheiten der muslimischen Minderheit zu regeln.

Kapitel 2
Islamisches Recht im Westen:
Der Fall Großbritannien

Die Denkweise der Essentialisten steht im Mittelpunkt der Forderung, Aspekte des islamischen Rechts in die westlichen Rechtssysteme einzuführen.

Befürworter dieser Idee verweisen oft auf Großbritannien als Modell, das man nachahmen sollte. Giordano erwähnte dies nicht ausdrücklich. Er spielte nur auf einen Vortrag des ehemaligen Erzbischofs von Canterbury an, der den Titel "*Zivil- und Religionsrecht in England*" trug. Giordano argumentierte, dass die Möglichkeit, bestimmte Formen des Rechtspluralismus offiziell anzuerkennen, selten Erwähnung finde – bis Erzbischof Dr. Rowan Williams 2008 seine berühmte Rede hielt und vorschlug, "Elemente und Mechanismen des islamischen Rechts in das britische *Common Law* zu integrieren".[1]

In der Kontroverse, die in der Schweiz nach Giordanos Artikel und Äußerungen entbrannte, bezeichnete eine führende Rechtsexpertin, die im Schweizer Fernsehen interviewt wurde, den britischen Fall als präsentes Beispiel für diese Art von "schwachem Rechtspluralismus". Zu beachten ist hier aber, dass sie diesen nicht stillschweigend billigte, sondern lediglich auf ihn verwies.[2]

John R. Bowen, ein amerikanischer Anthropologe und Befürworter eines schwachen Rechtspluralismus, der ausführlich darüber geschrieben hat, hat das britische System und seine Scharia-Räte oft verteidigt und es in einem positiven Licht dargestellt:

---

[1] Christian Giordano: "Der Rechtpluralismus: Ein Instrument für den Multikulturalismus?" Eidgenössische Kommission gegen Rassismus, *Bulletin TANGRAM*, Nr. 22 (Dez. 2008), S. 77.

[2] Sternstunde Philosophie: "Islamisches Recht in Europa? Die Zürcher Professorin Andrea Büchler im Gespräch mit Roger de Weck", Programme auf "Sternstunde Philosophie", *Schweizer Fernsehen*, 11. Jan. 2009, http://www.srf.ch/player/tv/sternstunde-philosophie/video/sternstunde-philosophie-islamisches-recht-ineuropa-die-zuercher-professorin-andrea-buechler-im-gespraech-mi t-roger-deweck (Zugriff am 15. Juli 2015).

> Von allen westlichen Ländern verfügt Großbritannien über die am weitesten entwickelten Institutionen für islamische Streitschlichtung. Muslime können in London, Birmingham und anderswo islamische Strafgerichte finden. Die vier oder fünf großen Strafgerichtshöfe bieten auf ihren Webseiten Formulare zum Herunterladen an, erheben festgelegte Gebühren für ihre Tätigkeit und treten an bestimmten Tagen im Monat zusammen. Die meisten von ihnen bieten nur eine unverbindliche Mediation an. Jedes Gericht hat seine eigenen Merkmale: So wird beispielsweise das Gerichtsgremium der Zentralmoschee von Birmingham von Frauen geleitet.[3]

Ich will hier nicht im Einzelnen auf das eingehen, was Bowen schreibt. Es reicht, an dieser Stelle zu sagen, dass der letzte Satz nicht ganz korrekt ist. Das Strafgericht in der Zentralmoschee von Birmingham wird nicht von Frauen geleitet. Es hatte zwei Frauen – und jetzt eine – in seinem Gremium; eine lobenswerte Entwicklung, vor allem angesichts der traditionellen Vorherrschaft aller männlichen Räte – aber das ist nicht dasselbe wie eine Leitung durch Frauen.

Doch sein Hauptargument ist gut gesetzt: Großbritannien ist *das* Beispiel im westlichen Kontext. Die Tatsache, dass es auf Konferenzen und in der Literatur immer wieder erwähnt wird, veranlasste mich, den britischen Fall zu untersuchen. Also besuchte ich islamische Scharia-Räte und muslimische Schiedsgerichte in verschiedenen britischen Städten und traf mich mit deren führenden Scheichs, darunter auch mit der einzigen Frau in ihren Gremien. Ich befragte ebenfalls Experten und Rechtsanwälte, Aktivisten der Zivilgesellschaft und Frauenrechtsgruppen, insbesondere aus den muslimischen Gemeinden, sowie Politiker, die für eine Reform dieses "Modells" plädieren.

Erneut greife ich mir voraus. An dieser Stelle ist es mir wichtig, einen Punkt hervorzuheben. Die Lage in Großbritannien hat alle Bestandteile des Paradigmas der Essentialisten: Einen multikulturellen Kontext, Kulturrelativismus und Gruppenrechte, alles verflochten mit dem Argument der Bürde des weißen Mannes, um damit eine Politik zu rechtfertigen, die Bürger mit unterschiedlichen nationalen Wurzeln als ethnische Gruppen behandelt.

---

[3] John R. Bowen: *Blaming Islam* (Cambridge, MA: Boston Review Books, 2012), S. 74.

Einwanderung, Rassismus und pluraler Monokulturalismus

Einwanderung bildet den Kontext, innerhalb dessen sich Aufrufe zur Einführung von Aspekten des islamischen Rechts in westliche Rechtssysteme entfalteten. Wellen von Einwanderern zogen aus verschiedenen Gründen nach Europa und Nordamerika: Sie halfen beim Wiederaufbau eines vom Krieg zerstörten Europas, sie waren Bürger früherer Kolonien oder EU-Bürger, denen nun Freizügigkeit gewährt wurde, oder sie wurden durch wirtschaftliche Probleme, Bürgerkriege und politische Umwälzungen dorthin getrieben.

Die Einwanderer, um die es hier geht, sind Menschen, die nicht Staatsangehörige der Europäischen Union sind, insbesondere Südasiaten. Sie kamen nach Großbritannien aufgrund des britischen Staatsangehörigkeitsgesetzes von 1948, das allen Bürgern des Commonwealth das Recht auf Einreise garantierte.

Die Politik der offenen Grenzen war weder ein Zeichen eines aufrichtigen Willkommens für "nicht-weiße" Migranten noch eine Reaktion auf den Arbeitskräftemangel der Nachkriegszeit. Laura Muchowieck legt dar, dass Europa Großbritanniens Quelle für ausländische Arbeitskräfte war, nicht aber seine ehemaligen Kolonien. Im Rahmen des als *European Volunteer Worker* bezeichneten Arbeitsprogramms konnten mehr als 350.000 Europäer, hauptsächlich Polen, nach nur drei Jahren Aufenthalt zu den gleichen Bedingungen wie britische Arbeitnehmer in den Arbeitsmarkt des Landes eintreten. Ein ähnliches Programm für "nicht-weiße" Einwanderer stand nicht zur Debatte. Um es mit den Worten des Arbeitsministeriums auszudrücken, wurde es abgelehnt aufgrund "der schwerwiegenden Auswirkungen, die die Hinzufügung *anderer Rassen* in die Erwerbsbevölkerung haben würde".[4] Stattdessen waren politische Überlegungen zur britischen Außenpolitik ausschlaggebend für den Beschluss des *Nationality Act,* der guten Beziehungen zum alten Commonwealth Priorität einräumte. Dieses Muster wiederholte sich in der britischen Innenpolitik immer wieder, insbeson-

---

4   Zitiert in Laura Muchowiecka: "The end of multiculturalism? Immigration and integration in Germany and the United Kingdom", *Student Pulse*, V/6 (2013), http://www.studentpulse.com/ (Zugriff am 15. Juli 2015).

dere im Hinblick auf die Politik gegenüber "Muslimen": Die Bedürfnisse der Außenpolitik hatten oft Vorrang.

In jedem Fall wurde mit dem *Commonwealth Immigration Act* von 1962 der uneingeschränkten Freizügigkeit und Niederlassung von Commonwealth-Bürgern effektiv ein Ende gesetzt. Als das Gesetz eingeführt wurde, waren schon rund 100.000 Personen indischer und pakistanischer Herkunft in das Land eingereist und hatten sich dort niedergelassen.[5] Die meisten von ihnen fanden Arbeit in Industriezweigen wie der Metallverarbeitung, dem Transport- und Gaststättengewerbe, aber auch in Beschäftigungsbereichen etwa des Nationalen Gesundheitsdienstes. Ein weiterer Zuzug ihrer Angehörigen und Verwandten folgte im Rahmen der gesetzlich abgesicherten Familienzusammenführung.[6]

An dieser Stelle muss betont werden, dass die ersten Wellen südasiatischer Einwanderer das Vereinigte Königreich inmitten weit verbreiteter rassistischer und einwanderungsfeindlicher Stimmungen erreichten. Desgleichen, dass diese Einwanderer bis Ende der 1980er Jahre als Angehörige von Nationalitäten bezeichnet und angegriffen wurden: als Inder, Pakistani und Bangladescher. Religion war sicherlich unterschwellig im Spiel, aber weder als ein Kennzeichen von Identität noch von Rassismus.

Beispielsweise war *Paki* das abwertende Etikett, das in den 1960er Jahren für alle Südasiaten, einschließlich Menschen aus Indien, Afghanistan und Bangladesch, verwendet wurde. Es bezog sich in rassistischer Weise auf Untertanen ehemaliger Kolonialstaaten.

Ed Husain, ein hochrangiger Fellow für Nahost-Studien am *Council on Foreign Relations* und ehemaliger islamischer Fundamentalist, erzählt in seinen aufschlussreichen Memoiren "*The Islamist*" von rassistischen Vorfällen, denen er als in Ost-London aufwachsendes Kind ausgesetzt war. Sein Vater wurde in Britisch-Indien geboren, seine Mutter stammte aus Ostpakistan. Er und seine südasiatischen Mitschüler an der Sir William-Burroughs-Grundschule in Limehouse wuchsen in den 1980er Jahren auf, ohne eine Vorstel-

---

[5] Weitere 126.000 kamen von den karibischen Inseln, 66.000 aus Malta und Zypern und 50.000 aus China. Ebd.
[6] Ebd.

lung, dass sie irgendwie anders waren: "Wir waren Asiaten". Schlägertrupps der britischen rechtsextremen Partei, der National Front[7], sorgten dafür, sie daran zu erinnern:

> "'Pakis! Pakis! F*kt euch, ab nach Hause!', riefen die Ganoven. Die National Front war in den 1980er Jahren auf ihrem Höhepunkt. Ich sehe immer noch eine Bande von kahlköpfigen, tätowierten Schlägern vor meinen Augen, die hochgewachsen über uns standen und Beleidigungen über uns ausspieen, als wir zur örtlichen Bibliothek gingen, um unsere Bücher zurückzugeben. Frau Powlesland [seine Lehrerin] und andere Lehrer rannten auf uns zu, hielten uns fest an den Händen und brüllten die hasserfüllten Fanatiker an: 'Haut ab! Lasst uns in Ruhe', brüllten sie den Schmähungen als 'Paki-Lover' der Schläger entgegen."[8]

Gleiches gilt für den in Indien geborenen britischen Schriftsteller Kenan Malik. Seine Kindheitserinnerungen waren von Rassismus geprägt, der sich aus seiner Nationalität, nicht von seiner Religion herleitete. Er erzählt in seinem viel gepriesenen Buch *Von der Fatwa zum Dschihad*:

> "Was meine frühe Erfahrung prägte, war nicht Religion, sondern Rassismus. Ich kam nach Großbritannien, als 'Paki-Bashing' zu einem Nationalsport wurde. 'Paki' war der beleidigende Name für jeden Asiaten, und 'Paki-Bashing' nannten Rassisten ihren Zeitvertreib, Asiaten zu jagen und zu verprügeln.
> Meine wichtigste Erinnerung an meine Kindheit in den 1970er Jahren war, dass ich fast täglich in Kämpfe mit Rassisten verwickelt war, und wie normal es schien, mit einer blutigen Nase oder einem blauen Auge nach Hause zu kommen."[9]

"Paki" wurde auch verwendet, wenngleich in geringerem Maße, um diejenigen zu beschreiben, die wie Südasiaten aussahen, darunter auch Araber. In ähnlicher Weise wurde in den 1960er Jahren Schwarz als rassistisches Etikett für Einwanderer benutzt, um sie

---

[7] Eine britische rechtsextreme politische Partei nur für Weiße, die gegen die Einwanderung von nicht-Weißen ist und sich für ein Rückführungsprogramm einsetzt. Auf ihrer Webseite heißt es: "Der Multirassismus ist für Großbritannien eine Katastrophe gewesen – nur eine Politik, die ein totales Einwanderungsverbot und die humane Rückführung aller Einwanderer und ihrer Nachkommen in ihre angestammten Heimatländer durchsetzt, kann dieses Land vor dem Chaos bewahren". Siehe http://www.britishnationalfront.net/whatwestandfor.html (Zugriffsdatum 27. Juli 2015).
[8] Ed Husain: *The Islamist* (London: Penguin Books, 2007), S. 2.
[9] Kenan Malik: *From Fatwa to Jihad: The Rushdie Affair and its Aftermath* (Brooklyn, NY: Melville House Publishing, 2009), S. 18.

von den weißen britischen Gemeinden abzugrenzen – daher das Wort "Schwarz" für die nicht-weiße Bevölkerung. Zu jener Zeit war es durchaus üblich, dass man Schilder an Herbergen sah, auf denen es hieß: "Keine Hunde, keine Schwarzen, keine Iren".

Genau wegen dieser rassistischen Konnotation nahm eine Generation von Südasiaten "Schwarz" als politisches Kennzeichen an – als ein linksgerichtetes. Zu dieser Gruppe gehörten Kenan Malik und Salman Rushdie. Sie waren heftig in ihrem Widerstand gegen Rassismus, aber ebenso feindselig gegenüber der Tradition, mit der Einwanderergemeinschaften oft gekennzeichnet waren, insbesondere religiöse Gemeinschaften. Damals bedeutete, wie Malik feststellt, radikal zu sein nicht, ein religiöser Fundamentalist zu sein; es bedeutete, "militant säkular, selbstbewusst westlich und erklärtermaßen links" zu sein, also jemand wie Malik selbst.[10]

In diesem Kontext von weit verbreitetem Rassismus und immigrantenfeindlichen Gefühlen begann die britische multikulturalistische Politik Gestalt anzunehmen.

Großbritannien wurde zwischen zwei Extremen hin- und hergerissen. Am einen Ende des Spektrums standen das koloniale Großbritannien und Menschen, die noch nicht begriffen hatten, dass sich das Reich, in dem die Sonne niemals untergeht, tatsächlich seinem Ende zuneigte. Am anderen Ende des Spektrums befand sich das postkoloniale Großbritannien: sich seiner Vergangenheit sehr wohl bewusst, von Schuld und Scham durchdrungen, den Einwanderern gegenüber offener, aber unentschlossen darüber, wie es mit ihnen umgehen sollte.

An den beiden Extremen standen zwei berühmte Persönlichkeiten, die die britische Politik gegenüber Migranten prägten: Enoch Powell, ein konservativer Parlamentsabgeordneter von 1950 bis 1974, und Roy Jenkins, ein Labour-Politiker und Innenminister von 1965 bis 1967. Beide hielten eine viel zitierte Rede über Einwanderer, und ihre Auffassungen über die Integration gingen stark auseinander.

Powells berühmte Rede *"Rivers of blood"*, die er am 20. April 1968 auf einer Tagung der *Conservative Association* in Birmingham hielt, war als Kritik am *Race Relations Act* von 1968 gedacht, jenes

---

[10] Ebd., S. XII.

Gesetz, das damals im Parlament beraten wurde und es illegal machte, einer Person aufgrund ihrer Hautfarbe, Rasse, ihrer ethnischen oder nationalen Herkunft eine Wohnung, Beschäftigung oder öffentliche Dienstleistungen zu verweigern. Powell bestand darauf, dass dies die Mehrheit diskriminieren würde, die "sich in ihrem eigenen Land als Fremde wiederfindet".

Seine Rede ließ keinen Raum für Spekulationen darüber, wo er in Bezug auf "Nicht-Weiße" und ihren Platz in der Gesellschaft stand. Er zitierte einen unzufriedenen Wähler, der sich beschwerte, dass "in 15 oder 20 Jahren in diesem Land der Schwarze die Peitschenhand über den Weißen haben wird"![11]

Dies ist einer der am häufigsten zitierten Sätze seiner Rede, aber es ist nicht der Teil, den ich für den wichtigsten halte. Powell sprach auch über ein Thema, das von großer Bedeutung sein würde: die Integration. Aus seiner Sicht bedeutet "in eine Bevölkerung integriert zu sein, dass man sich praktisch nicht mehr von ihren anderen Mitgliedern unterscheiden kann". Das erwies sich seiner Meinung nach als schwierig, erstens wegen der "Hautfarbe" der Einwanderer, also ihrer Ethnie, zweitens, weil die Einwanderer "an so etwas nie gedacht oder es beabsichtigt hatten", und drittens, weil "aufgrund ihrer Anzahl und physischen Konzentration der Druck zur Integration, der normalerweise auf einer kleinen Minderheit lastet, nicht wirkt".

Dementsprechend bedeutete Powells Konzept der Integration totale Assimilierung, die nicht durchführbar war – nicht wegen irgendwelcher sozialer oder wirtschaftlicher Hindernisse, sondern wegen eines wesentlichen Merkmals der Einwanderer: ihrer Hautfarbe, ihrer Ethnie, ganz zu schweigen von ihrem mangelnden Willen und Wunsch zur "Integration". Offensichtlich zog Powell nicht in Betracht, dass die rassistischen Ansichten, die er in seiner Rede zum Ausdruck brachte, tatsächlich zu der von ihm beschworenen Situation beitragen könnten.

Gerade wegen ihres rassistischen Tons führte Powells Rede dazu, dass er von seinem Posten als Schattenverteidigungsminister

---

[11] Enoch Powell: Rede "Rivers of blood", neu veröffentlicht im *Telegraph*, 6. November 2007, http://www.telegraph.co.uk/comment/3643823/EnochPowells-Rivers-of-Blood-speech.html (Zugriff am 15. Juli 2015).

im Schattenkabinett von Edward Heath entlassen wurde. Nichtsdestotrotz artikulierte er deutlich Gefühle und Ängste gegenüber nicht-weißen Einwanderern, die von einer breiteren Öffentlichkeit geteilt werden, insbesondere in den von diesen Veränderungen am stärksten betroffenen Gebieten.

Aber es gab noch eine andere Seite Großbritanniens, eine, die anders dachte, vertreten durch den Innenminister der Labour-Partei, Roy Jenkins, der die Integration aus einer anderen Perspektive betrachtete: die der Inklusion, Chancengleichheit und Toleranz.

Jenkins beschrieb in seiner Rede über Rassenbeziehungen am 23. Mai 1966 auf einer Londoner Tagung des *National Committee for Commonwealth Immigrants*, was er unter Integration verstand:

> "Für mich bedeutet [Integration] nicht, dass Einwanderer ihre eigenen nationalen Besonderheiten und ihre eigene Kultur verlieren. Ich glaube nicht, dass wir in diesem Land einen 'Schmelztiegel' brauchen, der alle in eine gemeinsame Form bringt, als eine von vielen Kopien der unangebrachten Vision eines klischeehaften Engländers [...].
> Ich definiere Integration daher nicht als einen verflachenden Prozess der Assimilierung, sondern als Chancengleichheit, begleitet von kultureller Vielfalt, in einer Atmosphäre gegenseitiger Toleranz. Das ist das Ziel. [...] Aber wenn wir noch irgendeine Art von Weltruf für zivilisiertes Leben und sozialen Zusammenhalt aufrechterhalten wollen, müssen wir diesem Ziel näher kommen, als es heute der Fall ist."[12]

Diese Vision hätte, wäre sie als lebendige Erfahrung umgesetzt worden, einen Fahrplan für das postkoloniale Großbritannien bereithalten können. Stattdessen wurde der Multikulturalismus als politischer Prozess eingeführt, der nach und nach in eine Reihe von Maßnahmen umgesetzt wurde, die die Menschen in ethnische und kulturelle Schubladen einteilten. Roy Jenkins versäumte es, das eine unverzichtbare Element zu nennen, das seine Vision hätte wahr werden lassen können: gemeinsame Regeln, die für alle gelten.

Multikulturalismus als lebendige Erfahrung ähnelt einem Fußballspiel. Abseits des Spielfelds hat jeder der 22 Spieler einen anderen Lebensstil, ein jeder gemäß seinen eigenen Vorlieben und

---

[12] Text von Roy Jenkins' Rede "This is the Goal", London, 23. Mai 1966, zitiert in Brian MacArthur: *The Penguin Book of Twentieth-Century Speeches* (London: Penguin Books, 1999), S. 363.

Überzeugungen. Der eine Spieler ist vielleicht ein Punk; er drückt seinen Sinn für Rebellion und Individualismus gerne durch seine Frisur und seine Kleidung aus. Er hat Tätowierungen am ganzen Körper, und seine Piercings betonen wichtige Gesichts- und Körpermerkmale, einige befinden sich an Stellen, die wir nicht sehen können und nicht sehen wollen. Ein anderer Spieler ist religiös. Es macht keinen Unterschied, ob er ein Hindu, ein Muslim, ein Christ oder ein Jude ist. Er ist fromm – er befolgt strenge Regeln im Leben, Sex gibt es nur in der Ehe, und das Essen muss koscher oder halal sein, je nach seiner Religion.

Die beiden Spieler könnten unterschiedlicher nicht sein. Doch auf dem Fußballplatz spielen sie zusammen. Sie spielen zusammen – das ist wichtig. Wenn sie spielen, dann spielen sie nach den Regeln des Spiels. Diese Regeln gelten für beide Seiten. Und beide müssen sie befolgen.

Nun stellen Sie sich vor, jeder der 22 Spieler habe beschlossen, dieses einfache Prinzip nicht zu akzeptieren: dass das Spiel Regeln hat und diese Regeln von allen Spielern respektiert und befolgt werden sollten. Stellen Sie sich vor, jeder Spieler würde sich entscheiden, nach seinen eigenen Regeln zu spielen. Kommen wir noch mal zurück zu unseren beiden Spielern. Der Punk möchte anders sein, also drückt er seine Individualität dadurch aus, dass er mit den Ellenbogen und nicht mit den Füßen spielt. Und der religiöse Spieler sagt, er werde nur gemäß seiner religiösen Überzeugungen spielen, und fügt hinzu, dass er nicht mit Spielern spielen werde, die Atheisten oder Ungläubige seien. Er könnte der Ansicht sein, dass das Spielen mit den Füßen gegen seine religiösen Prinzipien verstößt, weshalb er beschließt, stattdessen mit dem Kopf zu spielen. Stellen Sie sich das vor und sagen Sie mir, was passieren würde. Nun, zum einen wird es wohl keine Fußball-Weltmeisterschaften mehr geben, was sicher den ein oder anderen freut. Aber Tatsache ist: Ohne die Spielregeln werden wir kein Spiel haben.

So etwa hat sich der Multikulturalismus als politischer Prozess in Großbritannien entwickelt: Statt eines Multikulturalismus als lebendige Erfahrung, die die Vielfalt in einer Umgebung wertschätzt und die alle nach gemeinsamen Regeln zusammenbringt, ist daraus das geworden, was der indische Wirtschaftswissenschaftler und Nobelpreisträger Amartya Sen "pluralen Monokulturalismus" nannte: "Zwei Stile oder Traditionen nebeneinander existieren zu lassen, ohne dass die beiden sich begegnen".[13]

Sen, der seit den 1970er Jahren in Großbritannien und den USA lebt, ist zu einem lautstarken Kritiker von Missbrauch und Doppelmoral des Multikulturalismus in Form des pluralen Monokulturalismus geworden. Er nennt ein Beispiel, das wegen seiner geschlechtsspezifischen Dimension von Bedeutung ist: die Folgen, die sich aus der Abschottung von Communities für das Leben von Frauen ergeben – ein Punkt, auf den ich später noch eingehen werde. Sen meint, wenn ein Mädchen aus einer konservativen Einwandererfamilie beschließe, sich mit einem englischen Jungen zu verabreden, dann sei dies sicherlich eine multikulturelle Unternehmung. Der Versuch ihrer Erziehungsberechtigten, sie daran zu hindern, was häufig genug vorkommt, ist ein Schritt in Richtung Monokulturalismus, weil hier versucht werde, die Kulturen getrennt voneinander zu halten. Sen verweist auf die Ironie in dieser Situation:

> "Das Verbot der Eltern [...] scheint die lauteste und schärfste Verteidigung von angeblichen Multikulturalisten zu ernten, und zwar mit der Begründung, dass es wichtig sei, traditionelle Kulturen zu ehren – als ob die kulturelle Freiheit der jungen Frau überhaupt keine Bedeutung hätte und die verschiedenen Kulturen irgendwie in voneinander isolierten Schubladen verbleiben müssten."[14]

Pluraler Monokulturalismus lebt vom Konzept getrennter Regeln für separate "ethnische und kulturelle" Gruppen. Und getrennte Regeln für solche separaten Gruppen waren das Kernstück der in Großbritannien betriebenen Politik.

Alles begann 1969, als die Sikh-Busfahrer in Wolverhampton im Zuge der Unternehmenspolitik gegenüber Barttracht und Turbanen streikten. Eine Gruppe praktizierender Sikhs betrachtete das Verbot von Turbanen und Bärten als einen direkten Angriff auf ihre Religion. Der Anführer der Gruppe, Sohan Singh Jolly, und 14 andere Männer hatten geschworen, sich selbst in Brand zu setzen,

---

[13] Amartya Sen: "The uses and abuses of multiculturalism", *The New Republic*, 27. Feb. 2006.
[14] Ebd.

wenn ihrer Forderung nicht entsprochen würde. Es überrascht nicht, dass diese Aktion nicht von allen der schätzungsweise 130.000 Sikhs Großbritanniens rückhaltlos unterstützt wurde. Tatsächlich stellte der Oberste Rat der Sikhs in Großbritannien fest:

> "Wir werden einen unerbittlichen Feldzug gegen die Idee führen, dass Einzelpersonen diese Art von Maßnahmen ergreifen können, die die gesamte Gemeinschaft betreffen und die sehr wahrscheinlich zu einer Verschlechterung der Harmonie der Gemeinschaft in Großbritannien führen."[15]

Dennoch drängten die Gewerkschaft *Transport and General Workers Union*, das indische Hochkommissariat in London und der parlamentarische Staatssekretär für Beschäftigung und Produktivität den Ausschuss von Wolverhampton dazu, seine Regeln zu ändern. Der Ausschuss beschloss, dies zu tun, und erklärte, dass "wir im Interesse der Beziehungen zwischen den Ethnien entschieden haben, die Regel zu lockern".[16]

Sicherlich ist das Tragen eines Turbans beim Busfahren nichts, was ich als problematisch ansehen würde. Aber für viele Beobachter schufen dieser Streik und sein Erfolg für bestimmte Gemeinschaften einen Präzedenzfall für eine Ausnahmeregelung, die sich bis hin zum Recht der Sikhs entwickelte, gemäß einem Gesetz von 1973 keine Motorradhelme tragen zu müssen.[17] 1982 wurde in einem Urteil des Obersten Gerichtshofs institutionalisiert, dass Sikhs eine "eigenständige ethnische Gruppe" seien, die nach dem *Race Relations Act* einen Anspruch auf Schutz habe.[18] Großbritannien erlebte damals die Geburtsstunde der Politik der Differenz und der Gruppenrechte.

Ich sollte an dieser Stelle erwähnen, dass Powell in seiner Rede die Frage der Gemeinschaftsrechte kritisierte. Um seinen Punkt zu

---

[15] "1969: Sikh busmen win turban fight" (BBC: "On This Day"), http://news.bbc.co.uk/onthisday/hi/dates/stories/april/9/newsid_2523000/2523691.stm (Zugriff am 15. Juli 2015).
[16] Ebd.
[17] Verordnung über Motorräder (Tragen von Helmen) von 1973. Rechtsverordnung, 1973, Nr. 180.
[18] "Mandla (Sewa Singh) und andere vs. Dowell Lee und andere [1983] 2 AC 548", House of Lords, 24. März 1983, http://www.equalrightstrust.org/ertdocumentbank/Micro_%20Word%20-%20Mandla.pdf (Zugriff am 15. Juli 2015).

unterstreichen, zitierte er den Labour-Abgeordneten John Stonehouse mit folgenden Worten:[19]

> "Die Kampagne der Sikh-Gemeinschaften zur Aufrechterhaltung unangemessener Bräuche in Großbritannien ist sehr zu bedauern. Wenn diese Gemeinschaften in Großbritannien arbeiten, insbesondere im öffentlichen Dienst, sollten sie bereit sein, die Bedingungen ihrer Beschäftigung zu akzeptieren. Die Inanspruchnahme besonderer Gemeinschaftsrechte (oder sollte man Riten sagen?) führt zu einer gefährlichen Zersplitterung innerhalb der Gesellschaft. Dieser Kommunalismus ist ein Krebsgeschwür; unabhängig davon, ob er von der einen oder anderen Farbe praktiziert wird, ist er auf das Schärfste zu verurteilen."

Ich erwähne dies ausdrücklich, weil Stonehouse – und Powell mit ihm – ein legitimes Anliegen hatte. Das Problem war, dass Powells rassistische Äußerungen jeden davor zurückschrecken ließ, das Thema weiter anzusprechen, aus Furcht, mit ihm in Verbindung gebracht zu werden.

Anstatt die Debatte über die Einwanderung zu eröffnen, erreichte Powells Rede genau das Gegenteil. Sie beschnitt die Debatte und ließ in der Öffentlichkeit die Haltung entstehen: "Lasst uns keine Themen diskutieren, die sich als heikel erweisen könnten."

Im Ergebnis bewahrten sowohl die Rechte als auch die Linke im gegenseitigen, gleichwohl unausgesprochenen Einvernehmen ihr politisches Schweigen zum Thema Einwanderung. Offenkundig war es Trevor Phillips, der Vorsitzende der *Equality and Human Rights Commission* (EHRC), der diese Auffassung in seiner Rede *"Nicht ein Strom von Blut, sondern eine Flut von Hoffnung"* 2008 zum Ausdruck brachte. Er unterstrich dabei, dass eine ernsthafte politische Debatte über Einwanderung in allen Teilen des politischen Spektrums unterdrückt worden sei. Die Konservativen befürchteten, mit dem Powellismus in Verbindung gebracht und als Rassisten verurteilt zu werden. Sie behaupteten, die politische Korrektheit habe sie zu Unrecht zum Schweigen verurteilt. Doch auch die Linken trugen ihren Teil der Verantwortung. Sie schwiegen in der Überzeugung, dass Einwanderung ein Thema sei, das die Rechte begünstige. Sie befürchteten zugleich, dass eine offene und freie

---

[19]   Stonehouse-Erklärung, zitiert in Enoch Powell: "Rivers of blood".

Debatte über dieses Thema das "eingesperrte Biest einer im Wesentlichen reaktionären öffentlichen Meinung" freisetzen würde.[20]

Aber das war noch nicht alles. Die Linke half ebenso mit, die Politik der Differenz und der Gruppenrechte hoffähig zu machen. Die alte radikale Linke, erzählt uns Kenan Malik, verlor langsam ihren Glauben an den säkularen Universalismus und an die aufklärerischen Ideen des Rationalismus und des Humanismus. Stattdessen begannen Linke, über Multikulturalismus und Gruppenrechte zu sprechen, wobei sie diese Ideen der Aufklärung als "eurozentrisch" anprangerten: als Teil eines euro-amerikanischen Projekts, das anderen Menschen aufgezwungen wurde. Jahrzehntelang hatten sie argumentiert, dass alle Menschen trotz ihrer rassischen, ethnischen, religiösen oder kulturellen Unterschiede gleich sein sollten. Jetzt forcierten sie die Idee, dass verschiedene Menschen gerade wegen solcher Unterschiede unterschiedlich behandelt werden müssten.[21]

Der Staat spielte bei der Umsetzung dieser Ideologie-Verlagerung in die Realität eine entscheidende Rolle, indem er eine multikulturelle Politik auf lokaler und nationaler Ebene einleitete. Die urbanen Aufstände und Unruhen in den 1970er und 1980er Jahren führten zu Überlegungen darüber, wie "ethnische Minderheitengemeinschaften" in den politischen Prozess eingebunden werden könnten. Dies führte zu einer Haltung, die einen multiethnischen, multikulturellen Ansatz unterstützte, der nunmehr die unterschiedlichen Bedürfnisse und die verschiedenen ethnischen Gemeinschaften in der Gesellschaft berücksichtigen sollte.

Was folgte, waren Richtlinien, die die Bedeutung "unterschiedlicher kultureller Hintergründe für die Bestimmung der Identität der Menschen" betonten und die Notwendigkeit, "sich auf dieser Grundlage mit Community-Gruppen auseinanderzusetzen". Im öffentlichen Raum vollzog sich eine Verschiebung von der "liberalen Tradition, mit Menschen 'farbenblind' umzugehen", hin zu einer "differenzierten Behandlung entsprechend ihrer kulturellen

---

[20] Trevor Phillips: *Not a river of blood, but a tide of hope*, Rede, 20. April 2008, http://resources.cohesioninstitute.org.uk/Publications/Documents/Docume nt/Default.aspx (Zugriff am 15. Juli 2015).

[21] Malik: *From Fatwa to Jihad*, S. XIX; Malik: *Multiculturalism and its Discontents* (London: Seagull, 2013), S. 19.

Identität". Gleichberechtigung würde nun "kulturelle Anerkennung und Respekt" bedingen. Das heißt, "wenn die Kultur einer Person" nicht "bejaht und ihr ein Status zuerkannt" würde, dann würde derlei "als Verweigerung der Gleichheit angesehen".[22] Die Ideen von Charles Taylor hatten in der britischen Politik der Differenz ihre Heimat gefunden.

Nach und nach führten lokale und nationale Behörden eine Reihe von Dienstleistungen ein und gestalteten sie so, dass sie den vermeintlich unterschiedlichen Bedürfnissen der Bürger und Kunden in der gesamten Gesellschaft gerecht wurden. Mit der Zeit verfügte das Land über ethnische Wohnungsbaugesellschaften und über ein auf Ethnizität beruhendes Gesundheits-, Kunst- und Kulturangebot, ehrenamtlich unterstützt, sowie über Radiosendungen und öffentliche Rundfunkkanäle und über Polizeieinheiten, alles auf der ethnischen Zugehörigkeit basierend.[23]

Ethnische und kulturelle Gruppen wurden ermutigt, Forderungen auf der Grundlage ihrer jeweiligen Unterschiede zum und ihres kulturellen Ausschlusses vom Mainstream zu stellen. Ihre Möglichkeiten, an Ressourcen der öffentlichen Hand zu gelangen, hing oft ab von ihrer unfairen Benachteiligung aufgrund ihrer "Andersartigkeit". Langsam, aber stetig über die Jahrzehnte hinweg, entstanden so ethnisch oder kulturell spezifische Lobbygruppen, "von denen jede aus der eigenen Ecke heraus für mehr Geld, Ressourcen und Unterstützung für die eigene, besondere Identität stritt".[24]

Das Ergebnis war eine Abgrenzung der Menschen in sichtbare kulturelle und religiöse 'Communities', an deren Spitze die vom Staat ausgewählten 'Führer' dieser Gemeinschaften standen. Die 'Communities' rieben sich an- und konkurrierten miteinander, sie lebten segregiert und beäugten sich mit Misstrauen, wenn nicht gar mit Hass.

Die Politik des Stadtrats von Birmingham nach den Handsworth-Unruhen von 1985 veranschaulicht diesen Punkt ein-

---

[22] Munira Mirza, Abi Senthikumaran, Zein Ja'far: "Living apart together: British Muslims and the paradox of multiculturalism", *Policy Exchange Report*, 2007, S. 23–24.
[23] Ebd.
[24] Ebd., S. 24.

dringlich. Bei den Unruhen, die Birmingham erschütterten, gingen Schwarze, Asiaten und Weiße gemeinsam auf die Straße, um gegen Armut, Arbeitslosigkeit und Polizeischikane zu protestieren. Anstatt auf diese Bedürfnisse einzugehen, reagierte der Stadtrat von Birmingham, indem er einen neuen politischen Rahmen für die Einbeziehung von Minderheitengemeinschaften vorschlug.[25]

Auf der Grundlage von Ethnizität und religiöser Überzeugung wurden neun Dachorganisationen gegründet, die die Bedürfnisse ihrer jeweiligen Gemeinschaften vertreten und bei der Entwicklung der Fürsorgepolitik sowie bei der Ressourcenzuweisung behilflich sein sollten. Dazu gehörten die Afrikanische und Karibische Volksbewegung, der Beratende Ausschuss für Islamisch-Bangladeschische Projekte, die Chinesische Gesellschaft von Birmingham, der Rat der von Schwarzen geführten Kirchen, der Hindu-Rat, das Irische Forum und der Sikh-Rat der Gurdwara-Gebetsstätten.

Ziel war es, diese "Gemeinschaften" in den politischen Prozess einzubeziehen. Der Prozess selbst, durch den diese Organisationen geschaffen wurden, war jedoch alles andere als demokratisch. Vereinfacht ausgedrückt: Die Organisationen hatten "kein demokratisches Mandat, ja überhaupt kein Mandat".[26] Ich nehme an, dass die Art und Weise, wie sie ausgewählt wurden, gemäß irgendeiner Art Authentizitätstest erfolgte. Malik hebt zu Recht die Absurdität dieser Schritte hervor, die davon ausgingen, dass eine Organisation eine Gemeinschaft repräsentieren kann, indem sie diese als homogenes Ganzes behandelt, den Menschen Identitäten aufzwingt, interne Konflikte ignoriert und nicht etwa Minderheiten ermächtigt, sondern die handverlesenen Führer der Gemeinschaft, die ihre Position ihrer jeweiligen Beziehung zum Staat verdanken.[27]

Anstatt sich mit den wirklichen Missständen zu befassen, die die Unruhen von 1985 verursachten, schuf der Stadtrat von Birmingham ein neues Problem: Er spaltete die Gemeinschaften, trennte sie voneinander und schuf damit eine neue Konfliktquelle. Wie Malik es ausdrückt:

---

[25] Malik: *Multiculturalism*, S. 58–59.
[26] Ebd., S. 59.
[27] Ebd., S. 60–61.

> "Das Modell der Einbindung durch Dachorganisationen führte tendenziell zu einem Wettbewerb zwischen den BME-Gemeinschaften (Schwarze und Ethnische Minderheiten) um Ressourcen. Anstatt Bedürfnisse zu priorisieren und gemeinschaftsübergreifend zu arbeiten, versuchten die verschiedenen Dachorganisationen generell, ihre jeweils eigenen Interessen zu maximieren."[28]

Das Ergebnis war ein weiterer Aufruhr im Oktober 2005. Diesmal tobten die Kämpfe nicht zwischen Jugendlichen und der Polizei, sondern zwischen Schwarzen und Asiaten.

Der Wandel war in der britischen Gesellschaft insgesamt zu spüren. Trevor Phillips beschrieb ihn wortgewandt in einer Rede nach den Terroranschlägen vom 7. Juli 2005 in London:

> "Das faule Beamtentum [...] konspirierte mit ethnischen Führern der alten Garde, um eine progressive und sehr britische Anerkennung der Vielfalt in den frühen achtziger Jahren in eine bürokratische Version des Multikulturalismus zu verwandeln, die heute viele Gemeinschaften abgeschottet und getrennt hält. Wir kennen das Ergebnis – Menschen, die die kulturellen Mauern, die sie trennen, überwinden wollen, werden von Institutionen blockiert, die darauf bestehen, sie nach Rasse, Hautfarbe und Religion in eine Schublade zu stecken."[29]

Das Land schlafwandele in die Segregation, warnte Phillips mit gutem Grund in seiner Rede. Ghettos seien errichtet worden, und die Menschen lebten zunehmend unter ihresgleichen. Nicht alle Ghettos seien armutsbetroffen und drogenabhängig, aber es seien Orte, an denen mehr als zwei Drittel der Bewohner einer einzigen ethnischen Gruppe angehörten. Für viele Minderheitengruppen, insbesondere für Südasiaten, sei die räumliche Isolation zur Realität geworden. Tatsächlich verdreifachte sich die Zahl der Menschen mit pakistanischen Wurzeln, die in den sogenannten Ghettogemeinden lebten, zwischen 1991 und 2001. Während einige Minderheiten in bürgerliche, ethnisch weniger konzentrierte Gebiete zogen, "verfestigen sich die, die zurückbleiben, in ihrer Separierung". Und die Segregation hatte sich auf die Schulen ausgeweitet. Beispielsweise hatten 2001 von den Grundschulen in den Tower Hamlets 17 Schulen mehr als 90 % bangladeschische Schüler, 9 Schulen hatten weniger als 10 %. Die Segregation beschränkte sich nicht nur auf die

---

[28] Zitiert ebd., S. 62.
[29] Phillips: *Not a river of blood ...*

Schulen, sondern erstreckte sich auch auf die Spielplätze, was bedeutete, dass nicht nur die Kinder sich nicht trafen, sondern auch ihre Eltern nicht.[30]

Wenn Sie denken, dass Phillips übertreibt, schlage ich vor, Sie fahren nach Small Heath, Green Lane und Alum Rock in Birmingham, wozu ich mir dank des Rates einer britischen Frauenrechtlerin und Sozialarbeiterin pakistanischer Abstammung die Freiheit genommen habe. Sie meinte, dass noch so viele Interviews, Statistiken und Bücher nicht die Erfahrung, in einer "geschlossenen Gemeinschaft" zu leben, und die Isolation, die man dort empfindet, vermitteln könnten. Sie hatte völlig Recht. In Small Heath an der Coventry Road, das man als somalisches Ghetto bezeichnen könnte, fühlte ich mich orientierungslos. Für einen Moment dachte ich, ich sei wohl irrtümlich in mein Herkunftsland Jemen zurückversetzt worden. Die Frauen trugen die volle schwarze Verschleierung von Kopf bis Fuß, einschließlich des Gesichts, und die Männer trugen den kurzen Rock des salafistisch-wahhabitischen Islam. Die chaotisch verstopfte Straße wurde von der Polizei sich selbst überlassen, deren Vorgesetzte bedeuteten, sie sollten "sie nicht beleidigen" – gemeint waren die "Muslime", wie ein Polizist meinem Freund sagte. Sogar in den Restaurants gab es eine Trennung jeweils nach Herkunft.

Es ist dieser Kontext, in dem die Rufe nach Einführung des islamischen Rechts in das britische Rechtssystem laut werden, ein Kontext, in dem sich das essentialistische Paradigma des Denkens durchgesetzt hat und das eine multikulturelle Politik der Gruppenrechte fördert – eine Politik, die Gemeinschaften geschaffen oder vielmehr erfunden hat, die ihren Mitgliedern Identitäten auferlegt und eine Gemeinschaft als Ganzes behandelt, repräsentiert durch handverlesene "Gemeinschaftsführer", und die schließlich einen pluralen Monokulturalismus erzeugt hat, in dem die Communities in sich geschlossen und voneinander separiert sind.

---

[30] Trevor Phillips: *After 7/7: Sleepwalking to segregation*, Rede, 22. Sept. 2005, http://www.humanities.manchester.ac.uk/socialchange/research/social-change/summer-workshops/documents/sleepwalking.pdf

Befürworter des islamischen Rechts im Westen: Die Essentialisten

Drei generelle Gruppen von Menschen wollen Formen des islamischen Rechts, der Scharia, in das britische bzw. in das westliche Rechtssystem einführen:

1. Islamische und islamistische Organisationen. Die Begriffe *islamisch* und *islamistisch* haben unterschiedliche Bedeutungen. *Islamische* Organisationen repräsentieren oft eine traditionelle, wenn nicht konservative Lesart des Islam, werden von Personen mit traditionellem oder konservativem religiösem Hintergrund geführt und versuchen oft, den Mitgliedern der "muslimischen Gemeinschaft" eine religiöse Identität aufzuzwingen. *Islamistische* Organisationen verfolgen eine politische Agenda, die darauf abzielt, Migrantengemeinschaften islamischen Glaubens zu islamisieren. Die Islamisierung ihres westlichen Gastlandes ist ebenfalls Teil ihrer Agenda, aber ein längerfristiges Ziel. Einige islamische Organisationen haben Mitglieder, die die Ideologie des Islamismus verfechten, andere nicht. Oft arbeiten sie zusammen und unterstützen sich gegenseitig in ihren religiösen Forderungen. Gemeinsam erheben sie oft den Anspruch, der einzige Vertreter und die einzige Stimme der "muslimischen Gemeinschaften" sowie Experten für deren "Bedürfnisse" zu sein. Bis zum Terroranschlag vom 7. Juli 2005 erleichterte und bestärkte die britische Politik des pluralen Monokulturalismus diesen Anspruch.

2. Hohe Beamte, Rechtsanwälte, Richter oder politische Persönlichkeiten, die offenbar besorgt darüber sind, wie sich die muslimischen Gemeinschaften in ihren jeweiligen Ländern integrieren, und die den Schritt in Richtung Scharia-Gesetz für unvermeidlich halten, wenn Muslime "erfolgreich" integriert werden sollen. Dr. Rowan Williams, der ehemalige Erzbischof von Canterbury, ist ein berühmtes Beispiel; ein weiteres ist Marion Boyd, Generalstaatsanwältin von Ontario. Einige dieser Personen mögen aus pragmatischen politischen Gründen einen weichen Rechtsplu-

ralismus fordern. Sie glauben ernsthaft, dass die Bekämpfung des islamischen Extremismus – ein ernsthaftes Problem in Großbritannien – kleine Zugeständnisse an die muslimische Gemeinschaft erfordern werde, wie zum Beispiel, dass sie nach islamischen Familiengesetzen leben dürfe. Großbritanniens ehemaliger Lord Chief Justice Baron Phillips of Worth Matravers (die Funktion entspricht dem Obersten Richter des Obersten US-Gerichtshofs) machte eine Bemerkung, die in diesem Sinne verstanden werden könnte. Es ist kein Zufall, dass islamische und islamistische Organisationen in Großbritannien dasselbe Argument vorbringen: "Gebt uns das islamische Recht für Familienangelegenheiten, um den Extremismus einzudämmen".[31]

3. Wissenschaftler verschiedener sozialwissenschaftlicher Disziplinen, insbesondere der Rechtsanthropologie, Rechtswissenschaft und Soziologie, die einen theoretischen und intellektuellen Diskurs über den Staat führen: Hat er ein Monopol auf die Schaffung von Recht und von Normen, auf Minderheiten und auf die Bestimmung des Multikulturalismus? Sie behaupten, dass der Rechtszentralismus ein westliches Modell der Rechtswissenschaft sei und dass er die Erfahrungen nicht-westlicher Nationen ignoriere. Sie werfen den Kolonialmächten vor, dass sie den Menschen in den Entwicklungsländern den Zugang zu ihren eigenen traditionellen und Gewohnheitsrechten vorenthalten und ihren Kolonien ihre Version des positiven Rechts aufzwingen. Sie berufen sich auf eine "komplexere" Beziehung zwischen Recht und Gesellschaft, eine Beziehung, "in der das Recht pluraler und nicht vollständig im Staat entworfen wird".[32] Dementsprechend vertreten Rechtspluralisten die Auffassung, dass das staatliche Recht

---

[31] Colin Brown: "Let us adopt Islamic family law to curb extremists, Muslims tell Kelly", *The Independent*, 15. Aug. 2006, http://www.independent.co.uk/news/uk/politics/let-us-adopt-islamic-family-law-to-curb-extremistsmuslims-tell-kelly-411954.html (Zugriff am 15. Juli 2015).

[32] Ihsan Yilmaz: *Muslim Laws, Politics and Society in Modern Nation States: Dynamic Legal Pluralism in England, Turkey and Pakistan* (Farnham, Surrey: Ashgate Publishing, 2005), S. 2.

nur eine von vielen Rechtsebenen sei. Ihre Vorstellung impliziert eine Vielzahl von gesellschaftlichen Bereichen und Normproduzenten, die in gewisser Weise miteinander interagieren.

Sie beharren auch darauf, dass der Rechtspluralismus ein adäquates System sei, das den Schutz der Rechte von Minderheiten und ihres Anspruchs garantiere, anders zu sein.[33] Sie bestehen darauf, dass eine ausgewogene Sensibilität für Unterschiede eine Abkehr von der formalen Vision der Gleichheit erfordere, die davon ausgehe, dass alle Bürger von Natur aus gleich seien. Stattdessen sollte das Rechtssystem die Identität und die Werte der verschiedenen Bevölkerungsgruppen anerkennen, egal wie unterschiedlich diese Werte auch sein mögen.[34] Innerhalb des britischen Diskurses über den *schwachen* Rechtspluralismus sind einige starke Befürworter der bereits erwähnte Amerikaner John R. Bowen, der Dunbar-Van-Cleve-Professor für Soziokulturelle Anthropologie an der Washington University in St. Louis ist, Roger Ballard, der Direktor des Zentrums für Angewandte Südasienstudien, und Tariq Modood, ein britisch-pakistanischer Professor für Soziologie, Politik und Öffentliche Ordnung an der Universität von Bristol.

Vertreter dieser drei Gruppen werden Ihnen sagen, dass der schwache Rechtspluralismus nur eines von vielen Instrumenten zur Lösung von Konflikten ist und dass er eine Erweiterung eines Rechts darstellt, das der jüdischen Minderheit bereits zugestanden wurde: ein Recht auf Schiedsgerichte in einem System namens Beth Din. Und, so heißt es, da die Juden es bereits haben, warum nicht auch die Muslime?

---

[33] Siehe Ralph Grillo et al. (Hg.): *Legal Practice and Cultural Diversity* (Surrey: Ashgate, 2009); John Griffiths: *What is Legal Pluralism?*; Ihsan Yilmaz: "The challenge of post-modern legality and Muslim legal pluralism in England", *Journal of Ethnic and Migration Studies* XXVII/2 (April 2002); Yilmaz: *Muslim Laws*; Baudoiun Dupret, Maurits Berger, Laila al-Zwaini (Hg.): *Legal Pluralism in the Arab World* (The Hague: Kluwer Law International, 1999); Michael Kemper, Maurus Reinkowski (Hg.): *Rechtspluralismus in der islamischen Welt: Gewohnheitsrecht zwischen Staat und Gesellschaft* (Berlin: Walter de Gruyter, 2005).

[34] Ralph Grillo et al. (Hg.): *Legal Practice and Cultural Diversity*, S. 25–26.

Sie werden betonen, dass dieses Instrument der Konfliktlösung freiwillig ist, dass sie es nur mit Garantien unterstützen, die die Achtung der Menschenrechte, insbesondere der Frauenrechte, gewährleisten. Sie werden Ihnen auch sagen, dass, wenn ein Angehöriger einer religiösen Minderheit nicht von diesen Gesetzen bestimmt werden will, er oder sie sich nur dafür entscheiden muss, nicht teilzunehmen und die Gemeinschaft zu verlassen.

Und sie werden Ihnen schließlich sagen, dass die westliche Rechtstradition, die für einen Rechtszentralismus, ein staatliches Monopol über die Schaffung von Recht und eine monistische Rechtsauffassung (das grundlegende Fundament, auf dem liberaldemokratische Nationen errichtet werden) plädiert, in der Tat euroamerikanisch zentriert und hegemonial ist. Und vor allem, so wird man sagen, ignoriert diese Rechtstradition die Erfahrungen nichtwestlicher Nationen.

Je mehr sie ihre Position erläutern, desto deutlicher wird, dass sie alle die Merkmale des Denkparadigmas der Essentialisten teilen: die Forderung nach einem eigenen Familienrecht für Muslime als Ergänzung der Gruppenrechte. Hier sind Muslime eine religiöse Gruppe, die vor der hegemonialen säkularen Kultur der Mehrheit geschützt werden sollte. Und sie sind eine unterdrückte Gruppe, der die Freiheit zugestanden werden sollte, ihre eigenen Angelegenheiten ihrem religiösen und kulturellen Erbe gemäß zu regeln.

Der Kulturrelativismus in seinen beiden Formen, der weichen und der harten, ist evident in ihrer Position. Islamische und islamistische Organisationen werden eine harte Form des Kulturrelativismus in Anspruch nehmen und gleichzeitig darauf bestehen, dass das "universelle Recht der Religionsfreiheit" respektiert werde. Sie würden etwa erklären:

> "Ja, natürlich respektieren wir die Menschenrechte, aber wohlgemerkt: Sind Menschenrechte nicht ein westliches Konzept, das nicht-westlichen Menschen auferlegt wird? Und schließlich ist das islamische Recht nicht irgendein Gesetz. Es ist Gottes Ordnung, Gottes Wort, und wir – d.h. die Muslime – sollten uns daran halten. Eines Tages wird der Westen den Nutzen dieser Gesetze erkennen und sie ebenfalls übernehmen, aber bis dahin hat unsere Gemeinschaft das Recht, unser Religionsgesetz für Familienangelegenheiten anzuwenden. Wir machen von unserem Recht auf Religionsfreiheit Gebrauch. Wenn sich Regeln des islamischen Familienrechts ungerecht anhören, dann hat das mit unserem begrenzten menschlichen Verständnis von

> Gottes Willen zu tun, denn er (und Gott ist in dieser Auslegungslinie immer ein Er, niemals eine Sie) weiß, was das Beste für seine Schöpfungen und ihre Natur ist. Polygamie, ungleiche Erbanteile, männliche Vormundschaft über Frauen und Kinderheirat: all dies sind Gottes Gesetze, die respektiert werden sollten."

Dies ist eine Zusammenfassung von Argumenten, die ich während meiner Interviews und Recherchen wiederholt gehört habe, nicht nur in Großbritannien, sondern auch in der arabischen MENA-Region. Einige Interviewpartner werde ich in Kapitel 4 zitieren, um ihre Positionen über die Art islamischem Rechts hervorzuheben, für die sie sich einsetzen. Doppelzüngigkeit, die vorgibt, die Menschenrechte zu respektieren, in Wirklichkeit aber gegen sie verstößt, ist ein tief verwurzeltes Merkmal dieser Art von islamistisch/islamischem Diskurs. Aus diesem Grund sage ich meinen Studenten oft: Hören Sie sich an, was sie *sagen*, und sehen Sie sich dann an, was sie *tun*. Die Diskrepanz wird Ihnen zeigen, wo sie tatsächlich stehen.

Die zweite und dritte Gruppe von Befürwortern wird eher einen weichen Kulturrelativismus verwenden, der die Bedeutung des Schutzes der Menschenrechte betont, aber dennoch beharrlich behauptet, dass religiöse Gesetze ohnehin dazu neigen, Frauen zu diskriminieren. In dieser Hinsicht sei der Islam doch nicht wirklich einzigartig. Und selbst wenn wir Anzeichen von Diskriminierung erkennen würden, sollten wir nicht übertreiben. Das würde sich mit der Zeit von selbst beheben, schließlich lebten wir in einem liberalen Kontext. Oder etwa nicht? So funktioniere es doch in einem liberalen Kontext.

In ihrem Diskurs fehlt jede tatsächliche Erfahrung mit Rechtspluralismus in nicht-westlichen Ländern, insbesondere mit seinen politischen und menschenrechtlichen Konsequenzen. Ebenso fehlt es an Klarheit über die Art des islamischen Rechts, die in dieser sogenannten Methode der Konfliktlösung zur Anwendung kommt. Keiner berücksichtigt den gesellschaftlichen Kontext, in dem dieses Recht umgesetzt wird. Die Vielfalt und Vielzahl der Positionen gegenüber dem islamischen Recht, der kritische Diskurs in islamischen Ländern unter zivilgesellschaftlichen Akteuren und Intellektuellen und ihre Versuche, die islamischen Gesetze zu ändern: Nichts davon scheint für ihren Diskurs relevant zu sein. Der

Diskurs ist in der Tat sehr akademisch und theoretisch und ignoriert die Rahmenbedingungen oder Umstände, unter denen Frauen in geschlossenen Gesellschaften leben. Es ist, als ob muslimische Frauen, Muslime und der Islam selbst getrennt von ihren historischen, politischen, sozialen und religiösen Kontexten geschaffen und konstruiert worden wären. Die Konstrukte spiegeln das eigene selbstbesessene und egozentrische Bild, die Annahmen, Erwartungen und Ignoranz der Essentialisten wider.

Ebenso fehlt in ihrem Diskurs ein Bewusstsein für die Rolle, die zwei Formen des Islamismus – der gesellschaftliche und der politische – bei der Förderung dieser Entwicklung bzw. für ihre totalitäre Agenda spielen. Tatsächlich würde man, wäre man Muslim und würde diese Tatsache erwähnen, sofort beschuldigt werden, islamfeindlich, ein sich selbst hassender Muslim oder, schlimmer noch, ein säkularer Muslim zu sein – jemand also, der nicht "authentisch genug" ist.

Angesichts der Bedeutung, diese Aspekte im Detail zu behandeln, werde ich jedem von ihnen ein eigenes Kapitel widmen. Kapitel 3 ist der realen Praxis des Rechtspluralismus und seiner Folgen aus zwei Perspektiven gewidmet: der politischen und der Menschenrechtsperspektive. Es legt dar, dass in Ländern, die Rechtspluralismus praktizieren, ein breites Spektrum von Rechten oft ungestraft verletzt wird: Menschenrechte, Bürgerrechte und die Rechte von Frauen und Minderheiten.

In Kapitel 4 gehe ich auf die Art des islamischen Rechts ein, die hier begünstigt wird. Häufig argumentieren die Essentialisten, dass das islamische Recht nur zur Behandlung "geringfügiger" Fragen herangezogen werde und auch nur das Familienrecht betreffe. Doch gerade weil dieser Vorschlag das Familienrecht betrifft, sollte er abgelehnt werden. Ein genauerer Blick auf die Anwendung des islamischen Rechts für Familienangelegenheiten wird seinen diskriminierenden Charakter und die menschenrechtlichen Folgen für das Leben von Frauen und Kindern offenbaren. In diesem Kapitel werde ich auch zeigen, wie die Art des islamischen Rechts, die von einigen führenden Scheichs von Scharia-Räten und muslimischen Schiedsgerichten propagiert wird, grundsätzlich voreingenommen bleibt und in der Tat Kinder-, Früh- und Zwangsehen begünstigen kann.

In Kapitel 5 gehe ich auf den politischen Kontext des Themas ein. Zunächst erörtere ich die Rolle, die die britische Regierung bei der Schaffung "der muslimischen Gemeinschaft" und der Förderung nicht gewählter muslimischer Führer als Sprecher dieser Gemeinschaft gespielt hat. Dann betrachte ich, wie der politische und gesellschaftliche Islamismus aktiv die Einführung des islamischen Rechts in die westlichen Rechtssysteme als Teil seines Projekts der politischen Herrschaft und Infiltration fördert.

Im letzten Kapitel verorte ich die Debatte in der Realität der Frauen. Ich diskutiere den sozialen Kontext für Frauen in abgeschlossenen Gemeinschaften am Beispiel Großbritanniens, und ich zeige, wie die Einführung des islamischen Rechts die soziale Kontrolle über diese Frauen vonseiten ihrer patriarchalischen Familienstrukturen, Gemeinschaften und religiösen Führer verstärken wird. Schließlich zeige ich auf, wie Forderungen nach Einführung des islamischen Rechts von Aktivistinnen aus südasiatischen Gemeinden in Großbritannien infrage gestellt werden. Am Ende des Kapitels wird deutlich werden, dass dieser entscheidende Diskurs keineswegs auf Großbritannien beschränkt ist, sondern eine breitere Bewegung innerhalb der muslimischen Länder widerspiegelt.

Kapitel 3
Rechtspluralismus in der Praxis

Im letzten Kapitel habe ich erörtert, dass die plurale monokulturelle Politik, die von der britischen Regierung umgesetzt wurde, eher dazu diente, ethnische Gemeinschaften voneinander zu trennen, als sie auf der Grundlage gleicher Rechte und von gegenseitigem Respekts und Toleranz zu vereinen. Ich beschrieb das Ergebnis als "eine Abgrenzung der Menschen in sichtbare kulturelle und religiöse 'Communities', an deren Spitze die vom Staat ausgewählten 'Führer' dieser Gemeinschaften standen. Die 'Communities' rieben sich an- und konkurrierten miteinander, sie lebten segregiert und beäugten sich mit Misstrauen, wenn nicht gar mit Hass."

Ich muss an dieser Stelle ein Geständnis ablegen. Obwohl meine Beschreibung auf Unterlagen britischer Berichte und auf von mir geführten Interviews basierte, habe ich auch eine Beschreibung von Albert Hourani, einem renommierten libanesisch-amerikanischen Nahost-Spezialisten, paraphrasiert. Aber er verfasste sie 1947. Und er sprach nicht über Großbritannien und seine Minderheiten, er sprach über die geschlossenen, segregierten Gemeinschaften des Osmanischen Reiches – das um das dreizehnte Jahrhundert gegründet wurde und im fünfzehnten und sechzehnten Jahrhundert als einer der mächtigsten Staaten der Welt galt –, er sprach über die Minderheiten im Osmanischen Reich.

Zunächst kamen mir die Ähnlichkeiten zwischen den beiden Beispielen sehr merkwürdig vor. Doch je mehr ich mich mit dem Thema beschäftigte, desto klarer wurde mir, dass, sobald der Staat Rechte als Gruppenrechte und nicht im Kontext des Individuums verortet, Segregation, Ungleichheit und Diskriminierung wahrscheinliche Ergebnisse sind.

Lesen Sie, wie Hourani die Situation der Religionsgemeinschaften im Osmanischen Reich beschrieb:

> "Das Osmanische Reich war kein Militärstaat; es setzte sich aus einer großen Zahl an Gruppen zusammen, lokal, stammeszugehörig, sprachlich und religiös geprägt. Im Großen und Ganzen bildeten diese Gruppen geschlossene Gemeinschaften. Jede war eine 'Welt' für sich, die ihren Mitgliedern genügte und ihnen höchste Loyalität abverlangte. Die Welten berührten sich, ver-

mischten sich aber nicht miteinander; jede betrachtete den Rest mit Misstrauen und sogar Hass."[1]

Geschlossene Gemeinschaften waren in der Tat das Erbe des Osmanischen Reiches. Dessen Segregationspolitik war eng mit der Politik des Rechtspluralismus der Osmanen verflochten. Die Essentialisten sehen diese Politik kaum als relevant an für ihre Unterstützung eines abgeschwächten Rechtspluralismus. Wenn die Essentialisten sie allerdings erwähnen, dann vor allem, um die Toleranz der Osmanen im Vergleich zum rücksichtslosen westlichen Zentralismus des Rechtssystems hervorzuheben, der zögert, seinen Minderheiten in ähnlicher Weise entgegenzukommen.

Mehr interessieren sich die Essentialisten für das Vermächtnis der Kolonialmächte, die ihrer Meinung nach die vielgestaltige rechtliche Realität der kolonialisierten Gesellschaften verzerrt haben. Gewiss, die Kolonialmächte haben die Rechtsordnungen in den von ihnen kontrollierten Gebieten verändert. Ihre Politik aber variierte von Gebiet zu Gebiet innerhalb ihres Einflussbereichs, mit unterschiedlichen Folgen für deren staatliches und rechtliches Erscheinungsbild. Eine Kolonialmacht bediente sich je nach Gebiet und Region, die sie kontrollierte, manchmal sehr unterschiedlicher Stile.[2]

Dennoch ist es wichtig zu betonen, dass die Gesellschaften in vorosmanischer oder vorkolonialer Zeit bereits entlang ethnischer, religiöser, stammesbezogener und/oder konfessioneller Linien gespalten waren. Es handelte sich um eine bestehende soziale Tatsache, nicht um eine, die von den Osmanen oder von den Kolonialmächten geschaffen oder aufgezwungen wurde. Der Grad dieser

---

[1] Albert Hourani: *Minorities in the Arab World* (London, New York: Oxford University Press, 1947), S. 22.

[2] Während es beispielsweise weithin bekannt ist, dass Frankreichs politische und rechtliche Welt von kulturellen Verbindungen und dem, was es als *mission civilisatrice* bezeichnete, besessen war, haben neuere Forschungsarbeiten, wie die von Mounira Charrad, hervorgehoben, dass Frankreich unterschiedliche Strategien zur Herrschaft über jede seiner Maghreb-Kolonien anwandte, mit unterschiedlichen "Auswirkungen auf den Grad der politischen Zentralisierung, die Stärke der Stammessolidaritäten und auf das Rechtssystem jedes Landes". Mounira Charrad: *States and Women's Rights: The Making of Postcolonial Tunisia, Algeria, and Morocco* (Berkeley: University of California Press, 2001), Kap. 6, S. 114–144; Nazih H. Azubi: *Over-Stating the Arab State: Politics and Society in the Middle East*, 3. Aufl. (London: I.B. Tauris, 2006), S. 89 ff.

Fragmentierung wird jedoch von Gesellschaft zu Gesellschaft unterschiedlich gewesen sein. Wie nicht anders zu erwarten, nutzten die Osmanen und Kolonialmächte diese ethnischen Spaltungen zu ihrem Vorteil aus und errichteten institutionelle Ordnungen, die diese Spaltungen widerspiegelten, verschärften und zementierten.[3]

Angesichts seiner Relevanz für unsere Diskussion werde ich mich hier auf das vom Osmanischen Reich geschaffene Millet-System konzentrieren. Trotz des deutlichen Unterschieds in den historischen und institutionellen Kontexten kann ich nicht umhin, eine gewisse Ähnlichkeit zu erkennen zwischen dem Millet-System und Großbritanniens "pluraler monokultureller" Politik, seiner anschließenden Schaffung von "Gemeinschaften" und der Richtung, in die es sich bewegt.

Das Millet-System gliederte die Bevölkerung des Imperiums auf der Grundlage der Religion und nicht auf der Grundlage des Territoriums oder der Sprache. Vor den Tanzimat[4]-Reformen des späten neunzehnten Jahrhunderts wurden die Menschen im Osmanischen Reich nicht als Bürger betrachtet. Sie waren Mitglieder von Religionsgemeinschaften. Dementsprechend bestand das System aus Religionsgemeinschaften, von denen jede ihre eigene interne Organisation hatte, die von einer religiösen Hierarchie kontrolliert wurde.

In Regionen wie Großsyrien waren unter dem Millet-System anerkannte religiöse Gruppen, wie z.B. Christen, in relativ eigenständigen autonomen Gemeinschaften organisiert. Jede wurde von einem religiösen Führer geleitet, jede hatte ihre eigenen religiösen Gesetze und Bräuche, und jede übernahm verschiedene soziale und administrative Funktionen, einschließlich Entscheidungen über Fragen zu Heirat und Scheidung.[5]

---

[3] Elham Manea: *The Arab State and Women's Rights: The Trap of Authoritarian Governance* (London: Routledge, 2011), S. 35–41.

[4] Als Tanzimat (deutsch ‚Anordnungen, Neuordnung') wird die Periode tiefgreifender Reformen im Osmanischen Reich bezeichnet, die 1839 begann und 1876 mit der Annahme der Osmanischen Verfassung endete. Durch die Reformen verzichtete der Sultan auf seine unbeschränkten Rechte über Leben und Eigentum seiner Beamten. Die Ministerialressorts wurden festgelegt, die zivilrechtliche Gleichheit aller Untertanen wurde ausgesprochen sowie das Finanz-, Justiz- und Heerwesen reorganisiert (A.d.Ü.).

[5] Ebd., S. 68.

Das Ergebnis dieses Systems war die Schaffung ungleicher und entzweiender Hierarchien: eine innerhalb des Reiches, eine zwischen den Gemeinschaften und eine innerhalb der "anerkannten" Gemeinschaften.

Unter dem Millet-System wurde eine Minderheit eng definiert: jede Bevölkerung, die nicht sunnitisch-muslimisch gemäß der hanafitischen Rechtsschule[6] war. In vielen Regionen des Osmanischen Reiches gab es keine Mehrheit an sunnitischen Muslimen. Auch wenn Nichtmuslime in einem bestimmten Gebiet oft die Mehrheit bildeten, wurden sie nach dieser Definition dennoch als Minderheit mit geringerwertigem Status behandelt. Muslime, die keine Sunniten waren, wurden gänzlich übergangen, waren oft schlecht geschützt und anfällig für Verfolgung. Die herrschende Gemeinschaft waren daher die sunnitischen Muslime. Jede andere Gemeinschaft, ob nichtmuslimisch oder nichtsunnitisch, war politisch bedeutungslos.[7]

Eine weitere Hierarchie wurde zwischen den Gemeinschaften geschaffen. Die Behandlung einer Minderheit innerhalb des Osmanischen Reiches hing u. a. davon ab, ob die Osmanen eine religiöse Gruppe als Gemeinschaft oder als Millet anerkannten. Tatsächlich ging es Christen und Juden besser als nichtsunnitischen Muslimen. So erkannten die Osmanen in Großsyrien etwa die Alawiten nicht an, eine heterodoxe Sekte, die sich im neunten Jahrhundert von der schiitischen religiösen Tradition abspaltete und die auf den Lehren von Mohammed ibn Nusair beruht. Tatsächlich betrachteten die Osmanen sie als "Nichtmuslime", "Ketzer" und "Götzendiener". Den Grundstein für diese Sichtweise bildeten eine Reihe religiöser Fatwas und die Äußerungen sunnitischer Theologen, die es zu einer "Pflicht machten, sie zu töten", und die meinten, dass die Kriegsführung gegen die Alawiten "die größte aller frommen Taten

---

[6] Die Hanafiten sind eine der vier Rechtsschulen des sunnitischen Islams. Sie gehen zurück auf Abū Hanīfa an-Nuʿmān ibn Thābit. Die hanafitische Rechtsschule ist seit dem Ende der Zeit der Umayyaden (661 bis 750 n. Chr.) im sunnitischen Islam vorherrschend: Sie ist die am weitesten verbreitete Rechtsschule, der etwa die Hälfte der Sunniten folgen (A.d.Ü.).

[7] Ebd., S. 42. Butrus Abu-Manneh: "The Christians between Ottomanism and Syrian nationalism: The ideas of Butrus Al-Bustani", *International Journal of Middle East Studies*, XI/3 (Mai 1980), S. 287.

und die wichtigste Verpflichtung" für einen Muslim sei. Die vorhersehbaren Folgen waren verheerende Pogrome vor und während der osmanischen Zeit in den Jahren 1317 und 1516 und eine anhaltende Verfolgung. Die Alawiten schafften es, zu überleben, und ihre Autonomie, einschließlich der rechtlichen Autonomie, zu bewahren, indem sie in geographisch isolierten Gebieten in den Bergen lebten.[8]

Eine Hierarchie innerhalb der Gemeinschaften war ebenfalls erkennbar. Tatsächlich erhielten die Führer der anerkannten Religionsgemeinschaften absolute Autorität über ihre Gruppen. Sie waren die *gatekeeper* ihrer Gemeinschaften, sie sprachen in ihrem Namen, und sie kontrollierten die Verwaltung ihrer jeweiligen Angelegenheiten, Steuern und familiären Anliegen. So lebten die unter dieses System fallenden syrischen christlichen und jüdischen Gemeinschaften in ihren getrennten Parallelgesellschaften, die jeweils von ihren religiösen Führern kontrolliert wurden.[9]

Die Art der Autorität, die den christlichen Religionsführern in Syrien überlassen wurde, lässt sich aus dem Exequatur ablesen, dem Patent, das Sultan Abd al-Hamid II. (1842–1918) dem neuen griechisch-orthodoxen Patriarchen von Syrien erteilte. Darin verkündete der Sultan, dass "alle Mitglieder der griechischen Konfession, ob groß oder klein, den neuen Patriarchen anerkennen müssen". Es sei ihnen "nicht gestattet, ohne seine Zustimmung und Erlaubnis 'alte Verordnungen' zu befolgen, die gegen die Grundlagen ihrer Millet verstoßen", wenn sie dies aber täten, würden ihnen "die gebotenen Strafen" drohen. Darüber hinaus habe "im Falle der Heirat oder Scheidung eines Mitglieds der griechischen Katholiken [...]

---

[8] So stellte Scheich Abu Hamid al-Ghazali (1058–1111) fest, dass die Alawiten "in Fragen des Blutes, des Geldes, der Heirat und des Schlachtens abtrünnig sind, so dass es eine Pflicht ist, sie zu töten"; und Scheich Ahmad Ibn Taymiya (1268–1238) vertrat die Ansicht, dass "Krieg und Strafe [...] gegen sie zu den größten aller frommen Taten und den wichtigsten Verpflichtungen (eines Muslims) gehören". Manea: *The Arab State*, S. 42–43; Eyal Zisser: "The Alawis, Lords of Syria", in Ofra Bengio, Gabriel Bendor (Hg.): *Minorities and the State in the Arab World* (London: Lynne Rienner, 1999), S. 130; Hourani: *Minorities in the Arab World*, S. 20.

[9] Manea: *The Arab State*, S. 68; Stanford Jay Shaw: "Ottoman Empire", *Encyclopedia Britannica Online*, http://www.britannica.com/place/OttomanEmpire (Zugriff am 15. Juli 2015).

niemand außer dem designierten Patriarchen und seinen Vertretern das Recht, sich einzumischen oder zu vermitteln".[10]

Kein Wunder, dass Albert Hourani diese Gemeinschaften als abgeschottet bezeichnete. Es waren geschlossene Gemeinschaften, die in Isolation und Angst lebten. Jede Gemeinschaft bildete eine sozial und kulturell separate Einheit, und jede blieb von der anderen getrennt. Es fehlte ihnen jegliche Erfahrung mit übergemeindlicher Solidarität oder sozialer Integration innerhalb des Osmanischen Reiches. Es fehlte ihnen zugleich ein Sinn für Zugehörigkeit und Einheit. Die Menschen hatten nicht das Gefühl, Teil eines Imperiums oder Bürger eines Staates zu sein. Nein, sie wurden dazu gebracht, sich als Teil ihrer Gemeinschaft wahrzunehmen, und jede Gemeinschaft war eine Welt für sich.[11] Wie sagt Hourani? "Die Welten berührten sich, vermischten sich aber nicht miteinander; jede betrachtete den Rest mit Misstrauen und sogar Hass."[12]

Wie hängt all dies mit dem vorliegenden Thema zusammen?

Das Millet-System hatte negative Folgen, doch es war Teil eines Kapitels der Geschichte. Warum also sollte dieses historische Detail für unsere Diskussion des islamischen Rechts im Westen relevant sein?

Das Millet-System sollte in seinem historischen Zusammenhang und in Bezug auf das, was damals in anderen Staaten und Imperien praktiziert wurde, verstanden werden. Ich bin sicher, dass es viel Phantasie und das Ignorieren von Einzelheiten erfordert, um das Millet-System mit dem pluralen Monokulturalismus in Großbritannien zu vergleichen, zumal wir über zwei verschiedene politische Einheiten sprechen, die in unterschiedlichen historischen und institutionellen Kontexten operieren.

Ich wage dennoch zu behaupten, dass das Millet-System weiterhin bedeutsam ist. Zum einen erinnern uns die abgeschlossenen Gemeinschaften des Millet-Systems an die segregierten Gemeinschaften Großbritanniens, die der linksgerichtete Vorsitzende der *Kommission für Gleichberechtigung und Menschenrechte* (EHRC), Tre-

---

[10] Zitiert in Manea: *The Arab State*, S. 68. Fouad Shubat: *The Organization of Personal Status for Non-Muslims: Legislation and Judiciary in Syria and Lebanon* (auf Arabisch) (Damaskus: The Higher Institute for Arab Studies, 1966), S. 51.
[11] Manea: *The Arab State*, S. 41–42, 68–69; Abu-Manneh: "The Christians …".
[12] Hourani: *Minorities in the Arab World*.

vor Phillips, als "diese von der Außenwelt abgeschnittenen Communities" bezeichnet.

Diese Gemeinschaften drifteten, so Phillips, wenn man sie sich selbst überlässt, "ständig vom Rest von uns weg, indem sie ihren eigenen Lebensstil entwickeln, nach ihren eigenen Regeln spielen und zunehmend die Verhaltens-, Loyalitäts- und Respektkodizes beachten, die der Rest von uns als überholtes, selbstverständliches Verhalten betrachtet, das für uns nicht mehr gilt".[13]

Nun stellen Sie sich vor, dass diese "von der Außenwelt abgeschnittenen Communities" die Freiheit erhielten, ihre eigenen "ethnischen oder religiösen Gesetze" anzuwenden, um ihre eigenen Angelegenheiten zu regeln. Was würde dann passieren?

Abgesehen von der Zementierung der Trennung, die bereits zwischen diesen Communities besteht, würde eine Hierarchie innerhalb der Gemeinschaften geschaffen, die den handverlesenen religiösen Führern der Community und den älteren Menschen, die als *gatekeeper* der Gemeinschaft gelten, Macht und Kontrolle überträgt. Sie und nur sie hätten das Recht, im Namen ihrer Gemeinschaften zu sprechen, darüber zu entscheiden und zu definieren, was sie als die Interessen und Bedürfnisse ihrer Communities betrachteten.

Es würde zudem eine weitere Hierarchie geschaffen werden – eine innerhalb Großbritanniens selbst. Es würde nämlich zwei Klassen von Bürgern geben: eine, die die Freiheiten und Rechte des Common Law genießt, und eine andere, die ihrer beraubt ist, und sei es auch nur deswegen, weil die "Wahl", die ihnen gegeben wurde, zur Folge hätte, dass sie dem Druck, den ihre Gemeinschaft auf sie ausübt, erliegen würde, um die Gesetze der Gemeinschaft zu "wählen".

Ich bitte Sie, sich diese Situation vorzustellen, obwohl Phantasie in diesem Fall nicht wirklich nötig ist. Diese Situation nimmt in Großbritannien bereits Gestalt an, wie ich in den Kapiteln 4, 5 und 6 zeigen werde.

---

[13] Trevor Phillips: *After 7/7: Sleepwalking to segregation*, Rede, 22. Sept. 2005, http://www.humanities.manchester.ac.uk/socialchange/research/social-change/summer-workshops/documents/sleepwalking.pdf

Noch einmal, und ich werde nicht müde, dies zu wiederholen: In dem Moment, in dem der Staat beginnt, Rechte als Gruppenrechte und nicht im Kontext des Individuums zu verorten, sind Segregation, Ungleichheit und Diskriminierung wahrscheinliche Ergebnisse. Die Schwächsten werden verwundbar zurückgelassen und Missbrauch und Diskriminierung ausgesetzt.

Wenn man nun zu dieser Situation noch den religiösen Extremismus hinzufügt, der in diesen segregierten Gemeinschaften zu einem Teil der Szenerie geworden ist, wird man feststellen, dass eine Kombination aus politischer Instabilität, hausgemachtem Terrorismus und Spaltung im Entstehen begriffen ist.

Ungeachtet dieser aktuellen Situation ist das Millet-System für unsere Diskussion wichtig. Im letzten Kapitel habe ich gesagt, dass die Essentialisten oft argumentierten, dass die westliche Rechtstradition, die auf Rechtszentralismus und staatlichem Monopol über die Rechtsfindung beruht, auf euro-amerikanischen Traditionen basiert und die Erfahrungen nicht-westlicher Nationen ignoriert.

Das Millet-System dagegen hat in der arabischen MENA-Region ein Erbe hinterlassen: das Erbe des Rechtspluralismus. Ein Blick auf diese nicht-westliche Erfahrung wird zeigen, warum der säkulare Rechtszentralismus eine notwendige Grundlage für ein liberal-demokratisches System ist, das die Bürger vor dem Gesetz gleich behandelt. In der folgenden Übersicht werde ich zeigen, dass Länder, die Rechtspluralismus anwenden, weit davon entfernt sind, ein Modell zu sein, das man nachahmen sollte, und dass sie oft eine stratifizierte Bürgergesellschaft und Anzeichen doppelter Diskriminierung aufweisen. Menschenrechtsverletzungen sind dort tägliche Realität.

Das Erbe des Millet-Systems in der arabischen MENA-Region

Das Millet-System gab anerkannten Minderheiten das Recht, ihre Familienangelegenheiten nach ihren jeweiligen religiösen Gesetzen zu regeln. Die während dieser Zeit verabschiedeten Familienrechtssysteme spiegelten lediglich die religiösen, konfessionellen und ethnischen Spaltungen des Reiches wider und hatten drei Merkmale[14]:

- Die sunnitische Rechtsprechung hatte Vorrang über die der nichtsunnitischen Muslime.
- Die Gesellschaft war entlang religiöser, konfessioneller und sektiererischer Linien zersplittert, da jede Gemeinschaft ihr eigenes Familienrecht hatte.
- Die Volksstämme hatten Autonomie, da ihre Gewohnheitsrechte – al-Orf genannt – ihre Familienangelegenheiten regelten.

Dieses osmanische Erbe geistert noch immer durch die arabische Region. Tatsächlich spiegeln die Familiengesetze in den meisten arabischen Gesellschaften heute dieselben Eigenschaften wider.

Das Erbe hat eine politische Funktion: Es behindert die nationale Einheit und hält den Griff autoritärer Regime aufrecht, indem es ihre traditionelle Machtbasis intakt und ihre Gesellschaften gespalten hält.

Für mein Buch "*The Arab State and Women's Rights: The Trap of Authoritarian Governance*" (2011) habe ich Feldforschung in den drei arabischen Ländern Jemen, Syrien und Kuwait betrieben, um die autoritären Merkmale der arabischen Staaten und den Einfluss dieser Merkmale auf ihre Genderpolitik zu untersuchen.

Ich entdeckte hierbei, dass der Rechtspluralismus eine politische Funktion hat, die mit geteilten Gesellschaften in der postkolonialen Ära zusammenläuft. Vereinfacht ausgedrückt: Rechtspluralismus liegt vor, wenn der Staat es versäumt, seine Bürger, die entlang religiöser, konfessioneller oder Stammeslinien gespalten sind, vor dem Gesetz gleich zu behandeln.

Von diesem Standpunkt aus gesehen zeigt der Rechtspluralismus die Mängel eines Staates auf. Zugleich legt er offen, wie die Gesellschaft in parallele soziale Gruppen geteilt ist, die innerhalb derselben Gesellschaft leben. Ich fand zudem heraus, dass das System des Rechtspluralismus in den Familiengesetzen zwar Frauen diskriminiert, aber das Werkzeug ist, das dazu beigetragen hat, die

---

[14] Manea: *The Arab State*, S. 190.

soziale Spaltung der arabischen Gesellschaften zu bewahren: Es hat die Gesellschaft gespalten gehalten, indem es Eheschließungen zwischen Sunniten und Schiiten, Christen und Muslimen und Juden, über- und untergeordneten Stämmen usw. behindert hat. So hat es in jedem Land den Aufbau der Nation und die Entwicklung einer nationalen Identität sabotiert[15].

Wenn Ihnen dieses Argument zu abstrakt erscheint, betrachten Sie die folgenden Beispiele.

Beispiel Eins:
Der Rechtspluralismus in der arabischen MENA-Region hat maßgeblich zur Islamisierung von Gesellschaften beigetragen, in denen andere religiöse Minderheiten leben

Während jeder religiösen und konfessionellen Gruppe erlaubt ist, ihr eigenes religiöses Familienrecht zu haben, dient im Konfliktfall das religiöse Gesetz der dominierenden herrschenden Gruppe, in diesem Fall das islamische Recht, als Referenz. Diese Tatsache hat politische Bedeutung.

Vereinfacht ausgedrückt, hat die Vormachtstellung des islamischen Rechts in Konfliktfällen, bei Erbschafts-, Sorgerechts- und Vormundschaftsangelegenheiten nach und nach dazu geführt, dass Nichtmuslime konvertierten. So hat zum Beispiel das Heiratsverbot zwischen einer muslimischen Frau und einem nichtmuslimischen Mann eine politische Funktion: Es stellt sicher, dass die einzigen Muslime, die außerhalb des Islam heiraten können, Männer sind, so dass ihre Kinder automatisch Teil der muslimischen Gemeinschaft werden. Im Falle einer Scheidung verbietet das Gesetz nichtmuslimischen Frauen jedoch, das Sorgerecht für ihre Kinder zu übernehmen. Ebenso verbietet das Gesetz es ihnen, von ihren muslimischen Ehemännern zu erben, es sei denn, sie konvertieren zum Islam. Viele werden aus offensichtlichen Gründen genau dies tun.

Kinder, die in solchen Mischehen geboren werden, dürfen ihre Religion nicht wählen, und diejenigen, die sich dafür entscheiden, der Religion ihrer Mutter zu folgen, werden verfolgt. Natürlich werden sie automatisch enterbt. Ein gutes Beispiel wird aus den in-

---

[15] Ebd., S. 256–257.

ternationalen Schlagzeilen des Jahres 2014 bekannt sein: die 27-jährige Sudanesin Meriam Yahia Ibrahim.

Meriam Yahia Ibrahim wurde als Tochter eines muslimischen Vaters und einer christlich-orthodoxen Mutter geboren. Da ihr Vater während ihrer Kindheit abwesend war, wurde sie als orthodoxe Christin erzogen. Im August 2013 wurde Frau Ibrahim auf der Grundlage des Berichts eines Familienmitglieds verhaftet und wegen Ehebruchs angeklagt, weil sie einen christlichen Südsudanesen geheiratet hatte.

Nach dem klassischen islamischen Recht ist es einer muslimischen Frau nicht gestattet, einen nichtmuslimischen Mann zu heiraten, und jede derartige Ehe gilt als nichtig und daher als eine ehebrecherische, unter Strafe stehende Beziehung. Das Gericht fügte im Februar 2014 den Vorwurf des Glaubensabfalls hinzu, als Meriam versicherte, sie sei Christin und keine Muslimin.

Am 15. Mai wurde Frau Ibrahim wegen Ehebruchs und Glaubensabfalls verurteilt, nachdem sie sich geweigert hatte, ihre Religion zu widerrufen. Sie wurde gemäß Artikel 126 des sudanesischen Strafgesetzbuches wegen Apostasie zum Tod durch Erhängen und gemäß Artikel 146 wegen Ehebruchs zu 100 Peitschenhieben verurteilt.

Frau Ibrahim war im achten Monat schwanger, als sie verhaftet wurde, und wurde zusammen mit ihrem 20 Monate alten Sohn inhaftiert. Der Sohn durfte wegen seiner Religion nicht bei seinem Vater bleiben: Nur wenn der Vater Muslim gewesen wäre, hätte er das Sorgerecht erhalten. Meriam gebar mit gefesselten Beinen. Da dies die Entbindung erschwerte, kann es sein, dass das Neugeborene nie wird laufen können.[16]

Trotz dieses schrecklichen Martyriums hatte Frau Ibrahim Glück. Dank einer Kombination aus Empörung in der sudanesi-

---

[16] Amnesty International: *Sudan: Woman sentenced to death for her beliefs: Meriam Yehia Ibrahim* (16. Mai 2014). http://www.amnesty.org/en/library/asset/AFR 54/007/2014/de/ffc8916a-01f8-43f3-be3c-87c91360fecb/afr540072014de.html (Zugriff am 15. Juli 2015); Nima Elbagir und Laura Smith-Spark: "Sudanese Christian woman: 'There's a new problem every day'", *CNN online*, 1. Juli 2014, http://edition.cnn.com/2014/07/01/world/africa/sudan-apostasy-case/index.html?hpt=hp_c6 (Zugriff am 15. Juli 2015); Elham Manea: "And yet it moves: One Meriam Yehia Ibrahim", *Modern Discussion*, 26. Mai 2014, http://www.ahewar.org/debat/show.art.asp?aid=416536 (Zugriff am 15. Juli 2015).

schen Zivilgesellschaft, einem internationalen Aufschrei, der Medienberichterstattung und christlicher Solidarität wurde sie freigelassen und durfte nach langem Kampf das Land verlassen.

Es geht jedoch nicht um das Martyrium einer einzelnen Person. Die Tortur ist symptomatisch für religiöse Gesetze, die Menschen in religiöse Schubladen einteilen, sie aufgrund ihrer Religion unterschiedlich behandeln und sie ihres Grundrechts berauben, ihre Religion zu wählen und/oder zu wechseln und sich ihren Partner unabhängig von der Religion auszusuchen. Angesichts all dessen, was Ibrahim und ihr Ehemann erlitten haben – Verurteilung zum Tode, weil sie die christliche Religion ihrer Mutter wählte, Auspeitschung, weil sie einen Nichtmuslim heiratete, und Verweigerung des Sorgerechts für ihre Kinder wegen seines Christentums – wäre es für beide eine leichtere "Wahl" gewesen, zum Islam zu konvertieren.

Beispiel Zwei:
Autoritäre Regime vielerlei Art haben den Rechtspluralismus ausgenutzt, um den ethnischen Charakter ihrer Gesellschaften aufrechtzuerhalten

Dazu haben solche Regime eine Strategie des "Teile-und-herrsche" angewandt und damit ihre traditionelle Machtbasis aufrechterhalten.

Syrien und Saudi-Arabien sind gute Beispiele hierfür.

In Syrien sträubte sich das Assad-Regime, das pluralistische syrische Familienrechtssystem zu ändern, weil es unter anderem die Spaltung zwischen religiösen und konfessionellen Gemeinschaften in Syrien bewahren musste.[17]

Das Regime konnte überleben, indem es mit der Furcht der Minderheiten – der Christen, Schiiten, Drusen, Juden und seiner eigenen alawitischen Minderheit – vor einer Rückkehr der sunnitischen Mehrheit an die Macht spielte.

---

[17] Diese Darstellung basiert auf den Recherchen, die ich 2007 in Syrien durchgeführt und in Kapitel neun meines Buches *The Arab State and Women's Rights*, S. 160–187, veröffentlicht habe.

Dies ist eine begründete Furcht, da sie unter den Osmanen unter der sunnitischen Hegemonie gelitten hatten. Das Regime wandte verschiedene Methoden an, um diese Angst zu schüren, und griff dabei immer wieder auf das Prinzip "teile und herrsche" zurück. Es muss die konfessionelle und religiöse Spaltung intakt halten, um diese Überlebenspolitik fortzusetzen, und das syrische Familienrechtssystem, das auf Rechtspluralismus basiert, ist das Instrument, das diese Spaltung aufrechterhält. Um diesen Punkt klar zu erkennen, braucht man sich nur die rechtlichen Bestimmungen in all jenen religiösen Familiengesetzen vor Augen zu führen, die die Frage der interreligiösen Ehe behandeln. Tabelle 1, die meinem Buch von 2011 entnommen ist, enthält hierzu Beispiele.[18]

Jedes einzelne dieser Familiengesetze bedeutet ein großes Hindernis für eine interreligiöse Ehe. Christliche Familiengesetze machen es für einen syrischen Christen sehr schwer, einen Syrer einer anderen Religion zu heiraten, obwohl diese Raum für Ehen zwischen Angehörigen christlicher Konfessionen lassen. Das syrische griechisch-orthodoxe Personenstandsgesetz Nr. 23 aus dem Jahr 2004 beispielsweise besagt eindeutig, dass die Eheschließung im Falle von "Religionsunterschieden" verboten ist, erlaubt aber dennoch die Eheschließung mit einem syrischen Christen einer anderen Konfession. Das syrische katholische Personenstandsgesetz Nr. 31 von 2006 berücksichtigt nicht einmal die Möglichkeit einer Eheschließung mit einem Nichtchristen und schreibt lediglich die Bedingungen vor, die eine innerchristliche Eheschließung ermöglichen. Auch das jüdische Personenstandsgesetz, Buch des Personenstands der Juden genannt, nimmt eine sehr strenge Haltung gegenüber der interreligiösen Ehe ein. Artikel 17 besagt, dass ein Ehevertrag nur dann gültig ist, wenn die Partner derselben Religion und Konfession angehören: "Wenn ein Partner einer anderen Religion oder einer anderen Konfession angehört, ist es verboten, eine Ehe einzugehen, oder die Ehe ist ungültig."[19]

---

[18] Siehe Manea: *The Arab State*, S. 173.
[19] Ebd., 171–172.

Tabelle 1. Einzelne Bestimmungen zur interreligiösen Ehe gemäß ausgewählter syrischer Gesetze für religiöse Familien

Islamisches Personenstandsgesetz, Nr. 59, 1953	Syrisches griechisch-orthodoxes Gesetz, Nr. 23, 2004	Syrisch-katholische Konfessionen, Nr. 31, 2006	Das Buch des Personenstandes für die Juden in Syrien	Alawiten und Drusen
• Die Ehe einer muslimischen Frau mit einem Nichtmuslim ist nicht gültig. (Artikel 48: 2) • Damit eine Ehe gültig ist, muss der Mann mündig sein. (Artikel 26) • Die Eignung oder *kafaa* wird nach den Gebräuchen des Landes definiert. (Artikel 28) • Wenn eine erwachsene Frau ohne die Zustimmung ihres Vormunds heiratet, kann der Vormund die Ehe für ungültig erklären, wenn der Ehemann nicht geeignet ist. (Artikel 27)	• Die Eheschließung ist in verschiedenen Fällen verboten; einer davon sind Unterschiede in der Religion. (Artikel 17: K) • Wenn ein potenzieller Ehepartner kein orthodoxer Christ ist, sollte er eine Erklärung der geistlichen Führung vorlegen, um zu beweisen, dass er sich zu einer Verlobung oder Ehe verpflichtet. (Artikel 20)	• Es ist verboten, dass zwei Personen, von denen eine katholisch ist und die andere nicht, ohne vorherige Erlaubnis der religiösen Autoritäten heiraten. (Artikel 813) • Der örtliche Kirchenvorstand kann die Erlaubnis für eine solche Ehe erteilen, wenn der katholische Partner seine Absicht erklärt, nicht von seinem Glauben abzuweichen, und wenn der andere Partner sich der Versprechen bewusst ist, die sein katholischer Partner abgeben muss. (Artikel 814: 1, 2)	• Die Religion und die Konfession müssen gleich sein, damit der Ehevertrag gültig ist. Wenn ein Partner einer anderen Religion oder einer anderen Konfession angehört, ist es verboten, eine Ehe zu schließen, oder die Ehe ist ungültig.	• Artikel 26 und 27 des Islamischen Personenstandsgesetzes gelten auch für Alawiten und Drusen.

Die gleichen Vorstellungen gelten für das islamische Gesetz über den Personenstand: Muslimischen Frauen ist es nicht erlaubt, Nichtmuslime zu heiraten, es sei denn, diese konvertieren. Am wichtigsten ist, dass dieses Gesetz dem Vormund das Recht gibt, eine Ehe zu annullieren, wenn er den Bräutigam/Ehemann nach einem Konzept namens *kafaa* oder Eignung als nicht "passend" oder "geeignet" erachtet. Diese Bestimmung wird in allen arabischen Familiengesetzen mit Ausnahme Tunesiens wiederholt. Der Begriff der Eignung, wie er im Gesetz verwendet wird, ist nicht definiert und wird den jeweiligen "Gepflogenheiten des Landes" überlassen. Im Wesentlichen kann der männliche Vormund damit drohen, eine Ehe für ungültig zu erklären, indem er sie als "nicht geeignet" bezeichnet, und so die Frauen in seiner Familie kontrollieren. Tatsächlich soll dieses Gesetz dazu dienen, die Gesellschaft entlang ihrer konfessionellen und religiösen Linien gespalten zu halten. Dies erklärt, warum diese Bestimmung auf alle Syrer angewandt wurde, unabhängig davon, ob sie Sunniten, Christen, Schiiten, Drusen, Juden, Alawiten oder Ismaili sind: Es ist das Rechtsinstrument, das dazu beigetragen hat, den zersplitterten Charakter der syrischen Gesellschaft zu erhalten. Innerhalb dieser Gleichung sind die Frauen und ihre Rechte irrelevant. Es sind die politischen Funktionen, auf die es ankommt.[20]

In Saudi-Arabien sollen die religiösen und gewohnheitsrechtlichen Gesetze die konfessionelle Stammeshegemonie der herrschenden wahhabitischen Familien und Stämme in der Landschaft des Nadschd zementieren und verhindern, dass Menschen aus verschiedenen Regionen, von "über-" und "untergeordneten" Stämmen und verschiedener islamischer Glaubensrichtungen untereinander heiraten.

Das Königreich Saudi-Arabien wird oft als Ergebnis einer "heiligen Allianz" zwischen dem Dynastieführer Mohammed ibn Saud und einem Prediger, Mohammed ibn Abdul-Wahhab, beschrieben. Der Erstgenannte war der Gründer der saudischen Dynastie und ein Emir in einer kleinen Stadt in der Nähe von Riad namens Al-Diriyah; letzterer war der Begründer des Wahhabismus, der orthodoxen fundamentalistischen sunnitischen Bewe-

---

[20] Ebd.

gung, die auf der Hanbali-Rechtsschule basiert, welche für die strenge Ausübung und den absoluten Gehorsam gegenüber dem Islam – wie er ihn interpretiert – eintritt.

Die beiden Männer versprachen 1744 das Ziel, einen Staat nach wahhabitischen Prinzipien zu schaffen, umzusetzen, doch der Staat, den sie im achtzehnten Jahrhundert errichteten, war aufgrund eines erfolgreichen Militärfeldzuges der Osmanen und ihrer ägyptischen Verbündeten nur von kurzer Dauer.[21]

Ihr Versprechen wurde 1902 wieder aufgegriffen, als ein neuer Führer, ibn Saud, unterstützt von seinem Clan und einer Armee wahhabitischer Eiferer, eine Militärkampagne startete und die vier zuvor getrennten Regionen mit Gewalt vereinte:

- Najd liegt im Herzen des Königreichs, es ist Heimatregion und Machtbasis der saudischen Dynastie und der wahhabitischen Sekte.
- Hedschas befindet sich an der Westseite des Königreichs und ist die Heimat der islamischen heiligen Stätten. Seine Bevölkerung folgt der sunnitisch-schafiitischen Rechtsschule und etablierten Sufi-Orden.
- Die Ostprovinz beherbergt den Großteil der Ölreserven des Königreichs und ist die Heimat des größten Teils der schiitischen Minderheit des Landes.
- Asir und Nadschran befinden sich im Süden des Königreichs. Sie sind sowohl historisch als auch geographisch an den Jemen gebunden, und ihre Bevölkerung besteht aus sunnitischen Schafiiten und schiitischen Ismaili-Stämmen.

Das 1932 gegründete Königreich Saudi-Arabien basierte auf der Vormachtstellung der Nadschd-Region über die drei eroberten Gebiete, und die wahhabitische Interpretation des Islam wurde als offizielle Staatsreligion eingeführt.

Der Rechtspluralismus wird in Saudi-Arabien in einer Weise praktiziert, die die Hegemonie der sunnitisch-wahhabitischen Rechtsschule über andere religiöse Traditionen gewährleistet, es Angehörigen verschiedener islamischer Konfessionen oder Stam-

---

[21] Für weitere Informationen siehe Elham Manea: *Regional Politics in the Gulf: Saudi Arabia, Oman, Yemen* (London: Saqi, 2005), S. 21–22, 73–74.

meslinien erschwert, untereinander zu heiraten, und männliche sunnitische Wahhabiten aus dem Nadschd-Gebiet an die Spitze einer Staatsbürgerschafts-Hierarchie stellt.

Ich hatte schon erwähnt, dass in einem Kontext des Rechtspluralismus bei Konflikten zwischen den religiösen Gesetzen, die für die verschiedenen Gruppen gelten, das religiöse Gesetz der herrschenden Gruppe automatisch das Ergebnis bestimmt. Das heißt, in Ländern, in denen Muslime und Nichtmuslime zusammenleben, hat das islamische Recht Vorrang vor allen anderen.

In Saudi-Arabien hingegen ist die Bevölkerung entlang konfessioneller, stammesbezogener und regionaler Grenzen gespalten. Wenn es dort zu Konflikten kommt, tritt die wahhabitische Rechtsprechung der herrschenden Nadschd-Region nebst ihren Stammesgewohnheitsrechten automatisch an die Stelle aller anderen.

In der Ostprovinz gibt es zum Beispiel nur sieben schiitische Richter, die an drei schiitischen Gerichten dienen: zwei Gerichte der unteren Ebene und ein Berufungsgericht. Bezeichnenderweise ist die Zuständigkeit all dieser Richter auf Fälle beschränkt, die den persönlichen Status, Erbschaften und Schenkungen betreffen. Im August 2005 beschränkte ein königlicher Erlass die ohnehin begrenzte Zuständigkeit der beiden Gerichte der unteren Ebenen erheblich. Der Erlass gab den sunnitischen Gerichten die Befugnis, die schiitischen Gerichte zu beaufsichtigen und dort anhängige Fälle aufzugreifen. Weitere Bestimmungen verleihen den ersteren noch mehr Macht. Damit sind die regulären sunnitischen Gerichte für Fälle zuständig, in denen es um eine Streitigkeit zwischen zwei Parteien geht, und die sunnitischen Gerichte sind automatisch auch dann zuständig, wenn eine Partei kein Schiit ist, selbst wenn der Fall nicht strittig ist.[22]

Ebenso bestimmen bei den Saudis seit langem Stammes- und Konfessionsregeln, wer wen heiraten darf. Eine Frau kann nur einen Mann aus einer "geeigneten" Stammeslinie heiraten, der der gleichen religiösen Konfession angehört. Diese sozialen Grenzen werden nur selten überschritten. Auch Mischehen zwischen Stämmen höherer und niedrigerer "Abstammungslinie" sind verpönt.

---

[22] Human Rights Watch (HRW): *Denied Dignity: Systematic Discrimination and Hostility toward Saudi Shia Citizens* (New York: HRW, 2009), S. 12.

Wenn eine Frau beschließt, eine dieser Regeln zu brechen, hat ihr männlicher Vormund das Recht, die Auflösung der Ehe zu verlangen, und seinem Wunsch wird entsprochen.[23]

Ein anschauliches Beispiel ist das von Fatima Azzaz, einer 34-jährigen Frau aus der im Norden gelegenen Stadt Jufy – sie wurde gezwungen, sich von ihrem Mann scheiden zu lassen.[24] Nach dem Tod ihres Vaters leiteten Fatimas Halbbrüder juristische Schritte ein und behaupteten, dass Fatimas Mann seine Stammeszugehörigkeit falsch dargestellt habe, als er um Erlaubnis bat, sie zu heiraten, und dass er in Wirklichkeit einem Stamm angehörte, der genealogisch niedriger stünde als der ihre. Obwohl Fatima dem Richter mitteilte, dass sie verheiratet bleiben wolle, entschied er zugunsten ihrer Halbbrüder und ordnete im August 2005 die Scheidung an. Fatima lehnte das Urteil des Gerichts ab und wurde dafür zusammen mit ihren Kindern inhaftiert.[25]

Selbst in Fällen, in denen die Familien entscheiden, dass konfessionelle Differenzen nicht wichtig sind, nimmt die religiöse Autorität es auf sich, sich einzumischen und interkonfessionelle Ehen zu annullieren. Ein Beispiel aus der Region Asir ist die erzwungene Scheidung Laila bent Muhammad Fayez Assiris, einer Sunnitin, von ihrem Ehemann Ala Allah bin Hassan bin Fnis al-Fnis, der ein Schiit/Ismaili ist.

Obwohl das Ehepaar und der Vater der Ehefrau der Eheschließung zustimmten, erließ ein Richter im April 2006 ein Urteil, mit dem die einjährige Ehe wegen des Konfessionsunterschiedes beendet wurde. Das Urteil stützt sich auf wahhabitische religiöse Erlasse, die interkonfessionelle Ehen verbieten und solche Eheschließungen "wegen religiöser Inkompetenz als ungültig betrachten, da Schiiten religiös nicht so kompetent wie Sunniten sind".[26]

---

[23] Wajehaal-Huwaider, Frauenrechtlerin, E-Mail-Interview der Autorin, Juni 2008.
[24] Der folgende Abschnitt basiert auf einem Papier, das ich im Juli 2008 veröffentlicht habe: "The Arab state and women's rights: The case of Saudi Arabia – The limits of the possible", *Orient – German Journal for Politics, Economics and Culture of the Middle East*, II/2008, S. 15–25.
[25] Manea, ebd.: *Saudi Women for Reform, The Shadow Report for CEDAW* (Geneva: CEDAW, December 2007), S. 13–14.
[26] Manea, ebd.: *Saudi Women for Reform*, Shadow Report.

Diese Bestimmungen sind, ich wiederhole, entscheidend für die Erhaltung der konfessionellen und Stammeshegemonie der Nadschd-Region im Königreich, denn sie halten die Stammesgeschlechter intakt und halten die Stammesmitglieder davon ab, Menschen aus anderen Regionen zu heiraten. Die Tatsache, dass der Staat aktiv eingreift, um Ehen aufzulösen, die über die Stammesgrenzen hinausgehen, unterstreicht die politische Funktion, die diese Bestimmungen besitzen.

Die Stammesbräuche und -traditionen zur Erhaltung der Reinheit des Blutes spielen auch eine Rolle bei der Zementierung der erzwungenen sozialen Segregation des Staates. Sie spiegeln auch wider, welcher Stamm an der Spitze der gesellschaftlichen Hierarchie steht. Daher können "reinblütige" Nadschd-Männer Frauen aus anderen Stämmen oder Regionen heiraten, aber ihren Schwestern und Töchtern ist es nicht erlaubt, außerhalb ihrer Gruppe zu heiraten. Diese strengen Regeln wirken sich negativ auf die offeneren Traditionen anderer Regionen aus.

Mai Yamani bemerkt in ihrem Buch "*Cradle of Islam: The Hijaz and the Quest for a Arabian Identity*",[27] dass im späten neunzehnten und frühen zwanzigsten Jahrhundert die Hedschas-Ehen flexibler waren und diese den Herkunftsfragen wenig Aufmerksamkeit schenkten. Muslim zu sein, unabhängig von seiner Herkunft, war Grundlage genug, um eine Ehe eingehen zu können. Doch diese Offenheit änderte sich nach der Gründung des Königreichs und wurde durch strenge Regeln ersetzt, die denen der Nadschd entsprachen.

Yamani merkt an, dass "die Nadschd-Ehe innerhalb derselben Abstammungslinie blieb und bleibt, wobei die Bindungen zwischen den Stammesfamilien in der Regel durch patrilineare Parallelvetter-Ehen verstärkt wurden". Sie betont jedoch, dass zwischen Ehen, die *khadiri* (nicht stammesgebunden und daher nicht rein-<u>nadschd</u>), und solchen, die *gabili* (stammesgebunden "reinblütig"-<u>nadschd</u>) sind, unterschieden werden sollte:

> "Diese strenge Patrilinearität erlaubte es 'reinblütigen Nadschd' [Männern], Außenseiter wie etwa Ägypter zu heiraten, aber ihre weiblichen Verwand-

---

[27] Mai Yamani: *Cradle of Islam: The Hijaz and the Quest for an Arabian Identity* (London: I.B. Tauris, 2004).

ten haben nie außerhalb des Stammes geheiratet. Im Prinzip hätten also Männer aus den Hedschas nicht in eine 'reinblütige' Nadschd-Familie einheiraten können, während Frauen es hätten tun können, obwohl Hedschasi-Frauen in der Regel weder in Nadschd-Familien verheiratet noch gefragt wurden."[28]

Es ist keine Überraschung, dass Ehen zwischen Hedschas und Nadschdis sehr selten sind. Letztere sehen davon ab, Hedschas zu heiraten, weil sie deren Abstammung für nicht rein genug halten. Yamani behauptet, dass die Seltenheit solcher Mischehen der "bedeutendste Ausdruck der sozialen Grenzen zwischen den Regionen Saudi-Arabiens" sei, was die gespaltene Natur des saudischen Staates zeige.[29]

Auch in dieser Gleichung sind Frauen und ihre Rechte irrelevant. Was zählt, ist die politische Funktion.

Die Folgen des Rechtspluralismus aus Staatsbürgerschafts- und Menschenrechtsperspektive

Es ist die politische Funktion, die zählt.

Das fiel mir auf, als ich zwischen 2006 und 2009 zum Rechtspluralismus in der arabischen MENA-Region recherchierte. Als Politikwissenschaftlerin habe ich mich natürlich mehr mit seinen politischen Implikationen befasst, aber ich hatte sicher nicht erwartet, dass sie so fundamental sind.

Während meiner Forschungen reiste ich in die Region und führte mehr als 60 ausführliche Interviews mit verschiedenen Gruppen von Eliten: hohen Regierungsbeamte, Oppositionsmitgliedern, Intellektuellen und Frauenaktivisten. Das hatte einen tiefgreifenden Einfluss auf meine Vorstellungen. Ich reiste in der Überzeugung dorthin, dass Religion das Hauptelement ist, das die Diskriminierung von Frauen in dieser Region verursacht, doch ich kam mit einem nuancierteren und komplexeren Bild wieder zurück. Ja, Religion ist ein Teil des Problems. Unabhängig davon, von welcher Religion wir sprechen: In den meisten Fällen diskriminieren die in

---

[28] Zit. in Manea: "The case of Saudi Arabia", S. 23; Yamani: *Cradle of Islam*, S. 80–81.
[29] Manea, ebd., S. 23–24; Yamani, ebd., S. 85.

der arabischen MENA-Region vorherrschenden religiösen Interpretationen Frauen. Aber ich fand eine andere, grundlegendere und dringlichere Frage: Wie kommt es, dass Religion überhaupt noch eine Rolle spielt?

Diese Frage erforderte einen genaueren Blick auf die in der Region vorherrschende Staatsform. Sicherlich ist dies ein autoritärer Staat. Doch dieser autoritäre arabische Staat hat noch ein anderes Merkmal, das in meinen Interviews immer wieder betont wurde: Er ist *vormodern*.

Ein syrischer Intellektueller drückte es mir gegenüber so aus:

> "Was wir haben, ist ein vormoderner Staat. Wir haben keinen Staat der Bürger, mit freien und gleichen Individuen. Was haben wir dann? Was ist die Staatsbürgerschaft, die wir haben? [Sind wir] Syrer? Nein, das ist nicht meine grundlegende Legitimität. Nein, ich bin Muslim, ich bin Christ, ich bin Schiit, ich bin Alawi, ich komme aus Houran, [und] ich komme aus Aleppo: einem Vor-Staat. Das sind nur Anhaltspunkte des Staates. Individuen gelten nicht als Individuen. Selbst bei den Wahlen gilt: Dies ist der Kandidat eines So-und-so-Clans oder eines So-und-so-Stammes. Keine Staatsbürgerschaft, keine Freiheit und keine Gleichheit. Wo ist dann der moderne Staat? In der Fiktion. Dies ist der arabische Staat. Nennen Sie mir ein Beispiel für einen modernen arabischen Staat? Es gibt keinen [...]. Das ist das Problem [...]. Wenn der Bezug des Staates die Staatsbürgerschaft ist, [dann] sind die Frau und der Mann [gleich]. [Sie werden] dann Individuen sein – ihr Bruder und ihr Vater haben mit ihr nichts zu tun. Sie ist frei, sobald sie ein bestimmtes Alter erreicht hat, frei gegenüber ihrer Religion, frei gegenüber ihrer Konfession, frei, wo sie leben soll; gleichberechtigt."[30]

Der Staat ist vormodern.

Ein solcher Begriff löst bei den Menschen zwangsläufig Unbehagen aus. Ich verstehe, dass in den postmodernen und postkolonialen Diskursen die Begriffe Modernität, Moderne und Modernisierung fast schon schmutzige Worte sind. Oder lassen Sie mich die Worte von Gita Sahgal verwenden, der in Indien geborenen britischen Direktorin des *Centre for Secular Space* und Gründerin von *Women against Fundamentalism*. In dieser Art von Diskurs, so sagt sie "ist die Verwendung des Wortes 'Modernisierung' fast so schlimm wie die des Begriffs 'Kolonialismus'". Das ist schade, meint sie, denn die Menschen scheinen vergessen zu haben, "dass die an-

---

[30] Syrischer Interviewpartner Nr. 1, Autor und Journalist, Interview der Autorin, Syrien, Juli 2007.

tikoloniale Bewegung eine Modernisierungsbewegung und eine riesige Bewegung für Gleichheit war".[31]

Dennoch glaube ich nach wie vor, dass mehrere Aspekte der Moderne wichtig sind, wenn wir einen Staat haben wollen, der die Bürger vor dem Gesetz gleich behandelt: eine einheitliche, *säkulare, demokratische Rechtsordnung, die auf der Achtung der Bürger- und Menschenrechte beruht*. Die Essentialisten würden zusammenzucken, wenn ich von "Säkularismus" spreche, aber ich bestehe darauf, dass ein nicht-säkularer Staat nicht in der Lage ist, neutral mit seinen Bürgern umzugehen. Ein Staat, der säkular, aber nicht demokratisch ist und die Bürger- und Menschenrechte nicht respektiert, wird letztlich seine Macht missbrauchen. Und ein säkularer Staat, der demokratisch ist und die Menschenrechte achtet, aber plurale Rechtsordnungen einführt, wird am Ende einige Gruppen seiner Bürger diskriminieren. Daher bedingen diese Eigenschaften sich gegenseitig: Eine einzige säkulare und demokratische Rechtsordnung muss sich auf die Normen der Bürger- und Menschenrechte gründen.

Anstatt sich auf eine philosophische Diskussion einzulassen, schlage ich vor, zu untersuchen, was dieser syrische Intellektuelle gesagt hat. Er verwies auf den inneren Zusammenhang zwischen dem im arabischen MENA-Kontext vorherrschenden Staatstyp und der Situation der Frauen dort. Was er sagte, stimmt mit dem überein, was ich auch von anderen hörte, die ich interviewte: Der arabische Staat war und ist kaum ein Staat, der sich aus Bürgern zusammensetzt. Er ist ein Staat, der aus ethnischen Gruppen besteht.

Es ist ein Staat ethnischer Gruppen, nicht einer von Bürgern, und es ist ein Staat, der seine Bürger nicht gleichbehandelt, weder offiziell noch in der alltäglichen Realität. Tatsächlich ist der Staat oft dazu übergegangen, die Interessen einer dominanten Gruppe zu vertreten: einer religiösen Konfession, einer Sekte, eines Stammes, einer Region oder einer Klientel-Elite.

Andere gesellschaftliche Gruppen wurden dazu gedrängt, die institutionelle Realität eines Staates zu akzeptieren, der sie seinerseits kaum als gleichberechtigte Bürger betrachtet. Tatsächlich fungiert der Staat, der eigentlich unpersönlich sein und seine Bürger

---

[31] Gita Sahgal, Interview der Autorin, London, 24. Jan. 2013.

als gleichberechtigt behandeln sollte, weiterhin als ethnischer Leibwächter für die Interessen der herrschenden Eliten. Das Fehlen einer soliden institutionellen Grundlage hat es den "ethnisierten" Eliten ermöglicht, die Institutionen des Staates zu ihrem eigenen Vorteil zu kapern.[32]

Die Familiengesetze spiegeln diese Merkmale des arabischen Staates wider: Sie sind gespalten, getrennt, ethnisch und paternalistisch und zudem das Instrument, das dazu beigetragen hat, den stark autoritären Charakter des arabischen Staates zu verewigen. Diese Gesetze haben die Gesellschaft gespalten gehalten, indem sie die Eheschließung zwischen Sunniten und Schiiten, Christen und Muslimen und Juden, über- und untergeordneten Stämmen usw. behindert haben. So haben diese Gesetze in jedem Land die Entwicklung einer nationalen Identität untergraben. Mit anderen Worten, sie haben dazu gedient, die traditionelle Machtbasis der Elite in all ihren fragmentierten konfessionellen, religiösen, Stammes- und Regionalformen intakt zu halten.[33]

Ist es Zufall, dass in keinem arabischen Land der MENA-Region so etwas wie eine Zivilehe existiert? Es gibt sie einfach nicht. Sogar in Ländern wie Israel und dem Libanon, in denen die Behörden widerwillig eine Zivilehe zwischen Angehörigen unterschiedlicher religiöser Herkunft akzeptieren, selbst dort muss das Paar außerhalb des Landes heiraten, oft in Zypern, und die Ehe dann in Israel oder im Libanon registrieren lassen. Ist diese Situation ein Zufall? Die Tatsache, dass es die Zivilehe nicht über religiöse oder ethnische Grenzen hinweg gibt, spiegelt die von mir beschriebenen religiös/ethnischen Trennungen wider. Sie spiegelt auch das Fehlen von Bürgern in diesen Ländern wider, die unabhängig von ihrem Geschlecht, ihrer Religion oder ihrer ethnischen Zugehörigkeit als unabhängig und gleichberechtigt gelten können. Ich verwende hier das Wort Trennungen, obwohl einige es vielleicht als Vielfalt bezeichnen würden. Aber die Art und Weise, wie sie dort gelebt und praktiziert wird, verwandelt Vielfalt in Trennung. Vielfalt wird zu einer Quelle der Instabilität, zu einer Quelle der Angst. Tatsächlich wage ich zu behaupten, dass ein Staat umso anfälliger für

---

[32] Manea: "The case of Saudi Arabia", S. 191.
[33] Ebd., S. 198.

politische Instabilität ist, je schwieriger es wird, in einem bestimmten Staat über religiöse Grenzen hinweg zu heiraten.

Stratifizierte Bürgergesellschaft und das Syndrom der doppelten Diskriminierung

Diese politische Funktion des Rechtspluralismus im Rahmen eines "ethnisierten" arabischen Staates, der seine Bürger nicht als Individuen, sondern als Mitglieder ethnischer Gruppen behandelt, hat Konsequenzen sowohl für die Bürgerrechte als auch für die Rechte der Frauen.

Ich werde diesen Punkt noch einmal am Beispiel Saudi-Arabiens und Syriens erläutern.

In Saudi-Arabien spiegelt die Art und Weise, wie der Rechtspluralismus angewandt wird, den Machtausgleich in seiner politischen Struktur wider. Die Anwendungsweise zeigt uns deutlich, welche ethnische/religiöse Gruppe die politische Landschaft dominiert: die wahhabitischen Nadschds. Andere ethnisch-konfessionelle Gruppen in der Gesellschaft werden als sekundär betrachtet. Folglich ist die Staatsbürgerschaft stratifiziert und nach religiösen und regionalen Bezügen gegliedert. Es handelt sich um eine Hierarchie: An der Spitze stehen die sunnitischen wahhabitischen Nadschd-Stämme als Bürger erster Klasse. Dahinter folgen sunnitische Hedschasis der schafiitischen Konfession, und die Sufi-Hedschasis gelten offiziell als Anhänger einer abweichlerischen Konfession.

Diejenigen, die anderen und verpönten islamischen Konfessionen angehören, wie z.B. die schiitische Bevölkerung der Ostprovinz, stehen am unteren Ende der Staatsbürgerschaftsleiter. Das wahhabitische Establishment und die Religionspolizei bezeichnen sie öffentlich als Ketzer, als Anhänger einer "bösen" Sekte und als "der größte Feind und Betrüger des sunnitischen Volkes".[34]

Sie werden nicht nur daran gehindert, ihre Religion offen auszuüben, auch ihre religiösen Feste sind verboten. Die Diskriminierung erstreckt sich auf alle Bereiche: den Arbeitsplatz und staatli-

---

[34] Human Rights Watch: *Denied Dignity*, S. 12–13.

che Dienstleistungen sowie die Möglichkeit, gleichberechtigt mit sunnitischen Kollegen in die Armee oder in den diplomatischen Dienst einzutreten oder die politische Karriereleiter zu erklimmen. Höchst bezeichnend ist auch, dass es ihnen untersagt ist, Religion oder Geschichte zu unterrichten. Das überrascht freilich nicht, da die schulischen Lehrpläne die wahhabitische Weltsicht widerspiegeln und sie das Schiitentum als korrupte Form des Islam verurteilen, deren Anhänger zur Hölle verdammt sind.[35] Tatsächlich leisten diese Lehrpläne noch mehr als das. Sie spiegeln die von mir oben erwähnte Hierarchie der Staatsbürgerschaften wider. Denn genauso, wie sie "schiitische und sufistische Muslime als ketzerisch verdammen und verunglimpfen und sie Polytheisten nennen, verdammen und verunglimpfen sie auch die Mehrheit der sunnitischen Muslime, die nicht dem wahhabitischen Verständnis des Islam folgen, und nennen sie Abweichler und Nachkommen von Polytheisten".[36] In allen Regionen Saudi-Arabiens wird Schulkindern dies vermittelt.

Der in Syrien praktizierte Rechtspluralismus spiegelt zudem die konfessionell-religiösen Spaltungen des Landes wider. Er wird dazu benutzt, diese Spaltungen noch weiter zu festigen. Doch sind es in Syrien die Minderheiten, die an der Spitze der Staatsbürgerschaftshierarchie stehen. An der Spitze der Staatsbürgerschaftsleiter steht die alawitische Minderheit, die sich aus vier Hauptstammesgruppen zusammensetzt. Sie füllen die Reihen der Armee, des Sicherheitsapparates, der Justiz und der Regierungspartei. An zweiter Stelle auf dieser Leiter stehen die anderen Minderheiten, darunter die Christen und Drusen. Sie wurden vom syrischen Regime umworben und halten oft sekundäre Positionen in Regierung und Armee. Ganz unten verkümmert seit langem die mehrheitlich sunnitisch-muslimische Bevölkerung, die immerzu gedemütigt und daran erinnert wird, dass sie in diesem System marginalisiert ist. Man erinnert sich vielleicht daran, dass diese Hierarchie genau

---

[35] Für weitere Informationen über die systematische Natur dieser Diskriminierung siehe Human Rights Watch: *Denied Dignity*; Nina Shea: *Saudi Arabia's Curriculum of Intolerance* (Washington, DC: Center for Religious Freedom Freedom House, sowie Institute of Gulf Affairs, 2006); Manea: *Regional Politics ...*, S. 80-85.

[36] Shea: *Saudi Arabia's Curriculum of Intolerance*, S. 13.

das Gegenteil jener Hierarchie ist, die in Syrien während des Millet-Systems zu osmanischen Zeiten vorherrschte und die damals wie heute die unterschiedlichen Machtausgleichsstrukturen innerhalb des Systems widerspiegelt.

Wir sollten ebenso zur Kenntnis nehmen, dass die syrischen Minderheiten schlicht aus Angst und beinahe widerwillig in dieses Bündnis hineingezogen wurden. Sie wurden dazu gedrängt, zu glauben, dass ihr eigenes Wohlergehen gleichbedeutend mit dem Überleben des Regimes ist. Tatsächlich haben meine Nachforschungen in Syrien ergeben, dass das Regime den "gesellschaftlichen Islamismus" unter den Sunniten gefördert und unterstützt hat, und zwar durch Gruppen, die sich für eine konservative sunnitische islamische Lehre einsetzen und Hass gegen Minderheiten predigen. Diese Unterstützung hat "den Zorn und die Panik anderer Gruppen geschürt". Was einige syrische Intellektuelle als "Panik-Industrie" des Regimes bezeichnet haben, hat eine "Krise des nationalen Vertrauens" begünstigt.[37] Diese Krise ist auf verschiedenen Ebenen offensichtlich, insbesondere auf der religiösen Ebene. Wie mir ein Interviewpartner sagte: "Die Christen haben Angst vor der Mehrheit der Muslime; deshalb festigen sie zunehmend ihre religiöse Identität". Währenddessen "sind die Muslime den Christen gegenüber misstrauisch", weil sie glauben, dass diese sich "mit dem Westen identifizieren".[38]

Und das Regime spielt dabei die Rolle des Garanten, der die Sicherheit und den Schutz der Minderheiten vor der "Tyrannei des Fundamentalismus" gewährleisten kann.[39] Auch wenn dieses System in den letzten Jahren des tobenden Bürgerkriegs zusammengebrochen ist, so ist die Strategie doch nach wie vor der Schlüssel zur Überlebensfähigkeit des Regimes.

Tatsächlich basiert die Hierarchie der Staatsbürgerschaft, wie wir sowohl im saudischen als auch im syrischen Fall sehen, oft auf Angst: der Angst der Minderheit vor der Mehrheit und umgekehrt, und der Angst verschiedener Gruppen vor anderen Gruppen. Sie

---

[37] Vorortwahrnehmung bei einem Besuch in Syrien, 2007.
[38] Syrischer Interviewpartner Nr. 2, Autor und Intellektueller: Interview mit d. Autorin, Syrien, Juli 2007.
[39] Für weitere Informationen siehe Manea: "The case of Saudi Arabia", S. 95–109.

basiert auch auf der Zugehörigkeit zu einer Gruppe, unabhängig davon, ob diese Gruppe auf ethnischer Zugehörigkeit, Religion, einer Konfession oder auf dem Geschlecht beruht. Die Stellung eines einzelnen Bürgers in der Hierarchie hängt also von seiner Zugehörigkeit zu den verschiedenen Gruppen ab. Diskriminierung besitzt viele Formen und Faktoren. Doch wenn der Staat beginnt, einen Bürger nicht mehr als Individuum, sondern als Mitglied einer Gruppe zu behandeln, ebnet er den Weg für diskriminierende Behandlung.

Der syrische Intellektuelle, den ich zu Beginn dieses Abschnitts zitiert hatte, erwies sich als ziemlich treffsicher, als er sagte, der arabische Staat sei vormodern: In einem solchen Staat wird ein Individuum nicht als Bürger, als jemand, der frei oder gleich ist, behandelt, sondern als Mitglied einer Gruppe. Ein solcher Staat spielt die Rolle eines Leibwächters, der den Interessen einer ethnisch herrschenden Gruppe dient und jeden Bürger und jede Bürgerin je nach den Gruppen, denen er oder sie angehört, unterschiedlich behandelt.

In einem solchen Staat sind Frauen einer doppelten Diskriminierung ausgesetzt. In Saudi-Arabien ist ein Staatsbürger ein männlicher wahhabitischer Sunnit aus Nadschd. In der gesamten Hierarchie der saudischen Staatsangehörigkeit stehen Frauen immer nach den Männern, unabhängig von ihrer Konfession. Mit anderen Worten, während die Frau der systematischen Diskriminierung durch den Staat ausgesetzt ist, muss sie auch die Kontrolle ihres männlichen Vormunds ertragen. Die männliche Vormundschaft, ein vom Staat eingeführtes System, behandelt Frauen wie ewige Minderjährige und verletzt ihre grundlegenden Menschenrechte. Ein Bericht von Human Rights Watch aus dem Jahr 2008 beschreibt dies folgendermaßen:

> "Die saudische Regierung hat ein System eingeführt, demgemäß jede saudische Frau einen männlichen Vormund, in der Regel den Vater oder Ehemann, haben muss, der die Aufgabe hat, eine Reihe ausschlaggebender Entscheidungen in ihrem Namen zu treffen. Diese Politik, die auf der restriktivsten Auslegung eines zweideutigen Koranverses beruht, stellt das größte Hindernis für die Verwirklichung der Frauenrechte im Königreich dar. Die saudischen Behörden behandeln erwachsene Frauen im Wesentlichen wie

legale Minderjährige, die nur wenig Zuständigkeit über ihr eigenes Leben und Wohlergehen besitzen."[40]

Während, wie ich oben beschrieben habe, die männliche Vormundschaft über Frauen dazu beiträgt, stammes-, regionen- und konfessionsübergreifende Ehen zu verhindern, hat sie noch eine zweite Funktion: Sie legt buchstäblich Ketten um das tägliche Leben der Frauen, da jede erwachsene saudische Frau, unabhängig von ihrem wirtschaftlichen oder sozialen Status, die Erlaubnis ihres männlichen Vormunds einholen muss, um zu arbeiten, zu reisen, zu studieren, sich medizinisch behandeln zu lassen oder zu heiraten. Dieses System wird durch die Auferlegung einer rigiden Geschlechtertrennung aufrechterhalten, die Frauen daran hindert, sinnvoll am öffentlichen Leben teilzunehmen.[41]

In Syrien ist eine Frau gefangen zwischen ihrer ethnischen bzw. religiösen Gruppe – die ihre äußerste Loyalität gegenüber den anderen Gruppen einfordert – und ihrem eigenen Streben nach Gleichheit und Gerechtigkeit als Frau und als Bürgerin. Ich nenne diese Situation das Syndrom der doppelten Diskriminierung. Der Rechtspluralismus hat dazu geführt, dass Frauen mehrere Ebenen der Diskriminierung erdulden müssen.

Erstens gelten allgemeine diskriminierende Bestimmungen für Frauen in allen syrischen Gesellschaftsbereichen. So sind beispielsweise alle syrischen Frauen männlichen Vormündern unterworfen, entweder ihren Vätern oder ihren Ehemännern oder anderen männlichen Verwandten. Das bedeutet, dass Frauen sich immer in abhängigen und nachgeordneten Positionen befinden.

Zweitens ist jede syrische Frau mit anderen diskriminierenden religiösen Bestimmungen konfrontiert, die auf dem Familienrecht ihrer eigenen Gruppe beruhen. Diese verankern oft eine konservativ-patriarchalische Auffassung von Frauen und ihrer Rolle in der Familie. Beispielsweise erwarten die christlichen Personenstandsgesetze, wie im islamischen Recht, Gehorsam von der Ehefrau. Nach dem Personenstandsgesetz der syrisch-griechisch-or-

---

[40] Human Rights Watch: *Perpetual Minors: Human Rights Abuses Stemming from Male Guardianship and Sex Segregation in Saudi Arabia* (New York: HRW, 2008), S. 2.
[41] Manea: "The case of Saudi Arabia", S. 17.

thodoxen Gemeinschaft muss eine Frau mit ihrem Ehemann an dessen Wohnort leben. Wenn es erforderlich für sie ist, woanders zu wohnen, braucht sie dafür seine Zustimmung (Artikel 22). Das entsprechende Gesetz der syrisch-katholischen Konfessionen erklärt eine Frau für ungehorsam, "wenn sie das Haus ihres Mannes verlässt, wenn sie ihren Mann daran hindert, in das Haus einzutreten, oder wenn sie sich weigert, mit ihm zu reisen, ohne einen rechtlichen Grund zu haben". Das Gesetz legt ferner fest, dass eine "ungehorsame Frau keinen Anspruch auf finanzielle Unterstützung ihres Mannes hat" (Artikel 127: 1,2). Das entsprechende Gesetz der armenisch-orthodoxen Gemeinschaft spiegelt die gleiche patriarchalische Auffassung von einer Ehe wider. In Artikel 46 heißt es: "Der Mann ist das Familienoberhaupt und ihr gesetzlicher und natürlicher Vertreter. Der Mann soll seine Frau schützen, und die Frau soll ihrem Mann gehorchen". Auch das Gesetz der syrischen Juden, "Buch der Bestimmungen über den Personenstand der Juden" genannt, macht hier keinen Unterschied. In dessen Artikel 73 heißt es: "Der Mann soll seine Frau schützen: Sobald die Frau mit ihrem Mann verheiratet ist, hat sie ihm zu gehorchen und seine Anweisungen und gesetzlichen Verbote zu befolgen."[42]

Wir haben es mit einem willkürlichen System zu tun. Willkür ist hier das richtige Wort, denn je nach Zugehörigkeit einer Frau zu einer Gruppe kann sie mehr Rechte genießen als ihr Pendant in einer anderen Gruppe. Umgekehrt können aber auch die Gesetze, die für ihren Gruppenverbund gelten, zu Verletzungen ihrer Rechte führen, während die Gesetze, die für andere Gruppen gelten, dies nicht tun.

Dementsprechend ist die Kinder- oder Frühheirat in einigen Gruppen erlaubt, in anderen nicht. Das Buch zum Personenstand für syrische Juden legt das Mindestalter des Mädchens für die Eheschließung auf 13 Jahre fest, während das islamische Personenstandsgesetz Nr. 59 aus dem Jahre 1953 das Mindestalter für die Eheschließung auf 17 Jahre und das katholische Gesetz dieses auf 18 Jahre festlegt. Während das islamische Gesetz Frauen im Erbrecht diskriminiert und auf alle religiösen Gruppen angewandt wird, gilt es nicht für die Gruppe der Alawiten, deren Gewohn-

---

[42] Ebd., S. 164–165.

heitsrecht den Frauen in ländlichen Gebieten jegliche Erbrechte vorenthält.[43]

Lassen Sie es mich noch einmal sagen: Dies ist ein willkürliches System, das einige Rechte gewährt und andere vorenthält, während es alle Gruppen in ihren ungewissen Positionen als Geisel einer geschlechtsspezifischen, ethnisierten staatsbürgerschaftlichen Hierarchie nimmt, in der die Bürger vor dem Gesetz nicht gleich sind.

***

Diese Beispiele beschränken sich nicht auf die Kontexte Saudi-Arabiens und Syriens. In Staaten, die keine klare Trennung zwischen Religion und Politik aufweisen, wurde der Rechtspluralismus als ein Instrument eingesetzt, das die Hegemonie der stärkeren ethnischen Gruppe über die schwächere in allen Bereichen zum Ausdruck bringt: in Religion, sozioökonomischen Angelegenheiten, Stammesangelegenheiten und in Hinblick auf die Genderfrage.

In der arabischen MENA-Region erklären alle nationalen Verfassungen, dass der Islam die Staatsreligion ist. Damit werden Muslime automatisch gegenüber anderen religiösen Gruppen in eine privilegierte Position gehoben. Einige dieser Verfassungen mögen zwar erklären, dass die Bürger unabhängig von Religion, Geschlecht, Herkunft usw. gleich seien. Doch die Realität sieht anders aus.

In Ägypten zum Beispiel garantiert die Verfassung gleiche staatsbürgerliche Rechte. Doch berufen sich Staatsbeamte oft auf das Gewohnheitsrecht, das auf den Normen der Scharia basiert, um religiöse Konflikte zwischen Muslimen und Kopten (Christen) in Dörfern auf dem Lande zu lösen. Die Art und Weise, wie es angewandt wird, spiegelt eine einseitige Bevorzugung der muslimischen Seite wider und eine Tendenz zur Verhängung kollektiver Strafmaßnahmen gegen die koptische Seite.

Oftmals flammen religiöse Spannungen aus alltäglichen Gründen auf, etwa, weil das Hemd eines Muslimen beim Bügeln in der Wäscherei eines Christen anbrennt. Manchmal ist der Grund

---

[43] Gemäß Vorortbesuch in Syrien, 2007.

ernster, wie eine Liebesaffäre zwischen einem muslimischen Mädchen und einem christlichen Jungen oder umgekehrt. Es kommt zu Gewaltausbrüchen – die Häuser und Geschäfte von Christen werden niedergebrannt, und die christlichen Familien werden gezwungen, das Dorf zu verlassen. Die Anwendung des Gewohnheitsrechts hat die dieser religiösen Gewalt zugrunde liegenden Ursachen nie thematisiert, noch hat es die Täter vor Gericht gebracht oder sie zur Rechenschaft gezogen. Es vertieft für die ägyptischen Christen vielmehr das Gefühl der Verfolgung und Erniedrigung.

Man denke an den noch nicht lange zurückliegenden Fall eines Schiedsgerichtsverfahrens, den die ägyptischen Medien als den Al-Mataria-Fall bezeichneten. Am 11. Februar 2014 begann ein Streit zwischen einem ägyptischen christlichen Besitzer eines Möbelgeschäfts und zwei ägyptischen muslimischen Baustoffhändlern, die Ziegelsteine, Zement und Sand vor dem Geschäft liegen ließen. Der Streit endete damit, dass die beiden Händler auf den Besitzer des Möbelgeschäfts einschlugen. Ein Treffen zur Lösung der Situation endete in einem größeren Kampf, an dem diesmal Familien und Außenstehende, Muslime wie Christen, beteiligt waren. Zwischen ihnen entlud sich ein Schusswechsel – ein Christ tötete dabei eine Person, einen Moslem.

15 Mitglieder der christlichen Familie wurden daraufhin verhaftet. Einige von ihnen waren während des Kampfes nicht einmal anwesend gewesen. Die Polizei ordnete die Schließung ihrer Geschäfte für fünf Monate an und zwang sie nach Maßgabe des Gewohnheitsrechts auf Basis der Scharia zur Streitschlichtung.[44]

Nach Gewohnheitsrecht zahlt, wenn jemand getötet wird, die Familie des Täters entweder einen Geldbetrag, spendet ein Stück Land oder bezahlt mit Vieh. Ein Familienangehöriger des Täters sollte der Familie des Opfers auch ein Leichentuch (Grabkleid) übergeben, ein Brauch, der das Ende der Blutfehde symbolisiert. Dann wird der Täter weder inhaftiert noch getötet.

Im Al-Mataria-Fall war das Urteil ein Paradebeispiel für die Nutzung des Gewohnheitsrechts, um die Vorherrschaft einer reli-

---

[44] Medhat Kalada, Präsident von "Copts United", einer NGO, die sich für die Bürgerrechte der Kopten in Ägypten einsetzt: private Telefon- und E-Mail-Korrespondenz mit der Autorin, 10./11. Juli 2014.

giösen Gruppe über eine andere auszudrücken. All diese Maßnahmen wurden durchgeführt, <u>einschließlich kollektiver</u> Abschiebung.

Das Urteil beinhaltete Folgendes. Die christliche Familie wurde aus dem Dorf vertrieben. Sie musste ihr Eigentum und ihre Vorräte verkaufen, 1 Million ägyptische Pfund (etwa 110.000 Euro) zahlen, 100 Kamele an die Familie des Verstorbenen abgeben und ein Stück Land von 234 Quadratmetern für den Bau einer Moschee spenden. Fünf Mitglieder der christlichen Familie wurden angewiesen, statt eines fünf leere Särge zur Familie des Verstorbenen zu tragen, und fünf Kälber wurden geschlachtet. Für den Fall eines Vertragsbruchs wurde eine Strafe von 5 Millionen ägyptischen Pfund festgelegt.

Die kollektive Bestrafung von Christen, einschließlich solcher Bestandteile wie der Vertreibung aus ihren Dörfern und des Verkaufs ihres Eigentums, ist in solchen Fällen ein übliches Element des "Schiedsverfahrens". Wenn ein Muslim getötet wird, wie im Al-Mataria-Fall, bedeutet ein Schiedsverfahren nicht das Ende des staatlichen Strafverfahrens. Die muslimische Familie erklärte, dass sie mit der Annahme der Vereinbarung den Strafprozess, der zu einer Inhaftierung oder Hinrichtung des Täters führen könnte, nicht aufgegeben habe. In Fällen, in denen ein Christ getötet wird, bedeutet ein Schiedsverfahren dagegen das Ende des Staatsstrafverfahrens. Der Täter wird freigelassen.[45]

Wenn Sie denken, dass das Gewohnheitsrecht sein eigenes Verständnis für Gerechtigkeit und seine eigene kulturelle Logik haben muss, schlage ich vor, dass Sie sich etwas Zeit nehmen und sich anhören, was die ägyptischen Kopten hierzu sagen. Betrachten Sie dabei das Thema aus der Perspektive der schwächeren Partei bei diesem Machtausgleich.

Die koptische Kirche nahm stets entschieden eine Gegenposition zur Anwendung des Gewohnheitsrechts in solchen Konflikten

---

[45] "Names and details: Suspicious provisions of the customary session revealed by the lawyer of the accused Copts in Almataria avents", *Copts Today*, 18. Juni 2014 (auf Arabisch), http://www.coptstoday.com/Copts-News/Detail.php?Id=78200 (Zugriff am 15. Juli 2015); Egyptian Initiative for Personal Rights (EIPR): "Part two: Sectarian tension and violence", *Quarterly Report on Freedom of Religion and Belief*: April-Juni 2009 (auf Arabisch), EIPR-Webseite, http://www.eipr.org/report/2009/12/12/286/290 (Zugriff am 15. Juli 2015).

ein und argumentiert, dass staatliches Recht auf alle angewendet werden sollte:

> "Die Kirche erkennt, dass die Bestimmungen gewohnheitsrechtlicher Schlichtungen ungerecht sind; [diese Schlichtungen] setzen den Täter mit dem Opfer gleich; sie degradieren das Ansehen des Staates und die Rechtsstaatlichkeit und geben den Bürgern das Gefühl, Teil eines Stammes zu sein, der von Bräuchen regiert wird, in einem Kontext, der überschattet wird von der Passivität der Sicherheitskräfte beim Schutz der Bürger."[46]

Die "*Egyptian Initiative for Personal Rights*", eine Menschenrechtsorganisation, die sich für die Bürgerrechte der Kopten einsetzt, hat wiederholt den Rückgriff des Staates auf das Gewohnheitsrecht angeprangert und erklärt, dies führe zu einer "Kollektivstrafe gegen ägyptische Christen". Sie betonte die Notwendigkeit der Wiederherstellung der Rechtsstaatlichkeit, die in den nach Gewohnheitsrecht ablaufenden Verhandlungen oft umgangen werde, und forderte die ägyptische Regierung auf, die Zwangsräumungen und Vertreibungen christlicher Familien zu stoppen, die durch solche Schlichtungssitzungen offiziell sanktioniert werden.[47]

Andere anwaltschaftliche und politische Organisationen, die christliche Bürger Ägyptens vertreten, wie die *Maspero Youth Union*, *Copts United* und die *Coalition of Egyptian Copts*, haben wiederholt die gleiche Meinung geäußert. Sie alle fordern den Staat auf, die Täter vor Gericht zu bringen und von Kollektivstrafen abzusehen. Sie verwenden häufig das Wort Demütigung in ihren Forderungen nach einem Rechtsstaat, der die Gleichberechtigung aller

---

[46] Mustafa Rahouma: "Customary reconciliation: Treatment of sectarian strife through 'Sessions of humiliation and submission", *Al Watan News*, 6. Jan. 2014 (auf Arabisch), http://www.elwatannews.com/news/details/387792 (Zugriff am 15. Juli 2015). Für eine weitere offizielle Position der Kirche zu Gewohnheitsrechtssitzungen siehe Alaa Aldin Al Minyawi: "Bishop Makarios: Customary law sessions detract from state's status" (auf Arabisch), *Al Bawaba News*, 16. Dez. 2013 (auf Arabisch), http://www.albawabhnews.com/270124 (Zugriff am 15. Juli 2015).

[47] Bericht über sektenartige Vorfälle in Ägypten (auf Arabisch): *Egyptian Initiative for Personal Rights*, 5. Jan. 2012, http://eipr.org/pressrelease/2012/01/05/1339 (Zugriff am 15. Juli 2015).
Für eine Übersetzung des Berichts siehe http://sectarianviolenceegypt2012.blogspot.ch/2013/04/i-sectarian-violence-that-lead-to.html. (Zugriff am 15. Juli 2015).

Bürger schütze:[48] "Wir werden gezwungen, uns demütigenden Sitzungen zu unterwerfen!" Gewohnheitsrecht, so formulierte es ein Menschenrechtsanwalt, hat das Ziel, "eine Seite, nämlich die Christen, zu erniedrigen".[49]

***

Oben hatte ich ausgeführt, dass der Rechtspluralismus in Staaten, die Religion und Politik nicht klar voneinander trennen, als Instrument immer benutzt wurde, um die Hegemonie einer dominanten Gruppe über die Schwächeren in vielerlei Hinsicht zu manifestieren: in religiöser, sozioökonomischer, stammes- und geschlechtsspezifischer Hinsicht. Ich möchte betonen, dass diese Praxis kaum auf islamische oder arabische Staaten beschränkt ist. Und dass Rechtspluralismus auch in Israel, einem jüdisch-demokratischen Staat, und in Pakistan, einem nichtarabischen islamischen Staat, praktiziert wird, bestärkt mich in meiner Argumentation nur.

Lassen Sie mich mit Israel beginnen, wo der Rechtspluralismus in Verbindung mit der Behandlung der Bürger durch den Staat als Mitglieder von Gruppen und nicht als Einzelpersonen eine klare politische Funktion hat: die Bewahrung des jüdischen Charakters Israels und die Zersplitterung anderer religiöser Gemeinschaften in separate Einheiten.

Israel wurde 1948 als ein jüdischer und demokratischer Staat gegründet. Seine Unabhängigkeitserklärung besaß die liberale Vision eines neuen demokratischen Staates, der "die volle soziale und politische Gleichheit aller seiner Bürgerinnen und Bürger ohne Un-

---

[48] Siehe z. B. Amira Hisham: "Maspero Youth Union erklärt ihre Ablehnung der üblichen Schlichtung (Sitzung) in Alminia Events und beschreibt sie als Versuche, die Souveränität des Staates zu zerstören", *Ahram Gate*, 12. Aug. 2013 (auf Arabisch), http://gate.ahram.org.eg/News/381765.aspx (Zugriff am 15. Juli 2015). Medhat Kalada, Präsident von *Copts United*, bezeichnete in seiner Rede zu den Al-Mataria-Ereignissen bei der Anhörung des ägyptischen Nationalrats für Menschenrechte am 2. Juli 2014 die üblichen Sitzungen als "Schlichtung der Demütigung"; private Telefon- und E-Mail-Korrespondenz mit der Autorin, 11. Juli 2014.

[49] Rania Nabil: *A human rights defender denounces the reconciliation between Muslims and Copts in Almataria and describes it as a shameful stigma*, 14. Juni 2014 (auf Arabisch), http://www.altahrir.com/details.php?ID=29416 (Zugriff am 15. Juli 2015).

terschied der Rasse, des Glaubens oder des Geschlechts aufrechterhalten", "volle Gewissens-, Religions-, Bildungs- und Kulturfreiheit garantieren", "die Heiligkeit und Unverletzlichkeit der Heiligtümer und Heiligen Stätten aller Religionen schützen" und "sich den Prinzipien der Charta der Vereinten Nationen verschreiben" sollte.[50]

Die Spannung zwischen dem Jüdisch-Sein des neuen Staates und seinem demokratischen Charakter hat freilich einen Schatten auf sein Engagement für eine gleichberechtigte Staatsbürgerschaft geworfen. Um diesen Punkt kreisen leidenschaftliche Debatten, in denen einige behaupteten, dass die beiden Konzepte miteinander vereinbar seien, während andere entgegneten, sie stünden von Natur aus in Widerspruch zueinander. Unterdessen besteht ein drittes Lager darauf, dass die offensichtliche Spannung zwischen den beiden Konzepten durch Interpretation zur Übereinstimmung gebracht werden könnte.[51]

In Wirklichkeit sind die staatlichen Institutionen jedoch darauf ausgerichtet, eine religiöse Gruppe – die Juden – gegenüber anderen religiösen Gruppen zu bevorzugen.

Tatsächlich, wie Sarah Slan, die unter meiner Betreuung ihre Abschlussarbeit über arabisch-jüdische Paare in Israel schrieb:

> "... unterscheidet der Staat zwischen nationalen (jüdischen) und nicht-nationalen (nichtjüdischen) Bürgern, räumt den nationalen Bürgern Vorrang ein und ist sich bewusst, dass nicht-nationale Bürger eine Bedrohung für sein Überleben und seine ethnische Integrität darstellen. Dies führt zu Politiken und Vorschriften in verschiedenen Lebensbereichen, die Nichtjuden diskriminieren, insbesondere die arabische Minderheit."[52]

Die Gründer des israelischen Staates haben bewusst das Instrument des Rechtspluralismus angewandt, um das Jüdische in ihrem Staat zu bewahren und gleichzeitig die Trennung von anderen religiösen Gruppen aufrechtzuerhalten.

---

[50] Erklärung der Unabhängigkeit Israels 1948, Tel Aviv, 14. Mai 1948, http://state ofisrael.com/declaration/ (Zugriff am 15. Juli 2015).
[51] Michael Mousa Karayanni: "The separate nature of the religious accommodations for the Palestinian-Arab minority in Israel", *Northwestern Journal International of Human Rights* v/1 (Herbst 2007), S. 43–48.
[52] Sarah Slan: *Arabisch-Jüdische Paare in Israel: Auswirkungen des Politischen Systems* (unveröffentlichte Abschlussarbeit, Universität Zürich, 2012), S. 67–68.

Israel erbte die fragmentierten konfessionellen Personenstandsysteme des osmanischen Millet-Systems. Nach der Unabhängigkeit integrierte Israel die religiösen Gerichte von 14 staatlich anerkannten ethno-religiösen Gemeinschaften und deren jeweilige Familiengesetze in sein Rechtssystem; seither vollzieht seine Regierung direkt deren Entscheidungen.

Seit der Staatsgründung vor über 70 Jahren bewahrte Israel diese fragmentierte konfessionelle Struktur weitgehend und verzichtete auf Änderungen, die sein Personenstandswesen normativ oder institutionell vereinheitlichen würden.[53] Warum?

Yüksel Sezgin gibt in *"Human Rights under State-Enforced Religious Family Laws in Israel, Ägypten und Indien"* hierzu einige Antworten. Er argumentiert, dass die israelische Führung diese Variante des osmanischen Millet-Systems aus zwei Gründen beibehalten hat: erstens, um die israelisch-jüdische Identität durch die Schaffung einer einheitlichen und homogenen israelisch-jüdischen Gemeinschaft zu homogenisieren und zu bewahren, und zweitens, um die nichtjüdischen Einwohner des Landes auszugrenzen und die Spaltungen der Gemeinschaften zu verstärken.

Einerseits mussten Juden mit unterschiedlich konfessionellem Hintergrund imstande sein, einander zu heiraten, ohne sich zu fragen, ob ihre zukünftigen Ehepartner "richtige" Juden seien. Dies war unerlässlich, um die "Reinheit der Nation" zu bewahren und eine Spaltung des "Hauses Israel in zwei Teile" zu vermeiden. Folglich mussten alle Ehen unter Juden im Einklang mit der Halacha, dem jüdischen Religionsgesetz, geschlossen werden. Andererseits trug die Beibehaltung der religiösen Familiengesetze für die verschiedenen Gemeindegruppen dazu bei, "nichtkoschere interreligiöse Ehen" zu verhindern und ein Gefühl der Trennung zu schaffen. Der Vater des Staates Israel, David Ben-Gurion, unterstützte bekanntlich die Gründung von religiösen Gerichtshöfen für die Drusen. Sie seien, so meinte er, notwendig, um "unter den Drusen das Bewusstsein zu schaffen, dass sie gegenüber der muslimischen Gemeinschaft eine eigenständige Gemeinschaft bilden".[54]

---

[53] Yüksel Sezgin: *Human Rights under State-Enforced Religious Family Laws in Israel, Egypt and India* (Cambridge, UK: Cambridge University Press, 2013), S. 5–9.
[54] Ebd., S. 99–100.

Aus dieser Perspektive betrachtet, war die "Gründungsideologie von Hause aus ebenso ausschließend wie theoretisch schief"[55]. Infolgedessen unterzog sich das Land gleichzeitig zwei entgegengesetzten Prozessen der Nationsbildung, die Sezgin als Homogenisierung und Differenzierung bezeichnet:

> "Auf der ersten Ebene zielten die Zionisten darauf ab, die kulturellen, sprachlichen, konfessionellen und ideologischen Unterschiede zwischen den jüdischen Einwanderern zu minimieren, indem sie sie zu einer modernen israelisch-jüdischen Identität namens Sabra verschmolzen. Auf der interethnischen Ebene wurde ein komplementärer Differenzierungsprozess eingeleitet, um die kulturellen, sozialen und religiösen Unterschiede zwischen den Palästinensern und den Juden zu betonen. Das heißt, obwohl Nichtjuden auf dem Papier die volle Staatsbürgerschaft zuerkannt wurde, hat Israel in Wirklichkeit nie versucht, ein Gefühl der Staatsbürgerschaft oder der israelischen Nationalität (leumiut yisrailit) zu gleichen Bedingungen zu schaffen, sondern hat sich vielmehr für eine stratifizierte Bürgergesellschaft entschieden. Tatsächlich hat die Beibehaltung des alten Millet-Systems es dem israelischen Regime ermöglicht, gleichzeitig die Ziele der Homogenisierung und der Differenzierung zu verfolgen, indem es konfessionelle Trennungen zwischen den Bürgern des jüdischen Staates institutionalisiert hat."[56]

Israel wurde als ein Land für die Juden geschaffen. Im selben Jahr wurde Pakistan als Land für die Muslime gegründet. Dieser nichtarabische MENA-Staat wurde aus Indien ausgegliedert. Seit seiner Gründung 1947 ist Pakistan mit sich über sein eigentliches Wesen im Unreinen. Oder mit den Worten Werner Menskis in "*Comparative Law in a Global Context*": "Die rechtlichen Strukturen des Landes in Bezug auf die Unabhängigkeit ließen im Unklaren, ob Gottes Gesetz oder das Gesetz der Menschen übergeordnet war, und sie warfen kritische Fragen zur Islamisierung auf".[57]

Die Gründungsväter des Landes waren nicht in der Lage, das Rechtssystem zu säkularisieren, wie dies in der Türkei gelungen war, aus Angst vor einer Gegenreaktion ihrer eigenen Wählerschaft. Sie waren auch nicht darauf erpicht, dem indischen Modell des Säkularismus zu folgen, das die Gleichbehandlung aller Bürger

---

[55] Ebd., S. S. 97.
[56] Ebd., S. 97–98.
[57] Werner Menski: *Comparative Law in a Global Context: The Legal Systems of Asia and Africa*, 2te Auflage. (Cambridge, UK: Cambridge University Press, 2006), S. 356.

des neuen Staates garantierte. Was sie wollten, war ein "muslimischer Staat vor allem für Muslime", und das bedeutete, einen Weg zu beschreiben, "der sich auf die islamische Identität des Landes und des größten Teils seiner Bevölkerung konzentriert".[58] Diese Entscheidung und die Rolle der Islamisierung hatten tiefgreifende Auswirkungen auf die Rechtsstruktur des Landes und führten allmählich zu einer Erosion der Grenzen zwischen Politik und Religion.

Der religiöse Charakter des Staates wurde in der "Programmatik-Resolution" (*Objectives Resolution*) von 1949 artikuliert, die in die Präambel aller pakistanischen Verfassungen von 1956, 1962 und 1973 aufgenommen wurde. Darin heißt es, dass "die Souveränität über das gesamte Universum allein dem Allmächtigen Allah gehört, und diese Autorität darf das Volk von Pakistan innerhalb der von Ihm vorgeschriebenen Grenzen ausüben". Die Grundsätze der "Demokratie, Freiheit, Gleichheit, Toleranz und sozialen Gerechtigkeit" seien im Rahmen des Islam strikt zu befolgen.[59] Es sollten "angemessene Vorkehrungen" getroffen werden, damit die Minderheiten "ihre Religion frei bekennen und ausüben und ihre Kulturen entwickeln" können. Die Grundrechte (einschließlich der Gleichheit des Rechtsstellung, der Chancengleichheit und der Gleichheit vor dem Gesetz, der sozialen, wirtschaftlichen und politischen Gerechtigkeit sowie der Gedankenfreiheit, der Freiheit der Meinungsäußerung, des Glaubens, der Religionsausübung, des Gottesdienstes und der Vereinigungsfreiheit) sollten jedoch "dem Gesetz und der öffentlichen Moral unterliegen".[60]

Zusammen ebneten diese Bestimmungen und spätere Verfassungsänderungen den Weg für Verletzungen grundlegender Menschen- und Minderheitenrechte. Ein machiavellistischer politischer Opportunismus führte dazu, dass Politiker und Militärdiktatoren, die darauf bedacht waren, die Öffentlichkeit für sich zu gewinnen und sich die Unterstützung konservativer islamistischer Bewegungen zu sichern, einen Prozess der Islamisierung einleiteten. Dieser Prozess hat letztlich Frauen und Minderheiten kriminalisiert und

---

[58] Ebd., S. 370.
[59] Ebd.
[60] Ebd.

zu "massiven Missbräuchen des Rechts und der Rechtsverfahren" geführt, die bis heute anhalten.[61]

Der Rechtspluralismus in Verbindung mit der Behandlung der Bürger durch den Staat als Mitglieder von Gruppen und nicht als Einzelpersonen bildete den Rahmen für die Schaffung einer geschichteten Staatsbürgerschaftspyramide.

Von Großbritannien erbte Pakistan ein hybrides System, das englisches Gewohnheitsrecht, islamisches Recht, Stammesgewohnheitsrecht und religiöse Gesetze – christliche, hinduistische und parsische (zoroastrische) – anwandte, die die Familienangelegenheiten dieser Minderheiten regeln. Der Islamisierungsprozess führte zur Verabschiedung von Gesetzen, die speziell auf die verpönten religiösen Gruppen ausgerichtet sind.

Ein gutes Beispiel ist die Behandlung der Minderheit der Ahmadiyya, Anhänger einer modernen islamischen Sufi-Sekte, die 1889 von Mirza Ghulam Ahmad gegründet wurde. Wie die Baha'i und die Alawiten glaubt sie, dass es nach Mohammed weitere Propheten gab. Im Laufe ihrer Geschichte wurde sie von sunnitisch-muslimischen Legalisten verfolgt, die den mystischen Sufismus im Allgemeinen ablehnten und die Infragestellung von Mohammeds Rolle als letztem Propheten Gottes als blasphemisch betrachteten.[62]

Nach der Unabhängigkeit Pakistans wurde die Ahmadiyya-Gemeinschaft rechtlich als muslimische Gemeinschaft betrachtet – und so nahm sie sich selbst wahr. Eine Kombination zwischen politischem Opportunismus und Islamisierungsprozess führte 1974 jedoch zu einer Verfassungsänderung, mit der die Gemeinschaft als nichtmuslimisch erklärt wurde. Vor allem seit 1977, als General Mohammed Zia-ul-Haq durch einen Staatsstreich an die Macht kam, betrieb der Staat umfangreiche Verfolgungen. Seither wird der Gemeinde jeder Anschein eines islamischen Charakters abgesprochen, ihren Anhängern werden Positionen im öffentlichen Dienst und im Militär verweigert.[63]

---

[61] Ebd., S. 373.
[62] Encyclopedia Britannica (EB) Redaktion: *Ahmadiyyah*, www.britannica.com/EB checked/topic/10189/Ahmadiyyah; Shahid Javed Burki: *Pakistan*, Encyclopedia Britannica, www.britannica.com/EBchecked/topic/438805/Pakistan/2369 1/Religion (Zugriff am 18. Juli 2015).
[63] EB Redaktion: *Ahmadiyyah*; Burki: *Pakistan*.

Angehörige dieser Minderheit werden routinemäßig inhaftiert, weil sie die alltäglichen Verhaltensweisen praktizieren, die für die meisten Muslime üblich sind: "Muslime, Friede sei mit euch" zu sagen, den Koran zu zitieren, ihre Gotteshäuser "Moscheen" zu nennen und sich schlicht "wie ein Muslim zu verhalten". Diese Punkte wurden in das Strafgesetzbuch (298-C) aufgenommen, in dem es heißt:

> "Ein Ahmadi, der seinen Glauben als Islam bezeichnet oder seinen Glauben predigt oder propagiert oder andere einlädt, seinen Glauben anzunehmen, entweder durch gesprochene oder geschriebene Worte oder in sichtbaren Darstellungen oder auf irgendeine andere, die religiösen Gefühle von Muslimen verletzende Weise, wird mit bis zu drei Jahren Gefängnis bestraft und muss eine Geldstrafe zahlen."[64]

Sowohl in Israel als auch in Pakistan sind Frauen dem Phänomen der doppelten Diskriminierung ausgesetzt, verursacht durch das System des Rechtspluralismus. In Israel, aber auch in Syrien, Saudi-Arabien und Ägypten, sind Frauen eingezwängt zwischen ihren eigenen Bedürfnissen nach Gleichheit und Gerechtigkeit als Frauen und Bürgerinnen und den Bedürfnissen ihrer ethnischen oder religiösen Gemeinschaften, die sich innerhalb des Staates oft in ihrer Existenz bedroht fühlen und von ihren Mitgliedern daher höchste Loyalität verlangen.

Familienangelegenheiten werden durch religiöse Gesetze geregelt, die grundsätzlich Frauen in den Bereichen Scheidung, Sorgerecht für Kinder, Unterhalt und Alimente diskriminieren. Doch die Familiengesetze sind mit den Konzepten von Nationalität und Identität eng verflochten. Eine Änderung dieser Gesetze zu fordern, gilt als Angriff auf die religiösen Gruppen selbst.

Yüksel Sezgin hat meisterhaft gezeigt, wie sich Frauen in Israel auf dünnem Eis bewegen, wenn sie ihr Recht auf Gerechtigkeit und Gleichheit einfordern. Sowohl für jüdische als auch muslimische israelische Frauen bringen die staatlich erzwungenen Religionsgesetzen einen ordentlich Anteil an Problemen. Doch weil Ehe-

---

[64] Shahid Khan: *Invisible Citizens of Pakistan: Minorities in Focus*, Report 2013–2014 (Glasgow: Global Minorities Alliance, 2014), http://www.globalminorities.co.uk/images/GMA%20Reports/Invisible%20Citizens%20of%20Pakistan%20Minorities%20in%20Focus%20Report%202013-2014.pdf (Zugriff am 15. Juli 2015).

angelegenheiten als eine Säule der palästinensischen Autonomie und Identität angesehen wurden, schweigen muslimische Frauen häufig. Wenn sie versuchen, sich aus dieser Zwickmühle zu befreien und mit ihren jüdischen Mitbürgerinnen zusammenzuarbeiten, laufen sie Gefahr, als Marionetten wahrgenommen zu werden, die die "nationale, kulturelle und institutionelle Autonomie der arabischen Minderheit in Israel" untergraben kann.[65] Schlimmer noch, sie laufen Gefahr, als Verräterinnen abgestempelt und angegriffen zu werden.

Israelisch-jüdische Frauen spüren ebenso die Last ihres religiösen Familienrechts. Obwohl es ihnen besser geht als ihren Mitbürgerinnen anderer religiöser Gruppen, werden auch sie innerhalb dieses Systems diskriminiert. Sie können nicht umhin, das Gefühl zu haben, dass sie von ihrem eigenen Staat verraten und ausgestoßen werden, wie die folgende Aussage einer orthodoxen Jüdin zeigt. Die Frau wollte, dass ihr Mann ihr ein "Get" gewährt – ein Dokument, das eine Scheidung erlaubt. Er weigerte sich, und sie sagte:

> "Dies ist nicht Teheran [...], dies ist Jerusalem. Dies sollte eigentlich ein demokratisches Land sein, keine Theokratie [...] Ich habe nichts gegen die Religion. Ich glaube an Gott [...] Und Gott ist fair und mitfühlend [...] Er hat nichts mit dem zu tun, was mir gerade jetzt passiert [...] Ich gebe den Richtern, die sich auf die Seite dieses schrecklichen Mannes [ihres Ehemannes] stellen, die Schuld. Und ich mache niemanden verantwortlich, nur die Regierung, die die [rabbinischen Richter] bezahlt und nie versäumt, sie für ihre Unnachgiebigkeit zu belohnen."[66]

Das Phänomen der doppelten Diskriminierung ist auch in Pakistan weit verbreitet. Frauen in allen pakistanischen religiösen Gruppen sind mit verschiedenen Arten von Diskriminierung konfrontiert. Auch sie stehen zwischen ihrer patriarchalischen religiösen Gruppe und einem Staat, der sie aufgrund ihres Geschlechts diskriminiert. So machen beispielsweise die christlichen Eheschließungsgesetze, die seit 1869/1872 unangetastet geblieben sind, die Scheidung zu einer Tortur für Männer und Frauen. Das Scheidungsgesetz von 1869 legt fest, dass ein Ehemann die Auflösung seiner Ehe wegen

---

[65] Sezgin: *Human Rights ...*, S. 113–114.
[66] Ebd., S. 71.

Ehebruchs seiner Frau beantragen kann. Eine Ehefrau hingegen kann die Scheidung nicht allein aufgrund des Ehebruchs ihres Mannes beantragen. Sie muss entweder "inzestuösen Ehebruch, Bigamie mit Ehebruch, Ehebruch in Verbindung mit Vergewaltigung, Sodomie oder Bestialität, Ehebruch in Verbindung mit Grausamkeit oder Ehebruch in Verbindung mit böswilligem Verlassen der Ehefrau ohne vernünftige Entschuldigung für einen Zeitraum von zwei oder mehr Jahren" nachweisen.[67]

Es überrascht nicht, dass die meisten pakistanischen Christen, die eine Scheidung anstreben, diese mit der falschen Anklage des Ehebruchs begründen. Da das islamische Recht im pakistanischen Rechtssystem Vorrang hat, konvertieren die meisten Christen darüber hinaus lieber zum Islam, um sich scheiden zu lassen. Wenn ein christlicher Mann konvertiert, kann er sich von seiner Frau scheiden lassen, indem er die Scheidung einseitig ausspricht. Wenn aber eine christliche Frau konvertiert, wird die Ehe mit ihrem Mann automatisch aufgelöst, da nach pakistanischem Recht eine muslimische Frau keinen Nichtmuslim heiraten kann.[68]

Das Gewohnheitsrecht ist eine weitere Quelle der Diskriminierung von Frauen in Pakistans pluralistischem Rechtssystem. Nach hinduistischem Gewohnheitsrecht können Schwestern und Töchter nicht erben. Der Staat greift jedoch nicht ein, um dieses Unrecht zu beseitigen, trotz einer Verfassungsklausel, die Diskriminierung allein aufgrund des Geschlechts verbietet (Artikel 25, 2).[69]

Am wichtigsten aber ist, dass das Syndrom der doppelten Diskriminierung durch das Stammessystem der *Loya Jirga* überaus verschärft wird, das ständige Angst in das Leben der Frauen in Pakistan gebracht hat. Die *Loya Jirga* ist das traditionelle Rechtssystem, das in mehreren Regionen des Landes aktiv praktiziert wird. Es übt sowohl gerichtliche als auch exekutive Funktionen aus, die alle Aspekte des wirtschaftlichen, sozialen und politischen Lebens in der Stammesgesellschaft umfassen. Es handelt sich um einen Rat, der aus zwei oder mehr Personen besteht, die in einem Kreis zusam-

---

[67] Naheda Mehboob Ellahi: "Family Laws and Judicial Protection", S. 9, *Supreme Court of Pakistan*, http://www.supremecourt.gov.pk/ijc/articles/21/1.pdf (Zugriff am 15. Juli 2015).
[68] Ebd.
[69] Ebd., S. 3, 11.

mensitzen und schlichten. Oft sind es Familienälteste, und die Gruppen werden von den mächtigen Stammes- und Feudalführern in ihrem Gebiet dominiert. Der Rat verfügt über ein umfassendes System von Stammeskodizes, Regeln, Vorschriften und Verfahrensweisen.[70]

Wo es um Frauen geht, operiert es mit einem pervertierten Verständnis von Ehre und Gerechtigkeit. Sollten Sie wegen des Wortes "pervertiert" zusammenzucken, entschuldige ich mich. Das Problem ist aber, dass das Verständnis tatsächlich pervertiert ist.

Gemäß einer Tradition namens *Karo kari* sollte eine Familie, deren Ehre verletzt wurde, jeden Mann und jede Frau töten, die entweder in eine unerlaubte Beziehung eingetreten sind oder gegen den Willen ihrer Familien geheiratet haben. Oft ist es in einem solchen Fall die Frau, die am Ende getötet wird.

Aber das ist nicht alles.

Tatsächlich stellt die Logik des *Loya-Jirga*-Systems das Konzept von Opfer und Täter auf den Kopf. Die Frauen, die getötet werden, werden nicht als Opfer gesehen. Sie sind die Schuldigen. Die Frau – die Ehefrau, Schwester oder Tochter – gehört dem Mann, und er "muss töten, um seine Ehre wiederherzustellen".[71] Nach dieser Logik ist der Täter das Opfer und sollte entschädigt werden.

Die Familie oder der Stamm der schuldigen Person muss um eine Stammes-*Jirga* bitten, um dem Wunsch des Geschädigten nach Rache entgegenzuwirken. Wenn die *Jirga* eine Entscheidung gegen eine Frau trifft, die beschuldigt wird, die Ehre einer Familie verletzt zu haben, gibt sie der beschuldigten Frau kein Recht, vor dem Rat zu erscheinen oder sich zu verteidigen. Sie nimmt die Aussagen ihres Vaters, Bruders oder anderer Verwandter für sie entgegen. Nach diesem System reichen allein die Beweise des Ehemannes aus, um zu erklären, dass eine Frau *kari* ist, dass sie Ehebruch begangen hat. Wenn eine Frau unverheiratet ist, dann würde die Aussage ih-

---

[70] Participatory Development Initiatives (PDI): *Role of Tribal Jirga in Violence Against Women: A Case Study of Karo Kari in Sindh* (Karachi: PDI, 2005); Sherzaman Taizi: *Jirga System in Tribal Life* (Williamsburg, VA: Tribal Analysis Center, 2007), http://www.tribalanalysiscenter.com/PDF-TAC/Jirga%20System%20in%20Tribal%20Life.pdf (Zugriff am 15. Juli 2015).

[71] PDI: *Role of Tribal Jirga* …, S. 23.

res Vaters oder ihrer Brüder ausreichen, um sie für *kari* zu erklären.[72]

Wenn ein Mann in einem solchen Fall seine Frau tötet, sorgt die Stammes-*Jirga* dafür, dass er entschädigt wird, weil er "den Verlust einer Frau erlitten hat". Die Entschädigung, die von der Familie der getöteten Frau oder dem Liebhaber der Frau geleistet wird, kann in Form von Geld, Land oder Frauen erfolgen. Ja, Frauen!

> "Der Standardpreis beträgt ein Mädchen über sieben Jahren oder zwei unter sieben Jahren. Um nicht auf zwei ihrer Mädchen verzichten zu müssen, sind Familien dafür aktenkundig geworden, dem Kind die Milchzähne ausgeschlagen zu haben, um es als älter auszugeben, als es in Wirklichkeit ist. Aber manchmal muss die Entschädigung zwei Frauen unabhängig ihres Alters umfassen, denn [wie ein *Jirga*-Mitglied erklärt], 'wenn ihr Geliebter entkommt, muss er zwei Khoons [Blutgelder] zahlen, eines für den Verlust einer Frau oder Tochter und eines, weil das Leben des Geliebten verschont wurde'."[73]

Es ist wichtig, hier das *Jirga*-System zu erwähnen, weil es einen wichtigen Aspekt meiner Diskussion über den Rechtspluralismus hervorhebt. Befürworter des Rechtspluralismus argumentieren oft, dass Gewohnheitsrechte zwar fehlerhaft sein mögen, jedoch in Staaten, die korrupt sind und schwache Institutionen haben, das einzige Rechtssystem sind, das den Menschen in ländlichen Gebieten zur Verfügung stünde. Daher, so argumentieren sie, sollte man das System als Realität akzeptieren und mit ihm arbeiten. Und obwohl sie das Problem richtig beschreiben, löst die von ihnen vorgeschlagene Abhilfemaßnahme es nicht. Sie bewahrt lediglich den Status quo, zementiert die dem System innewohnenden Ungleichheiten, verewigt den feudalen und stammesbedingten Machtmissbrauch und macht den täglichen Kampf der Frauen zu einer zynischen Farce.

Vielleicht wäre es ein besserer Vorschlag, den von einigen mutigen pakistanischen Männern und Frauen vorgeschlagenen harten Weg einzuschlagen. Sie sind es, die diese willkürlichen Systeme der "Gerechtigkeit" bekämpfen.

---

[72] Ebd., S. 26–27.
[73] Ebd., S. 28.

Mukhtar Mai, eine Frau aus einem Dorf im südlichen Punjab, ist zum pakistanischen Gesicht der Kampagne gegen dieses Missbrauch betreibende System geworden. Im Jahr 2001 wurde sie auf Befehl eines *Jirga*-Rates Opfer einer Gruppenvergewaltigung durch Mitglieder des mächtigen Mastoi-Stammes.

Mitglieder des Stammes behaupteten, dass Mukhtars Bruder, damals zwölf Jahre alt, eine Affäre mit einer Frau aus ihrem Stamm hatte, die damals 20 Jahre alt war. Mukhtar Mais Stamm, der einen niedrigeren Status hat, machte wiederum geltend, Mitglieder des Mastoi-Stammes hätten den Jungen anal vergewaltigt und versucht, ihr Verbrechen zu vertuschen. Diese Anklage wurde später sogar von einem staatlichen Gericht bestätigt. Nachdem sie vergewaltigt worden war, wurde Mukhtar gezwungen, fast nackt, vorbei an einer johlenden Menge, nach Hause zu laufen. Anstatt Selbstmord zu begehen, wie unter solchen Umständen zu erwarten, ging sie zur Polizei und zeigte die Vergewaltigung an. Obwohl das System sie schließlich im Stich ließ, setzten sie und pakistanische Menschenrechtsorganisationen den Kampf für ein Ende dieses willkürlichen Systems fort.[74]

Tatsächlich gab die pakistanische Menschenrechtskommission 2013 eine gemeinsame Erklärung heraus, in der sie die pakistanische Regierung dafür kritisierte, es versäumt zu haben, Maßnahmen zur Bekämpfung von Gewalt gegen Frauen und Mädchen, einschließlich sexueller Ausbeutung und Ehrenmorde, zu ergreifen, und dass die Stammesgerichte (*Jirgas*) weiterhin ungehindert höchst diskriminierende Urteile gegen Frauen fällen können.

Bezeichnenderweise war die Kommission, als sie diese Empfehlung aussprach, entschlossen, das Problem zu lösen, anstatt das System durch Zusammenarbeit mit ihm weiter aufrechtzuerhalten. Tatsächlich verlangte sie ein vollständiges Ende dieser parallelen schiedsgerichtlichen Rechtssysteme. Die Erklärung forderte die Regierung Pakistans auf, "Maßnahmen zu ergreifen, um ein einheitli-

---

[74] Mukhtar Mai: *Die Schuld, eine Frau zu sein* (München: Droemer, 2006), S. 5–18; Nicholas D. Kristof and Sheryl WuDunn: *Half the Sky: Turning Oppression into Opportunity for Women Worldwide* (New York & Toronto: Alfred Knopf, 2009), S. 70–71; BBC News: *Mukhtar Mai: History of a rape case*, BBC online, 28. Juni 2005, http://news.bbc.co.uk/2/hi/south_asia/4620065.stm (Zugriff am 15. Juli 2015).

ches Justizsystem zu schaffen und alle parallelen Rechtssysteme und informellen Streitschlichtungsmechanismen, die Frauen diskriminieren, zu beseitigen". Sie forderte sie zudem auf, "die Öffentlichkeit dafür zu sensibilisieren, wie wichtig es ist, Verletzungen der Rechte von Frauen durch gerichtliche Rechtsbehelfe statt durch parallele Rechtssysteme anzugehen"[75].

***

Bisher habe ich Fälle von Rechtspluralismus dargestellt, die in Staaten mit zweierlei Merkmalen praktiziert werden: Sie trennen Politik und Religion nicht, und sie behandeln ihre Bürger eher als Mitglieder von Gruppen denn als Einzelpersonen. In all diesen Fällen stehen wir vor den gleichen drei Befunden: einer stratifizierten Bürgergesellschaft, eindeutigen Verletzungen von Bürger- und Frauenrechten und dem Phänomen der doppelten Diskriminierung.

Eine andere Form von Rechtspluralismus wird oft in demokratischen Staaten praktiziert, die Politik und Religion zwar trennen und die Menschenrechte respektieren, sich aber dennoch aus historischen oder politischen Gründen dafür entscheiden, einer bestimmten ethnischen/religiösen Gruppe eigene Gruppenrechte zu gewähren. Die Gruppe wendet unterschiedliche Gesetze und Regeln in einer Weise an, mit der sie sich vom Rechtssystem des Staates abspaltet. Dies gefährdet jedoch die Achtung der Menschenrechte und die Gleichstellung der Geschlechter.

Diese Art pluraler Rechtsordnung existiert in Ländern wie Kanada, den Vereinigten Staaten, Australien und Neuseeland, wo indigenen Völkern, die historisch diskriminiert wurden, Rechtsordnungen eingeräumt werden, die als Gesetz anerkannt sind.[76]

So gehören zum Beispiel in Kanada etwa 1,4 Millionen Menschen (4,3 % der Gesamtbevölkerung) zu den indigenen Völkern, die allgemein als Ureinwohner bezeichnet werden. Die Hälfte die-

---

[75] Human Rights Commission of Pakistan (HRCP): *Conditions for fair elections*, 3. Mai 2013, http://hrcp-web.org/hrcpweb/conditions-for-fair-elections (Zugriff am 15. Juli 2015). Siehe auch den HRCP-Bericht "State of Human Rights in 2013", der Fälle von Jirga-Urteilen gegen Frauen dokumentiert: http://www.hrcp-web.org/hrcpweb/report14/AR2013.pdf (Zugriff am 15. Juli 2015).

[76] International Council on Human Rights Policy (ICHRP): *When Legal Worlds Overlap: Human Rights, State and Non-State Law* (Genf, ICHRP, 2009), http://papers.ssrn.com/sol3/papers.cfm?abstract_id=1551229 (Zugriff am 15. Juli 2015).

ser Menschen ist als "Status"-Indianer, Mitglieder der First Nations, registriert. Darüber hinaus gibt es in Kanada 617 First Nations oder Indianergemeinschaften, die mehr als 50 kulturelle Gruppen repräsentieren und in etwa 1.000 Gemeinden sowie in anderen Teilen des Landes leben.[77]

Das allgemeine Statut für registrierte Indianer bzw. First Nations ist das Indianergesetz, das erstmals 1876 erlassen wurde. Es regelt die meisten Aspekte des Lebens und der Verwaltung der Ureinwohner in den Indianerreservaten und befasst sich mit der Frage, wer per Definition den Status als First Nation in Kanada beanspruchen kann, mit den Rechten und Pflichten, die diesen Status begleiten, mit der Struktur des kanadischen Reservatssystems und mit der Art der Selbstverwaltung der Ureinwohner.[78]

Kanada ist zweifelsohne dem Schutz seiner Ureinwohner verpflichtet. Der Kanada betreffende Bericht des Sonderberichterstatters über die Rechte der indigenen Völker 2014 hat dies wiederholt herausgestellt.

Die Komplexität des Themas ist mir durchaus bewusst und ich begrüße die Bemühungen der Regierung, durch jahrhundertelange Diskriminierung verursachtes Leid zu revidieren. Aber ich stelle die Antwort auf diese Ungerechtigkeit in Frage. Ist es eine tragbare Lösung, diese Menschen in "Reservaten" zu separieren, wo ihre Zugehörigkeit mit einer definierten, wenn nicht gar unveränderlich-starren Kategorie von Identität verbunden ist? Es hat sicherlich nicht dazu beigetragen, ihre Situation bis hierher zu verbessern. Tatsächlich verbleiben sie wie festgefroren auf der untersten Stufe des Index der menschlichen Entwicklung und leben unter Dritte-Welt-Bedingungen, wie im oben erwähnten Bericht ausgewiesen.

---

[77] James Anaya: *Report of the Special Rapporteur on the Rights of Indigenous Peoples: The Situation of Indigenous Peoples in Canada* (New York: UN General Assembly, Human Rights Council, 27th session, 4. Juli 2014), S. 4, http://unsr.jamesanaya.org/docs/countries/2014-report-canada-a-hrc-27-52-add-2-en.pdf (Zugriff am 15. Juli 2015).

[78] Ebd., S. 4–6. Weitere Informationen zum "Indian Act" siehe Jay Makarenko: "The Indian Act: Historical overview", *Mapleleafweb*, 2. Juni 2008, http://mapleleafweb.com/features/the-indian-act-historical-overview (Zugriff am 15. Juli 2015).

Hinzukommt, dass das Syndrom der doppelten Diskriminierung auch in diesem System auftritt. Der Fall Sandra Lovelace gegen Kanada aus dem Jahr 1981 ist ein gutes Beispiel hierfür. 1970 heiratete Lovelace, eine Maliseet-Indianerin, einen Nichtindianer und verließ das Reservat. Nach ihrer Scheidung versuchte sie, in das Reservat zurückzukehren und dort zu leben. Nach Abschnitt 12(1)(b) des Indianergesetzes ("*Indian Act*") hatte sie jedoch durch die Heirat mit einem Nichtindianer ihre Rechte und ihren Status als Indianerin verloren. Lovelace wies darauf hin, dass ein Indianer, der eine Nichtindianerin heiratet, seinen Indianerstatus nicht verliert, und argumentierte, das Gesetz nehme eine Diskriminierung aus Gründen des Geschlechts vor.[79]

Ihr Fall ist mitnichten unbedeutend oder gar ein Einzelfall. Kanadischen Statistiken zufolge heirateten zwischen 1965 und 1978 jedes Jahr durchschnittlich 510 indianische Frauen nichtindianische Männer. Vergleichen Sie dies mit den 590 indianischen Frauen, die jedes Jahr indianische Männer ihres eigenen Stammes heirateten.[80] Offenbar entscheiden sich viele indianische Frauen dafür, Nichtindianer zu heiraten, trotz der harten Entscheidungen, die sich ergeben können, wenn sie ihr Recht verlieren, in einer Gemeinschaft zu leben und die Vorteile dieses Status zu genießen.

Der Fall Lovelace war zugleich allerdings außergewöhnlich und historisch. Das kanadische Gerichtssystem weigerte sich, sich in eine innerstaatliche Frage der First Nations einzumischen, sodass Lovelace ihren Fall schließlich vor den UN-Menschenrechtsrat brachte. Dieser entschied zu ihren Gunsten, jedoch nicht unter dem Gesichtspunkt der Geschlechterrechte. Er behandelte ihren Fall insbesondere als eine Frage der Minderheitenrechte und erachtete das Gesetz als diskriminierend, weil es der Klägerin das "Recht auf Kultur" verweigerte. Der Fall zwang die kanadische Regierung zwar dazu, die geschlechterdiskriminierenden Bestimmungen im kanadischen Indianergesetz aufzuheben, doch leider gingen die Ände-

---

[79] ICHRP: *When Legal Worlds Overlap* …, S. 38.
[80] Sandra Lovelace vs. Canada, Communication No. R.6/24, U.N. Doc. SuS. No. 40 (A/36/40) at 166 (1981), view 9.2, http://www1.umn.edu/humanrts/undocs/session36/6-24.htm (Zugriff am 15. Juli 2015).

rungen nicht weit genug – das Gesetz schützt bis heute einige geschlechtsspezifische Diskriminierungen.[81]

***

So sehen wir aufs Neue, dass Frauen in einem Umfeld des Rechtspluralismus diskriminierenden Gesetzen, Bräuchen und Normen ausgesetzt sind. In der Tat sind sie einer doppelten Diskriminierung ausgesetzt und als Bürger zweiter Klasse sich selbst überlassen. Daher habe ich zu Beginn dieses Kapitels darauf bestanden, dass Staaten Rechte in einen individuellen Rahmen stellen sollten. Sie sollten ihre Bürger als Individuen und nicht als Mitglieder von Gruppen behandeln. Andernfalls werden sie am Ende in einer Pyramide feststecken, die auf einer stratifizierten Bürgergesellschaft basiert. Ich habe verschiedene Fälle "nichtwestlicher" rechtspluralistischer Ordnungen vorgestellt und gezeigt, dass sie alles andere als ein Beispiel sind, das es nachzuahmen gilt, sondern dass sie alle ungestraft eine Vielzahl von Rechten verletzen: Menschenrechte, Bürgerrechte und die Rechte von Frauen und Minderheiten.

Diese Beispiele unterstreichen einen Punkt, den ich auch weiterhin hervorheben werde: Der gleichberechtigte Schutz von Bürgern, insbesondere von Frauen und Minderheiten, erfordert eine säkulare, demokratische und singuläre Rechtsordnung, die auf der Achtung der Bürger- und Menschenrechte beruht. Diese Merkmale bedingen sich gegenseitig.

In Staaten, die säkular und demokratisch sind und die die Menschenrechte respektieren, jedoch wie Kanada plurale Rechtsordnungen einführen, sind das Syndrom der doppelten Diskriminierung und eine stratifizierte Bürgergesellschaft die wahrscheinlichen Ergebnisse. Hier ist die Minderheit innerhalb der Minderheit Missbrauch und Diskriminierung ausgesetzt.

Was mich zum eigentlichen Thema dieses Buches bringt: Islamisches Recht im Westen.

In Großbritannien, in der kanadischen Provinz Ontario, in Australien und anderswo fordern Menschen seit kurzem die Aner-

---

[81] ICHRP: *When Legal Worlds Overlap ...*, S. 38.

kennung religiöser Schiedsverfahren für Familienangelegenheiten und andere "geringfügigere" Zivilangelegenheiten.[82]

Neben Akademikern haben selbsternannte Gemeindesprecher und gutmeinende Politiker und Persönlichkeiten dafür plädiert, dass religiöse Gesetze für Familienangelegenheiten Anwendung finden sollten. Sie haben diese Forderungen zur Sprache gebracht unter Verwendung des Diskurses der Essentialisten: Gruppenrechte, Identitätspolitik, Recht auf Differenz, die Bürde des weißen Mannes und Multikulturalismus.

Dies sei bloß ein Mechanismus zur Konfliktlösung, argumentieren sie. Und es würde auch nur die weniger wichtigen Angelegenheiten betreffen, die durch das Familienrecht geregelt werden. Doch gerade weil dieser Vorschlag das Familienrecht betrifft, sollte er abgelehnt werden. Und warum? Weil es hier um die gesetzlich sanktionierte Diskriminierung von Frauen und Kindern geht.

Ironischerweise scheinen die Essentialisten, wenn sie über Schlichtungsverfahren, rechtliche Mechanismen und Konfliktlösung sprechen, oft der einen entscheidenden Frage auszuweichen und sie zu umgehen: Welches Recht wird in diesem Schiedsverfahren angewandt?

Eine gute Frage. Welches Recht wird in der Schiedsgerichtsbarkeit angewandt?

Und wenn wir die Frage auf diese Weise stellen, dann wird klar, warum die Anwendung dieses Rechts zu rechtlich sanktionierter Diskriminierung führen wird und warum seine Anwendung noch nicht einmal in Erwägung gezogen werden sollte. Ich fürchte, es gibt keinen politisch korrekten Weg, dies zu sagen: Wenn es um Frauen, Kinder und Grundrechte geht, dann verletzt das islamische Recht ungestraft die Menschenrechtsnormen.

Im nächsten Kapitel werde ich mich mit der Frage des islamischen Rechts und der Menschenrechte befassen. Dann werde ich mich mit der Art der islamischen Auslegung des Scharia-Rechts befassen, wie sie in Großbritannien in den führenden Scharia-Gerichtshöfen und in muslimischen Schiedsgerichten vorherrschend ist.

---

[82] Ebd., S. 80.

Kapitel 4
Islamisches Recht und Menschenrechte zwischen Theorie und Realität: Großbritannien als Vorzeigebeispiel

Das islamische Recht diskriminiert Frauen. Ich denke, wir können dies als Tatsache akzeptieren. Aber das ist nur eine Hälfte des Problems. Wenn wir uns nur auf die Diskriminierung konzentrieren, übersehen wir die andere Hälfte des Bildes: die politische Funktion des islamischen Rechts. Aus dieser Perspektive betrachtet, kann das Zulassen eines schwachen Rechtspluralismus für die islamischen Rechts-Enklaven in den westlichen Demokratien das eigentliche Fundament dieser Demokratien untergraben.

Daher sollten wir niemals einen dieser beiden Aspekte – die durch das islamische Recht verursachte Diskriminierung und die politische Funktion eines schwachen islamischen Rechtspluralismus in den westlichen Demokratien – betrachten, ohne den anderen ebenso zu berücksichtigen. Dieses Kapitel ist dem ersten Aspekt gewidmet: islamisches Recht und Menschenrechte. In Kapitel 5 konzentriere ich mich auf zwei Formen des Islamismus und auf die politische Funktion islamischer Rechts-Enklaven.

Im nächsten Abschnitt will ich zunächst ein Argument innerhalb des Paradigmas der Essentialisten erörtern, das die Idee der Integration des islamischen Rechts in eine westliche Rechtsordnung unterstützt. Dies demonstriere ich anhand der Rede des ehemaligen anglikanischen Erzbischofs Rowan Williams aus dem Jahr 2008 zu diesem Thema. In dem darauf folgenden Abschnitt biete ich eine universalistische Antwort auf sein Argument an. Danach möchte ich erörtern, dass die Essentialisten, zusammen mit der verständnisvollen britischen Bürokratie, sich in Wirklichkeit für das aussprechen, was Tahmina Saleem, Mitbegründerin der britischen muslimischen Frauenorganisation *Inspire*, eine "anthropologische Version des Rechts" nannte – die ich als eine Version des Rechts ohne jeden historischen, politischen oder gar rechtlichen Kontext definiere. Im letzten Abschnitt skizziere ich die Bereiche, in denen das vorgeschlagene islamische Recht den universellen Menschenrechten und den Frauenrechten widerspricht, und stelle dann die Variante des schwachen pluralistischen Rechtssystems vor, das heute in Großbritannien gilt. Ich werde deutlich machen, dass die vorherrschende Auslegung des islamischen Rechts, die im Rahmen der britischen islamischen Scharia-Räte und muslimischen Schiedsgerichte vertreten wird, von Natur aus frauendiskriminierend ist.

Ein essentialistisches Argument für das islamische Recht: Rowan Williams und die Freiheit, aus Gewissensgründen aus den universellen Menschenrechten auszusteigen

Manchmal frage ich mich, warum Rowan Williams, der ehemalige Erzbischof von Canterbury, sich dafür entschieden hat, über das islamische Recht zu sprechen, obwohl er sehr genau wusste, was sich daraus ergeben würde. Ich beziehe mich auf seine berühmte Rede von 2008 mit dem Titel *"Zivil- und Religionsrecht in England: Eine religiöse Perspektive"*. Selbst als er uns mit einer feinsinnigen Unterscheidung zwischen der Scharia als "dem universellen Prinzip des Islam" und der Scharia als der "besonderen Konkretisierung desselben durch eine Tradition von Juristen"[1] verwirrte, war er sich sehr wohl bewusst, dass er ein Minenfeld betrat, und zwar eines bestückt mit der Diskriminierung von Frauen.

Doch je öfter ich mir seinen Vortrag durchlas, desto mehr gewann ich die Überzeugung, dass er tatsächlich gegen den säkularen Übergriff auf den religiösen Raum protestierte und dabei das Thema des islamischen Rechts als verstohlene, ja raffinierte Methode benutzte. Mit dieser Auffassung stehe ich nicht allein. Bernard Jackson, ein weltweit anerkannter Experte auf dem Gebiet des jüdischen Rechts, hat darauf hingewiesen, dass Williams in seinem

---

[1] Erzbischof Rowan Williams: *Civil and religious law in England: A religious perspective* (Vortrag am Royal Courts of Justice, 7. Feb. 2008), S. 2, http://rowanwilliams.archbishopofcanterbury.org/articles.php/1137/arc...re-civil-and-r eligious-law-in-england-a-religious-perspective#Lecture (Zugriff am 16. Juli 2015).

Vortrag in erster Linie daran interessiert war, "eine religiöse Koalition unter der Führung der Kirche von England (als der 'etablierten' Kirche) zu bilden", die "[...] eine Ausnahme vom säkularen Recht aus Gründen des religiösen Gewissens gutheißt".[2]

Aus dieser Perspektive betrachtet fand ich seine Rede völlig unverantwortlich.

Ungeachtet dieser Irritation erscheint mir Williams' Vortrag noch immer als ein schönes, wohlformuliertes Werk philosophischer Überlegungen – einschließlich aller Merkmale des essentialistischen Paradigmas: Multikulturalismus, verbunden mit einer Forderung nach Gruppenrechten, und zugleich ein schwacher Kulturrelativismus, durchdrungen von einem apologetischen Gefühl für die historische Bürde des weißen Mannes.

Dr. Williams wünscht sich, dass wir "etwas intensiver über die Rolle und die Herrschaft des Rechts in einer pluralistischen Gesellschaft mit sich überschneidenden Identitäten nachdenken". Seinen Vortrag nahm er dafür zum Anlass, sorgfältig "einige der umfassenderen Fragen zu den Rechten religiöser Gruppen innerhalb eines säkularen Staates zu diskutieren und herauszuarbeiten" sowie "einige Überlegungen darüber anzustellen, was die Gestaltung einer gerechten und konstruktiven Beziehung zwischen dem islamischen Recht und dem gesetzlich verankerten Recht des Vereinigten Königreichs bedeuten könnte".[3]

Präzise benennt Williams drei Einwände, die stets erhoben werden, "sobald ein nachdrückliches Bekenntnis dafür abgegeben wird, dass das Recht des Landes einzelne Menschen auf Basis ihrer körperschaftlich-religiösen Identität schützen und ihre Freiheit zur Erfüllung religiöser Pflichten absichern sollte".[4]

Erster Einwand: Es werden "gesetzliche Verfahren (inklusive gewöhnlicher Disziplinarverfahren innerhalb von Organisationen) von dem abhängig gemacht, was man als ärgerliche Berufung auf religiöse Bedenken bezeichnen könnte".

---

[2] Zit. in Dominic McGoldrick: "The compatibility of an Islamic/shari'a law system or shari'a rules with the European Convention on Human Rights", in: Robin Griffith-Jones (Hg.): *Islam and English Law: Rights, Responsibilities and the Place of Sharia* (Cambridge: Cambridge University Press, 2013), S. 55.
[3] Williams: *Civil and religious law ...*, S. 1–2.
[4] Ebd., S. 3.

Williams nennt zwei Beispiele für solcherlei ärgerliche Rekurse. Im ersten Fall weigerte sich Berichten zufolge eine bei der Kaufhauskette *Marks and Spencer* beschäftigte Muslimin, ein Buch mit Bibelgeschichten überhaupt anzufassen. Beim zweiten Beispiel geht es um Zwangsheiraten. Williams erinnert uns daran, dass es hier entscheidend ist, zwischen der kulturellen und der streng religiösen Dimension zu unterscheiden.

Diese Beispiele, so Williams, legen die Notwendigkeit des "Zugangs zu einer anerkannten Autorität" nahe, "die für eine religiöse Gruppe handelt", um jeweils "die Ernsthaftigkeit von Gewissensansprüchen" zu bestimmen.

Im Fall der "muslimischen Gemeinschaft" im Vereinigten Königreich weiß Williams auch, an wen wir uns wenden sollten. Er benennt als "anerkannte Autorität" – den islamischen Scharia-Rat:

> "Es gibt natürlich bereits einen islamischen Scharia-Rat, der im Vereinigten Königreich sehr gefragt ist, wenn es um Entscheidungen in Eheangelegenheiten geht. Wäre uns daran gelegen, dass den in der religiösen Identität verwurzelten Rechten und Vorbehalten mehr Spielraum per Gesetz eingeräumt wird, so bräuchten wir eine wesentlich verbesserte und sehr viel ausgefeiltere Version eines solchen Gremiums, mit mehr Ressourcen und einem hohen Maß an Anerkennung durch die Gemeinschaft, so dass 'lästige' Klagen schnell abgehandelt werden könnten."[5]

Zweiter Einwand: "Die Anerkennung einer ergänzenden Gerichtsbarkeit in einigen Bereichen, insbesondere im Familienrecht, könnte dazu führen, dass in Minderheitengemeinschaften einige ihrer repressivsten oder rückschrittlichsten Elemente verstärkt werden, was besonders schwerwiegende Folgen für die Rolle und die Freiheiten von Frauen haben könnte".[6]

Williams verweist auf das inhärente Problem, das sich aus der Anerkennung der "Autorität eines gemeindlichen religiösen Gerichts ergibt", über solche Fragen "endgültig und autoritativ zu entscheiden". Dies wird nicht nur eine "weitere Ebene rechtlicher Zugangswege für die Lösung von Konflikten und für die Festlegung von Verhaltensvorschriften" einräumen. Zusätzlich würden "Mit-

---

[5] Ebd., S. 3.
[6] Ebd.

glieder der Minderheitengemeinschaft tatsächlich der Rechte und Freiheiten beraubt werden, die ihnen als Bürger zustehen".

Er bestreitet all dies nicht, noch sieht er irgendetwas Falsches darin. Obwohl er diesen Einwand anerkennt, bemerkt er:

> "Würde irgendeine Art von pluraler Gerichtsbarkeit [...] anerkannt, so müsste sie vermutlich unter der Überschrift stehen, dass keine 'ergänzende' Gerichtsbarkeit die Befugnis haben dürfte, den Zugang zu den Rechten zu verweigern, die anderen Bürgern [unabhängig von ihrer Glaubenszugehörigkeit] gewährt werden, oder ihre Glaubensanhänger zu bestrafen für die Inanspruchnahme dieser Rechte."

Dr. Williams ist sich der Bedeutung dieser Gefahr sehr wohl bewusst und gibt mehrere Beispiele dafür an, woraus Konflikte entstehen können, so etwa in Fällen von Zwangsheiraten (die, wie er nochmals betont, eine kulturelle Praxis seien), beim Erbrecht von Witwen und beim islamischen Abtrünnigkeitsverbot.

Nachdem er auf diese Konfliktfelder hingewiesen hat, gelangt er zur, wie er es nennt, gleichen Schlussfolgerung:

> "Dem zweiten Einwand gegen eine verstärkte rechtliche Anerkennung gemeinschaftlicher religiöser Identitäten kann also begegnet werden, wenn wir bereit sind, über die Grundregeln nachzudenken, durch die das Verhältnis zwischen den Rechtssystemen organisiert werden könnte. Wobei wir sicherstellen müssen, dass wir nicht insgeheim mit ungeprüften Systemen kollaborieren, die repressive Wirkung besitzen oder es zulassen, dass gemeinsam geteilte öffentliche Freiheiten durch ein hinzutretendes Rechtssystem wesentlich geschmälert werden. Noch einmal: Es gibt keine Blankoschecks!"

Zum dritten Einwand. Dieser bezieht sich in der Tat auf Dr. Williams' eigenen Einwand gegen das, was er "Rechts-Universalität" nennt, sowie auf sein Argument, dass es möglich sein sollte, aus religiösen Gründen von dieser Rechtsauffassung abzuweichen.

Er beschreibt den Anspruch der Aufklärung, "traditionelle Formen von Staatsführung und Gewohnheitsrecht mit einer universell gültigen Gerichtsbarkeit vor Augen außer Kraft zu setzen", und meint, dass dies "vor dem Hintergrund des Despotismus und unhinterfragt überkommener Privilegien, die weithin im frühneuzeitlichen Europa vorherrschten, voll und ganz nachvollziehbar war".

Der positivste Aspekt dieser historischen Entwicklung war "ihre Fokussierung auf das gleiche Maß an Verantwortlichkeit für alle und auf die gleichen Zugangskriterien für alle zu juristischen Verfahren".

Dennoch besteht Williams darauf, dass dies allein "nicht ausreicht, um den Realitäten komplexer Gesellschaften gerecht zu werden". Er macht geltend, dass "es nicht zu sagen genügt, dass die Staatsbürgerschaft als abstrakte Form des gleichen Zugangs und der gleichen Verantwortlichkeit entweder die Grundlage oder die Gesamtheit der sozialen Identität und der persönlichen Motivation darstellt". Vielmehr meint er:

> "Gesellschaften, die ethnisch, kulturell und religiös vielfältig sind, sind Gesellschaften, in denen die Identität [...] durch verschiedene Arten und Kontexte der Zugehörigkeit, sog. 'multiple affiliations', geformt wird. [...] Das bedeutet, dass wir etwas intensiver über die Rolle und die Herrschaft des Gesetzes in einer pluralistischen Gesellschaft sich überschneidender Identitäten nachdenken müssen [...]. Rechtsstaatlichkeit ist also nicht die Verankerung der Priorität der universell-abstrakten Dimension sozialer Existenz, sondern die Schaffung eines für alle zugänglichen Raums, in dem es möglich ist, das Bekenntnis zur Menschenwürde zu bekräftigen und zu verteidigen."

Rowan Williams kommt zum Kernanliegen seines Vortrags:

> "Eines der am häufigsten erkannten Probleme in der Gesetzgebung auf diesem Gebiet ist der Widerwille einer tonangebenden, auf Rechten basierenden Philosophie, *die Freiheit einer gewissensbasierten Weigerung anzuerkennen, an Verfahren oder Praktiken mitzuwirken, die in einem Spannungsverhältnis zu den Anforderungen bestimmter religiöser Gruppen stehen*: in etwas irreführender Kurzform die Annahme also, dass, wenn ein Recht oder eine Freiheit gewährt wird, es für jeden Einzelnen eine entsprechende Pflicht gibt, sie zu 'aktivieren', wann immer er dazu aufgefordert wird." [Hervorhebung hinzugefügt]

Wenn es möglich wäre, so sein Argument, eine religiöse Überzeugung anzuerkennen, ohne die von der breiteren Gesellschaft garantierten Freiheiten zu beeinträchtigen oder den Zugang zu ihnen zu blockieren, dann solle genau dies gebührend berücksichtigt werden:

> "Es wäre bedauerlich, wenn die immensen Fortschritte bei der Anerkennung der Menschenrechte aufgrund einer falschen Vorstellung von der Universalität des Rechts dazu führen würden, dass eine Person in erster Linie als Inhaber einer Reihe abstrakter Freiheiten definiert und die Funktion des

> Rechts dementsprechend als nichts anderes angesehen wird als die Sicherung dieser Freiheiten, ungeachtet der Gewohnheiten und des Bewusstseins jener Gruppen, die konkret eine pluralistische moderne Gesellschaft ausmachen."

Wenn es um "Aspekte der Scharia" geht, macht Williams nach einem Modell, das der jüdische Rechtstheoretiker Ayelet Shachar skizziert hat, einen Vorschlag:

> "Es wäre möglich, in Begriffen dessen zu denken, was Shachar als 'transformative Anpassung' bezeichnet: ein System, bei dem der Einzelne die Freiheit behält, die Gerichtsbarkeit zu wählen, unter der er versucht, bestimmte sorgfältig festgelegte Angelegenheiten zu lösen, so dass [um Shachar zu zitieren] 'die Machthaber gezwungen sind, um die Loyalität ihrer gemeinsamen Wählerschaft zu wetteifern'. Dies kann Aspekte des Eherechts, die Regulierung von Finanztransaktionen und zugelassene Strukturen der Streitschlichtung und der Konfliktlösung einschließen."

Eine universalistische Antwort auf das Argument von Rowan Williams

Nun, ich nannte es ein schönes Werk philosophischer Überlegung. Leider war es aber auch ein eloquenter Appell, im Namen religiöser "Gruppenrechte" zur Anwendung religiöser Gesetze zurückzukehren. Ironischerweise beruhte dieser Appell auf der individuellen Wahl – wobei die Wahl innerhalb eines Gruppenrahmens lag. Daher verteidigt Williams das Recht des Einzelnen, sich im Namen der Differenzansprüche religiöser Gruppen gegen das für alle gültige staatliche Recht zu entscheiden.

Ob wortgewandt oder nicht, Williams suchte eindeutig nach einem Ausweg für religiöse Gruppen, einschließlich der seinigen, aus einer zunehmend säkularen Gesellschaft und ihren Gesetzen. Daher forderte er einen Rechtsstaat, der den Vorrang einer allgemeinverbindlichen Dimension sozialer Existenz umgehen und stattdessen einen Raum schaffen würde, der "die Verpflichtung auf die Menschenwürde bekräftigt und verteidigt". Das Problem ist, dass, wenn die Menschenwürde nicht durch eine säkulare einheitliche Rechtsordnung geschützt und mit den Menschenrechten verbunden wird, die Situation zu dem zurückkehren wird, wovor er selbst ursprünglich gewarnt hatte: zur Tyrannei religiöser Dogmen.

Lassen Sie mich dies durch eine sorgfältige Auswertung dessen erklären, was Dr. Williams als Lösungen für seine drei Einwände bezeichnet.

Erste Lösung: Um einen Missbrauch von "Gewissensansprüchen" zu vermeiden, schlägt Williams vor, eine anerkannte Autorität zu bestimmen oder zu schaffen, die für die religiöse Gruppe handelt, um dem Staat dabei zu helfen, "die relative Ernsthaftigkeit der Gewissensansprüche" festzustellen. Und wenn es sich bei der Gruppe um Muslime handelt, dann hat er bereits eine solche Stelle im Sinn: keine andere als den viel kritisierten islamische Scharia-Rat.

Diese Lösung ist in zweierlei Hinsicht problematisch, sowohl theoretisch als auch praktisch. Beides zeigt, dass die Lösung in Wirklichkeit keine Lösung ist.

Aus theoretischer Sicht wird die Einsetzung einer solchen "anerkannten" Behörde zu einer Situation führen, die dem Millet-System der osmanischen Zeit ähnelt. Die osmanischen Behörden entschieden, wer die religiöse Minderheit jeweils vertreten sollte, danach genehmigten sie die Aufsicht dieser Behörde über die Minderheit – und diese Kontrolle war sowohl theokratisch als auch autoritär. Gleichermaßen sind wir berechtigt zu fragen, wer diese Autorität in Großbritannien wählen oder schaffen soll. Und nach welchen Kriterien soll entschieden werden, ob sie tatsächlich die religiöse Minderheit vertritt?

Ich glaube, dass einige Bedenken hier berechtigt sind, da die britischen Behörden in ihrer Kultur- und Minderheitenpolitik bisher nicht gerade sachkundig waren. Tatsächlich haben die britischen Behörden bis zu den Londoner Terroranschlägen vom 7. Juli 2005 im Rahmen ihrer pluralen monokulturellen Politik ausschließlich mit islamistischen Gruppen zusammengearbeitet, die einer Ideologie des politischen Islamismus folgen. Damals betrachteten die Behörden solche Gruppen als die einzigen Vertreter der Muslime und ignorierten dabei die Vielfalt der britischen muslimischen Gemeinschaften, von denen die meisten nicht einmal die Weltanschauung der Islamisten vertreten. Nach 2005 beschloss die Regierung Blair, in ihrem Kampf gegen den hausgemachten Terrorismus mit "gewaltfreien Fundamentalisten" zusammenzuarbeiten, da sie der Meinung war, dies sei das beste Gegenmittel zur Ideologie der "gewalttätigen Fundamentalisten".[7] Offenbar war man sich nicht bewusst, dass die Grenzen zwischen den beiden Gruppen oft nur oberflächlich sind. Es handelt sich um Abstufungen des Extremismus, beide mit totalitären Subtexten.

Angesichts derartiger Fehler und Unwissenheit ist ein gewisses Misstrauen zu entschuldigen, wenn Dr. Williams vorschlägt, eine "anerkannte Autorität zu schaffen, die für die religiöse Minderheit spricht".

In diesem Sinne haben wir das Recht, auch die nächste Frage zu stellen: Wer definiert diese "Minderheit" überhaupt?

Diese Frage wurde von den Autoren des bahnbrechenden Berichts des Internationalen Menschenrechtsrats, einer in Genf ansässigen NGO, mit dem Titel "*When Legal Worlds Overlap – Human Rights, State and Non-State Law*" kritisch diskutiert. Sie argumentierten folgendermaßen:

> "Die Forderung, die rechtliche Autonomie einer 'Gemeinschaft' anzuerkennen, beginnt mit der Definition der Gemeinschaft, auch als die 'schmutzige Arbeit der Grenzverwaltung' bezeichnet. Wer zieht diese Grenzen – Einzelpersonen, Gemeinschaften, die Kultur, die Exekutive, die Judikative oder eine Kombination aller? Die Entscheidung darüber, wer dazugehört und wer nicht, ist ein politischer Prozess, in dem sich die Gemeinschaften intern und die Staaten gegenüber den von ihnen anerkannten Gemeinschaften engagieren."[8]

In dem Bericht wurde argumentiert, dass sowohl staatliche als auch nichtstaatliche Gesetze der "Grenzverwaltung" auf verschiedene Weise Substanz verleihen. Erstens konstruieren sie rechtliche Identitäten: Sie teilen die Bevölkerung ein in verschiedene Kategorien wie Klasse, Kaste, ethnische Zugehörigkeit, Geschlecht, Staatsbürgerschaft, Ausländerstatus usw. Zweitens schreiben sie die Normen und die Struktur der Beziehungen zwischen diesen Kategorien vor. Drittens legen sie die Rechte und Pflichten derer fest, die in die betreffenden Kategorien fallen. Die Autoren des Berichts sehen die Ironie in diesem Prozess: Unterschiedliche Rechtsordnungen kon-

---

[7] Grundlage: Interviews der Autorin in London, St. Albans, Newcastle (Aug. 2013).
[8] ICHRP: *When Legal Worlds Overlap* …, S. 103.

struieren die Identität der Bevölkerung unterschiedlich, und so kann dieselbe Gruppe von Menschen in verschiedenen Rechtsordnungen unterschiedlich kategorisiert werden und Unterschiede in Status, Rechten und Pflichten aufweisen.[9] In Nepal beispielsweise klassifiziert das Hindu-Gesetz einige Gruppen als unantastbare Kasten und verbietet ihnen folglich, einige Tempel zu betreten oder Wasser aus Brunnen zu schöpfen, die von denen höherer Kasten benutzt werden. Auf der anderen Seite klassifiziert das Gesetz des Landes sie als gleichberechtigte Bürger, sogar als Dalits[10] mit Sonderrechten, indem es ihnen beispielsweise Quoten in Bildungseinrichtungen zuweist.[11]

Tatsächlich könnte dies auch in Großbritannien geschehen. Wenn Sie daran zweifeln, dann schlage ich vor, dass Sie genau die "Autorität" betrachten, die Williams als "Vertreter" der Muslime vorschlägt: den Islamischen Scharia-Rat (ISC). Und dann überlegen Sie, was auf die Anerkennung seiner Autorität folgen würde. Damit kommen wir zum im praktischen Sinne kritischen Aspekt von Dr. Williams' problematischen Lösungen.

Wenn wir konkret werden, wird das Ausmaß des Problems erst deutlich. Der ISC wurde 1982 nach einem Treffen gegründet, an dem Imame teilnahmen, die eine Reihe von Moscheen im Vereinigten Königreich vertraten. Der Rat beschreibt sich selbst als eine gemeinnützige und nicht gewinnorientierte eingetragene Wohltätigkeitsorganisation (Nr. 1003855). Diese gibt an, dass sie gegründet wurde, um Eheprobleme der im Vereinigten Königreich lebenden Muslime im Lichte des islamischen Familienrechts zu lösen. Zu diesen Problemen gehören Eheschließungen, Scheidungen und Erbschaftsangelegenheiten. Laut seiner Webseite setzt sich der Rat "aus Mitgliedern aller wichtigen Schulen des islamischen Rechtsdenkens (mad'hab) zusammen und wird weithin als maßgebliches Gre-

---

[9] Ebd.
[10] Dalits bezeichnet Nachfahren der indischen Ureinwohner, die nach der religiös-dogmatischen Unterscheidung im Hinduismus als "Unberührbare" gelten (A.d.Ü.).
[11] Rajendra Pradhan: *Negotiating multiculturalism in Nepal: Law, hegemony, contestation and paradox* (Vortrag auf der Konferenz "Constitutionalism and Diversity in Nepal", Kathmandu, 22.-24. Aug. 2007), S. 4, http://www.uni-bielefeld.de/midea/pdf/Rajendra.pdf (Zugriff am 16. Juli 2015).

mium in Bezug auf das islamische Recht anerkannt".[12] So beschreibt der Rat sich selbst.

Wenn dieses Gremium, wie Williams vorschlug, das wesentlich weiterentwickelte und anerkannte Gremium sein sollte, das im Namen der Muslime spricht, dann sollten wir seine Ansichten über das Mindestalter für die Eheschließung für bare Münze nehmen. Wir sollten solche Urteile akzeptieren, nicht wahr?

Bedenken Sie die Position von Scheich Haitham al-Haddad, einer berühmten und umstrittenen Persönlichkeit des ISC. Al-Haddad ist palästinensischer Herkunft und in Saudi-Arabien geboren und aufgewachsen. Er studierte in Saudi-Arabien und im Sudan das islamische Scharia-Recht und ist einer der Richter des ISC. Auf einem Video, das später von YouTube entfernt wurde, äußerte er seine Position zum Mindestalter für die Eheschließung als Antwort auf eine Anfrage von jemandem, der ihn um seine Meinung bat. Al-Haddads Antwort war eindeutig: Im islamischen Recht gibt es kein Mindestalter, und je jünger das Mädchen ist, desto besser. Hier meine Niederschrift des Gesprächs:

> "Interviewer: In welchem Alter sollte ein Mädchen im Teenageralter heiraten?
> Haddad: Was bitte?
> Interviewer: Heiraten. Ist das eine Familienentscheidung?
> Haddad: Ja, das ist eine Familienentscheidung.
> Interviewer: Gibt es aus islamischer Sicht ein bestimmtes Alter?
> Haddad: Es gibt kein bestimmtes Alter für die Heirat des Mädchens; kein bestimmtes Alter aus islamischer Perspektive. Aber wie Sie wissen, je früher, desto besser, vor allem für Mädchen; aber man muss auf die rechtlichen, die *yanni [yanni: das heißt]*-Fragen, achten.
> Interviewer: Rechtliche Fragen? Solchen, die mit den Gesetzen des Landes zusammenhängen?
> Haddad: Nicht unbedingt. Es gibt hier im Land viele *yanni*-Gesetze, die anti-islamisch sind, keine muslimischen, keine islamischen Gesetze. Wenn es also eine Möglichkeit gibt, zu leben und diese anti-islamischen Gesetze zu umgehen, dann – und vorausgesetzt, dass Sie sich nicht in Schwierigkeiten bringen, ja? – dann sollten Sie sich für diese Wahl entscheiden. Was können Sie tun? Jepp!
> Interviewer: Und die Präferenz wäre?

---

[12] Islamic Sharia Council: *About us*, http://test.islamic-sharia.org/?page_id=32 (Zugriff am 16. Juli 2015).

So einfach. Je jünger, desto besser – und wenn Sie Ihr junges Mädchen verheiraten, versuchen Sie zu vermeiden, dabei verhaftet zu werden. Das britische Gesetz, das das Mindestalter für die Eheschließung auf 16 Jahre festlegt (der UN-Standard ist 18 Jahre), ist unislamisch. Finden Sie also einen Weg, es zu umgehen.

Wenn wir also dem Vorschlag von Rowan Williams folgen und den ISC als die Autorität anerkennen würden, die für die Muslime spricht und die bestimmt, was islamisch ist und was nicht, sollten wir dann die Position al-Haddads als islamisches Prinzip übernehmen? Sollen wir sie dann auf Mädchen innerhalb der muslimischen Minderheit anwenden? Tatsächlich bedeutete die Position, dass es im Islam kein Mindestalter für die Heirat gibt und das Prinzip "je früher, desto besser" oftmals, die Akzeptanz der Heirat von neunjährigen Mädchen. Sollten wir dann die Kinderheirat (die internationalen Normen gemäß auch als Zwangsheirat definiert wird) als ein völlig zulässiges "islamisches" Prinzip akzeptieren? In einem späteren Abschnitt werde ich zeigen, dass die allgemeine Praxis in islamischen Ländern darin besteht, ein Mindestalter festzulegen, das oft bei 18 Jahren liegt. Aber die, die für Williams als die Vertreter des britischen Islam gelten, scheinen sich solchen modernen Ideen nicht anzuschließen.

Al-Haddad steht mit seiner Interpretation des islamischen Rechts im ISC nicht allein. Eine weitere prominente Persönlichkeit im Rat ist Scheich Dr. Suhaib Hasan. Geboren in Indien, aufgewachsen und ausgebildet in Pakistan, studierte er, genau wie al-Haddad, das Scharia-Recht in Saudi-Arabien. Er schloss sein Studium in Birmingham, England, ab und sitzt als Richter im Rat.

Als ich im Januar 2013 mit ihm zusammentraf, stand die Arbeit des ISC auf dem Prüfstand, nachdem Baroness Caroline Cox einen Gesetzentwurf für Schiedsgerichtsbarkeit und Vermittlungsdienste zum Thema Gleichberechtigung vorgelegt hatte, in dem Änderungen des Schiedsgerichtsgesetzes gefordert wurden, die die Gleichstellung der Geschlechter gewährleisten. Baroness Cox

---

13   Scheich Haitham al-Haddad, http://www.youtube.com/watch?v=thoP4EjtmzE (Zugriff am 24. Jan. 2014; Video später von YouTube entfernt).

warnte vor der Gefahr eines parallelen Rechtssystems und vor der Arbeit derartiger Scharia-Räte. In einem Artikel schrieb sie über eine Undercover-Untersuchung. Ein Reporter hatte enthüllt, dass eine Reihe von Imamen bereit seien, Ehen für minderjährige Mädchen zu arrangieren. Zwei von ihnen waren Imame aus islamischen Zentren, einer aus Peterborough, der andere aus Ost-London. Die beiden "brachten ihre Bereitschaft zum Ausdruck, ein minderjähriges muslimisches Mädchen – im Alter von nur 12 Jahren – mit einem Mann in den Zwanzigern unter dem Dach des Scharia-Gesetzes zu verheiraten".[14] In Anspielung auf Cox' Artikel fragte ich den Scheich, welches Heiratsalter vom ISC akzeptiert werde.

Im Vergleich zu al-Haddad nimmt Scheich Hasan in dieser Frage eine qualifiziertere Position ein. Er sagte mir, dass es aus islamischer Sicht kein bestimmtes Heiratsalter gebe. Das Alter könne jedoch von einem Sultan festgelegt und definiert werden. Daher könne man das britische Recht akzeptieren, als wäre es von einer solchen Autorität festgelegt worden. Er argumentierte schließlich, dass er wenn er nach einem Mädchen gefragt werden würde, das mit 13 oder 14 Jahren verheiratet wurde, und danach, ob ihre Ehe gültig sei oder nicht, aus islamischer Rechtsperspektive mit Ja antworten würde – die Ehe sei gültig[15]:

> Hasan: Sehen Sie, das Heiratsalter ist etwas, das im Islam nicht verbindlich ist, oder dass ein bestimmtes Alter sein sollte. Es ist eine Angelegenheit, die begrenzt werden kann. Der *mahr* [obligatorische Bezahlung durch den Bräutigam in Form von Geld oder Besitz] ist nicht begrenzt, aber der Prophet sagte, dass [...] je niedriger die Kosten der Ehe, desto gesegneter seien sie. Deshalb müssen Sie den *mahr* so niedrig wie möglich machen, um ihn *baraka* [gesegnet] zu machen, und nicht zu einem sehr teuren *mahr*. Aber hier gibt es keine Begrenzung. Hier gibt es keine Grenze. In bestimmten Fällen, wenn der Khalifa Al Sultan eine Grenze setzt, dann darf er das tun. Genauso können wir, was das Alter betrifft, sagen, wenn die Regelung in diesem Land besteht – hier haben sie sich zum Beispiel für 16 entschieden –, dann ist das für uns akzeptabel. Die einzige Frage ist, dass wir eine Person unter 16 Jah-

---

[14] Baroness Caroline Cox: "From a distinguished peer fighting to protect women ... Sharia marriages for girls of 12 and the religious courts subverting British law", *The Daily Mail*, 14. Sept. 2012, http://www.dailymail.co.uk/news/article-2202991/Sharia-marriages-girls-12-religious-courts-subverting-British-law.html#ixzz38ruyG49M (Zugriff am 16. Juli 2015).

[15] Scheich Dr. Suhaib Hasan, Interview der Autorin; Leyton, London, 28. Jan. 2013.

> ren nicht heiraten dürfen, weil wir wissen, dass dies das Gesetz des Landes ist. Aber wenn mich jemand in Bezug auf die Fatwa fragt, dass diese Frau als Minderjährige von ihrem *Wali* (Vormund), von ihrem Vater, im Alter von beispielsweise 13 oder 14 Jahren verheiratet wurde: Ist das dann eine gültige Ehe oder nicht? Die Fatwa würde dann lauten: Ja, sie ist gültig, in Bezug auf den Islam ist sie gültig, die Ehe ist gültig in Bezug auf den Islam. Sie können sie nicht annullieren.
> Manea: Aber glauben Sie nicht, dass Sie mit einer solchen Fatwa die Menschen indirekt dazu ermutigen, so zu handeln?
> Hasan: Deshalb habe ich das Wort Fatwa verwendet, weil man in einer bestimmten Situation eine Frage bekommt und sie beantworten muss. Weil Sie vor Allah verantwortlich sind, wenn Sie sie beantworten. Also, wir können dem hier zwar etwas hinzufügen, aber wir werden sagen: "Die Muslime sollten versuchen, sich an das Gesetz des Landes zu halten." Wir können dem hier also etwas hinzufügen.

Wie ich bereits sagte, wird in dem Augenblick, in dem wir beginnen, konkret zu werden und uns näher mit dem Inhalt dessen, was die Essentialisten fordern, zu befassen, die Bedenklichkeit ihrer Forderung deutlich. Um auf Williams' Lösung zurückzukommen: Wenn wir den ISC anerkennen würden, welche Meinung sollten wir dann hier akzeptieren? Sowohl al-Haddad als auch Hasan gelten als Pfeiler innerhalb des ISC. Sollten wir uns für al-Haddads geradlinig-sachliche Antwort entscheiden? Das würde bedeuten, die Frau als Kind zu verheiraten und das Gesetz zu unterlaufen. Oder erkennen wir die nuanciertere, qualifizierte Meinung von Scheich Hasan an: Ja, wir halten uns an das britische Gesetz, aber wenn jemand eine Kinderheirat durchführt, dann ist sie "islamisch" gültig?

Sollten wir aus dem gleichen Grund auch ihre Positionen über Gewalt gegen Frauen als "islamisch gültig" betrachten?

Al-Haddad hält es für eine schlechte Idee, einen Ehemann, der seine Frau schlägt, hierzu zu befragen. In einer Rede mit dem Titel *"Warum Ehen scheitern"* sagte er:[16]

> "Einem Mann sollte nicht die Frage gestellt werden, warum er seine Frau geschlagen hat, denn das ist nur etwas zwischen ihnen selbst. Lassen Sie sie in Ruhe. Die beiden können ihre Angelegenheiten untereinander regeln. Und selbst der Vater einer Tochter, die mit dem Mann verheiratet ist, sollte

---

[16] Haitham al-Haddad: "Why marriages fail? (WMF 1 of 7): The Scale of the Problem", YouTube-Video, https://www.youtube.com/watch?v=z37HNuyY1c&list=PLA637A16BD2ABC692&index=1 (Zugriff am 16. Juli 2015).

seine Tochter nicht fragen: 'Warum wurdest du von deinem Mann geschlagen?' Und warum nicht? Weil der Islam den Blick auf das große Ganze richtet, um die Beziehung zwischen Ehemann und Ehefrau zusammenzuhalten."

Dagegen hält Scheich Hasan, den ich oben zitiert habe, eine "einmalige Tracht Prügel" für "keine besonders ernste Angelegenheit". Im Jahr 2011 produzierten Mitarbeiter der Zeitung *Guardian* einen Kurzfilm mit dem Titel "*Inside a Shari'a Divorce Court*" und zeichneten die Beratungen zweier Sitzungen auf. In einer Sitzung hörte Scheich Hasan einer Frau zu, die eine Scheidung verlangte. Das Folgende ist Teil einer Mitschrift dieses Gesprächs:[17]

> "Hasan: Sie haben also die Scheidung beantragt?
> Die Frau: Ja, ich habe ihn gefragt, ich habe ihn nett gefragt. Ich sagte, weil es Kinder gibt, müssen wir uns im Guten trennen. Ich habe ihn höflich gefragt.
> Hasan: Was sagt er dazu?
> Die Frau: Er wird beleidigend und sagt: 'Oh, du willst Geld; du willst Geld.' Aber er hat mir nie Geld gegeben. Also mache ich nicht wirklich ...
> [er unterbricht sie]
> Hasan: Wollen Sie jemanden heiraten?
> Die Frau: Nein.
> Hasan: War er aggressiv zu Ihnen?
> Die Frau: Das kann er sein, wenn er ...
> [er unterbricht sie wieder]
> Hasan: Aber er war es nicht!
> Die Frau [Schluckgeräusch]: Im Hinblick auf was? Körperlich?
> Hasan: Schlägt er Sie?
> Die Frau: Er hat mich in der Vergangenheit geschlagen, ja, er hat mich geschlagen, er hat mich einmal geschlagen.
> Hasan: Hmm?
> Die Frau: Einmal.
> Hasan: Nur einmal? [Er lacht.] Das heißt also, dass es keine sehr ernste Angelegenheit ist.
> Die Frau: So gesehen ist es nicht ernst, aber wenn man ihn drängt, kann er aus der Haut fahren."

Welche dieser Meinungen hier sollten die standardisierten islamischen Prinzipien für die muslimische Minderheit in Großbritannien sein?

---

[17] Mona Mahmood und Richard Sprenger: "Inside a sharia divorce court" (Video); *The Guardian*, 9. März 2011, www.guardian.co.uk/law/video/2011/mar/09/islam-sharia-council-divorce (Zugriff am 16. Juli 2015).

Es ist kein Sarkasmus, der mich diese Fragen wiederholen lässt. Es ist blankes Entsetzen. Denn ich habe die Folgen solcher religiöser "Meinungen" in verschiedenen arabischen und islamischen Zusammenhängen und zuletzt auch im britischen Islam gesehen. Dies ist überhaupt nicht theoretisch. Es prägt das Leben von Mädchen und Frauen. Die Fatwas und Meinungen dieser Männer haben Konsequenzen – schwerwiegende Konsequenzen. Ein Kind wird im Namen der Religion vergewaltigt. Vergewaltigt – und es wäre legal. Eine Frau wird im Namen der Religion geschlagen. Geschlagen – und auch das wäre legal. Doch Rowan Williams möchte, dass wir in Erwägung ziehen, die Organisationen, für die diese Männer arbeiten, zu einer Autorität zu machen, die bestimmt, was islamisch und was nicht islamisch ist?

Ist es dann weit hergeholt zu sagen, dass wir in Großbritannien allmählich eine ähnliche Situation wie in Nepal erleben, wo dieselbe Gruppe von Menschen durch verschiedene Rechtsordnungen unterschiedlich kategorisiert werden kann und unterschiedliche Status, Rechte und Pflichten hat? Eine britische muslimische Frau würde vor dem britischen Gesetz als gleichberechtigte Bürgerin behandelt werden, nach dem islamischen Recht aber, das in den rechtlichen Scharia-Enklaven praktiziert wird, ist es möglich, sie als Minderjährige zu behandeln, die als Kind verheiratet und von ihrem Ehemann geschlagen werden kann, was als akzeptabel angesehen werden würde. Ist es weit hergeholt, anzunehmen, dass wir allmählich die Entwicklung eines modernen Millet-Systems erleben, mit ähnlichen Folgen wie die, die wir in Kapitel 4 gesehen haben: eine stratifizierte Bürgergesellschaft und das Syndrom der doppelten Diskriminierung?

***

Kommen wir zu Williams' zweiter Lösung. Er schlug vor, dass zwei Maßnahmen ergriffen werden könnten, um zu vermeiden, dass einige der repressivsten Elemente des religiösen Familienrechts inmitten der Minderheit verstärkt werden. Diese sind:

(a) Keine "ergänzende" Gerichtsbarkeit sollte die Befugnis haben, anderen Bürgern den Zugang zu den gewährten Rech-

ten zu verweigern oder ihre Mitglieder für die Inanspruchnahme dieser Rechte zu bestrafen.
(b) Es sollten wesentliche Grundregeln festgelegt werden, um das Verhältnis zwischen den Gerichtsbarkeiten zu ordnen und sicherzustellen, dass wir nicht mit ungeprüften Systemen gemeinsame Sache machen, die unterdrückende Auswirkungen haben oder es zulassen, dass gemeinsam geteilte öffentliche Freiheiten in entscheidender Weise durch eine "ergänzende" Gerichtsbarkeit beschnitten werden.

Der erste Vorschlag bietet keine zuverlässige Garantie dafür, dass die Menschenrechte nicht verletzt werden, und der zweite macht seine Forderung nach einer zusätzlichen Gerichtsbarkeit obsolet.

Williams' erster Vorschlag ist nicht neu. Tatsächlich haben Befürworter des Rechtspluralismus oft argumentiert, dass die Verfügbarkeit einer "Ausstiegsoption" – definiert als das Recht, aus dem Zuständigkeitsbereich einer Rechtsordnung auszusteigen – eine entscheidende Garantie für die Rechte des Einzelnen im Kontext von Staaten ist, welche kulturelle Vielfalt rechtlich anerkennen.[18] Das Problem ist hier ein doppeltes.

Erstens ist eine Ausstiegsoption keine ausreichende Garantie dafür, dass die Rechte der Menschen in einer pluralistischen Rechtsordnung nicht verletzt werden. Tatsächlich stellt sich, wie der oben zitierte Bericht des Internationalen Menschenrechtsrates so treffend argumentiert, die Frage, inwieweit die "freie Option" wirklich vorhanden ist. Der Bericht identifiziert drei Probleme mit einer Ausstiegsoption und bei der Ausübung der Wahlmöglichkeit.

Sie (a) erfordert die Anwesenheit einer einladenden Gemeinschaft außerhalb, (b) sie setzt Autonomie und Zugang zu anderen Ressourcen voraus, die vielen Individuen fehlen, und (c) sie ignoriert die Tatsache, dass der Druck, sich der "Tradition" anzupassen, gewöhnlich stark ist und den Ausstieg blockieren kann. Letztlich

---

[18] ICHRP: *When Legal Worlds Overlap* ..., S. 107–108. Für eine tiefergehende theoretische Diskussion der Exit-Option siehe Phillips: *Multiculturalism without Culture*, S. 166–176.

kann es in solchen Fällen nahezu unmöglich sein, das Ausmaß der "freien Wahl" des Einzelnen zu beurteilen.[19]

Die Ausstiegsoption und die Möglichkeit, seine Rechte einzufordern, funktionieren in den abgeschlossenen Gemeinschaften des britischen Islam noch weniger. Eine britische Frauenrechtlerin mit südasiatischen Wurzeln, die darum bat, anonym zu bleiben, erzählte mir, dass sie, um mit Frauen in einigen geschlossenen muslimischen Gebieten zu arbeiten und Zugang zu ihnen zu haben, den Schleier tragen müsse, um nicht eingeschüchtert und belästigt zu werden.[20] Wenn schon eine Aktivistin die Notwendigkeit verspürt, sich zu verschleiern, wie fühlt sich dann eine schutzlose Frau innerhalb der geschlossenen Gemeinschaft?

Das ist nicht nur ein Eindruck, den ich hatte. Es war ein Anliegen, das von Frauen, die in abgeschlossenen Gemeinschaften arbeiten, immer wieder betont wurde. Tatsächlich wurde dieser Zustand im House of Lords während der zweiten Lesung der Gesetzesvorlage von Baroness Cox beschrieben. Lord Stanley Kalms drückte es unverblümt aus: Freiwilligkeit ist schließlich nicht freiwillig, wenn man bedenkt, wie ghettoisiert die abgeschlossenen Gemeinschaften geworden sind, und wenn man bedenkt, wie die britischen Behörden auf Eierschalen laufen und Angst haben, kulturelle Empfindlichkeiten zu verletzen.[21] Und er sagte noch mehr:

> "Die zweite Frage, die nicht genug betont werden kann, wird durch das Konzept der 'Freiwilligkeit' aufgeworfen. Es ist für die Mitglieder dieses Hauses sehr leicht, anzunehmen, dass das, was die Menschen außerhalb dieses Ortes tun, 'freiwillig' oder sonstwie geschieht. Aber in diesem Land, wie zahlreiche Experten auf diesem Gebiet bestätigen können, ist die Frage, was 'freiwillig' ist und was nicht, höchst strittig. Wir können an dieser Stelle zum Beispiel sagen, dass sich keine Frau einem Urteil eines Scharia-Gerichts unterwerfen sollte, wenn sie sich nicht freiwillig dazu bereit erklärt hat. Aber wie um alles in der Welt sollen die Menschen hier wissen, ob solche Handlungen freiwillig sind? Welchen Schutz bietet der Staat, wenn die Polizei und die Sozialdienste, sofern sie nicht aus der gleichen Gemeinschaft wie das fragliche Mädchen kommen, zu zaghaft und ängstlich gegenüber allem

---

19   Ebd.
20   Recherchebesuch in Großbritannien, Jan. 2013.
21   Lord Stanley Kalms, Statement während der 2. Lesung, House of Lords of Arbitration and Mediation Services (Equality) Bill (19. Okt. 2012), column 1703, http://www.publications.parliament.uk/pa/ld201213/ldhansrd/text/121019-0002.htm (Zugriff am 16. Juli 2015).

sind, was den erklärten Traditionen oder Überzeugungen der Gemeinschaft zuwiderläuft? Es gibt viele Berichte von Frauen, die sich in genau solchen Situationen gefangen gefunden haben. Ganze Gruppen und Organisationen haben sich zur Unterstützung solcher Frauen gegründet.
Viele dieser Gebiete sind deutlich geschlossene, ethnische und religiöse Enklaven. Wie, Angehörige des Oberhauses, glauben Sie, sollte ein junges Mädchen, geboren in einer solchen Stadt und dazu erzogen, religiösen Führern zu gehorchen, sich verhalten, wenn dieselben religiösen Führer sich auch noch als juristische Autoritäten ausgeben und sich in Positionen befinden, in denen sie nicht nur religiösen Rat erteilen, sondern auch gültige Urteile fällen? Es gibt mittlerweile stichhaltige Beweise dafür, dass viele Frauen in Großbritannien weit davon entfernt sind, sich freiwillig einem Urteil der Scharia-Gerichte zu unterwerfen, sondern dazu gezwungen werden."

Angesichts dieses stark umstrittenen Kontexts kann man legitimerweise davon ausgehen, dass je größer der Spielraum des legalen Rahmens ist, der den Machthabern der Gemeinschaft eingeräumt wird, um das Privatleben der einzelnen Mitglieder zu regeln, desto geringer ist die Möglichkeit, dass Einzelpersonen sich auf ein breites Spektrum an Bürgerrechten berufen können.[22] Zweitens macht Williams' weiterer Vorschlag – das Festlegen von Grundregeln, um die Beziehungen zwischen den Gerichtsbarkeiten als Mittel zum Schutz gemeinsamer öffentlicher Freiheiten zu gestalten – die Einführung einer islamischen Zusatzgerichtsbarkeit überflüssig.

Lassen Sie es mich folgendermaßen ausdrücken. Um sicherzustellen, dass das islamische Recht die Rechte von Frauen nicht verletzt, muss dieses Recht reformiert werden – ein langer und umstrittener, wenn nicht gar quälender Prozess. Und bis es soweit ist, wäre es grotesk, ein schlechtes Gesetz einzuführen, wie Williams zweiter Vorschlag, und dann zu hoffen, dass es sich in diesem Prozess weiterentwickelt und reformiert. Ich werde später erklären, warum ich das islamische Recht sowohl aus allgemein-menschlicher als auch aus Genderperspektive für schlecht halte.

Es wäre ebenso merkwürdig, ein schlechtes Gesetz einzuführen und dann zu argumentieren, "aber wir haben ein Berufungssystem für Frauen eingerichtet, die eine Ausstiegsmöglichkeit haben wollen". Welchen Nutzen hat das für Frauen, die in abgeschlossenen Gesellschaften gefangen sind? Staaten haben die Pflicht, ihre

---

[22] ICHRP: *When Legal Worlds Overlap ...*, S. 108.

Bürger zu schützen, und deshalb sollten sie nicht mit den Rechten ihrer Bürger experimentieren, insbesondere nicht mit den Rechten der Schwächsten.

Gita Sahgal, ehemalige Leiterin der Gender-Abteilung von *Amnesty International*, Direktorin des *Zentrums für den säkularen Raum* und Gründerin von *Frauen gegen Fundamentalismus*, sprach das obige Argument deutlich an und brachte den Kern seiner Absurdität auf den Punkt:

> "Es ist ein schlechtes Menschenrechtsargument, schlechtes Recht einzuführen und dann zu sagen: 'Es ist in Ordnung, denn Sie können dann beim Menschenrechtsausschuss oder woanders Berufung einlegen.' [...] Das ist nur ein Argument eines Menschenrechtsanwalts, der nicht in der realen Welt lebt [...] Sie setzen die Menschen also auf lokaler Ebene unter enormen Druck, Sie schaffen dieses Parallelsystem, und dann sagen Sie: 'Es ist ok, Sie können ja gehen und Berufung einlegen'!"[23]

***

Dritte Lösung: So gesehen ist auch die dritte Lösung von Williams unrealistisch. Er würde ein "ein System, bei dem der Einzelne die Freiheit behält, die Gerichtsbarkeit zu wählen, unter der er versucht, bestimmte sorgfältig festgelegte Angelegenheiten zu lösen, so dass die Machthaber gezwungen sind, um die Loyalität ihrer gemeinsamen Wählerschaft zu wetteifern." Diese sogenannte Lösung sieht für mich so aus, als ob sie von jemandem erdacht wurde, der nicht in der realen Welt lebt – jemandem wie Dr. Williams.

Noch einmal: Es ist ein absurder Vorschlag, für eine konstruierte Minderheit eine auf schlechtem Recht basierende Rechtsordnung einzuführen, die die Kontrolle der reaktionärsten Elemente innerhalb der Minderheit besiegelt, und dann zu erwarten, dass die "Anhängerschaften" in der Lage sind, auf die Konkurrenz der Machthaber zu reagieren und zwischen ihnen zu wählen.

Williams konzentriert sich auf religiöse Gesetze, er will sie wieder in die Gesellschaft einführen. Beachten Sie das bitte: religiöse Gesetze! Er spricht hier nicht von Religion als einer spirituellen Beziehung zwischen dem Individuum und Gott – etwas, das ich selber schätze und genieße. Sein Schwerpunkt ist die rechtliche Di-

---

[23] Gita Sahgal, Interview der Autorin; London, 24. Jan. 2013.

mension einer Religion – und wir haben noch keine rechtliche Dimension einer Religion erlebt, die nicht aufgrund des Geschlechts diskriminiert. Die Aufklärung ist nicht aus dem Nichts entstanden. Sie war eine Reaktion auf die Tyrannei religiöser Dogmen. Die Aufklärung musste die betreffende Religion bändigen, im europäischen Fall war es das Christentum. Sie musste die Religion von der Politik trennen, um einen Staat zu errichten, der die Bürger- und Menschenrechte für alle garantieren konnte. Es war eine Errungenschaft, deren Entwicklung Jahrhunderte dauerte. Es war kein von Gott gegebenes Geschenk. Es war ein Kampf, Gott auf die Privatsphäre zu beschränken und die öffentliche Sphäre von der Tyrannei religiöser Gesetze zu befreien.

Wir haben eine solche Entwicklung in vielen islamischen Staaten noch nicht erlebt, zumal der Islam hier noch nicht gebändigt wurde. Warum sollte von uns erwartet werden, dass wir diese wertgeschätzte Charakteristiken und Errungenschaften aufgeben im Namen der "Freiheit einer gewissensbasierten Weigerung anzuerkennen, an Verfahren oder Praktiken mitzuwirken, die in einem Spannungsverhältnis zu den Anforderungen bestimmter religiöser Gruppen stehen"? Meiner Meinung nach ist das ein weiterer Versuch religiöser Kräfte, religiöse Gesetze wieder zurück in die öffentliche Sphäre zu bringen. Und meiner Meinung nach war das die eigentliche Absicht von Rowan Williams hinter seinem ausgeklügelten Vortrag. Er benutzte den Islam als Transportmittel, und er wusste, wie der Vortrag zeigt, viel darüber, was in rechtlicher Hinsicht im Islam problematisch ist. Angesichts dessen, was er weiß, ist sein Handeln äußerst unverantwortlich.

Würde UND Menschenrechte:
Beides gehört zusammen

Einen Punkt fand ich sehr aufschlussreich. Williams wies darauf hin, dass die Rolle der Rechtsstaatlichkeit nicht darin bestehe, der "universell-abstrakten Dimension sozialer Existenz" Priorität einzuräumen, sondern vielmehr darin, einen "für alle zugänglichen Raum" zu schaffen. Es gehe ihm, so sagte er, um die Fähigkeit, eine bindende Verpflichtung zur Menschenwürde zu bekräftigen und zu verteidigen. Ich fand dies aus zwei Gründen aufschlussreich: Menschenwürde ist ein vager Begriff, und er hat ihn bewusst von den Menschenrechten abgekoppelt.

Dieser Punkt ist von Bedeutung. In einem Aufsatz mit dem Titel "Menschenwürde und Islam: Ein konsequenter Ansatz für Menschenwürde und Menschenrechte", veröffentlicht in einem Band über "Menschenwürde und Menschenrechte"[24], diskutierte ich die Unbestimmtheit des Begriffs der Menschenwürde und wie er benutzt werden kann, um die Universalität der Menschenrechte zu untergraben. Ich führte auch aus, dass Würde mit Rechten verbunden sein sollte, wenn wir das Individuum verteidigen wollen. Indem wir das Individuum verteidigen, versetzt uns dies in die Lage, die Rechte und die Gleichheit der einzelnen Mitglieder ethnischer, religiöser und geschlechtsspezifischer Gruppen zu garantieren. Dieser Prozess funktioniert nur in eine Richtung: Die Achtung der Rechte des Einzelnen garantiert den Schutz der Gruppe insgesamt, und nicht umgekehrt.

Williams' Betonung der Würde und seine Außerachtlassung von Rechten sind bedeutsam, weil wir nicht wirklich definieren können, was Menschenwürde ist. Ist sie ein grundlegendes Menschenrecht? Oder ist es die Grundlage, von der die Menschenrechte abhängen? Oder ist sie vielleicht beides? Die Menschenwürde bleibt unbestimmt und muss erst noch definiert werden. Die meisten Menschenrechtsdokumente verwenden den Begriff der Menschenwürde, d.h. die Würde der menschlichen Person und den maßgeblichen Wert der menschlichen Person, wenn sie den Schutz und die Umsetzung der Menschenrechte fordern. Viele verwenden den Begriff auch als die ultimative Rechtfertigung für die Universalität der Menschenrechte. Und obwohl er rhetorisch verwendet werden kann, erklärt Brian Orend[25] das damit verbundene Prob-

---

[24] Elham Manea (2010): "Islam and human dignity: A consequence-based approach to human dignity and rights", in: Dorothée Deimann und Simon Mugier (Hg.): *Entgegensprechen: Texte zu Menschenwürde und Menschenrecht*, Bd. 1 (Basel: edition gesowip, 2010).

[25] Brian Orend ist Direktor für Internationale Studien und Professor für Philosophie an der University of Waterloo in Waterloo, Ontario, Kanada. Orends Arbeiten befassen sich mit der Theorie des gerechten Krieges und mit den Menschenrechten. (Wikipedia, A.d.Ü.)

lem: "Der Appell an die Menschenwürde ist selbst der Ruhepunkt und die Grundlage für die Rechtfertigung der Menschenrechte", daher "hat die Problematik der Würde mit dem zu tun, worauf sie sich bezieht, worauf sie selbst beruht".[26] Das Schlüsselproblem ist die "substantielle Unschärfe, die den Begriff der Menschenwürde umgibt".[27]

Menschenwürde ist ein unbestimmter Begriff. Und diese Unbestimmtheit war sehr deutlich, als die Verfasser der Allgemeinen Erklärung der Menschenrechte von 1948 die Aufnahme der Würde in den ersten Artikel der Erklärung begründeten: Alle Menschen sind frei und gleich an Würde und Rechten geboren. Als der Vertreter Südafrikas gegen die Aufnahme des Wortes Würde Einspruch erhob und darauf bestand, dass es keinen universellen Standard der Würde gebe, reagierten die anderen Autoren mit der Aufnahme des Wortes Würde, "um zu betonen, dass jeder Mensch es wert ist, respektiert zu werden [...], und um zu erklären, warum Menschen überhaupt Rechte haben".[28] Mit anderen Worten, die Würde bezieht sich hier auf nichts anderes als auf sich selbst. Weil sie so zweideutig ist, gibt es "keine universelle Übereinstimmung über die Bedeutung des Begriffs" – und das ebnet den Weg für seinen Missbrauch.[29]

So wie die Verteidiger der Menschenrechte die Würde als Grundlage benutzten, um zu betonen, dass diese Rechte universell sind, haben andere, die weniger davon überzeugt sind, dass es diese Rechte gibt oder dass sie universell sind, sie als Mittel benutzt, um ihre Beschneidung zu rechtfertigen. Ein Beispiel für diesen Trend ist die Art und Weise, wie einige Länder den Begriff "Ach-

---

[26] Brian Orend: *Human Rights: Concept and Context* (Peterboro, Ontario, Canada: Broadview Press, 2002), S. 87. Zit. in Manea: "Islam and human dignity ...", S. 500.
[27] Ebd.
[28] Mary Ann Glendon: *A World Made New: Eleanor Roosevelt and the Universal Declaration of Human Rights* (New York: Random House, 2011), S. 145, zit. in Manea: ebd., S. 500.
[29] Beispiele gibt es zuhauf. Im Jahr 2008 versuchte der amerikanische "President's Council on Bioethik" (Rat für Bioethik), einen Konsens darüber zu erzielen, was Würde bedeutet, und scheiterte. Der Vorsitzende des Rates erklärte dieses Scheitern in einem Brief an den Präsidenten der Vereinigten Staaten mit den Worten: "Es gibt keine universelle Übereinstimmung über die Bedeutung des Begriffs Menschenwürde". Zitiert in Manea: ebd., S. 501.

tung der Menschenwürde" als Mittel zur Beschneidung des fundamentalen Rechts der Menschen auf freie Meinungsäußerung verwenden. Erinnern Sie sich an die Kontroverse im Jahr 2005 über die dänische Karikatur mit einer Mohammed-Zeichnung? Als Reaktion auf diese Kontroverse verabschiedete der Menschenrechtsrat der Vereinten Nationen unter der Führung arabischer und islamischer Staaten sowie Russlands, Chinas und Südafrikas am 26. März 2009 eine unverbindliche Resolution, in der es heißt: "Die Diffamierung von Religionen ist eine schwerwiegende Verletzung der Menschenwürde, die zu einer Einschränkung der Religionsfreiheit ihrer Anhänger und zur Aufstachelung zu religiösem Hass und Gewalt führt".[30]

Meine Menschenwürde wurde nicht durch einige dänische Karikaturen verletzt, die den Propheten des Islam in einer respektlosen Art und Weise darstellen – auch wenn ich Muslimin bin. Ich glaube sogar, dass wir mehr von diesen Karikaturen brauchen, damit wir in islamischen Ländern lernen können, erwachsen zu werden und uns reifer zu verhalten, wenn wir solche Dinge sehen – anstatt, wie Teenager, einen weiteren unserer hitzköpfigen Ausbrüche zuzulassen.

Abgesehen von meiner persönlichen Position in dieser Frage: Ist es überraschend, dass die Länder, die an der Spitze dieser Resolution stehen, für ihre schweren Verletzungen der Menschenrechte, der menschlichen Freiheiten und der Meinungsfreiheit bekannt sind?

Das Recht auf freie Meinungsäußerung ist für die Reform der Religionen, einschließlich des Islam, von entscheidender Bedeutung. Es ist von grundlegender Bedeutung für jeden kritischen Diskurs über das Handeln und die Politik der Regierung. Es ist die Grundlage jeder funktionierenden Demokratie. Sein Fehlen ebnet den Weg für die pakistanischen Apostasiegesetze, die Mitglieder der Ahmadiyya-Gemeinschaft dafür bestrafen, dass sie den muslimischen Gruß "Friede sei mit euch" verwenden. Einige pakistani-

---

[30] UN General Assembly, Human Rights Council: *Draft Report of the Human Rights Council on its Tenth Session*, S. 79, zit. in Manea: ebd., S. 502, http://www2.ohchr.org/english/bodies/hrcouncil/docs/10session/edited_versionL.11Revised.pdf (Zugriff am 16. Juli 2015).

sche Angehörige der Ahmadiyya-Minderheit wurden für fünf Jahren inhaftiert, weil sie genau dies getan haben. Das Fehlen dieses Rechts ebnet den Weg dafür, dass Meriam Yahia Ibrahim im Sudan zum Tode verurteilt wurde, weil sie sich dafür entschieden hat, Christin zu werden. Das Fehlen ebnet den Weg dafür, dass Raif Badawi inhaftiert und ausgepeitscht wurde, weil er das Verhalten der Religionspolizei in Saudi-Arabien kritisiert hat. Und ohne dieses Recht fühlen sich Russland, Südafrika, China und andere Länder frei, Gesetze zu erlassen, die die Pressefreiheit einschränken, und Journalisten zu inhaftieren, die Machtmissbrauch und Korruption aufdecken.

Andererseits verweisen die beiden islamischen Chartas zu den Menschenrechten – die Allgemeine Islamische Erklärung der Menschenrechte (UDHR) der *Muslimischen Weltliga* von 1981 und die Kairoer Erklärung der Menschenrechte im Islam (CDHRI) der *Organisation der Islamischen Konferenz* von 1990 – auf die Menschenwürde, binden sie an eine göttliche Quelle und ignorieren Rechte als Grundlage für den Schutz der Bürger innerhalb einer islamischen Gesellschaft.[31] Das Ergebnis ist die stratifizierte Struktur der Bürgergesellschaft, die männliche Muslime privilegiert.

Beide Chartas missachten den säkularen Charakter der universellen Menschenrechte, den die Vereinten Nationen vorgeben. Stattdessen behaupten sie, dass Gott die Hauptquelle der von ihnen genannten Rechte sei. Um in den Genuss der in den Chartas deklarierten Rechte zu kommen, muss der Mensch nach diesem Verständnis der Menschenrechte zunächst seine Pflichten gegenüber Gott erfüllen. Dies bedeutet automatisch, dass jede Person, die

---

[31] Die Muslimische Weltliga, 1962 in Mekka von islamischen Religionsführern aus 22 Ländern gegründet, ist eine der größten islamisch/islamistischen Nichtregierungsorganisationen, die den wahhabitischen Islam weltweit fördert und propagiert. Die Organisation der Islamischen Konferenz ist eine zwischenstaatliche Organisation, die 1969 in Rabat gegründet wurde und sich aus 57 muslimischen Staaten zusammensetzt. Manea: ebd., S. 505; Karl Kreuzer: "International instruments in human rights and shariah law", in: Hélène Gaudemet-Tallon, T. Azzi et al. (Hg.): *Vers de nouveaux équilibres entre ordres juridiques. Liber amicorum* (Paris: Dalloz, 2008), S. 345–364.

diese religiösen Pflichten nicht erfüllt, nicht mehr in den Genuss dieser Rechte kommt.[32]

Beide Chartas verwendeten den Begriff der Würde, um ihr religiöses Verständnis der Menschenrechte zu begründen, indem sie diese Würde mit einer göttlichen Kraft verbinden. Die UIDHR stellt in ihrer Präambel fest, dass "die durch das Göttliche Gesetz verordneten Menschenrechte darauf abzielen, der Menschheit Würde und Ehre zu verleihen, und darauf, Unterdrückung und Ungerechtigkeit zu beseitigen". Und die CDHRI macht in Artikel 1, Abschnitt A geltend, dass "alle Menschen hinsichtlich der grundlegenden Menschenwürde und der grundlegenden Pflichten und Verantwortlichkeiten gleich sind, ohne jegliche Diskriminierung aufgrund von Rasse, Hautfarbe, Sprache, Geschlecht, religiöser Überzeugung, politischer Zugehörigkeit, sozialem Status oder anderen Erwägungen". Sodann wird bekräftigt, dass "wahrer Glaube die Garantie für die Stärkung dieser Würde auf dem Weg zur menschlichen Vollkommenheit ist"[33].

Da beide Chartas die Würde an Glauben und an das göttliche Gesetz/die Scharia binden, vertreten sie effektiv eine Auffassung von Menschenrechten, die den Menschen als Mann mit islamischem Glauben definiert.

Beispielsweise wiederholt die UDHR in ihrem Artikel X zu den Rechten von Minderheiten lediglich einen im islamischen Recht verwendeten Grundsatz: Nichtmuslimische Minderheiten sollen ihre Religion behalten, und sie haben "die Wahl, sich in Bezug auf ihre bürgerlichen und persönlichen Angelegenheiten vom islamischen Recht oder von ihren eigenen Gesetzen leiten zu lassen".[34]

Dieser begrenzte Umfang an Rechten versagt Nichtmuslimen in diesem Staat das Recht, vor dem Gesetz gleichberechtigte Bürger

---

[32] Manea: ebd., S. 505–506; Ebrahim Moosa: "The dilemma of Islamic rights schemes", *Worlds & Knowledges Otherwise* (Herbst 2004), S. 8–9.

[33] Manea: ebd., S. 508–509; Universal Islamic Declaration of Human Rights (UIDHR) (London: Islamic Council, 1981), http://www.alhewar.com/ISLAMDECL.html (Zugriff am 16. Juli 2015); Cairo Declaration on Human Rights in Islam (CDHRI) (Cairo: The Conference of Islamic Countries, 1990), http://www.arabhumanrights.org/publications/regional/islamic/cairo-declaration-islam-93e.pdf (Zugriff am 16. Juli 2015).

[34] Manea: ebd.; UIDHR

zu sein. Mit anderen Worten, es versagt die Gleichheit der Bürger unabhängig von Religion oder Konfession. Die Grenzen werden offenkundig, wenn wir Artikel XI lesen, in dem es um das Recht und die Pflicht geht, an der Leitung und Verwaltung öffentlicher Angelegenheiten mitzuwirken: Dieses Recht wird durch den Begriff Gesetz/Scharia eingeschränkt. So heißt es in Abschnitt A: "Gemäß dem Gesetz ist jede Person in der Gemeinschaft (*ummah*) berechtigt, ein öffentliches Amt zu übernehmen." Angesichts dessen, dass das islamische Recht, so wie es im Laufe der Jahrhunderte interpretiert und praktiziert wird, seit langem die Rechte von Nichtmuslimen auf die Übernahme öffentlicher Ämter einschränkt, untergräbt die Tatsache, dass diese Charta dieses Recht durch das islamische Recht bedingt, nur noch weiter jede Gleichheit, die sie voraussetzt.[35]

Es ist eine Ironie, wie sich diese Chartas in ihrer Vision eines theokratischen Staates auf Würde und Gott berufen, um die Menschenrechte und die Gleichheit vor dem Gesetz zu verletzen, und eine Staatsbürgerschaftspyramide schaffen, an deren Spitze männliche Muslime stehen. Auf der anderen Seite beruft sich Rowan Williams, während er ernsthaft versucht, die Tyrannei religiöser Dogmen zu vermeiden, auf die Würde und das Recht religiöser Gruppen auf Differenz. Dabei macht er unbeabsichtigterweise fast dasselbe wie die islamischen Chartas: Er schafft religiöse Rechts-Enklaven, die eine mehrschichtig unterteilte Bürgergesellschaft und das Phänomen der doppelten Diskriminierung hervorbringen.

Würde ist ein unbestimmter Begriff. Wenn die Würde nicht mit Rechten verbunden und durch eine einzige säkulare Rechtsordnung geschützt ist, lässt sie die Tür offen für Interpretationen, die letztlich genau die Personen verletzen, die wir zu schützen versuchen. Auch hier gilt, dass, sobald der Staat damit beginnt, die Rechte innerhalb des Rahmens einer Gruppe und nicht bezogen auf

---

[35] Ebd. Die CDHRI wiederholt die oben skizzierten Parameter und schränkt die politischen Rechte von Minderheiten durch die Bestimmungen der Scharia ein. So heißt es in Artikel 23, Absatz B: "Jeder hat das Recht, sich direkt oder indirekt an der Verwaltung der öffentlichen Angelegenheiten seines Landes zu beteiligen. Er hat auch das Recht, ein öffentliches Amt in Übereinstimmung mit den Bestimmungen der Scharia zu übernehmen"; Manea: ebd., S. 509–510.

das Individuum zu verorten, Segregation, Ungleichheit und Diskriminierung wahrscheinliche Ergebnisse sein werden.

Scharia-Recht in Großbritannien: Eine anthropologische Version des Rechts

Wenn Rowan Williams in seinem Vortrag über die Scharia spricht, so tut er dies in einer Weise, die sein Gespür für die Bürde des weißen Mannes widerspiegelt. Er entschuldigt sich, geht auf Eierschalen und weist auf seine guten Absichten hin: die Art von guten Absichten, die den Weg zur Hölle pflastern. Er sagt uns, dass "die meisten Leute glauben von der Scharia zu wissen, dass sie repressiv gegenüber Frauen und mit archaischer und brutaler körperlicher Züchtigung verbunden ist".

Er zitiert Tariq Ramadan, einen Traditionalisten, der eine politische Form des Islam propagiert und der als islamischer Reformer gefeiert wird, bekannt für seine Fähigkeit, den Schuldkomplex postkolonialer und postmoderner Westler zu bedienen:

> "Der Begriff der Scharia beschwört all die dunkelsten Bilder des Islam herauf [...] Das hat ein Ausmaß erreicht, dass viele muslimische Intellektuelle es nicht einmal wagen, sich auf dieses Konzept zu berufen, aus Angst, die Menschen zu erschrecken oder durch die bloße Erwähnung des Wortes Misstrauen gegen ihre gesamte Arbeit zu wecken."[36]

Williams besteht sodann darauf, dass wir zwischen zwei Formen der Scharia unterscheiden. Die eine, wiederum in Anlehnung an die Worte Ramadans, ist die Scharia als "Ausdruck der universellen Prinzipien des Islam" und "der Rahmen und das Denken, das ihre Verwirklichung in der Menschheitsgeschichte ermöglicht". Die zweite betrifft die Scharia als "eine bestimmte Konkretisierung durch die Tradition der Rechtsprechung". Williams warnt davor, was passiert, wenn zeitgenössische Rechtstraditionalisten die zweite Form verwendeten: "Die Anwendung der Scharia würde sich nach den Urteilen von Vertretern der klassischen Schulen der Rechtsauslegung richten." Aber, so sagt er, "eine ganze Reihe von Stimmen" plädierten "für eine Ausweitung der Freiheiten des

---

[36] Williams: *Civil and religious law in England ...*

Idschtihad, der islamischen Normenfindung, durch eigenständige Urteilsfindungen – im Grunde genommen also für eine juristische Argumentation, die auf grundlegenden Prinzipien beruht, und nicht auf der Berufung auf traditionelle Urteile".[37]

Die Tatsache, dass Williams hier eine Unterscheidung zwischen zwei Anwendungsformen der Scharia trifft, deutet darauf hin, dass das, was er als ergänzende Rechtsprechung für Muslime einführen will, diejenige ist, die sich an der ersten Form der Scharia, einer reformierten Form, orientiert.

Das Problem ist nicht nur, dass diese Unterscheidung theoretischer und rhetorischer Natur ist und es ihr an realer Substanz mangelt. Indem Williams sie im Kontext einer "ergänzenden islamischen Rechtsprechung" eingebracht hat, machte er diese auch irreführend, mit womöglich schwerwiegenden Folgen. Der Grund dafür ist einfach: Uns wird tatsächlich am Ende das blühen, was ich schon im letzten Abschnitt erläutert habe – eine juristische Lesart der Scharia schlimmster Sorte.

Wir können über die Scharia als allgemeine Prinzipien, die Gerechtigkeit bringen wollen, philosophieren, so viel es uns gefällt. Es bleibt Tatsache, dass die religiösen Gesetze, die die Familienangelegenheiten und das Leben von Frauen und Kindern regeln, nichts anderes sind als die starren konservativen religiösen Gesetze mittelalterlicher Juristen.

Wenn Menschen die Einführung des islamischen Rechts in ein Rechtssystem befürworten, sei es in ein islamisches oder ein westliches, dann sprechen sie nicht von einem "Ausdruck der universellen Prinzipien des Islam". Was sie suchen, sind konkrete religiöse Gesetze und Regeln – *fiqh* genannt –, die die Menschenwürde und die Menschenrechte verletzen können. Die Länder, die Scharia-Gesetze eingeführt haben – darunter Iran, Saudi-Arabien, Sudan und Afghanistan sowie die Dschihadisten in Teilen Syriens und des Irak – sind berüchtigt für die Verletzung von Rechten: Menschenrechten, Bürgerrechten und Rechten von Frauen, Minderheiten und LGBT. Die Islamisten, die das islamische Recht umsetzen wollen, sprechen über die Scharia nie in einer abstrakten, theoretischen Form. Sie setzen ihre Forderungen sofort in Maßnahmen um, die

---

[37] Ebd.

eine Trennung der Geschlechter bewirken und sich auf Gesetze beziehen, die Religion (Muslim-Sein) und Geschlecht (Männlich-Sein) als Kennzeichen für die Staatsbürgerschaft bestimmen. Dabei verletzen sie die Gleichheits- und Bürgerrechte ihres Volkes sowie seine Menschenrechte. In all diesen Fällen werden rigide konservative Religionsgesetze angewandt, die von mittelalterlichen Juristen entwickelt wurden.

Wenn wir also Williams' Hinweis für bare Münze nehmen – dass die Scharia evolutionär sei und in einer "reformierten Form" eingeführt werden könne –, müssen wir bedenken, dass sie einen sehr "langen Weg der Entwicklung" vor sich hat.[38] Bis dieser beschritten ist, ist es unverantwortlich, einen solchen Vorschlag zu machen, da wir genau wissen, dass es die Gesetze mittelalterlicher Juristen sind, die eingeführt werden würden.

Auf Eierschalen um das Problem herumzugehen und sowohl die tatsächliche Praxis des islamischen Rechts in der modernen Geschichte als auch den Diskurs des politischen Islamismus zu ignorieren, der jede jüngere Weiterentwicklung des Rechts an sich gerissen hat, ist Heuchelei der schlimmsten Art. Dies ist keine theoretische Debatte, die sich auf die in geschlossenen Seminaren vorgetragenen Worte und Ideen beschränkt. Sie hat Konsequenzen. Schwerwiegende Konsequenzen.

Ungeachtet ihrer Konsequenzen offenbart diese theoretische Debatte die Weltsicht der Essentialisten. Wenn sie über das Recht der Muslime auf ihre religiösen Gesetze sprechen, meinen sie oft eine anthropologische Version des islamischen Rechts. Damit meine ich eine Version, die losgelöst von ihren sozialen, politischen oder historischen Kontexten bleibt. Diese Version verstärkt die Annahme der Essentialisten, dass die Muslime diese Art von diskriminierendem Recht tatsächlich bräuchten, um ihre Angelegenheiten zu regeln, und deshalb sollten wir sie in Ruhe lassen.

Ich hörte den Begriff "anthropologische Version des Rechts" zum ersten Mal in einem Interview mit Tahmina Saleem, einer Mitbegründerin von *Inspire*, der britisch-muslimischen Frauenorganisation. Auf der Grundlage dieses Interviews und weiterer Interviews und Lektüre definiere ich den Begriff als eine Version des

---

[38] McGoldrick: "The compatibility of an Islamic/shari'a law system …", S. 46.

Rechts, die keinerlei Verbindung zu ihren historischen, politischen oder gar rechtlichen Kontexten aufweist. Es ist eine essentialistische Version des Rechts, die von den britischen Behörden als gegeben hingenommen und von konservativen muslimischen Gruppen und Islamisten gefördert wird.

Tatsächlich werden Scharia-Gerichte gefördert, die fast wie ein moderner Ausdruck des *Jirga*-Systems funktionieren, des traditionellen Stammesrechtssystems, das ich in Kapitel 4 bereits ansprach. Die britischen Behörden ließen schließlich informell zu, dass nichtstaatliche Akteure nach Regeln aus den Heimatländern der britischen Südasiaten arbeiten, von denen einige dort längst nicht mehr angewandt werden. Dabei akzeptieren sie einen essentialistischen Rechtsansatz, sie homogenisieren den Islam, übersehen kodifiziertes Recht und sind auf die Meinung von "Experten" angewiesen, die diese essentialistische Lesart des Islam und der Muslime fördern.

Ich weiß, dass es schwierig ist, eine Analogie zu ziehen und britische Scharia-Gerichte als modernen Ausdruck des *Jirga*-Systems zu beschreiben. Natürlich erstreckt sich die Ähnlichkeit nicht auf die Art von Gesetzen, die innerhalb der beiden Systeme angewandt werden. Das *Jirga*-System wendet Stammesgewohnheitsrecht an, während die Scharia-Gerichte einen konservativen Korpus islamischer Regelungen über Familienangelegenheiten umsetzen, obwohl sich beide Gesetzesarten überschneiden können.

Von diesem Aspekt abgesehen kann man dennoch nicht umhin, die Ähnlichkeit in Form und Wahrnehmung zu bemerken. Die *Jirga* ist, wie ich in Kapitel 4 erläutert habe, ein Gremium, das aus zwei oder mehr Personen besteht, die in einem Kreis zusammensitzen und schlichten. Sie sind oft Familienälteste und werden von den mächtigen Stammes- und Feudalführern in ihrem Gebiet dominiert. In ähnlicher Weise werden Scharia-Gerichte oft aus zwei oder mehr Personen gebildet, die zusammensitzen und schlichten. Sie werden von selbsternannten Gemeindevorstehern und selbsternannten "Richtern" dominiert, von denen einige nicht einmal einen Abschluss in Jura und islamischem Recht haben.

Beide Systeme sind männerdominiert, patriarchalisch und durchdrungen von engstirnigen und frauenfeindlichen Vorstellungen über Frauen. Beide verwenden Rechtskonstruktionen, die diskriminierend sind.

Frauen, die die Scharia-Gerichte erlebt haben, drücken die Analogie in anderer Weise aus. Einige hatten das Gefühl, dass der Kontext, in dem sie sich wiederfanden, dem ländlicher Gebiete in Pakistan oder Bangladesch glich. Ein Beispiel ist eine Frau, die ich Shabnam nennen werde, eine britische Muslimin mit pakistanischen Wurzeln, die eine zivile Scheidung erreicht hatte, aber noch eine religiöse Scheidung brauchte, weil ihr Mann sich weigerte, die zivile anzuerkennen. Er schikanierte sie und bestand darauf, dass er immer noch Rechte an ihr habe. Die zivile Scheidung gewährte ihr das Sorgerecht für ihre Kinder und Unterhaltszahlungen von ihm. Nachdem sie sich an einen Scharia-Rat in London gewandt hatte, lud der Rat sie zu einem Treffen mit einem seiner religiösen Richter ein und wies sie an, ein männliches Familienmitglied mitzubringen.[39]

Wie bei einer *Jirga* im ländlichen Pakistan üblich, ignorierte der Scheich sie bei dem Treffen einfach und sprach nur mit ihrem Bruder auf Urdu. Sie war fassungslos:

> "Ich fühlte mich, als wäre ich vor einem ländlichen Gericht in einem pakistanischen Dorf, als wäre ich eine Frau hinter einer Art Trennwand und könnte meine Meinung nicht sagen. [...] Ich war entsetzt. Ich bin unabhängig, ich bin eine gebildete Frau, ich glaube, dass ich mich selbst vertreten kann."[40]

Genau wie ihr Ehemann schien auch der Scheich die zivile Scheidung als bedeutungslos zu betrachten. Er empfahl ihr, sich mit ihrem Ex-Mann zu versöhnen. Sie weigerte sich und bat ihren Anwalt zu intervenieren, der für sie schließlich die religiöse Scheidung erreichte.

Klagen wie die von Shabnam werden heute oft als alltäglich zitiert. Plötzlich wird eine Frau aus ihrem britischen Kontext herausgerissen und in einen anderen sozialen Kontext versetzt – in einen ländlichen Kontext mit einem System, das einem *Jirga*-System ähnelt, in dem Männer die Entscheidungen treffen und ihnen das

---

[39] Sara Glazer: "Are British sharia councils out of touch", *CQ Global Research*, vi/1 (3. Jan. 2012), S. 6–7.
[40] Zitiert in Glazer., ebd.

Wort erteilt wird anstatt den Frauen, deren Zukunft in dem jeweiligen Fall auf dem Spiel steht.

Beachtenswert, dass Shabnam sich darüber beklagte, in das ländliche Pakistan versetzt worden zu sein. Sie sprach nicht vom städtischen Pakistan. Ich hoffe, dass der Grund für Sie ebenso offensichtlich ist wie für mich. Das städtische Pakistan hat ein komplexes Gerichtssystem. Tahmina Saleem drückte es so aus: "Pakistan hat ein Rechtssystem. Es hat einige sehr schlechte Gesetze, aber es hat auch einige gute Gerichtsurteile und eine gute Rechtsprechung. Es hat ein Rechtssystem, nicht irgendeine Fatwa, die irgendwo von einem Kleriker ausgesprochen wurde."[41]

Was in Großbritannien jedoch gefördert wird, ist nicht dieses anspruchsvolle moderne System, sondern die von Shabnam beschriebene anthropologische Version des islamischen Rechts.

Zu bedenken ist, dass die pakistanische Familienrechtsverordnung von 1961 die Registrierung aller Eheschließungen und Scheidungen zur Pflicht machte.[42] Weitere islamische Länder in Südasien, im Nahen Osten, in Südostasien und in Afrika bestehen auf derartiger Registrierung und besitzen diese Bestimmung schon lange, um Frauen vor Manipulation und Rechtsverlust zu schützen. Zum Beispiel müssen Paare nach Malaysias islamischem Familiengesetz von 1984 die Erlaubnis zur Eheschließung beantragen und dann ein Registrierungsverfahren durchlaufen. Nach dem indonesischen Eheschließungsgesetz von 1974 (*"Marriage Act"*) und gemäß der Zusammenstellung des islamischen Rechts von 1991 (*"Compilation of Islamic Law"*) kann eine Ehe nur durch eine Heiratsurkunde nachgewiesen werden – eine nicht registrierte Ehe hat keinen legalen Status.[43] Die große Mehrheit der britischen Muslime kommt also aus Ländern, in denen eine Registrierung gesetzlich vorgeschrieben ist.

---

[41] Tahmina Saleem, Interview der Autorin, Luton, 27. Jan. 2013.
[42] Werner Menski: *Comparative Law in a Global Context: The Legal Systems of Asia and Africa*, 2. Aufl. (Cambridge, UK: Cambridge University Press, 2006), S. 372.
[43] Cassandra Balchin: *Information and Advice on Muslim Marriages in Britain* (Birmingham: Muslim Women's Network UK, 2012), S. 12, http://www.mwnuk.co.uk//go_files/factsheets/945946-MWNUKMarriageBookletFinal-compressed.pdf (Zugriff am 18. Juli 2015).

Doch in Großbritannien lassen viele muslimische Paare ihre religiöse Ehe nicht registrieren, obwohl eine Bestimmung im *"Marriage Act"* von 1949 dies vorschreibt. Endet die Ehe mit einer Scheidung, bleibt die Frau in einer juristischen Schwebe, weil die Ehe nach britischem Recht nicht gültig ist. In Kapitel sieben werde ich die Gründe dafür noch diskutieren.

Es genügt an dieser Stelle zu sagen, dass ein Grund für dieses Problem der Widerwille der britischen Behörden ist, die muslimische Minderheit zu zwingen, sich an das Gesetz des Landes zu halten. Anstatt die Frauen zu schützen und darauf zu bestehen, dass das Gesetz für alle gilt, und die Menschen daran zu erinnern, dass es in ihren Herkunftsländern oder denen ihrer Familien ähnliche Gesetze gibt, schleichen die britischen Behörden wie auf rohen Eiern um das Problem herum, unfähig es anzugehen, und zwar wegen ihrer abwegigen kulturellen Sensibilität.

Zugleich aber ist eine zivilrechtliche Scheidung, an der Muslime beteiligt sind und die in Großbritannien ausgesprochen wird, vor pakistanischen Gerichten gültig und wird dort anerkannt. Von einigen wichtigen Ausnahmen abgesehen, genehmigen viele britische Scharia-Gerichte eine religiöse Scheidung nicht automatisch, wenn sich eine Frau nach einer zivilen Scheidung nach britischen Recht an sie wendet. Für viele ist dies ein ganz eigener und komplizierter Prozess.

Dies war der Fall beim *Islamic Shari'a Council* in Leyton, dem *Muslim Arbitration Tribunal* in Nuneaton und dem *Muslim Welfare House* in East London. Der Islamische Scharia-Rat von Birmingham (*Birmingham Islamic Shari'a Council*) war die einzige Ausnahme unter den vier Gremien, bei denen ich einige Zeit verbrachte und Interviews führte.

Die Auswirkungen solcher Verfahren sind erheblich. Bevor ich darauf näher eingehe, möchte ich zunächst das Prozedere der islamischen Räte oder Gerichte vorstellen.

Das Vorgehen in einem Fall, in dem eine zivile Scheidung erwirkt wurde, ist vor dem *Islamic Shari'a Council* (ISC) in Leyton, dem *Muslim Arbitration Tribunal* (MAT) in Nuneaton und dem *Muslim Welfare House* (MWH) in East London ähnlich.

Im Falle des ISC, so erklärte mir Scheich Hasan, bedeutet dies, wenn der Ehemann den Antrag auf die zivile Scheidung eingereicht hat, dass er "das Gericht beauftragt hat, die Scheidung in seinem Namen auszusprechen [...] und dass er dazu seine Zustimmung gegeben [hat]". In diesem Fall "gibt es keinen Grund, diese [islamische] Scheidung zu verhindern". Wenn der Antragsteller jedoch die Ehefrau ist, ändert sich die Vorgehensweise. Sie muss ein Formular einreichen, auf dem der Ehemann erklärt, dass er mit der zivilen Scheidung einverstanden ist. Wenn er sich weigert und sagt, dass er die Ehe verteidigen wolle, beginnt der Prozess aufs Neue:

> "Dann fangen wir wieder von vorne an. Wir führen das Treffen durch und versuchen, den Mann und die Frau zu einer Versöhnung zu bewegen. Wenn sie sich nicht versöhnen will, wird sie schließlich [die Scheidung] bekommen."[44]

Demgegenüber betrachten die Richter am MAT eine zivile Scheidung als Bestätigung der "Tatsache, dass die Ehe zerbrochen ist", wie mir sein Direktor, Scheich Faizul Aqtab Siddiqi, in einem Interview sagte. Aufgrund der "islamischen Tradition" sei das MAT jedoch "verpflichtet, sich zuerst der Mediation zuzuwenden":[45]

> "Wenn der Richter also davon überzeugt ist, dass die Gründe, die vorgebracht werden, stichhaltig sind und es keinen Spielraum für eine Schlichtung gibt, dann wird er auf die *faskh* [eine Annullierung der Ehe] plädieren. Wenn er jedoch erkennt, dass es einen Spielraum für eine Schlichtung gibt, dann wird er die *faskh* nicht einräumen. Er wird zuerst versuchen, zu vermitteln."

Als ich ihn fragte, wie er mit dem Fall umgehen würde, in dem der Ehemann die zivile Scheidung anficht, beschrieb er ein ähnliches Vorgehen wie das des ISC:

> "Wir würden die Sachlage betrachten und die Frau fragen, warum sie die *faskh* will. Wir würden ebenso den Mann fragen, warum er nicht in die Scheidung einwilligen will. Wenn es aus der Sicht des Mannes unvernünftig und aus der Sicht der Frau vernünftig ist und es das ist, was sie will, und wenn sie keine andere Wahl hat, dann würden wir ihr helfen."

---

[44] Scheich Hasan, Interview, Jan. 2013.
[45] Scheich Faizul Aqtab Siddiqi, Interview der Autorin, Nuneaton, 15. Jan. 2013.

In ähnlicher Weise erklärte Dr. Mohammad Shahoot Kharfan, der Imam am MWH in East London, dass, wenn das Paar in religiöser Ehe lebe und sich scheiden lassen wolle, das Verfahren darin bestehe, zunächst zu vermitteln, unabhängig davon, ob sie bereits eine zivile Scheidung hätten oder nicht.[46]

In den drei oben genannten Fällen besteht also für Paare, die schon eine zivile Scheidung vorgenommen haben, das Verfahren darin, einen neuen Scheidungsprozess einzuleiten, der eine Mediation beinhaltet.

Nicht so vor dem *Islamic Shari'a Council* der Zentralmoschee von Birmingham. Ich fragte Scheich Mohammad Talha Bokhari, den Koordinator des Rates, nach dem Verfahren, das angewandt werde, wenn eine Frau mit einer zivilen Scheidung zu ihm komme, und ob er eine zivile Scheidung dann als Grund für eine religiöse Scheidung akzeptiere. Seine Antwort war eindeutig:

> "Bokhari: Sie muss nicht noch mal kommen. Denn wenn die [zivile] Scheidung erreicht ist, ausgestellt vom Zivilgericht, dann ist sie damit durch. Das ist eine Scheidung.
> Manea: Auch vom religiösen Standpunkt aus gesehen?
> Bokhari: Ja, das ist nicht nötig. Aber wenn sie zu uns kommen, okay, dann betrachten wir das als erleichtertes Verfahren. Denn basierend auf diesen Dingen, und auf der Scharia, finden wir da dann auch eine Begründung in der Scharia, und dann lösen wir die Sache auf."[47]

Amra Bone, das einzige weibliche Gremiums-Mitglied des Rates von Birmingham, erläuterte diese Position noch weiter:[48]

> "Wir arbeiten im Rahmen der Gesetze des Landes als britische Staatsbürger. [...] Viele der Frauen, die sich an uns im Scharia-Rat wenden [...], haben nur einen islamischen Ehevertrag. Aus dem einen oder anderen Grund haben sie keinen zivilen Ehevertrag. Wenn es um eine Scheidung geht, haben diese Frauen oder Männer keinen Zugang zu zivilen Gerichten, daher kommen sie zum Rat, um ihre Ehe aufzulösen. Wir betonen die Tatsache, dass sie ihre Ehe registrieren lassen müssen, da das Gesetz die Rechte von Frauen und Kindern schützt, was auch mit den islamischen Prinzipien übereinstimmt. Diejenigen, deren Ehen registriert wurden und die von den Zivilgerichten geschieden werden, werden auch von unserem Scharia-Rat als rechtmäßig

---

[46] Dr. Mohammad Shahoot Kharfan, Interview der Autorin, London, 22. Jan. 2013.
[47] Scheich Mohammad Talha Bokhari, Interview der Autorin, Birmingham, 23. Jan. 2013.
[48] Amra Bone, Interview der Autorin, Birmingham, 11. Aug. 2013.

geschieden anerkannt, da dies nicht dem Verständnis der Prinzipien einer islamischen Scheidung widerspricht."

Damit hält sich der Rat von Birmingham an die in vielen muslimischen Ländern, auch in Pakistan, übliche Rechtspraxis: Wenn eine Frau zivilrechtlich geschieden wurde, braucht sie keine religiöse Scheidung, da ihre zivile Scheidung auch aus religiöser Sicht als gültig angesehen wird.

Warum ist das wichtig?

Die meisten der Frauen, die die Scharia-Räte aufsuchen, wollen eine religiöse Scheidung. Sie wollen keine Mediation oder Schlichtung. Alles, was sie wollen, ist, aus ihrer religiösen Ehe entlassen zu werden. Aufgrund der Islamisierung, die in den letzten drei Jahrzehnten in den britischen muslimischen Gemeinden stattgefunden hat, glauben viele Frauen wirklich, dass eine zivile Scheidung aus religiöser Sicht nicht ausreiche. Die Scharia-Räte und das muslimische Schiedsgericht haben ein Interesse daran, diese Annahme zu verstärken, um ihre eigene Existenz zu rechtfertigen.

Stellen Sie sich nun vor, die britischen Behörden täten ihre Pflicht und setzten das Gesetz durch, indem sie muslimische Eheschließungen registrieren und eine Aufklärungskampagne starten, die muslimische Frauen darüber informiert, dass eine zivile Scheidung religiös gültig ist. Gäbe es dann einen Bedarf für diese islamischen "Gerichte"? Und was wäre, wenn sie ein Amt schaffen würden, das nach Durchführung der zivilen Scheidung automatisch religiöse Scheidungen ausfertigte? Wäre das nicht eine bessere Lösung, als diese Räte um sich greifen zu lassen und das Leben der Frauen zu kontrollieren? Doch niemand geht das Problem mit Verfahren an, die für alle gelten. Stattdessen enden wir bei Forderungen, eine anthropologische Version des islamischen Rechts einzuführen, im Namen des Schutzes des Gruppenrechts der Muslime, ihre "eigenen Gesetze" anzuwenden.

Aber es gibt einen politischen Grund für diese Nachlässigkeit: den Drang zur Kontrolle.

Sohail Akbar Warraich und Cassandra Balchin schrieben einen bahnbrechenden Bericht: *"Recognizing the Un-recognized: Inter-Country Cases and Muslim Marriages and Divorces in Britain"*.

Sie untersuchten, warum Scharia-Räte, die um die Bestätigung einer zivilen Scheidung gebeten werden, nicht automatisch eine Bescheinigung ausstellen, dass die Ehe auch nach muslimischem Recht aufgelöst ist, und warum sie stattdessen auf einem langwierigen Prozess bestehen. Außerdem fragten sie, warum Forscher dies niemals untersucht haben. Ihre Antwort beleuchtet den politischen Aspekt des Themas:

> "Die Antwort kann nicht nur lauten, dass das Scharia-Räte-Verfahren angemessenere Möglichkeiten zur Versöhnung oder eine größere 'kulturelle Sensibilität' bietet, denn in der Mehrzahl der Fälle weigert sich der Ehemann einfach, an solchen Versöhnungstreffen teilzunehmen; wenn es um Versöhnung ginge, würde der Zeitraum zwischen dem 'decree nisi' – dem vorläufigen Scheidungsurteil – und dem 'decree absolute' – dem endgültigen Scheidungsurteil – bei der zivilen Scheidung diese Versöhnung ermöglichen. Eine politischere Lesart würde argumentieren, dass die Scharia-Räte sich selbst Gelegenheit gegeben haben, ihren sozialen und politischen Einfluss auf die muslimische Gemeinschaft zu demonstrieren und zu behalten, indem sie auf einem separaten und umfassenden Prozess bestehen, anstatt den Anschein zu erwecken, die zivilen Verfahren einfach durchzuwinken."[49]

Wieder einmal sehen wir: Es ist die politische Funktion, auf die es ankommt.

Ein essentialistisches akademisches Argument für das islamische Recht

Eine letzte Bemerkung ist hier angebracht, ehe ich zum nächsten Abschnitt übergehe und das Wesen des islamischen Rechts diskutiere, das zur Regelung von Familienangelegenheiten vorgeschlagen wurde. Die anthropologische Version des Islam wird von essentialistischen Wissenschaftlern und Experten propagiert und gefestigt, die ein Argument für das islamische Recht im Westen liefern, indem sie den Islam und die Muslime essentialisieren und homogenisieren.

---

[49] Sohail Akbar Warraich, Cassandra Balchin: *Recognizing the Un-recognized: Inter-country Cases and Muslim Marriages & Divorces in Britain* (London: Women Living Under Muslim Laws, 2006), S. 72.

Denken Sie daran, wie ein türkischer Wissenschaftler namens Ihsan Yilmaz versuchte, die Notwendigkeit von Scharia-Gerichten in Großbritannien zu rechtfertigen:

> "Es ist eine weithin bekannte Tatsache, dass der Islam 'von einer Person volle Loyalität verlangt, sobald sie sich frei dafür entschieden hat, ihn anzunehmen'. Wenn das muslimische Gesetz mit den weltlichen Gesetzen der Nationalstaaten kollidiert, muss das göttliche Gesetz Vorrang haben. Dieser allgemeine Grundsatz, dass das göttliche Gesetz Vorrang haben muss, kommt in spezifischen Richtlinien für Muslime nicht nur im Westen vor, sondern auch in ihren Nationalstaaten, 'sich gegen die rationale und säkulare Autorität zu behaupten, zu verteidigen und zu schützen'. In der Tat lässt sich die Wirkung des juristischen Diskurses darin erkennen, dass das muslimische Recht 'eine mächtige Ressource für die Wiederbehauptung der islamischen Identität sein kann'."[50]

Solche pauschalen Verallgemeinerungen spielen zwar mit der Unwissenheit der breiten Öffentlichkeit, sind aber äußerst ungenau und irreführend.

Zunächst bringen sie ein essentialistisches Argument des politischen Islamismus ein, das darauf besteht, dass der Islam jeden Aspekt des Lebens eines Muslims kontrollieren sollte. Dann wird behauptet, dass dieses Argument maßgeblich dafür sei, wie Muslime denken und sich verhalten. Dieses Argument lässt sich, wie ich in Kapitel 6 erörtern werde, bis zu Schriften von Führern des politischen Islamismus zurückverfolgen: von Hassan Al Banna, A-bul A'la Maududi und Ruhollah Khomeini[51].

Zweitens homogenisiert diese Argumentation mehr als anderthalb Milliarden Menschen und betrachtet sie als einen Block mit identischen Eigenschaften, Merkmalen und Perspektiven auf Recht und Gesellschaft. Derlei Verallgemeinerungen lassen ihre Nationalitäten, ethnischen Herkünfte, politischen und ideologi-

---

[50] Ihsan Yilmaz: "The challenge of post-modern legality and Muslim legal pluralism in England", *Journal of Ethnic and Migration Studies* xxvii/2 (April 2002), S. 346.

[51] Hassan Al Banna (1906–1949): Gründer und erster geistlicher Führer der Muslimbruderschaft; Abul A'la Maududi (1903–1979): indisch-pakistanischer Journalist, Rechtsgelehrter und einer der wichtigsten Denker einer fundamentalistischen Auslegung des Islams im 20. Jahrhundert; Ruhollah Khomeini (1902–1989): iranischer Ajatollah, politischer und religiöser Führer der Islamischen Revolution von 1979 und danach bis zu seinem Tod iranisches Staatsoberhaupt (Wikipedia; A.d.Ü.).

schen Orientierungen, Konfessionen und religiösen Praktiken, Traditionen und die Kultur außer Acht und bestehen darauf, dass all dies irrelevant sei. Denn schließlich sind diese Menschen ja Muslime. Ein Ägypter ist also ein Jemenit ist ein Omani ist ein Chinese ist ein Indonesier ist ein Tunesier ist ein Nigerianer ist ein Südafrikaner ist ein Tadschike. Wie einfach.

Schließlich lassen diese Verallgemeinerungen die Tatsache außen vor, dass Muslime Mitglieder verschiedener Gruppen mit unterschiedlichen Ideologien und Ausrichtungen in Bezug auf Religion und Leben sind. Sie scheinen zu glauben, dass sie einfach nach der Methode "cut and paste" verfahren und jedem das Etikett "Muslim" anheften und dadurch die ganze Vielfalt, die in einem westlichen Kontext zu erwarten ist, verschwinden lassen können, zusammen mit der Möglichkeit, dass andere Muslime nicht-religiös, agnostisch, atheistisch, liberal, konservativ usw. sein könnten. In ihrem Denken ist Vielfalt nicht möglich, wenn wir über Muslime sprechen, denn schließlich sind es ja Muslime. Und wenn sie Muslime sind, dann müssen sie auch religiös sein – oder Islamisten.

Ich finde es befremdlich, solche pauschalen Verallgemeinerungen von einem türkischen Wissenschaftler zu lesen. Er sollte es besser wissen, angesichts der erfrischenden, mosaikhaften Vielfalt der türkischen Gesellschaft und des aktuellen, umstrittenen Diskurses über die Rolle der Religion und des politischen Islamismus in Gesellschaft und Politik. Man könnte annehmen, seine Argumentation sei eben Teil dieses umstrittenen Diskurses über Religion und Politik, in dem er ein politisches Argument für die Rückkehr des islamischen Rechts in die breitere Gesellschaft liefere. Damit wäre er dann genau wie Rowan Williams, der die Scharia für seinen Versuch nutzte, religiöse Gesetze in die öffentliche Sphäre einzubringen.

Islamisches Recht und universelle Menschen- und Frauenrechte

Jedes Mal, wenn die Essentialisten vorschlagen, das islamische Recht in das westliche Rechtssystem einzuführen, mildern sie ihr Argument ab, indem sie etwa sagen: "es wird nur Familienangelegenheiten betreffen" und "es wird auf Fragen der Scheidung, Ehe usw. beschränkt bleiben". Es ist so, als ob diese Aussagen diese Themen nebensächlich machen wollen, belanglos, ohne jede Bedeutung. Aber gerade weil sich der Vorschlag mit diesem Bereich befasst, sollte er zurückgewiesen werden. Noch einmal, und ich wiederhole: Die Essentialisten fordern nichts anderes als eine gesetzlich sanktionierte Diskriminierung.

Wenn wir nämlich die Form des islamischen Rechts untersuchen, das die Essentialisten im Sinne haben und vorschlagen, wird deutlich, dass sie sehr wenig mit Rowan Williams' wünschenswert abstrakter Art der Scharia als "Ausdruck der universellen Prinzipien des Islam" zu tun hat. Indes hat sie alles mit der mittelalterlichen Rechtsprechungstradition gemein, die die Menschenrechte und das Konzept der Gleichberechtigung der Geschlechter nach Belieben verletzt.

Bevor ich genauer auf diesen Punkt eingehe, lassen Sie mich meine eigene Definition der Scharia anbieten. Ich tendiere dazu, Ausdrücke wie "göttliches Gesetz" oder "Gottes Gesetz" zu vermeiden, wenn ich die Scharia beschreibe. Es gibt verschiedene Ansätze, sie zu definieren. Ein Ansatz wäre ähnlich der Art und Weise, wie Ramadan und mit ihm Williams versucht haben, zwischen Scharia als "Ausdruck der universellen Prinzipien des Islam" und Scharia als *fiqh* zu unterscheiden: als die "von Juristen über Jahrhunderte entwickelten Lehrtraditionen". Diese Definition durch Unterscheidung hat einen bestimmten Zweck: Raum zu schaffen für neue Interpretationen des islamischen Rechts, indem die begrenzte Autorität des *fiqh* betont wird, und Raum für andere Interpretationen zu geben, um zur Entwicklung von Normen für den *fiqh* in einer sich verändernden Welt beizutragen.[52]

Ein anderer Ansatz würde darin bestehen, es zu vermeiden, die Scharia in rechtsphilosophischen Begriffen zu definieren, und sich mehr auf das Studium der Quellen[53] konzentrieren, die als der

---

[52] Anver M. Emon: *Religious Pluralism and Islamic Law: Dhimmis and Others in the Empire of Law* (Oxford: Oxford University Press, 2012), S. 8–9.
[53] Die Scharia leitet sich aus vier Quellen ab: 1) dem Koran, der ca. 30 Jahre nach dem Tod Mohammads in schriftlicher Form zusammengestellt wurde, 2) der *Sunna*, den Aussprüchen und Taten Mohammads, die ca. 200 Jahre nach seinem Tod in schriftlicher Form zusammengestellt wurden, 3) *Ijma*, dem Konsens der

Korpus der Scharia verstanden werden, insbesondere auf das Werk der vormodernen Juristen – eine Werk, das für das Studium des islamischen Rechts im 20. Jahrhundert zentral ist.[54]

Der erste Ansatz verdient zwar unseren Beifall, ignoriert aber, wie das islamische Recht in der Realität umgesetzt wird. Er verstärkt auch die konstruierte Wahrnehmung, dass die Scharia tatsächlich Gottes Gesetz ist, und hat es bisher versäumt, die Grenzen religiöser Interpretationen anzuerkennen. Vereinfacht ausgedrückt: Der Versuch, die Anerkennung der menschlichen Natur religiöser Texte, einschließlich des Korans, zu vermeiden, macht alle Reformversuche sinnlos und hält diese Texte innerhalb bestimmter religiöser Grenzen gefangen. Obendrein müssen wir die historische Natur vieler Koranverse anerkennen, wie z.B. derjenigen, die das Schlagen von Frauen als Disziplinierungsmaßnahme ansehen, oder die einem Mann erlauben, neben vier Ehefrauen auch Sklavinnen zu haben, oder "Ungläubige" zu töten, oder körperliche Züchtigung vorzunehmen. Und wir müssen auch klar sagen, dass diese Interpretationen in einer modernen Gesellschaft nicht mehr als angemessen betrachtet werden können. Wenn die Befürworter dieser Herangehensweise diese Unterschiede nicht erkennen, bleibt ein solcher Ansatz sowohl oberflächlich als auch auf den Augenblick ausgerichtet und wird daran scheitern, die Probleme, die mit der rechtlichen Seite des Islam verbunden sind, anzugehen.

Der Ansatz, den ich hier vertrete und der dem zweiten, oben erwähnten Ansatz näher steht, definiert die Scharia durch die Art und Weise, wie sie in islamischen Staaten und innerhalb des muslimischen Familienrechts umgesetzt wird. Ich sehe die Scharia als eine Auswahl aus dem von Rechtsgelehrten geschaffenen Korpus

---

Rechtsgelehrten zu einer Frage, und 4) *Qiyas*, Analogie: ein Rechtsgelehrter, der aus einem gegebenen Prinzip, das in einem Präzedenzfall verkörpert ist, den Schluss zieht, dass ein neuer Fall unter dieses Prinzip fällt oder diesem Präzedenzfall ähnlich ist, und zwar aufgrund eines gemeinsamen wesentlichen Merkmals, das als Grund bezeichnet wird. *Qiyas* wird oft als ähnlich zu *ijtihad* betrachtet, definiert als unabhängige juristische Argumentation und eine Technik für eine solche Argumentation. Allerdings sollen die Pforten des *ijtihad* nach dem neunten Jahrhundert geschlossen worden sein. Für weitere Informationen siehe Abdullahi Ahmed An-Na'im: *Toward an Islamic Reformation: Civil Liberties, Human Rights, and International Law* (Syracuse, NY: Syracuse University Press, 1990), S. 19–25.

[54] Ebd.

von Rechtsauffassungen, die im Laufe der islamischen Geschichte, insbesondere zwischen dem siebten und zehnten Jahrhundert, entstanden sind.

Wenn wir die Scharia aus dieser Perspektive betrachten, wird ihr problematischer Charakter deutlich, denn wir berücksichtigen ihr theoretisches Potenzial, Gerechtigkeit zu schaffen, nicht. Vielmehr geht es um ihre tatsächliche Umsetzung, mithin um ihre offensichtlichen Beschränktheiten, und um ihre Widersprüche zu modernen Menschenrechtskonzepten. Es kommt darauf an, wie sie heute interpretiert und umgesetzt wird, und nicht, wie sie etwa in einem Jahrhundert verwendet werden könnte.

Ich habe oben bewusst das Wort "modern" verwendet, weil – ich wiederhole es – die vorgeschlagene und in Erwägung gezogene Rechtsprechung zwischen dem siebten und zehnten Jahrhundert entwickelt wurde. Diese historische Periode, früh in der Entwicklung des Islams als Ganzes, prägt seinen Inhalt, seine Vorstellung von der Rolle der Frau in der Gesellschaft und spiegelt sich in seiner Weltsicht darüber wider, was einen Menschen ausmacht und wer Menschenrechte genießen kann.

Betrachtet man den eigentlichen Korpus des islamischen Rechts, dann lassen sich die Menschenrechte in der Tat als Privileg "nur voll geschäftsfähiger Personen" definieren. Eine voll geschäftsfähige Person ist "ein lebender Mensch im reifen Alter, frei [kein Sklave] und muslimischen Glaubens". Nach dieser Definition waren andere, die im islamischen Staat lebten, einschließlich Nichtmuslime und Sklaven, "nur teilweise durch das Gesetz geschützt oder besaßen überhaupt keine Rechtsfähigkeit"[55]. Diese Definition wurde 1946 von Majid Khadurri formuliert, einem im Irak geborenen amerikanischen Akademiker, der als führende Autorität für islamisches Recht und die moderne politische Geschichte des Nahen Ostens anerkannt ist.

Mehr als 50 Jahre später wurde diese Definition von Abdullahi Ahmed An-Na'im, einem führenden, im Sudan geborenen amerikanischen Experten für islamisches Recht und Menschenrechte, näher bestimmt. Im Jahr 1990 erkannte er Khadurris Feststellung als

---

[55] Majid Khadduri: "Human rights in Islam", *Annals of the American Academy of Political and Social Science*, Bd. 243 (Jan. 1946), S. 79.

"im Wesentlichen zutreffend" an, fügte jedoch eine Einschränkung bezüglich des Status der muslimischen Frauen hinzu. Er räumte ein, dass muslimische Frauen "nach der Scharia in Bezug auf zivil- und handelsrechtliche Angelegenheiten voll geschäftsfähig sind", aber sie "genießen nach der Scharia nicht die gleichen Menschenrechte wie muslimische Männer".[56]

Was bedeutet das?

Es bedeutet, dass die Scharia nicht nur eine stratifizierte Bürgergesellschaft schuf, die von freien männlichen Muslimen dominiert wurde, sondern auch den Status der Frauen oft widersprüchlich behandelte, indem sie Frauen einige Rechte zugestand, ihnen aber viele andere vorenthielt, während sie gleichzeitig die Vorstellung aufrechterhielt, dass der muslimische Mann der Hüter und Vormund der muslimischen Frau sei.

Im Allgemeinen lassen sich im Koran zwei Ebenen von Feststellungen über den Status der Frau unterscheiden. Die erste Ebene behandelt Frauen und Männer als gleichberechtigt vor Gott – das heißt, im Jenseits. Zum Beispiel heißt es in einem Vers: "Wer Böses tut, dem <u>soll</u> nur <u>mit Gleichem</u> vergolten werden; wer aber Gutes tut – sei es Mann oder Frau – und <u>dabei</u> gläubig ist – diese werden <u>ins</u> Paradies eintreten; darin werden sie <u>mit Unterhalt</u> versorgt werden" (Koran <u>40:39</u>).

Koranverse der zweiten Ebene benachteiligen Frauen rechtlich. Dies sind die Feststellungen zu Fragen der Familie und der sexuellen Beziehungen, zu Regelungen der Ehe, der Scheidung, des Sorgerechts, des Unterhalts, der Erbschaft und der Zeugenschaft – also zu Rechten, die dieses Leben betreffen. In diesen Fragen spiegeln die Koranverse den sozialen, stammespatriarchalischen Kontext der arabischen Halbinsel des siebten Jahrhunderts wider, insbesondere der Stadt Medina. Sie begünstigten Männer und räumten Frauen einen niedrigeren und abhängigen rechtlichen Status ein. Daraus ersehen wir die deutlichen Widersprüche zum Status der Frauen zwischen den koranischen Bestimmungen und den modernen Menschenrechts-Erklärungen wie der Allgemeinen Erklärung der Menschenrechte (UDHR) von 1948 und dem Übereinkom-

---

[56] An-Na'im: *Toward an Islamic Reformation* ..., S. 171.

men zur Beseitigung jeder Form von Diskriminierung der Frau (CEDAW).

Beginnen wir mit dem ersten Teil von An-Na'ims Einschränkung. Er sagt, dass eine muslimische Frau nach der Scharia in Bezug auf zivil- und handelsrechtliche Angelegenheiten voll geschäftsfähig sei. Das bedeutet, dass sie als eigenständige Person Eigentum besitzen und, wenn sie heiratet, ihren Namen behalten kann. Als ich heiratete, behielt ich also meinen Familiennamen, Manea, und nahm nicht den Namen meines Mannes an. Er übernahm auch nicht den Besitz, den ich hatte – er verblieb bei mir. Eine muslimische Frau wird aus dieser Perspektive als ein Individuum behandelt.

Doch An-Na'im hat ebenso Recht, wenn er sagt, dass muslimische Frauen nach der Scharia nicht die gleichen Menschenrechte genössen wie muslimische Männer. Tatsächlich verstoßen Scharia-Gesetze gegen verschiedene Bestimmungen der Menschenrechtskonventionen, insbesondere gegen die oben erwähnte UDHR und die CEDAW.

Die Menschenrechtskonventionen sind eindeutig in ihrer Feststellung der Gleichheit von Mann und Frau. Die Kernaussage ihrer Weltsicht kommt in Artikel 1 der UDHR von 1948 zum Ausdruck: dass alle Menschen frei und gleich an Würde und Rechten geboren sind. Dieser Grundsatz ebnete den Weg für Artikel 16 derselben Erklärung und Artikel 16 der CEDAW. Beide Artikel sahen die Ehe und die familiären Beziehungen als eine gleichberechtigte Partnerschaft an, die von Mann und Frau gleichberechtigt eingegangen, geteilt und aufgelöst werden sollte. Die Ehe sollte von zwei volljährigen Personen mit ihrer freien und vollen Zustimmung geschlossen werden, ohne jede Einschränkung aufgrund von ethnischer Zugehörigkeit, Nationalität oder Religion. Die Ehegatten sollten die gleichen Rechte und Pflichten in Bezug auf die Vormundschaft für Kinder haben und die gleichen persönlichen Rechte als Ehemann und Ehefrau, einschließlich des Rechts, einen Familiennamen, einen Beruf und eine Beschäftigung zu wählen. Und beide Ehegatten sollten die gleichen Rechte in Bezug auf Vermögen und dessen Erwerb, Bewirtschaftung, Verwaltung und Nutzung sowie der Verfügung darüber, gleichviel ob unentgeltlich oder gegen Entgelt.

Dies ist im Weltbild des klassischen islamischen Rechts nicht der Fall: Die Frau ist Teil einer hierarchischen Gesellschaftsstruktur, die vom Mann an der Spitze dominiert wird, und als Rechtsperson wird die Frau vor ihrer Heirat von ihrem männlichen Vormund, nach der Heirat aber von ihrem Mann kontrolliert.

Die Regeln zum Heiratsalter und zur Vormundschaft ermöglichen Kinderehen und Zwangsehen, und die Regeln zu Scheidung und Unterhaltsrecht diskriminieren die Frau.

Tatsächlich lässt sich die Sicht des islamischen Rechts auf die Stellung der Ehefrau innerhalb der Ehe leicht erkennen, wenn man den Rechtsbegriff der Ehe betrachtet – ein Begriff, der, wohlgemerkt, im Mittelalter entwickelt wurde.

Im islamischen Recht ist der Begriff für die Ehe *nikah*, was wörtlich übersetzt "Carnal Union" bedeutet. Juristen beschreiben *nikah* als "eine Vereinbarung, die den rechtmäßigen Genuss einer Frau zur Folge hat".[57] Der Verweis auf den Genuss gilt nur für den Ehemann, weil dieses Recht besonders und vorrangig ihm zusteht. In der Tat hat der Ehemann das Recht, mit seiner Frau nach Belieben Geschlechtsverkehr zu haben. Auf der anderen Seite schränken zwei Tatsachen das Recht der Ehefrau auf Genuss ein. Erstens hat sie keinen Anspruch auf Geschlechtsverkehr mit ihrem Mann, außer für ein einziges Mal nach der Heirat, und zweitens muss sie ihn möglicherweise mit anderen Ehefrauen teilen.[58]

Diese Auffassung der Ehe ist nicht allein theoretischer Natur. Tatsächlich wurde sie wiederholt in verschiedenen islamischen und arabischen Familiengesetzen verwendet, wie z. B. im Jemen, in Kuwait und Syrien. Alle halten in ihrem ersten Artikel fest, dass die Ehe eine rechtliche Verbindung oder ein Vertrag ist, der dem Mann die rechtliche Erlaubnis gibt, auf seine Frau sexuell zuzugreifen. Das einzige Mal, dass sich diese Definition geändert hat, war bei aufrichtigen Versuchen, das klassische islamische Gesetz hinsichtlich der Familienbeziehungen zu reformieren. So heißt es beispielsweise im marokkanischen Familiengesetzbuch von 2004: "Die Ehe ist ein rechtlicher Vertrag, durch den sich ein Mann und eine Frau

---

57 Ahmed Shukri: *Muhammedan Law of Marriage and Divorce* (New York: Ams Press, 1996), S. 21.
58 Ebd.

gegenseitig dazu verpflichten, sich zu einem gemeinsamen und dauerhaften ehelichen Leben zu vereinen."⁵⁹

Abgesehen von der rechtlichen Definition der Ehe betrachtet das klassische islamische Recht die Ehe und die familiären Beziehungen nicht als eine gleichberechtigte Partnerschaft zwischen Mann und Frau. In den folgenden Absätzen fasse ich die gängigen Bestimmungen zu Ehe und Scheidung zusammen.

Ehe

- Alter für die Eheschließung:
  Ein muslimischer Mann oder eine Frau muss bei klarem Verstand sein und die Pubertät erreicht haben, um rechtlich als heiratsfähig zu gelten. Im klassischen islamischen Recht tritt die Pubertät mit den körperlichen Zeichen der Reife ein, wie dem Samenerguss bei Jungen und der Menstruation bei Mädchen.⁶⁰
- Vormundschaft:
  Für das Eingehen einer Ehe ist eine männliche Vormundschaft notwendig. Die etablierten Interpretationen der islamischen Rechtsschulen bestehen darauf, dass eine Frau

---

59 Im jemenitischen Familiengesetz Nr. 20, 1992, heißt es in Artikel 1: "Die Ehe ist eine Verbindung zwischen den Eheleuten durch eine rechtliche Urkunde; sie gibt dem Mann die rechtliche Erlaubnis, auf die Frau (sexuell) zuzugreifen, und gemeinsam gründen sie eine Familie, die auf guter Kameradschaft basiert". Das kuwaitische Personenstandsgesetz Nr. 51, 1984, besagt in Art. 1: "Die Ehe ist ein Vertrag zwischen einem Mann und einer Frau. Mit ihr wird die Frau dem Mann rechtlich (sexuell) zugänglich; und ihr Ziel ist Ausgleich, Keuschheit und die Stärke der Nation." Das syrische islamische Personenstandsgesetz Nr. 59, 1953, sagt in Art. 1: "Die Ehe ist ein Vertrag zwischen einem Mann und einer Frau. Mit ihr wird die Frau dem Mann rechtlich zugänglich (sexuell); und ihr Ziel ist es, eine gegenseitige Lebensgemeinschaft und Kinder zu schaffen". Dieses Verständnis der Ehe ändert sich jedoch, wenn das islamische Recht reformiert wird, wie im Fall des reformierten marokkanischen Familiengesetzes (*Moudawana*) von 2004, das in Art. 4 festhält: "Die Ehe ist ein rechtlicher Vertrag, durch den sich ein Mann und eine Frau gegenseitig dazu verpflichten, sich zu einem gemeinsamen und dauerhaften ehelichen Leben zu vereinen. Ihr Zweck ist Treue, Tugendhaftigkeit und die Schaffung einer stabilen Familie, unter der Aufsicht beider Ehepartner gemäß den Bestimmungen dieses *Moudawana*."
60 Für mehr hierzu siehe Andrea Büchler und Christina Schlatter (2013): "Marriage age in Islamic and contemporary Muslim family laws: A comparative survey", *Electronic Journal of Islamic and Middle Eastern Law*, Bd. 1, S. 37–74.

nicht ohne die Zustimmung ihres männlichen Vormunds heiraten darf. Ein Vormund kümmert sich um alle Angelegenheiten seiner männlichen und weiblichen Mündel, einschließlich des Eingehens einer Ehe. Wenn das Mündel ein Mann ist, endet die Vormundschaft, sobald der Junge die Pubertät erreicht.

Bei einem Mädchen jedoch hat der Vormund die Macht, ein jungfräuliches Mädchen ohne ihr Wissen oder ihre Zustimmung zu verheiraten.[61] Wenn sie eine Ehe ohne die Zustimmung ihres Vormunds eingeht, ist die Ehe nicht gültig. Wenn sie geschieden wurde, ist ihre Zustimmung, zusätzlich zu der des Vormunds, notwendig, um die Ehe zu schließen.

Die einzige entscheidende Ausnahme von dieser Regel kommt im sunnitischen Islam in der hanafitischen Rechtsschule vor, es gibt sie ebenso in der schiitischen Rechtsprechung. Die Vormundschaft ist erforderlich, wenn das Mädchen nicht volljährig ist, d.h. noch nicht die Pubertät erreicht hat. Aber sobald sie die Pubertät erreicht hat, darf sie eine Ehe ohne die Zustimmung ihres Vormunds eingehen.[62] Nach der hanafitischen Rechtsprechung hat der Vormund jedoch, wenn er mit der Wahl des Ehemannes nicht zufrieden ist, das Recht, die Annullierung der Ehe auf der Grundlage der fehlenden *kafaa*, der sozialen Gleichheit, zu verlangen. Wie ich in Kapitel 3 erklärt habe, gibt das Konzept der *kafaa*, wörtlich Eignung, dem Vormund das Recht, eine Ehe aufzulösen und zu annullieren, wenn er den Bräutigam/Ehemann für nicht geeignet hält.

- Polygamie:

Ein muslimischer Mann darf mit bis zu vier Frauen gleichzeitig verheiratet sein, aber eine muslimische Frau mit nur

---

[61] Elham Manea: *Ich will nicht mehr schweigen: Der Islam, der Westen und die Menschenrechte* (Herder Verlag, Freiburg 2009), S. 34.
[62] Einige der zwölfer-schiitischen Rechtsgelehrten fügten die Bedingung hinzu, dass eine Frau, um dieses Recht zu genießen, zuvor verheiratet gewesen sein muss. Für weitere Details zu den Positionen der Jurisprudenz zur Vormundschaft siehe Wael B. Hallaq: *Shari'a: Theory, Practice and Transformations* (Cambridge University Press, 2007), S. 274–276.

einem Mann. Ein muslimischer Mann darf eine christliche oder jüdische Frau heiraten, aber eine muslimische Frau darf keinen nichtmuslimischen Mann heiraten.

Scheidung

- Ein muslimischer Mann kann sich von seiner Frau oder einer seiner Frauen durch einseitige Verstoßung, *talaq*, scheiden lassen, ohne dass er seine Handlung gegenüber einer Person oder Behörde begründen oder rechtfertigen muss. Wenn er sich von seiner Frau durch dreimaliges Aussprechen des Wortes *talaq* scheiden lässt, gilt die Scheidung als unwiderruflich: *bain*. Um zu ihm zurückzukehren, muss sie erst einen anderen Mann heiraten und sich von dem neuen Ehemann scheiden lassen.
- Eine muslimische Frau kann sich auf drei Arten scheiden lassen: (a) durch die Zustimmung ihres Ehemannes, (b) durch ein gerichtliches Dekret für begrenzte spezifische Gründe/Handlungen oder (c) durch *khula*. Dies bedeutet eine vom Richter gebilligte Scheidung, für die sie jedoch ihre finanziellen Rechte aufgeben muss.
- Eine Frau, die sich von ihrem Mann scheiden lässt, muss eine Wartezeit (*iddah*) einhalten, die normalerweise drei Monate dauert. Während dieser Zeit darf sie keinen anderen Mann heiraten.
- Eine Scheidung, bei der das Wort *talaq* weniger als dreimal ausgesprochen wird, ist widerruflich (*raji'i*). Selbst wenn eine Frau sich scheiden lässt, kann ihr Mann seine Meinung also ändern. Während der Wartezeit hat er das Recht, die Frau gegen ihren Willen in seinen Haushalt zurückzubringen, er muss keine neue Heiratsurkunde unterzeichnen. Eine Referenz zum *fiqh* erklärt diese Regel folgendermaßen: "Bis die Zeit der *iddah* verstrichen ist, ist die Ablehnung widerrufbar (*raji'i*), und der Ehemann kann die ehelichen Beziehungen mit seiner Frau wieder aufnehmen,

wenn er dazu geneigt ist – durch einen Widerruf der Ablehnung. Dies kann er tun, ob sie will oder nicht."[63]

Gehorsam, Unterhalt und Schläge

- Gehorsam wird als eine Pflicht der Ehefrau angesehen. Eine Ehefrau sollte ihrem Mann gehorsam sein, soweit seine Befehle gesetzlich erlaubt und als Pflichten der Ehe angeordnet sind. Wenn eine Ehefrau ungehorsam ist, verliert sie ihr Recht auf Unterhalt. Nach der hanafitischen Rechtsprechung gilt eine Ehefrau als ungehorsam, wenn sie das Haus ohne die Zustimmung ihres Mannes oder ohne eine rechtmäßige Entschuldigung verlässt. Andere Rechtsschulen sagen jedoch, dass sie, auch wenn sie zu Hause bleibt, keinen Anspruch auf Unterhalt hat, wenn sie den Geschlechtsverkehr verweigert.[64] Ein Ehemann kann seine Frau schlagen, wenn sie ungehorsam ist. Der Ehemann kann zu mehreren Maßnahmen greifen, wenn seine Frau ihm ungehorsam ist, von denen die letzte die schwerste ist: sie zu schlagen. Gehorcht die Frau ihm, dann sollte er diese Maßnahmen nicht mehr anwenden.[65]

Unterhalt nach der Scheidung

- Der Unterhalt für eine geschiedene Ehefrau entfällt nach der *iddah*, der dreimonatigen Wartezeit nach der Scheidung.
- Nach einer Scheidung hat die Ehefrau nur Anspruch auf die im Ehevertrag festgelegte Geldsumme: die *muakhar*.

Erbschaft

- Eine muslimische Frau erhält einen kleineren Anteil als ein muslimischer Mann, wenn beide Parteien einen gleichen

---

[63] Shukri: *Muhammedan Law of Marriage and Divorce*, S. 97.
[64] Ebd., S. 81; David Pearl: *A Textbook on Muslim Law* (London: Croom Helm, 1979), S. 65.
[65] Manea: *Ich will nicht mehr schweigen*, S. 141–143.

Verwandtschaftsgrad mit der verstorbenen Person haben. So erbt eine Schwester von ihrem Vater die Hälfte von dem, was ihr Bruder erbt. Ein muslimischer Ehemann erbt die Hälfte dessen, was seine Frau hinterlässt, vorausgesetzt, sie hatte keinen Sohn. Wenn sie einen hat, erbt der Ehemann ein Viertel. Eine muslimische Ehefrau erbt ein Viertel des Nachlasses ihres Mannes, wenn er keinen Sohn hat. Wenn er einen Sohn hat, dann erbt sie ein Achtel.[66]

- Die Zugehörigkeit zu einer anderen Religion verhindert eine Erbschaft vollständig. So kann ein Muslim weder von einem Nichtmuslim erben noch einem Nichtmuslim eine Erbschaft hinterlassen.[67]

Sorgerecht für Kinder

- Nach einer Scheidung wird das Sorgerecht für ein Kind entweder der Mutter oder dem Vater anvertraut, je nach Alter und Geschlecht des Kindes. Jüngere Kinder werden in der Regel in die Obhut der Mutter gegeben und der Vater übernimmt das Sorgerecht, wenn das Kind ein bestimmtes Alter erreicht. Die Scharia unterscheidet jedoch zwischen Sorgerecht und Vormundschaft: Der Vater ist nach der Trennung der Vormund des Kindes, auch wenn der Mutter bis zu einem bestimmten Alter das Sorgerecht zugesprochen wird. Danach fällt das Sorgerecht wieder an den Vater zurück.[68]
- Wenn die Mutter sich entscheidet, wieder zu heiraten, verliert sie automatisch ihr Sorgerecht.

Zeugenschaft

- Die Zeugenaussagen von zwei Frauen ist der eines Mannes gleichgestellt. Ursprünglich war diese Regel für finanzielle

---

[66] Imam Mohammad Abu Zahrah, Ahkam Al Tirkat wa al Mawari'ith: *Provisions for Legacies and Inheritances* (auf Arabisch) (Beirut: Dar Al Fikr Al Arabi, 1963), S. 122, 131; An-Na'im: *Toward an Islamic Reformation*, S. 176.
[67] An-Na'im, ebd., S. 176.
[68] Chibli Mallat: *Introduction to Middle Eastern Law* (Oxford: Oxford University Press, 2007), S. 357.

Angelegenheiten gedacht, aber die Juristen erweiterten die Vorschrift und machten sie zu einer allgemeinen Norm.

***

Diese eindeutig diskriminierenden Bestimmungen sind keineswegs theoretischer Natur. Sie prägen die Wahrnehmung der Rechte der Frauen in den islamischen Menschenrechtschartas. Tatsächlich spiegelt Artikel 6 der Kairoer Erklärung über Menschenrechte im Islam die klassische islamische Rechtsauffassung in einem wörtlichen Sinne wider. Eine Frau ist dem Mann in der Menschenwürde gleichgestellt, nicht aber in den Menschenrechten. Sie hat ist eine eigenes zivile Entität und hat finanzielle Unabhängigkeit, und der Ehemann ist für ihren Unterhalt verantwortlich. Doch diese finanzielle Verantwortung des Mannes ist an den Gehorsam der Frau gebunden.

Aus dem gleichen Grund nimmt die Praxis, theologische Interpretationen Entscheidungen über Familienangelegenheiten beeinflussen zu lassen, in der arabischen MENA-Region zwei Formen an. Erstens gibt es in einigen Ländern, darunter Ägypten, Bahrain, Libanon, Katar und Saudi-Arabien, kein einheitliches Personenstandsrecht, so dass die Frage ganz der Justiz überlassen bleibt, "die stark von der konservativen Natur der klassischen islamischen Rechtsprechung beeinflusst ist".[69]

In Ägypten beispielsweise gibt es mehrere Personenstandsgesetze, die teilweise bis in die 1920er Jahre zurückdatieren. In Fällen, in denen das Gesetz keine textliche Regelung enthält, wird jedoch auf die etablierten Ansichten der sunnitischen Hanafi-Rechtsschule zurückgegriffen. Urteile, die in Übereinstimmung mit diesen Auffassungen gefällt werden, können dem Geist der heutigen Zeit und den Menschenrechten widersprechen. Ein berühmtes Beispiel ist ein Urteil aus dem Jahr 1995, das vom Kassationsgerichtshof bzw. Obersten Gerichtshof bestätigt wurde und mit dem der ägyptische Wissenschaftler Nasr Hamid Abu Zaid dazu verurteilt wurde, sich

---

[69] United Nations Development Program, Arab Human Development Report 2005: *Towards the Rise of Women in the Arab World* (New York: United Nations Publications, 2006), S. 189, zit. in Manea: *The Arab State and Women's Rights*, S. 6.

gegen seinen und ihren Willen von seiner Frau scheiden zu lassen, mit der Begründung, er habe in einigen seiner Bücher Apostasie begangen. Das Gericht stützte seine Entscheidung auf die Hanafi-Lehre, dass ein Ketzer von seiner Frau geschieden werden muss.[70]

Zweitens haben andere arabische Staaten, darunter Jordanien, Algerien, Kuwait, Jemen und Syrien, Bestimmungen der islamischen Rechtsprechung in einem einheitlichen Gesetz kodifiziert, das für Muslime gilt.

Die Familiengesetze mögen in einigen arabischen Ländern weniger diskriminierend sein als in anderen. In der Regel sind die Personenstandsgesetze in Nordafrika fortschrittlicher als die im arabischen Nahen Osten. In der Tat stehen Tunesien und in geringerem Maße Marokko als Beispiele dafür, wie solche Gesetze in einer Weise reformiert werden können, die das Konzept der Gleichberechtigung der Geschlechter weitgehend widerspiegelt.

Ungeachtet dessen sind bestimmte Merkmale dem Familienrecht in allen arabischen Staaten gemeinsam, wobei Tunesien und Marokko wiederum die Ausnahmen bilden. Dazu gehört die Vorstellung, dass Männer die Hüter der Frauen sind und eine gewisse Verfügungsgewalt über ihr Leben haben. Diese Vorstellung hat sich in mehreren Gesetzen niedergeschlagen, die hier von Bedeutung sind: Gesetze, die die Ehemänner dazu verpflichten, ihre Frauen finanziell zu unterstützen, während sie die Ehefrauen anweisen, ihren Ehemännern zu gehorchen. Gesetze, die allein den Männern das Recht einräumen, sich einseitig von ihren Frauen scheiden zu lassen, und das Recht, ihre Rückkehr im Falle einer widerruflichen Scheidung zu verlangen, sowie Gesetze, die die Möglichkeiten von Frauen einschränken, ohne die Zustimmung ihrer männlichen Verwandten oder Ehemänner zu heiraten, umzuziehen, zu arbeiten oder frei zu reisen.[71]

So kann eine Frau das Recht haben, ins Parlament gewählt oder als Ministerin in ein arabisches Regierungskabinett berufen zu werden, doch genau diese Parlamentarierin oder Ministerin darf möglicherweise nicht mit einer Regierungsdelegation ins Ausland reisen, wenn ihr Ehemann seine Erlaubnis verweigert. Wenn Sie

---

[70] UNDP, zitiert in Manea, ebd.
[71] UNDP, zitiert in Manea, ebd., S. 6–7.

denken, dass eine solche Situation nur theoretisch möglich ist, muss ich Sie enttäuschen. Eine arabische Ministerin hat genau dies mir gegenüber in einem Interview erwähnt.

Vermerkt sei an dieser Stelle, dass sich die Familiengesetze islamischer Staaten hinsichtlich des Mindestalters für die Eheschließung unterscheiden. Einige Länder mit kodifizierten Systemen schreiben ein Mindestalter für die Eheschließung vor und legen Beschränkungen für die Kinderehe fest.[72] In Bangladesch, Tunesien, Algerien und Marokko beispielsweise ist das Mindestheiratsalter für Mädchen auf 18 Jahre festgelegt. Andere Länder setzen ein sehr niedriges oder gar kein Mindestalter fest. In Syrien liegt es bei 15, im Iran bei 13 und im Sudan bei 10 Jahren. Und im Jemen und in Saudi-Arabien gibt es überhaupt kein Mindestalter für die Heirat.

Hinzu kommt, dass einige der Gesetze, die ein Mindestalter von 18 Jahren festlegen, voller Schlupflöcher sind und die Bestimmungen nur selten in Anspruch genommen werden. Die Schwächen im Gesetz und in seiner Umsetzung führen oft zu einer großen Lücke zwischen dem gesetzlichen Mindestheiratsalter und dem vor Ort üblichen Mindestalter. So nutzen einige Familien die Schlupflöcher, die den Richtern den Spielraum lassen, minderjährige Mädchen auf Wunsch ihrer Erziehungsberechtigten zu verheiraten. Und andere Familien umgehen das Gesetz, indem sie eine religiöse Trauung für ihre minderjährige Tochter arrangieren und dann warten, bis sie 18 ist, um die Ehe offiziell zu registrieren. Wenn die Ehe nicht registriert wird und der Ehemann beschließt, sie zu verlassen, bleibt die Kinderbraut ohne jeglichen rechtlichen Schutz für sich und ihre Kinder.[73] Diese Situation gibt es nicht nur in Ägypten oder Jordanien. Sie kommt auch in Großbritannien vor.

***

---

[72] Für mehr Informationen siehe *Women Living Under Muslim Laws* (WLUML), *Knowing our Rights: Women, Family, Laws and Customs in the Muslim World* (London: WLUML, 2006), S. 65–93; sowie Farzaneh Roudi-Fahimi und Shaimaa Ibrahim: *Ending Child Marriage in the Arab Region* (Washington, DC: Population Reference Bureau, 2013), S. 1–7.

[73] WLUML, ebd.; Roudi-Famimi und Ibrahim, ebd.

Was mich zu der Frage bringt: Welche Form des islamischem Rechts wird in Großbritanniens Scharia-Gerichten umgesetzt? Die kurze Antwort lautet: das klassische islamische Recht mit all seinen Widersprüchen und Diskriminierungen.

Die fünf von mir befragten "Richter", die an diesen Gerichten beteiligt sind, gaben an, dass sie sich auf eine der vier klassischen Formen der sunnitischen Rechtsprechung stützen. Das muslimische Schiedsgericht verwendet standardmäßig die hanafitische Rechtsschule, bezieht sich aber gelegentlich auch auf die anderen Rechtsschulen. Wenn eine Person mit schiitischem Hintergrund zu ihnen kommt, wenden sie die schiitische Rechtsschule auf ihren/seinen Fall an.

Für sie ist das, was sie anwenden, nicht nur *fiqh*, die Tradition der Rechtsgelehrten. Sie wenden das an, was sie wortwörtlich als Gottes Gesetz, das Gesetz Allahs, betrachten. Je nachdem, welche Art von Scharia-Gericht dieses Gesetz anwendet, kann das Gericht also entweder eine fundamentalistische Auslegung des *fiqh* anstreben oder versuchen, das Leben der Frauen zu erleichtern, indem es eine möglichst milde Auslegung vornimmt. Aber die Denkweise ist geprägt von der Auffassung, dass die Scharia Gottes Gesetz ist und daher besser als jedes weltliche Gesetz. Die Denkweise ist auch geprägt von der Akzeptanz der Regeln, die ich oben erwähnt habe und die Ehe, Scheidung, Polygamie, Vormundschaft, Erbschaft usw. regeln, also alles, was mit Familienangelegenheiten und der Stellung der Frau innerhalb der Familie zu tun hat. Die Beteiligten akzeptieren diese Regeln und stellen sie nicht in Frage. Daher gaben die fünf "Richter", einschließlich der weiblichen Richterin, während meiner Interviews ihre Auffassung wieder, dass es dies ist, was der Islam befiehlt, dass es dies ist, was Gott befiehlt, und dass wir Gottes Gesetz folgen.

Die Interviewten sind nicht daran interessiert, den modernen *ijtihad* – die rationale, unabhängige juristische Argumentation – zu berücksichtigen. Wenn man Beispiele für eine solche Argumentation anführt, wie etwa Abdullahi Ahmed An-Na'im, den bekannten muslimischen Wissenschaftler, der sich mit Menschenrechten und islamischem Recht beschäftigt, oder das marokkanische Familiengesetzbuch von 2004, das den *ijtihad* als Mittel zur Reform des Familienrechts in einer Weise nutzte, die die Gleichberechtigung der Geschlechter einbezieht, oder wenn man auf die evolutionäre Natur des *fiqh* anspielt, auf die von Juristen über Jahrhunderte hinweg entwickelten Lehrtraditionen, war ihre Reaktion eine höfliche Abfuhr. Es konnte aber auch eine klare Antwort sein, wie diese von Scheich Faizul Aqtab Siddiqi, dem Direktor des muslimischen Schiedsgerichtsrats:

> "Scheich Siddiqi: Ich widerspreche nicht der Idee von *ijtihad* und *qiyas* [unabhängige juristische Argumentation und eine ihrer Techniken und Analogien]. Das ist unsere Stärke. Wir müssen *ijtihad* vornehmen. Aber kein *ijtihad* kann die direkte Vorschrift Gottes, den *hukum* Allahs, aufheben. Das ist nicht möglich. Es kann keine Weiterentwicklung der direkten Vorschriften, *ahkam*, geben. Zum Beispiel kann die Regel der körperlichen Bestrafung – das Abhacken der Hände (*hukum* einer *had-*, also körperlichen Strafe) – aufgrund bestimmter sozialer Umstände ausgesetzt werden, aber sie kann nicht als barbarisch oder irrelevant für die moderne Gesellschaft beendet werden. Jedenfalls sehe ich das nicht so. Ich glaube fest an die körperliche Züchtigung, *hudud*, aber im richtigen sozialen Umfeld.
> Manea: Und was ist das richtige soziale Umfeld?
> Scheich Siddiqi: Gleiche Verteilung des Reichtums, es gibt eine komplette Ausbildung innerhalb der Gemeinschaft, es gibt Menschen, die gläubig sind, *muminin*, Menschen, die nach dem wahren Glauben an Allah leben und ihr Leben führen, um Allah zu gefallen. Unter diesen Umständen, wo sie keine Ausrede haben, außer die Regeln der Scharia, *hukum al shariah*, akzeptieren zu müssen – ich glaube, dass unter diesen Umständen, wenn es eine Übertretung gibt, die körperlichen Strafen, *hudud*, angewandt werden sollten."

Im Rahmen dieser Denkweise scheinen die Traditionen der Juristen in den Köpfen dieser Richter heilig zu werden. Sie spiegeln eine "göttliche Weisheit" wider, die unser Verständnis übersteigt. Das führt natürlich dazu, dass sie das klassische islamische Recht buchstabengetreu anwenden und sich aus diesem Fundus an Traditionen auswählen, was sie wollen.

Betrachten wir die Frage nach dem richtigen Alter für eine Heirat. Scheich Siddiqi vom MTA gibt in dieser Frage eine eindeutige Antwort:

> "Scheich Siddiqi: Meiner Meinung nach ist die Pubertät das richtige Alter. Aber die Pubertät ist das Mindestalter. Dann ist das nächste Kriterium die Entscheidung des Vormunds – er muss die Entscheidung treffen. Denn in manchen Gesellschaften sind 12- oder 13-jährige Frauen, Mädchen, mehr oder weniger vollwertige Frauen, sie sind voll funktionsfähig, und ihr in den westlichen Gesellschaften, [...] bekommt Babys ... sie haben Sex, also sind sie

voll erwachsen und entwickelt; es gibt einige 12-Jährige, die nicht in diesem Zustand sind, sie sind sehr schwach, sie sind nicht voll funktionsfähig als Frau, und sie wollen nicht heiraten. Es ist also die Aufgabe des Wali, des Vormunds, dafür zu sorgen, dass das Mädchen geschützt wird und das Mädchen nicht einer Heirat in dieser Situation ausgesetzt wird, in der ihre persönlichen Umstände diese Heirat nicht zulassen."

Auch hier sehen wir, dass die klassische islamische Rechtsprechung als Bezugspunkt von diesen Gerichten verwendet wird.

Die Vormundschaftsfrage illustriert diesen Punkt deutlich. Wie wir oben gesehen haben, ist Scheich Siddiqi der Ansicht, dass der Vormund weiß, was das Beste für sein Mündel ist. Dr. Mohammad Shahoot Kharfan vom *Muslim Welfare House* fordert, dass die Braut und der Bräutigam sowie der Vormund bei der Hochzeitszeremonie anwesend sein müssen. Aber um die Ehe zu schließen, muss der Vormund zustimmen. Ein Beispiel, das er mir gab, war eine Frau in den Dreißigern, die heiraten wollte. Dr. Kharfan fragte nach ihrem Vormund, um die Ehe zu schließen. Als sie ihm sagte, dass dieser in einem anderen Land lebe, rief er ihn an, um seine Zustimmung zu erhalten und ihn zu bitten, sein Vormundschaftsrecht an eine andere Person zu delegieren, natürlich einen Mann. Als ich Dr. Kharfan fragte, ob die Stimme der Frau nicht ausreiche, war seine Antwort nüchtern: "Der Vormund ist anwesend, der Vormund ist anwesend", was bedeutet: Es gibt hier einen Vormund, und der wird entscheiden.

Ebenso erlaubt die hanafitische Rechtsprechung dem Vormund, die Ehe seines weiblichen Mündels zu annullieren, wenn er mit der Wahl des Bräutigams nicht zufrieden ist, und die von mir befragten Personen halten diese Bestimmung für gültig. Tatsächlich wurde sie im Islamischen Scharia-Rat in Leyton (ISC) und im Islamischen Scharia-Rat der Zentralmoschee in Birmingham angewandt und umgesetzt. Wie ich bereits sagte, gilt Letztgenannter als unterstützungsgebend für die Bedürfnisse von Frauen.

Die folgende Mitschrift des Interviews, das ich mit Scheich Suhaib Hasan vom ISC in Leyton geführt habe, veranschaulicht, was ich mit einer Denkweise meine, die dazu führt, dass man das klassische islamische Recht buchstabengetreu anwendet und aus einem Fundus veralteter Traditionen nach Belieben auswählt.

Ich stellte ihm die Frage, ob er für eine Heirat die Erlaubnis des Vormunds benötige, und er antwortete folgendermaßen:

"Scheich Hasan: Sehen Sie, das ist das Schöne an diesem Rat, dass es alle Arten von Ideen [Rechtsschulen] gibt und wir versuchen, die Idee auszuwählen, die für die breite muslimische Masse, die in diesem Land lebt, am akzeptabelsten und angemessensten ist [...] Wenn es um den Vormund, den *wali*, geht, wissen wir, dass die meisten Menschen hier aus Indien und Pakistan kommen; die meisten aus der muslimischen Gemeinschaft haben einen hanafitischen Hintergrund. Die hanafitische Jurisprudenz erlaubt einer erwachsenen Frau, eine Ehe ohne das Wissen ihres *wali* [des Vormunds] einzugehen. Aber eine Sache [...], die die Leute nicht wissen, [ist], dass der Vormund, der *wali*, um *faskh*, die Ungültigkeit [Auflösung] der Ehe, bitten darf, und zwar aus zwei Gründen: erstens, dass diese Frau jemanden geheiratet hat, der ihrem Status nicht entspricht, also nicht *kuuf*, geeignet [*kafaa*] ist [...] Der zweite [ist], wenn sie einen Mitgiftbetrag akzeptiert hat, der weit unter dem in ihrem Haus akzeptierten Mitgiftbetrag liegt. Zum Beispiel: ihre Schwester hat 500 Pfund bekommen, ihre Cousine 500 Pfund, und sie hat nur 10 Pfund akzeptiert. Also hat der Vormund das Recht, zum Richter – *qadi* – zu gehen und zu sagen, 'Ich fechte diese Ehe aus einem dieser beiden Gründen an.' So kann er diese Ehe für ungültig erklären.
Manea: Aber sind Ihnen solche Fälle schon begegnet?
Scheich Hasan: Viele.
Manea: Wirklich?
Scheich Hasan: Ja, ja. [Angenommen] aber, der Mann kommt aus einer schafiitischen [Rechtsschule], [dann] gibt es kein Problem, denn die Schafii sagen, dass es keinen *nikah* [Ehevertrag] ohne einen Vormund – *wali* – und einen Zeugen gibt; die Schafii glauben daran, die Hanbali- und Maliki-[Rechtsschulen] glauben daran. Wenn sie diesen Hintergrund haben und sagen, dass diese Ehe ohne einen Vormund – *wali* – eingegangen wurde, dann ist es kein Problem, sie für ungültig zu erklären, ganz einfach. Also können wir sie leicht für ungültig erklären.
Manea: Aber hatten Sie wirklich schon mal einen Fall, bei dem der Vater gesagt hat, dass er die Heirat seiner Tochter nicht akzeptiert?
Scheich Hasan: Ja. Wir hatten [so einen] Fall. Und [der Vater] hat [seiner Tochter und der Wahl ihres eigenen Mannes] stark widersprochen [...] Wenn die Frau gleichfalls bereit ist, die Ehe für ungültig zu erklären, dann ist das kein Problem. Sie [sagt] einfach, dass ihr Vater sie bittet und sie dazu bereit ist. Ein Problem ist, wenn [diese Frau] nicht bereit ist, [ihre Ehe] für ungültig zu erklären, und sie hängt an diesem Jungen, und der Vater bittet um die Ungültigerklärung dieser Ehe. Wir haben dem Vater dann gesagt, du hast diese zwei Gründe; wenn du uns beweisen kannst, dass sie mit jemandem verheiratet ist, der ihr [nicht] gleichwertig ist, [...] oder dass sie eine sehr niedrige Mitgift akzeptiert hat, dann können wir die Ehe für ungültig erklären – wir haben einige Ehen aus diesem Grund für ungültig erklärt."

Scheich Mohammad Talha Bokhari vom Islamischen Scharia-Rat in Birmingham stellt die Gültigkeit dieser Regelung nicht in Frage. Der Vormund, <u>so sagt er</u>, habe das Recht, eine Ehe für ungültig zu erklären, wenn der Bräutigam für untauglich gehalten werde. Nichtsdestotrotz <u>versuche</u> sein Gremium, diese Regelung auf eine "sensiblere" Weise umzusetzen – wenn man dieses Adjektiv verwenden kann. Er hat es mir erklärt:

> "Scheich Bokhari: [...] Die Hanafi-Jurisprudenz gibt dem Vormund – *wali* – das Recht – *haq* –, der Ehe zu widersprechen, *haq al kafaa*, [...] wenn sie einen Mann geheiratet hat, der eine Quelle der Schande für ihre Familie ist. Aber [diese Rolle ist nur gültig] bis zu [einem bestimmten Punkt]. In der Regel ist *kafaa* möglich, wenn das Mädchen nicht schwanger ist. Seine Vormundschaft ist [erloschen], wenn das Mädchen schwanger geworden ist. Dies ist die Hanafi-Ideologie für eine solche Angelegenheit. Und meistens ist sie in einer solchen Situation im Diesseits angemessen.
> Manea: Und – hatten Sie Fälle wie diesen?
> Bokhari: Ja.
> Manea: Wirklich? Können Sie mir ein Beispiel geben?
> Bokhari: Zum Beispiel kam eine Dame; sie war fast 29, sie hat jemanden gefunden und diese Person ist Muslim geworden. Der Ehemann war nicht als Muslim geboren worden. Sie stammte aus Somalia und der Ehemann aus Ghana. Ihr Vater war damit nicht glücklich [weil der Ehemann aus Ghana stammte] und lehnte diese Ehe ab. Und [wir fragten ihn], warum haben Sie Einspruch erhoben? Denn er war Muslim, Gott sei Dank, und nach dem Islam hat er alle Rechte, die ein Muslim hat. Er [der Vater] sagte: 'Aber er ist aus Ghana, das gefällt mir nicht.' Ich sagte, das ist nicht legal; [die Meinung des Vaters] ist nicht Sache des Islam, denn der Islam sagt, dass alle [Muslime] gleich sind. Er ist ein Muslim. Weil er einen sehr guten Job als Bankmanager hatte und sie sehr glücklich war, sagte der Vater okay. [...] Dann ist sie schwanger geworden. Und wir haben gesagt, dein Einspruch ist ungültig. Du hast dein Recht auf *kafaa* und auf Vormundschaft [wegen ihrer Schwangerschaft] verloren."

***

Es ist eine Mentalität – eine Mentalität, die nicht zum einundzwanzigsten Jahrhundert gehört. Eine Denkweise, die keinen Nachteil darin sieht, eine Frau zu schlagen. Allenfalls, wie man seine Frau schlägt, scheint in Frage zu stehen: Man sollte die Frau nicht verletzen, indem man ihr ins Gesicht schlägt, noch sollte man Spuren auf ihrem Körper hinterlassen. Tatsächlich sollte man, wenn man dem "korrekten" Beispiel des Propheten folgt, Zahnstocher benutzen, um sie zu schlagen: "Wie sehr wird sie von dem Zahnstocher (*miswak*) verletzt werden?" Oder "du kannst einen Knoten in ihren Schal machen" und sie damit schlagen: "Wie viel kann eine Person davon spüren?" Denn der Hauptzweck des Schlagens ist es, ihre Gefühle zu verletzen, nicht ihren Körper.[74] Wenn der Ehemann sie "brutal" schlägt, dann ist das natürlich ein Scheidungsgrund.

Konsequenz in der Logik ist freilich kein Merkmal dieser Denkweise oder dieser überholten Gesetze.

Wenn ein Gesetz uns sagt, dass die Rechte eines Kindes oder einer Frau irrelevant sind, dass es "in Ordnung" ist, ein Kind oder eine Frau zur Heirat zu zwingen oder ihre Entscheidung und ihren Wunsch, verheiratet zu bleiben, einfach zu ignorieren und ihre Ehe zu annullieren, weil ihr Vormund ein gesetzliches Recht dazu hat, und wenn ein Gesetz uns sagt, dass Mann und Frau nicht gleich an Würde und Rechten sind, wenn ein Gesetz es möglich macht, die Würde einer Frau zu verletzen und sie ihrer gleichen Rechte zu berauben – dann obliegt es uns, einen schwierigen Schritt zu tun und ein Urteil zu fällen: Dies sind nach heutigen Maßstäben schlechte Gesetze. Sie haben keinen Platz in einer modernen Gesellschaft. Es ist unsere Pflicht, ein solches Urteil zu fällen.

Kultureller Relativismus kann keine Kinderheirat rechtfertigen, kann nicht rechtfertigen, dass eine Frau zur Heirat gezwungen wird, und er kann nicht rechtfertigen, dass eine Frau geschlagen wird. Dies zu tun, ist in jeder Sprache eine Frage häuslicher Gewalt. Die Verwendung eines islamischen Jargons wird es nicht tolerierbarer machen. Ein kulturrelativistisches Argument über Gruppenrechte oder religiöse Rechte zu verwenden, um die Anwendung solcher Regeln zu rechtfertigen, ist nicht nur beschämend. Es ist ungeheuerlich.

Frauen und Männer in islamischen Ländern haben dafür gekämpft, diese Gesetze zu ändern und zu modernisieren. Doch für die Essentialisten scheint ihr Kampf irrelevant und belanglos zu sein. Die Essentialisten ziehen es vor, ein religiöses Gesetz einzuführen, das aus seinem mittelalterlichen sozialen, historischen und geografischen Kontext gerissen wurde, um es heute mitten in Großbritannien anzuwenden. Sie denken, dass sie die "Rechte der Muslime" schützen. Schließlich ist es das, was die "Muslime" wollen. Nun, vielleicht ist es an der Zeit, diese Frage zu stellen: Wer spricht hier im Namen der Muslime, und wessen Rechte werden hier geschützt? Das bringt mich zur politischen Dimension der Forderung, islamisches Recht in einem westlichen Kontext anzuwenden.

---

[74] Scheich Mohammad Talha Bokhari, Interview der Autorin, ebd.

Kapitel 5
Islamismus und islamisches Recht im Westen: Das Offensichtliche aussprechen? Großbritannien als Beispiel

"Es gibt eine Kluft [disconnect]!", sagte mir Gita Sahgal. Sie ist die in Indien geborene britische Direktorin des *Centre for Secular Space* in London und die Gründerin von *Women against Fundamentalism*. Menschen in Großbritannien, die sich mit Sicherheitsfragen und der Bekämpfung von Extremismus beschäftigen, machen sich keine Gedanken über Scharia-Gerichte. Aber die beiden Themen sind verbunden, so erklärt sie.

Ja, beide Themen hängen miteinander zusammen.

Ihre Aussage bestätigte, was andere Interviewpartner immer wieder betonten. Wenn ich auf den Beginn meiner Forschung zurückblicke, neigte auch ich dazu, die beiden Themen – Extremismus und Scharia-Gerichte – als voneinander unabhängig zu betrachten. Mein Ziel war es, das Thema aus einer Genderperspektive zu betrachten – also die menschenrechtlichen Konsequenzen der Anwendung islamischen Rechts für Familienangelegenheiten innerhalb eines westlichen Rechtskontextes zu untersuchen. Erst im Laufe meiner Interviews fiel mir auf, wie oft der erwähnte Zusammenhang hervorgehoben und betont wurde. Davon ausgehend, dass die Interviewpartner unterschiedliche ideologische Hintergründe hatten, begann ich, ein Muster in dem zu erkennen, was sie beschrieben.

Als ich zudem begann, eine Liste von Personen zu erstellen, die ich für meine Forschung interviewen wollte, und nach Namen von gut informierten Intellektuellen und Anwälten fragte, die sich in Großbritannien und Brüssel mit dem Thema befassen, war ich überrascht, als mir Experten für Extremismus vorgeschlagen wurden. Und ich weiß noch, wie ich mich fragte: "Extremismus? Warum Extremismus?"

Extremismus in Scharia-Gremien wurde in der Stellungnahme der *Quilliam Foundation* aus 2012 zu Baroness Cox' Gesetzentwurf über Schlichtungs- und Mediationsdienste (Gleichstellung) ausdrücklich erwähnt. Die Stiftung wird von britischen Muslimen betrieben, von denen einige ehemalige Islamisten sind, die sich dem Kampf gegen Extremismus in Großbritannien verschrieben haben. Die von Dr. Usama Hasan, einem Wissenschaftler in leitender Position und Sohn von Scheich Suhaib Hasan vom *Islamic Shari'a Council* in Leyton verfasste Antwort bewegte sich auf einem schmalen Grat.

Er begrüßte den Gesetzentwurf und erkannte dessen Ziel an, muslimische Frauen zu schützen. Er warnte davor, dass es als Angriff auf den Islam und die Scharia missverstanden werden könnte, wenn nicht sorgfältig formuliert würde, und wies dann darauf hin, dass die traditionelle islamische Rechtsprechung für männerdominierte Gesellschaften entwickelt worden sei und für moderne Kontexte überdacht werden müsse. Dann sprach er über extremistische Kleriker:

> "Es gibt nach wie vor das Problem, dass extremistische Kleriker in britischen Scharia-Räten sitzen und extremistische Fatwas veröffentlichen, die Muslimen, insbesondere Frauen, das Leben schwer machen. Damit sich die Scharia-Räte zu etablierten, bürgerlichen Gremien entwickeln können, die sich auf Mediation, Beratung und angemessene Schlichtung spezialisieren, muss dieser Extremismus eingedämmt werden."[1]

Je mehr ich zu diesem Thema recherchierte und mit Experten und Aktivisten aus den muslimischen Gemeinden sprach, desto mehr stellte sich heraus, dass es nicht nur um extremistische Geistliche geht, die Teil britischer Scharia-Gerichten sind. Es geht um eine reaktionäre Weltsicht, von religiösen Führern vertreten, die bestimmten südasiatischen religiösen Bewegungen angehören, eine Perspektive, die darauf abzielt, "die Muslime" gegenüber der Außenwelt abzuschotten. Diese Weltsicht wiederum bildete die Grundlage für eine von Anhängern des politischen Islamismus geförderte Strategie, den Islam und die Muslime zu essentialisieren, auf der Homogenität des Islam und der Muslime zu bestehen und die eigenen islamistischen Forderungen als Forderungen aller Muslime und des Islam darzustellen.

---

[1] Usama Hasan: *A Submission regarding Baroness Cox's Arbitration & Mediation Services (Equality) Bill* (London: Quilliam Foundation, 17. Okt. 2012), S. 1.

Die beiden Gruppen des gesellschaftlichen und des politischen Islamismus teilen eine ähnliche Weltanschauung über die Schaffung eines islamistischen Staates und die Umsetzung der Scharia sowie im Hinblick auf die Vorherrschaft der Muslime und des Islam. Beide Gruppen teilen zugleich ein Narrativ des Geschichtsverlaufs, welches Muslime und den Islam selbst als fortwährende Opfer darstellt, ausgesetzt hegemonialen Angriffen und Verfolgungen.

Historische Fakten und Selbstkritik sind in solchen Erinnerungen auffallend abwesend. Diesem Narrativ zufolge ist die Welt in zwei Lager geteilt: in "wir" und "sie". Der Westen, als "sie" – als die Anderen – betrachtet, wird als homogen und natürlich als der Feind dargestellt, der den Islam und die islamischen Werte und Kulturen zerstören will.

Die britischen Behörden, gleich, von welchen Regierungen wir sprechen, sind mitverantwortlich für die naive Konstruktion einer muslimischen Gemeinschaft und damit für die Reduzierung vielfältiger Migrantengemeinschaften von Menschen aus islamischen Ländern auf ihre religiöse Identität und die Beförderung nicht gewählter muslimischer/islamistischer Führer als Sprecher der Gemeinschaft. Diese Politik hat sich in letzter Zeit zu ändern begonnen, da der Extremismus in Großbritannien zu einem zunehmenden Problem geworden ist.

Es überrascht nicht, dass, während die Essentialisten für die Idee des Rechtspluralismus werben und darauf abzielen, islamisches Recht für Muslime innerhalb westlicher Rechtssysteme einzuführen, das Narrativ dieser Islamisten und konservativen/reaktionären religiösen Gruppen als authentisch und verteidigungswürdig angesehen wird. Die Essentialisten nehmen das Opferrollen-Narrativ als selbstverständlich hin und glauben, dass die Verteidigung dieser Gruppen samt ihrer Agenda der Spaltung Teil des Kampfes gegen die westliche Hegemonie ist. Die Stimmen von Frauen und jene Stimmen, die Extremismus, Fundamentalismus und Islamismus in ihren eigenen Gemeinschaften bekämpfen, werden oft als weniger authentisch missachtet. Die Tatsache, dass der Islam facettenreich und die muslimische Gemeinschaft ein Konstrukt ist, hinter dem sich eine komplexe Vielfalt verbirgt, wird nur als Lippenbekenntnis betrachtet.

Wenn Sie meinen, dass diese Geschichte nur Großbritannien betrifft – dann sollten Sie noch einmal über Ihre Einschätzung nachdenken. Halten Sie für einen Moment inne und prüfen Sie, wer für die muslimischen Minderheiten in westlichen Ländern spricht – Sie werden überrascht sein.

Der britische Fall, wenn er auch extrem ist, ist deshalb wichtig, weil er ein Muster offenbart, das sich in den verschiedenen Kontexten westlicher Länder in unterschiedlicher Form zu wiederholen scheint. Das Muster besteht darin, eine Minderheit zu konstruieren und sie auf ihre religiöse Identität zu reduzieren. Es konstruiert Muslime, den Islam und natürlich muslimische Frauen, losgelöst von ihren historischen, nationalen, sozialen und religiösen Kontexten. Es handelt sich um ein essentialistisches Konstrukt.

Das führt mich zu dem Punkt, an dem all dies in Großbritannien begann: damals, als Identitätspolitik und Gruppenrechte im Namen des Multikulturalismus eingeführt wurden.

Die Konstruierung der muslimischen Gemeinschaft: Die Landschaft herausbilden

In Kapitel 2 habe ich beschrieben, wie britische Behörden in einem Kontext von zunehmendem Rassismus ein multikulturelles Projekt starteten. Ich erwähnte, wie Roy Jenkins, Labour-Politiker und Innenminister, 1966 eine Rede hielt, in der er die Option eines britischen Schmelztiegels verwarf und sich stattdessen für kulturelle Vielfalt entschied, verbunden mit Chancengleichheit in einer Atmosphäre der gegenseitigen Toleranz. Anstatt diesen Multikulturalismus als gelebte Erfahrung umzusetzen, beförderte dieses Manöver die Idee von Gruppenrechten und endete mit segregierten Gemeinschaften und dem, was Amartya Sen[2] später als pluralistischen Monokulturalismus bezeichnete.

---

[2] Amartya Sen (*1933): indischer Wirtschaftswissenschaftler und Philosoph. Zu seinen Forschungsschwerpunkten gehören die Problematik der Armut und die Wohlfahrtsökonomie. Er ist Professor der Wirtschaftswissenschaften an der Harvard University in Cambridge (Massachusetts). (Wikipedia; A.d.Ü.)

In den 1960er Jahren drehte sich der Diskurs um einen Multikulturalismus, der als magisches Werkzeug zur Bekämpfung des rassistischen Dämons galt, der in der britischen Gesellschaft lauerte. Heute ist stattdessen von einer Krise des Multikulturalismus die Rede. Tatsächlich bereute derselbe Roy Jenkins, der den Multikulturalismus propagierte, seine Politik während der Salman-Rushdie-Affäre im Jahr 1989 und sagte, dass man vielleicht "vorsichtiger hätte sein sollen, als man in den 1950er Jahren die Erschaffung von bedeutenden muslimischen Gemeinden hier zuließ".[3]

Seine Bemerkung ärgerte und ärgert immer noch die Multikulturalismus-Lobby in Großbritannien. Was mich jedoch an seiner Aussage interessiert, ist die Wahl des Wortes "Erschaffung". Ich weiß, dass er es nicht so gemeint hat, aber das ist genau das, was die britischen Behörden getan haben: Sie haben die muslimische Gemeinschaft erschaffen.

Die Erschaffung und mit ihr die Konstruktion einer muslimischen Identität war ein Prozess gleichzeitiger Entwicklungen, die von verschiedenen Akteuren und Gruppen initiiert wurden. Dieser Prozess begann nicht mit der Veröffentlichung von Salman Rushdies Buch *"Die Satanischen Verse"*, obwohl viele das so zu sehen scheinen. Er nahm nicht aus heiterem Himmel Gestalt an. Tatsächlich begann er – genau wie Jenkins sagte – in den 1950er Jahren. In diesem Prozess wurden Machtkämpfe zwischen verschiedenen Islamisten und islamistischen Gruppen ausgetragen, er wurde von zynischen Politikern instrumentalisiert und nahm in den späten 1980er Jahren dann klare Gestalt an. Die Rushdie-Affäre entschied nur über den Ausgang des Machtkampfes innerhalb der muslimischen Gemeinschaften und machte deutlich, wen die britischen Behörden als Sprecher der muslimischen Gemeinschaft betrachteten: Islamisten! In der Tat wählten sie keinen geringeren als eine Gruppe, die die Ideologie des politischen Islamismus befürwortet

---

[3] Sein genaues Zitat lautet: "Im Nachhinein betrachtet hätten wir vielleicht vorsichtiger sein sollen, als wir in den 1950er Jahren die Erschaffung bedeutender muslimischer Gemeinden hier zuließen, obwohl es, wenn man die in gewisser Weise größeren Probleme betrachtet, die Frankreich und Deutschland in dieser Hinsicht haben, die Illusion ist zu glauben, dass in der integrierten Welt von heute irgendein größeres Land ausschließlich einheimisch bleiben kann"; Roy Jenkins im *Independent Magazine* (4. März 1989), S. 16.

und die vertreten wird durch Jamaat-e-Islami und die Muslimbruderschaft.

Bevor ich auf diese Geschichte eingehe, möchte ich zunächst einen kurzen Überblick über die Landschaft des britischen Islams geben.

Die Landschaft des britischen Islams

Bei der Volkszählung 2001 wurde die muslimische Bevölkerung im Vereinigten Königreich auf 1,6 Millionen geschätzt, was 2,7 % der Gesamtbevölkerung entspricht. Zwischen 2004 und 2008 wuchs die Zahl nach Angaben des *Office of National Statistics* um mehr als 500.000 auf 2,4 Millionen, eine Wachstumsrate, die zehnmal so hoch ist wie die der übrigen britischen Gesellschaft. Im Jahr 2011 stieg die Zahl auf mehr als 2,7 Millionen. Fast die Hälfte dieser Menschen wurde in Großbritannien geboren.

Die muslimische Bevölkerung teilt sich in 14 Nationalitäten auf. Die Mehrheit, etwa zwei Drittel, hat südasiatische Wurzeln: Sie stammt aus Pakistan oder Bangladesch, gefolgt von Indien.[4] Der Rest kommt aus Afghanistan, Algerien, Bangladesch, Ägypten, Iran, Irak, Marokko, Nigeria, Pakistan, Saudi-Arabien, Somalia und der Türkei.[5] Die Heterogenität in Bezug auf Konfession, Sprachen und Ethnien ist ein wesentliches Merkmal, wie aus Tabelle 2 hervorgeht.

Die Tabelle wurde 2009 vom *Department for Communities and Local Government* in einem zusammenfassenden Bericht über die muslimischen Gemeinschaften im Vereinigten Königreich veröffentlicht.[6] Sie verdeutlicht eindringlich, wie vielfältig diese sogenannte "muslimische Gemeinschaft" ist, und nennt drei Merkmale

---

[4] Lorenzo Divino: *The New Muslim Brotherhood in the West* (New York: Columbia University Press, 2010), S. 115; Office for National Statistics (ONS): *FOI request: Statistics of the Muslim population in the UK for 2011, 2012, 2013* (London: ONS, 16. Mai 2013).

[5] Change Institute: *Summary Report: Understanding Muslim Ethnic Communities* (London: Change Institute, Department for Communities and Local Government, April 2009), S. 19–23.

[6] Ebd.

der Differenzierung innerhalb der muslimischen Gemeinschaften: Konfession, Sprache und Ethnizität.

Ein weiteres Merkmal ist die regionale und sprachliche Vielfalt innerhalb dieser Nationalitäten. So gibt es zum Beispiel unter den britischen Pakistanis eine Reihe von unterschiedlichen regionalen und sprachlichen Gruppen. Eine vom *Department for Communities and Local Government* in Auftrag gegebene Studie, die 2009 veröffentlicht wurde, hat gezeigt, dass die meisten Britisch-Pakistaner Wert auf ihre eigene Sprache, Kultur und Lebensweise legen, um ihre regionale Identität als eigene ethnische Gruppe abzugrenzen.

So unterscheiden sich die Pathans von den Punjabis, während viele Mirpuris sich als Kaschmiris bezeichnen, um sich von anderen Pakistanern abzugrenzen. Genaue Zahlen gibt es zwar nicht, aber man schätzt, dass 60 bis 70 % der Pakistaner in Großbritannien aus der Region Kashmir-Mirpur stammen und vor allem in Birmingham, Bradford, Oldham und den umliegenden Städten ansässig sind. In London sind die Gemeinschaften jedoch gemischter und umfassen eine gleiche Anzahl von Punjabis, Pathans und Kaschmiris. Außerdem gibt es in London auch kleine Gemeinschaften von Sindhis und Belutschen. Das sind zwei unterschiedliche Regionen mit komplizierten und schwierigen Beziehungen zum pakistanischen Staat.[7]

---

[7] Change Institute: *The Pakistani Muslim Community in England: Understanding Muslim Ethnic Communities* (London: Change Institute, Department for Communities and Local Government, March 2009), S. 38. Sindhis sind Menschen aus Sindh, der südöstlichen Provinz Pakistans. Die Region stimmte 1947 zu, sich Pakistan als "autonomer und souveräner" Staat anzuschließen, aber sie hat immer noch nicht die Provinzautonomie, um ihre eigenen Angelegenheiten zu regeln, die in der Pakistan-Resolution von 1940 versprochen wurde. Dies führt dazu, dass sich viele Sindhis bedrängt fühlen und ihre Identifikation mit Pakistan beeinträchtigt wird. Die Belutschen stammen aus Belutschistan, einer ehemals unabhängigen Nation, die 1948 von Pakistan annektiert wurde; nationalistische Bewegungen kämpfen weiterhin für Autonomie und protestieren gegen Menschenrechtsverletzungen in der Provinz.

Tafel 2. Hauptmerkmale der muslimischen ethnischen Gemeinschaften in England: Religion, Sprache und ethnische Zugehörigkeit

Gemeinschaft	% aller im Land geborenen Muslime	Wichtigste religiöse Konfessionen	Andere religiöse Konfessionen	Wichtigste Sprachen (außer Englisch)	Wichtigste ethnische Gruppen
Afghanen	77 %	Sunniten (Hannafi mit Untergruppen inkl. Deobandi)	Shiiten (insb. aus der Volksgruppe der Hazara), Sunniten (Salafia)	Pashto, Dari	Pashtunen, Tadschiken, Usbeken, Hazara, Turkmenen, Aimaken, Belutschen, Nuristani, Farsiwani
Algerier	86 %	Sunniten (Malikiten)	Sunniten (Salafia)	Arabisch, Französisch, berberische Sprachen (inkl. Tamazight)	Araber, Berber
Bangladeschi	92 %	Sunniten (Hannafiten mit Untergruppen inkl. Barelwi, Deobandi, Tablighi Jamaat)	Sunniten (Schafiiten)	Bengali, Sylheti	Bengali
Ägypter	56 %	Sunniten (Hannafiten)	Sunniten (Schafiiten, Salafia)	Arabisch	Araber, Kopten

Inder	12 %	Sunniten (Hannafiten mit Untergruppen inkl. Barelwi, Deobandi, Zwölfer-Schiiten)	(Schiiten (Ismailiten), Kalifa Jamat	Gujarati	Gujarati, Khalifa, Tamilen, Nord-Inder
Iraner	68 %	Zwölfer-Schiiten	–	Farsi	Perser, Azeri, Kurden, Lur, Araber, Belutschen, Turkmenen, Qashqai, Armenier, Assyrer und Georgier
Iraker	74 %	Zwölfer-Schiiten	Sunniten (Hannafiten, Malikiten)	Arabisch	Araber, Assyrer, Kurden
Marokkaner	77 %	Sunniten (Malikiten)	Sunniten (Schafiiten, Salafia, Sufi-Orden)	Arabisch, Französisch	Araber, Berber
Nigerianer	9 %	Sunniten (Malikiten)	Schiiten, Sufi-Orden (Tijaniyah, Qadrijya)	Yoruba, Hausa, Englisch, Arabisch, Ishan, Edo, Efik und Igbo	Hausa, Yoruba, Ibo
Pakistani	92 %	/ Sunniten (Hannafiten, div. Untergruppen inkl. Deobandi, Barelwi, Tablighi Jamaat)	Sunniten (Ahl-e Hadith/ Salafia)	Urdu, Punjabi	Kashmiri, Pathan, Punjabi, Sindhi, Belutschen
Saudi-Araber	64 %	Sunniten (Hanbaliten, Wahhabiten)	–	Arabisch	Araber

Somalier	89 %	Sunniten (Schafiiten)	Sunniten (Salafiten)	Somali, Chiwmini	Somali, Chiwmini / Clans: Darod, Isaq, Hawiye, Dir, Digil, Mirifle, Bajuni, Benadiri, und Bravanesen
Türkisch-Zyprioten	26 %[8]	Sunniten (Hannafiten), Shiiten (Aleviten, Ismailis, Jafaris)	div. Sufi-Orden	Türkisch	Türkische Zyprioten
Türken	83 %	Sunniten (Hannafiten), Shiiten (Aleviten, Ismailis, Jafaris)	Sunniten (Schafiiten, insb. Kurden), div. Sufi-Orden	Türkisch	Türken, Kurden

"Prozent aller im Land geborenen muslimischen Bevölkerung" basiert auf Daten zu Religion und Geburtsland aus der Volkszählung 2001 (anerkannte Tabelle, C0644, C1013). Die Angaben zum prozentualen Anteil der Muslime für türkisch-zypriotische Muslime und ägyptische Muslime sind mit Vorsicht zu behandeln. Die Zahl für die türkischen Zyprioten bezieht sich auf die zyprisch-gebürtige Bevölkerung in England, nicht auf die "türkischen Zyprioten", deren Zahl in der Volkszählung nicht erfasst wird. Die Zahl für die in Ägypten geborene Bevölkerung schließt die "White British" aus.

[8] Prozentualer Anteil der zypriotischen Bevölkerung in England mit muslimischem Hintergrund.

Gesellschaftlicher und politischer Islamismus im britischen Kontext

Es ist offensichtlich, dass wir nicht von einer britischen "muslimischen Gemeinschaft" in der Singularform sprechen können. Wir sprechen von Gemeinschaften im Plural, und diese sind vielfältig und heterogen entlang zahlreicher nationaler, konfessioneller, sprachlicher und regionaler Differenzierungslinien.

Die einzelnen Mitglieder dieser Gemeinschaften sind sich vielfach dieser Vielfalt und der komplexen Schichten ihrer Identität bewusst. Sie zucken oft zusammen, wenn sie auf ihre religiöse Identität reduziert und unter dem Etikett "Muslim" in einen Topf geworfen werden.

Stellen Sie sich vor, dass Sie einer Gruppe, zu der ein Somalier, ein Iraner, ein Saudi, ein Pakistani, ein Tunesier, ein Ägypter und ein Inder gehören, begegnen – und dann erklären Sie mir, warum sie Ihrer Meinung nach als "eins" betrachtet werden sollten. Wenn Sie einen Italiener, einen Polen und einen Iren treffen würden, würden Sie sagen, dass sie eine homogene kulturelle Gruppe sind, nur weil alle Katholiken sind?

Diese Tendenz, nationale Gruppen auf ihre islamisch-religiöse Identität zu reduzieren, ist in Europa und Nordamerika zur Norm geworden, insbesondere nach der Rushdie-Affäre in Großbritannien und den Terroranschlägen vom 11. September 2001 in den Vereinigten Staaten.

Interessanterweise haben jedoch die Verfechter zweier Formen des Islamismus seit den 1950er Jahren systematisch daran gearbeitet, diese Homogenisierung der muslimischen Identität zu zementieren, indem sie darauf beharrten, dass der Islam eins und Identität religiös bestimmt sei. Die vielgestaltige monokulturelle Politik Großbritanniens hat ihre Mission begünstigt.

Die erste Form des Islamismus ist gesellschaftlich, die zweite politisch.

Ich beginne mit dem gesellschaftlichen Islamismus. Ich habe diesen Ausdruck erstmals in meinem Buch *The Arab State and Women's Rights: The Trap of Authoritarian Government* benutzt. Er bezieht sich auf die puritanischen religiösen Bewegungen, die aufgrund ihrer starren Weltanschauungen über eine Veränderung des Sozialverhaltens besorgt sind und eine islamische Lebensweise fordern, die ihre Anhänger von der breiteren Gesellschaft abschottet und sie vom politischen Engagement fernhält.[9]

Olivier Roy nennt sie "Neo-Fundamentalisten"[10], während Barbara D. Metcalf[11] sie als "Traditionalisten" bezeichnet. Dennoch sind Roy, Metcalf und ich uns einig, dass die Form der gesellschaftlichen Bewegung eine Kategorie ist, die sich von der Kategorie der politischen islamistischen Bewegung unterscheidet. Die Form der gesellschaftlichen Bewegung konzentriert sich auf das Verhalten und besteht auf der strikten Einhaltung einer Reihe von rituellen und persönlichen Verhaltenspraktiken, insbesondere beim Gottesdienst, bei der Kleidung und im Alltagsbetragen.

Kurzum, ihre Anhänger beharren auf einer strikten und wortgetreuen Umsetzung der Scharia. Aber im Gegensatz zu politisch islamistischen Bewegungen fehlt der gesellschaftlichen eine systematische politische Ideologie und es geht ihr nicht um den Aufbau eines Staates, zumindest nicht in dieser Phase[12]. Mir ist klar, dass diese Unterscheidung theoretisch ist und dass die beiden Formen in einer Weise verflochten sein können, die sie ununterscheidbar machen. Dennoch ist es notwendig, diese Terminologie darzulegen – zumal diese Erläuterung auch Auswirkungen auf den Krieg gegen den Terrorismus hat. Vereinfacht ausgedrückt: Es macht keinen Sinn, die ideologische dschihadistische Botschaft des politischen Islamismus anzugehen, ohne sich zugleich mit der religiösen Botschaft des gesellschaftlichen Islamismus auseinanderzusetzen.

Mit dieser Unterscheidung will ich nicht unterstellen, dass die gesellschaftlichen islamistischen Bewegungen nicht die Agenda des politischen Islamismus teilen. Sie teilen sie. Ihre Weltanschauung umfasst das letztendliche Ziel, einen islamischen Staat zu

---

[9] Manea: *The Arab State and Women's Rights* …, S. 181–183.
[10] Oliver Roy: "Islamic Radicalism in Afghanistan and Pakistan". *UNHCR Emergency and Security Service WRITENET Paper* No. 06/2001 (Paris: CNRS, Jan. 2002), http://www.refworld.org/pdfid/3c6a3f7d2.pdf (Zugriff am 1. Juli 2015).
[11] Barbara D. Metcalf: *Traditionalist Islamic Activism: Deobandi, Tablighis, and Talibs* (Leiden: ISIM, 2002).
[12] Roy: "Islamic Radicalism", S. 4; Metcalf: *Traditionalist Islamic Activism*, S. 2.

schaffen, der das umsetzt, was sie für die Gesetze Gottes halten, und sie fördern dabei aktiv Konzepte des militärischen und missionarischen Dschihad. In der Tat bringt Roy völlig zu Recht vor, dass diese Gruppen sogar die politischen islamischen Bewegungen als Befürworter des Dschihad gegen die westliche Welt abgelöst haben.[13] Der Westen ist ein Feind: Einer, den man bekämpfen sollte – wenn auch nicht immer mit Gewalt, dann doch dadurch, dass man sich seines Einflusses entledigt.

Der Ansatz des gesellschaftlichen Islamismus ist leise und zielt von unten nach oben. Er zieht es vor, geräuschlos mit den Massen zu arbeiten. Ghaffar Hussain, ein Experte für Extremismus und Islamismus in Großbritannien, beschreibt den Ansatz eines Zweiges des gesellschaftlichen Islamismus in Großbritannien, der Deobandi-Bewegung, folgendermaßen:

> "Sie sind ebenso mächtig, aber waren sehr, sehr leise – sie wollten keinen Lärm machen oder von der Mainstream-Gesellschaft wahrgenommen werden; sie wollten ihre Arbeit in den Moscheen machen, versteckt in Moscheen. Wenn wir also mit ihnen als [politische] Islamisten sprechen, dann würden sie sagen: Ihr versucht, das System von oben her zu verändern, aber wir sind wie viele, viele Ameisen, die das System langsam wegfressen. Was sie denken, ist, dass sie langsam alle bekehren, die dann automatisch Islamisten sein werden. Sie sind also nicht gegen die Idee, den Islam qua Staat durchzusetzen, aber sie glauben einfach nicht an eine politische Revolution und an politisches Engagement."[14]

Ein weiteres wichtiges Element verbindet die beiden Formen des Islamismus: Beide gehen in ihren Predigten über eine ideale islamistische Welt von der Frau, der Kontrolle ihres Verhaltens und ihres Körpers aus, ein Punkt, auf den ich später noch zurückkommen werde.

Im britischen Kontext gehören zu den gesellschaftlichen islamistischen Bewegungen die Deobandi, die Tablighi, die Ahl alhadith und die Salafi, aber auch, aus Gründen, die ich im folgenden Abschnitt erläutern werde, die Barlewi-Bewegung.

Was diese Bewegungen gemeinsam haben, ist ihre Botschaft der Abschottung und Intoleranz. Sie rufen ihre Anhänger dazu auf, sich von ihrer Umgebung (Muslime und Nichtmuslime gleicherma-

---

[13] Roy, ebd.
[14] Ghaffar Hussain, Interview der Autorin, St. Albans, 6. Aug. 2013.

ßen) abzugrenzen und ihre puritanischen Lehren wortgetreu zu befolgen.

Ich werde mich auf fünf große gesellschaftliche islamistische Bewegungen konzentrieren, die in Großbritannien aktiv sind. Diese sind die Deobandi, die Barelwi-Sufis, die Tablighi Jamal, die Ahl al-hadith und die Salafis.

Die Deobandi-Bewegung wird oft als der wahhabitische Zweig der Bewegung auf dem indischen Subkontinent bezeichnet, obwohl sie andere Ursprünge hat.[15] Sie tritt ein für eine strenge sunnitische Orthodoxie, missbilligt die Sufi-Tradition des Islams, da sie sie als eine Form des Polytheismus betrachtet, und beharrt auf einer eigenen muslimischen Identität und auf der Anwendung der Scharia. Die Taliban in Afghanistan stützen ihre religiöse Auslegung auf die Deobandi-Lehren. Mit den Deobandi-Moscheen und Scharia-Räten in Großbritannien hat die Praxis der Scharia-Räte ihren Anfang genommen. Die Deobandi-Bewegung hat einen starken Einfluss auf den Scharia-Rat von Birmingham, den ich im letzten Kapitel beschrieben habe.

Genau wie der wahhabitische (salafistische) Islam geht diese Denkschule auf eine puritanische Reformbewegung des 18. Jahrhunderts zurück, die von Schah Waliullah (1703–1762) und dann von seinen Nachkommen angeführt wurde. Die Bewegung, die auf der sunnitischen Hanafi-Rechtsschule basiert, vertrat die Ansicht, dass der Islam von allen fremden Einflüssen gereinigt werden müsse. Sie ist nach Deoband benannt, einer Stadt in Nordindien, wo 1867 das Deobandi-Seminar (Dar al-ulum) gegründet wurde, das die Bewegung konsolidierte. Das Seminar zielte darauf ab, die schriftgetreue Orthodoxie zu gewährleisten, die islamische Identität seiner Schüler durchzusetzen und die strikte wörtliche Anwendung der heiligen Texte des Islam als einzige Lösung für die Probleme des täglichen Lebens zu predigen.[16]

---

[15] Experten betonen die jüngste Konvergenz zwischen salafistischer Theologie und der sektiererischen politischen Deobandi-Ideologie. Roel Meijer (Hg.): *Global Salafism: Islam's New Religious Movement* (London: Hurst & Company, 2009), S. 126.

[16] Roy: "Islamic Radicalism", S. 9; Kalim Bahadur: *The Jama'at-i-Islami of Pakistan: Political Thought and Political Action* (New Delhi: Chetana Publications, 1977),

Zwei Faktoren erklären den fundamentalistischen Charakter und die isolationistischen Tendenzen der Deobandi-Bewegung. Der erste Faktor wird oft vernachlässigt: der Einfluss des salafistischen Theologen Ibn Taimiya[17] aus dem dreizehnten Jahrhundert. Schah Waliullah lebte lange vor der Übernahme Indiens durch die Briten. Er studierte acht Jahre lang in Mekka und Medina und wurde von Religionsgelehrten unterrichtet, die dafür bekannt waren, die Theologie von Ibn Taimiya zu unterstützen. Dessen Schriften waren auch entscheidend für die Ideologie der wahhabitischen Bewegung.[18]

Auf der anderen Seite ist der am häufigsten genannte Faktor das Ende der islamischen Mogul-Dynastie mit Sitz in Delhi (1526–1857). Ihr Ende markierte die Übergabe der Herrschaft über Britisch-Ostindien an die britische Krone. Die Muslime, die in ganz Indien eine Minderheit darstellten, verloren nicht nur die politische Macht. Sie verloren auch ihre früheren Privilegien, die ihnen nun von der hinduistischen Mehrheit streitig gemacht wurden. Nun sahen sie sich mit einer neuen Situation konfrontiert, in der ihre Mitbürger – Hindus und Bürger anderer Glaubensrichtungen – die völlige Freiheit hatten, den öffentlichen Raum zu nutzen, um ihre eignen Riten zu praktizieren, selbst wenn diese nach Ansicht der Muslime gegen den Islam verstießen.[19]

Dieser zweite Faktor, zusammen mit der Statusänderung der Muslime innerhalb Britisch-Indiens, führte zu zwei Strategien, die beide tiefgreifende Auswirkungen auf die Situation der südasiatischen Minderheiten in Großbritannien haben sollten. Die erste Strategie zielte darauf ab, eine Gemeinschaftsidentität entgegen der hinduistischen Mehrheit und der nichtmuslimischen Herrschaft

---

S. 4; Gilles Kepel: *Allah in the West: Islamic Movements in America and Europe* (Cambridge, UK: Polity Press, 1997), S. 90–91.

[17] Ibn Taimiya (1263–1328) war ein syrischer islamischer Gelehrter. Er war Anhänger der hanbalitischen Rechtsschule. Er gilt als Inspirator des modernen Islamismus. Seine Lehre bildet die maßgebliche Grundlage des heutigen Salafismus konservativer Auslegung. (Wikipedia; A.d.Ü.)

[18] Für weitere Informationen zu Schah Waliullahs Besuch in Mekka und Medina und zu jenen, die ihn unterrichteten siehe Jens Bakker: *Shah Waliy Allah ad-Dihlawiy (1703–1762) und sein Aufenthalt in Mekka und Medina* (Berlin: EB-Verlag, 2010).

[19] Kepel: *Allah in the West …*, S. 88–89.

wiederherzustellen und zu verteidigen. Mit anderen Worten: Die Deobandis begannen zu betonen, dass der Islam eine eigene, einzigartige Religion sei, die sich radikal von der nichtmuslimischen Welt unterscheide. Die zweite Strategie, der Kommunalismus, zielte darauf ab, dem Islam durch die Einrichtung getrennter Wahlausschüsse für Muslime und Hindus wieder Geltung zu verschaffen, ein Schritt, der schließlich zur Abspaltung Pakistans von Indien führte. Die beiden Strategien verstärkten sich gegenseitig: Die erste lieferte die Regeln und Gesetze, die den Glauben an die neue politische Ordnung propagierten, und die zweite nahm die Vorstellung einer "muslimischen" Bevölkerung auf, die in ihrem eigenen Namen Anspruch auf einen separaten Raum, Pakistan, erheben würde.[20]

Die Deobandi-Bewegung war und ist maßgeblich an der Durchsetzung der ersten Strategie beteiligt, indem sie orthodoxes islamisches Verhalten herausstellt und eine eigene gemeinschaftliche Identität innerhalb Indiens erzeugt. Obwohl die Deobandis die Abspaltung Pakistans nach der Unabhängigkeit Indiens nicht unterstützten, beharrten sie auf einem parallelen Rechtssystem, das ihnen die Umsetzung der Scharia erlaubte – etwas, das die britischen Kolonialbehörden und das spätere postkoloniale Indien bereitwillig gewährten.

Daher versuchten die Deobandis, innerhalb des nichtmuslimischen Indiens eine Form von "rechtsphilosophischer Apartheid" zwischen ihnen und den Hindus zu erreichen, wie Gilles Kepel[21] es nannte. Diese Strategie, so argumentiert Kepel, sollte später, nachdem einzelne Deobandis nach Europa und Großbritannien gezogen waren, maßgeblich werden. Tatsächlich bereitete ihre Autonomie gegenüber dem Staat sie besonders gut auf die Aufgabe vor, Regeln

---

[20] Ebd. Für weitere Informationen siehe Innes Bowen: *Medina in Birmingham, Najaf in Brent: Inside British Islam* (London: Hurst & Company, 2014), S. 12–14.
[21] Gilles Kepel (* 1955) ist ein französischer Sozialwissenschaftler. Er ist Professor am Institut d'études politiques de Paris und hat auch den Lehrstuhl für den Nahen Osten und den Mittelmeerraum der Paris Sciences et Lettres (PSL) Research University an der École Normale Supérieure (ENS) inne. Der Autor soziologischer und politikwissenschaftlicher Werke gilt als einer der besten Kenner des politischen Islam und des radikalen Islamismus. (Wikipedia; A.d.Ü.)

zu erlassen, die die Grundlage für eine geschlossene Gemeinschaftsidentität in Großbritannien bilden würden.[22]

In der Tat wurde dieser Ansatz innerhalb Großbritanniens wortgetreu umgesetzt. Innes Bowen beschrieb die heutige Deobandi-Bewegung und ihren segregationistischen Ansatz in ihrem Buch "*Medina in Birmingham, Najaf in Brent: Inside British Islam*" am Beispiel der muslimischen Gemeinde in Leicester, wo die Bewegung eine starke Präsenz hat. Sie zitiert eine über Wikileaks durchgesickerte Kabel-Nachricht, in der der Mangel an Integration in der Gemeinde als "erstaunlich" und diese als "die konservativste in Europa" beschrieben wird. Dies waren die Beobachtungen der leitenden Beraterin des US-Außenministeriums für muslimisches Engagement, Farah Pandith, die die Stadt 2007 besuchte. In einem örtlichen Buchladen hatte sie Texte in englischer Sprache gesehen, die darauf ausgelegt zu sein schienen, "Muslime von ihrer breiteren Gemeinschaft abzuschotten [...], die Unterschiede zwischen dem Islam und anderen Religionen hochzuspielen [...] und den Hass auf Juden an die Jugend weiterzugeben."[23]

Leicester ist in dieser Hinsicht kein Einzelfall. Als ich die Alum Rock Road und die Coventry Road in Birmingham besuchte, betrat ich dort mehrere Buchläden. Unabhängig davon, in welchen Laden ich ging, fand ich eine Fülle von Büchern, die eine fundamentalistische Auslegung des Islam propagierten. Diese Bücher geben Hinweise, wie man "die Muslime von den Polytheisten trennt". Sie beschreiben das "Land des Krieges" als "jedes Land, in dem die Gesetze der Ungläubigen vorrangig sind".[24] Und sie beharren darauf, dass der Dschihad eine Pflicht ist. Bücher, die den Prototyp einer islamistischen Frau propagieren, gibt es zuhauf, wobei sie

---

[22] Kepel: *Allah in the West* ..., S. 90–91.
[23] Zit. in Bowen: *Medina in Birmingham* ..., S. 27; zur *Wikileaks*-Kabelnachricht s. auch "Confidental cable written by Richard LeBaron, deputy chief of the US embassy in London. Passed by *WikiLeaks* to the *Daily Telegraph* and published by the Telegraph on 3 February 2011", http://www.telegraph.co.uk/news/wikileaks-files/london-wikileaks/8304926/EUR-SENIOR-ADVISOR-PANDITH-AND-SP-ADVISOR-COHENS-VISIT-TO-THE-UK-OCTOBER-9-14-2007.html (Zugriff am 11. März 2015).
[24] Viele Bücher fordern die Muslime auf, sich gegen ihre Umgebung abzuschotten. Siehe zum Beispiel Husayn Bin: *Awadh Al-'Awaayishah, A Conclusive Study on the Issue of Hijrah and Separating from the Polytheismus* (New York: Sanatech Printers, 2006), Autorenbemerkung S. 14; S. 37.

sich hauptsächlich darauf konzentrieren, wie sich eine "gute muslimische Ehefrau" verhalten sollte. Gehorsam gegenüber ihrem Ehemann ist eine Selbstverständlichkeit, und die Verhüllung ihres Körpers wird als eine Pflicht dargestellt, die sie nicht in Frage stellen darf. Diese Buchläden sind Teil einer globalen Kette von Verlagen, die nicht nur die Deobandi-Version des Islams fördern, sondern auch sein arabisches Gegenstück, den Salafi-Islam.

Zurück nach Leicester. Innes Bowen erklärte, dass sich viele aus der Deobandi-Bevölkerung "freiwillig der Autorität der Deobandi-Ulema [Scheichs] unterwerfen. Ein lokaler Scharia-Rat hilft, Streitigkeiten zwischen den Anhängern zu schlichten."[25] Sie beobachtete auch ein neues Phänomen, das nicht nur in Leicester, sondern in vielen Gebieten mit einer muslimischen Minderheit zunimmt: Frauen, die ihr Gesicht verschleiern. Obwohl dies früher unter muslimischen Frauen ungewöhnlich war, ist es heute die Praxis einer beträchtlichen Minderheit.[26]

Die Deobandi-Bewegung in Großbritannien kontrolliert zusammen mit den Tablighi fast die Hälfte der Moscheen im Land. Im Vereinigten Königreich hat sie in den letzten 30 Jahren 25 Dar alulums gegründet, Seminare, die für die Ausbildung der Imame ihrer jeweiligen Moscheen zuständig sind. Der jährliche Output an Absolventen dieser sehr konservativen, literalistischen Deobandi-Seminare deckt zwar den der britischen Regierung entsprechenden Bedarf an englischsprachigen Imamen, unterstützt aber nicht die britischen Werte von Gleichheit, Toleranz, Freiheit und religiösem Pluralismus.[27]

Die zweite Gruppe ist die Barelwi-Sufismus-Bewegung. Ich sagte schon bei der Beschreibung des gesellschaftlichen Islamismus, dass ich dazu tendiere, die Barelwi-Bewegung in diese Kategorie einzuschließen. Ich tue das trotz ihrer sufistischen Ausrichtung, einer Ausrichtung, die oft mit politischer Mäßigung assoziiert wird. Der Sufismus stellt einen Zweig der islamischen Tradition dar, der sowohl mit dem sunnitischen als auch mit dem schiitischen

---

[25] Bowen: *Medina in Birmingham* ..., S. 27.
[26] Ebd.
[27] Anya Hart Dyke: *Mosques Made in Britain* (London: Quilliam Foundation, 2009), S. 5, 15–16; Change Institute: *Pakistani Muslim Community in England*, S. 39.

Islam verbunden ist und die mystische Seite des Islams zum Ausdruck bringt. Diese religiöse Bewegung mit ihren verschiedenen Gruppierungen ist in Südasien, Zentralasien, Nordafrika und Teilen der Türkei, Saudi-Arabiens, des Jemens, Syriens und Ägyptens weit verbreitet. Die Anhänger einiger ihrer Strömungen heben persönliche Verantwortung und Rechenschaftspflicht hervor und betonen die Möglichkeit, das gesamte Wesen des Menschen, sei es körperlich oder geistig, mit Gott zu verschmelzen. Andere legen ihren Schwerpunkt auf die Mitgliedschaft in einem Sufi-Orden und auf den Gehorsam gegenüber dem Scheich (männlich) oder der Scheicha (weiblich) des Ordens.[28]

Anhänger des Sufismus sind im Allgemeinen für ihre starke Verehrung der Persönlichkeit Mohammeds, des Propheten des Islam, bekannt, und sie pilgern oft zu den Schreinen der Sufi-Heiligen. Im Allgemeinen ist ihr Ethos egalitär, wohltätig und freundlich. Eines ihrer Hauptmerkmale ist die Vermischung lokaler Kulturen und die Verankerung des Islam in der lokalen Kultur, von Nordafrika bis hinüber zum indischen Subkontinent.[29]

Vielleicht wegen dieses Hintergrundes hielten einige westliche Wissenschaftler den Sufismus für einen natürlichen Verbündeten im Kampf gegen gewalttätigen Extremismus. Dies war zumindest die Meinung der Denkfabrik *Rand* in einem Bericht von 2007 mit dem Titel *"Building Moderate Muslim Networks"*. Die Autoren argumentierten, dass der Westen Partner im Kampf gegen den islamistischen Extremismus finden könne, die Sufis seien ein Beispiel dafür. Sie stützten ihre Argumentation auf die Tatsache, dass Salafisten und Wahhabiten unerbittliche Feinde der Sufis sind. Wann immer die Wahhabiten die Macht erlangten, versuchten sie, die Praxis des Sufi-Islam zu unterdrücken und dabei seine Heiligtümer zu zerstören. Aufgrund dieser Viktimisierung "sind Sufis natürliche Verbündete des Westens in dem Maße, in dem eine gemein-

---

[28] Manea: *Ich will nicht mehr schweigen ...*, S. 86; Besuch der Autorin in Syrien, Sommer 2007; Lawrence Ziring: *The Middle East: Political Dictionary* (Santa Barbara: ABC-CLIO, 1992), S. 61–62.

[29] Ishaan Tharoor: "Can Sufism defuse terrorism?" *Time*, 22. Juli 2009, http://content.time.com/time/world/article/0,8599,1912091,00.html (Zugriff am 1. Juli 2015).

same Basis mit ihnen gefunden werden kann"[30]. Die Autoren waren sich der Vielfalt innerhalb dieser Tradition bewusst und räumten ein, dass einige ihrer Strömungen weniger moderat sein können, als man erwarten würde.

Der letzte Punkt ist für unsere Diskussion wichtig. Es gibt eine Vielfalt innerhalb der Sufi-Tradition. Obwohl diese Vielfalt ziemlich moderat ist, schließt das die Möglichkeit nicht aus, dass die Tradition Veränderungen erfahren hat, die Einzelne dazu veranlassten, verschiedene Strömungen zu bilden, die auf ihren jeweils eigenen Umständen basierten.

Die Barlewi-Bewegung ist eine solche Tradition. Radikalisierung zieht Gegenradikalisierung nach sich. Das ist ein Phänomen, das ich in Ägypten beobachtet habe, wo der Aufstieg sowohl des gesellschaftlichen Islamismus als auch des politischen Islamismus dazu führte, dass Einzelne ihre christlich-koptische Identität wiederentdeckten und dann die strikte Ausübung der koptischen Lehren betonten. Das Gleiche kann man über die Zaiditen-Tradition im Jemen sagen, die zur schiitischen Konfession gehört, aber als den Sunniten am nächsten stehend wahrgenommen wird. Dieser traditionell gemäßigte Strang des Islams wurde radikalisiert, als die wahhabitischen Salafi-Gruppen immer weiter in die Hochburgregion der Zaiditen, die Sada'a, vordrangen und deren Lehren permanent verteufelten.

Die Barelwi-Bewegung entstand gegen Ende des 19. Jahrhunderts in der nordindischen Stadt Bareilly als Reaktion auf die ideologischen Angriffe der Deobandis. Die Schriften ihres Gründers Ahmad Riza Khan (1856–1921) waren eine leidenschaftliche Verteidigung sowohl der übermenschlichen Natur des Propheten des Islam als auch der Sufi-Tradition der Verehrung aller Arten von Heiligen und heiligen Männern. Und so wie die Deobandis die religiösen Praktiken der Barelwis öffentlich verurteilten und verkündeten, ihre Anhänger seien Ketzer und Schreinanbeter, die den ursprünglichen Lehren des Islam nicht treu ergeben seien, so erklärte

---

[30] Angel Rabasa, Cheryl Benard, Lowell H. Schwartz und Peter Sickle: *Building Moderate Muslim Networks* (Santa Monica: Rand Center for Middle East Public Policy, 2007), S. 70, 73–74.

Ahmad Riza Khan die führenden Deobandis seiner Zeit zu *kuffar*, Ungläubigen.[31]

Obwohl niemand über genaue Statistiken zu diesen Gruppen verfügt, gehen Experten davon aus, dass die Mehrheit der südasiatischen Muslime dieser Linie der Islamauslegung folgt und dass sie 39 % der Moscheekapazität Großbritanniens kontrollieren. Doch genau wie die Deobandis – und vielleicht wegen der Deobandis, wie mir einige Interviewpartner sagten – hat diese Art des Sufismus eine mentale und kulturelle Trennung von der sie umgebenden Welt geschaffen. Gilles Kepel behauptet, dass diese Trennung zwar mindestens so intensiv ist wie die geschlossene Identität, die von den Deobandis aufgebaut wird, doch die Barelwis haben andere Kriterien für die Definition von Gemeinschaftsgrenzen: "Sie konstruieren eine streng definierte islamische Identität: Die Fürsprache der Heiligen und des Propheten erlaubt es den Gläubigen, den Islam in seiner traditionellen Form zu leben, ohne sich Gedanken über den Standpunkt des Staates oder über die herrschenden gesellschaftlichen Normen zu machen."[32]

Innes Bowen bestätigt diese Wahrnehmung. Sie sagt, dass der Schwerpunkt innerhalb dieser Gruppe Gestalt annimmt, wenn es um die Schaffung eines islamischen Staates geht, der das Scharia-Recht anwendet. Sie zitiert Scheich Faizul Aqtab Siddiqi, einen Barelwi-Mann und führenden Scheich des muslimischen Schiedsgerichts, das ich im letzten Kapitel erwähnte. Siddiqi sagte, die Bewegung sei ein spirituelles Zentrum der Rechtleitung, und dass "die politischen Kreise nichts für uns sind"; auch so würde "eine islamische Geisteshaltung innerhalb der Mehrheit letztlich zu einem islamischen Staat führen. Denn ein politischer Staat ist im Wesentlichen eine Manifestation der Geisteshaltung der Menschen".[33]

In unserem Interview deutete Scheich Siddiqi einen Wunsch nach Separation an, wiewohl nicht bloß einer geistigen. Sie nimmt bei ihm die Gestalt einer rechtlichen Trennung an, die es "den Muslimen" erlaubt, ihre religiöse Identität zu "leben":

---

[31] Kepel: *Allah in the West*, S. 91–92; Bowen: *Medina in Birmingham*, S. 115–116
[32] Kepel: *Allah in the West*, S. 92; Bowen: *Medina in Birmingham*, Ebd.
[33] Bowen: *Medina in Birmingham*, S. 131.

"Ich bin jetzt ein Bürger dieses Landes [Großbritannien]. Dies ist mein Zuhause. Der Punkt ist aber, ich sollte nicht in ein muslimisches Land gehen müssen, um islamische Dienstleistungen zu erhalten. Alle meine islamischen Dienstleistungen sollten hier angeboten werden – Halal-Essen, Halal dies, [Halal das], einschließlich der islamischen Scharia."[34]

Scheich Siddiqi besteht darauf, dass das Leben nach einem anderen Gesetz kein Zeichen der Separierung ist. Vielmehr, so sagt er, ist es ein Mittel, das ihm und seiner "Gemeinschaft" hilft, ihrer eigenen Tradition zu folgen und gute Muslime zu sein. Er sieht sein islamisches Gericht als "Dienstleister, der sich mit allen Problemen der Gemeinschaft befassen sollte, einschließlich Erbschaft, Sorgerecht für Kinder, sexuellem Missbrauch und häuslicher Gewalt".[35]

Es ist eine "parallele Denkweise über religiöse und juristische Beziehungen", sagt Rashad Ali, ein Experte für den britischen Islam und Extremismus, den ich zweimal interviewt habe. In einem anschließenden E-Mail-Austausch erklärte er, dass die Barelwis "trotz des Fehlens einer radikalen politischen Einstellung einige separatistische Ideen entwickelt" hätten. Sie taten dies, indem sie "die Souveränität Gottes und der Scharia gegen das bestehende Rechtssystem konzeptualisierten".[36]

Die strikte Hingabe der Barelwi an den Personenkult des Propheten Mohammad mag erklären, warum diese Bewegung ein aktiver und leidenschaftlicher Teil des wütenden Aufruhrs war, der nach der Veröffentlichung der *"Satanischen Verse"* 1988 und der dänischen Mohammed-Karikaturen 2005 entstand – und warum sie die Anti-Blasphemie-Gesetze in Pakistan und anderswo unterstützt.

Bevor wir diesen Teil abschließen, sei noch erwähnt, dass die heftige Rivalität zwischen den beiden Erweckungs- bzw. isolationistischen Bewegungen – Deobandi und Barelwi – ihre Beziehung zueinander in Südasien wie auch in Großbritannien geprägt hat. In Indien zum Beispiel erließ der Barelwi-Mufti, der höchste Barelwi-Vertreter des islamischen Rechts in Indien, 2009 eine Fatwa, in der er anordnete, dass 200 Barelwi-Anhänger ihre Frauen erneut heiraten sollten, weil sie an einem von einem Deobandi-Imam geleiteten

---

[34] Scheich Faizul Aqtab Siddiqi, Interview der Autorin, Nuneaton, 15. Jan. 2013.
[35] Ebd.
[36] Rashad Ali, E-Mail-Austausch m. d. Autorin, 31. Jan. 2015.

Begräbnisgebet teilgenommen hatten. Die Fatwa besagte, dass alle, die ihr *namaz* (Gebet) unter diesem Imam verrichtet hatten, aufhörten, Muslime zu sein, da die Barelwi die Deobandis nicht als ausreichend muslimisch ansähen. In Großbritannien hingegen könnte das Bemühen um die Erschaffung eines gemeinschaftlichen Zusammenhalts an der Rivalität und Feindseligkeit zwischen den beiden Gruppen scheitern. Tatsächlich streiten sich beide um die Kontrolle von Moscheen, und jede Gruppe weigert sich, einem Imam der jeweils anderen Gruppe folgend zu beten.[37]

Die dritte Gruppe ist die Tablighi Jamaat, die oft auch als Tabligh bezeichnet wird. Sie entstand 1927 unter dem Einfluss des muslimischen Gelehrten Muhammad Ilyas. Diese fundamentalistische Bewegung treibt den Wunsch nach Autonomie auf die Spitze. Sie definiert die Gemeinschaft auf der Basis strenger religiöser Observanz. Sie propagiert so weit wie möglich, vor allem aber unter den Ungebildeten, einen rigorosen, von der Buchstabengläubigkeit der Religionsgelehrten abgetrennten und von Sufi-Praktiken gereinigten Islam.[38]

Ilyas sagte, dass die Muslime politisch schwach seien, weil sie ihren Glauben nicht ausreichend praktizierten. Sein Versprechen an die, die ihm folgten, war einfach: Wenn sie in ihrem täglichen Leben bessere Muslime würden, würden sie "über die Ungläubigen dominieren" und wären "dazu bestimmt, die Herren von allem und jedem auf der Erde zu sein"[39].

Mit anderen Worten: Wie andere gesellschaftliche islamistische Bewegungen haben auch die Tabligh das Ziel, einen islamischen Staat zu schaffen. Sie glauben jedoch, dass dieses Ziel durch Gott erreicht werden wird, der der muslimischen "Nation" die politische Macht als Belohnung für ihre strenge Frömmigkeit überantworten wird.

---

[37] Kepel: *Allah in the West*; Bowen: *Medina in Birmingham*, S.115–116; Arshad Alam: "Competing Islams", *Outlook India*, 14. Sept. 2006, http://www.outlookindia.com/printarticle.aspx?232494 (Zugriff am 1. Juli 2015); Dyke: *Mosques Made in Britain*, S. 45–46. Mehr über die Ideologie von Shah Waliullah aus Delhi, auf die die Deobandi-Bewegung beruht, und seine Position zu Sufi-Praktiken findet man in Abul A'la Maududi: *A Short History of the Revivalist Movement in Islam*, dritte Aufl. (Lahore: Islamic Publications Ltd., 1979), S. 82–103.

[38] Kepel: *Allah in the West*, S. 91–92.

[39] Bowen: *Medina in Birmingham*, S. 49.

Kepel legt dar, dass die Tablighi durch ihre Missionierungen zu einer der wichtigsten re-islamisierenden Bewegungen der Welt geworden sind. Ebenso wie die Deobandis schotten auch die Tablighi ihre Anhänger von der sie umgebenden Gesellschaft ab, isolieren sie kulturell von der "gottlosen Umwelt" und resozialisieren sie innerhalb einer islamischen Gemeinschaft, die durch einen starken Pietismus gekennzeichnet ist. Dasselbe Modell, so Kepel, würde an die neuen Einwanderungsbedingungen im Vereinigten Königreich und in Europa angepasst, indem es dessen Anhänger gegen die potenzielle Anziehungskraft westlicher Gesellschaften isoliere.[40] Die Tablighi sind die Gruppe, die in die Kontroverse um die Mega-Moschee in East London verwickelt ist.

Die vierte Gruppe ist die Ahl al-hadith. Diese – wörtlich: "Leute der prophetischen Überlieferungen" – ist eine weitere Erweckungsbewegung, die im neunzehnten Jahrhundert (1870er Jahre) in Indien entstand. Sie gehören zu den Salafisten, sind aber in Südasien als Ahl al-hadith bekannt und unterhalten seit den 1960er Jahren enge Beziehungen zum saudischen religiösen Establishment. Sie erkennen nur den Koran und die Hadithe (die Worte und Taten des Propheten des Islam) an. Sie behaupten, keiner Rechtsprechungslehre zu folgen, und sind puritanisch in Glaubensfragen und in ihrer religiösen Praxis. Sie kritisieren den Sufismus als unrechtmäßige Neuerung und stehen den Praktiken der meisten südasiatischen Muslime feindselig gegenüber, insbesondere den Barlewis, von denen sie meinen, dass sie eine Form des Polytheismus praktizierten. Sie wenden sich gegen alle, deren Glauben von dem ihren abweicht, einschließlich der Deobandis, und sind davon überzeugt, dass allein sie den authentischen Glauben verkörpern.[41] Scheich Suhaib Hasan vom *Muslim Shari'a Council* in Leyton folgt wie auch einige andere Mitglieder des Council dieser Linie der Auslegung des Islam.[42]

Genau wie die Deobandis und andere gesellschaftlich-islamistische Bewegungen betont diese Lehrrichtung, dass Muslime aufgrund ihres Glaubens überlegen seien – ein Konzept, das an Fa-

---

[40] Kepel: *Allah in the West*.
[41] Meijer: *Global Salafism*, S. 126–129; S. 385, FN 5.
[42] Scheich Dr. Suhaib Hasan, Interview d. Autorin, Leyton, 28. Jan. 2013.

schismus grenzt. Anhänger anderer Religionen gelten als *kuffar*, der Plural von *kaffir*: Ungläubige oder Nichtgläubige.

Laut Dr. Taj Hargey vom muslimischen Bildungszentrum in Oxford "ist das Wort *kaffir* ein sehr abwertender, negativer und herabsetzender Begriff. Wenn man jemanden als *kaffir* bezeichnet, ist man nicht wert, mit ihm in Verbindung gebracht zu werden. Diese Art von Intoleranz verschafft Extremisten Auftrieb."[43]

Diese Auffassung zeigt sich deutlich in den religiösen Lehren, in der Rechtsprechung und den Reden der Ahl al-hadith. Ein Beispiel: Als Scheich Suhaib Hasan über die Erbberechtigung gemäß der Sunna (die Worte und Taten des Propheten des Islam) schrieb, drückte er dies so aus: "Der Prophet erklärte, dass das muslimische Kind eines *kaffir* [Ungläubigen], das *kaffir*-Kind eines Muslims und der Mörder seines eigenen Vaters – dass keiner von ihnen erben kann."[44]

Mehr noch, Scheich Hasan wurde heimlich von der Sendung "*Undercover Mosque*" von Channel 4 gefilmt, die im Januar 2007 ausgestrahlt wurde. Er wurde darin mit einer Rede zitiert, in der er die Überlegenheit der Muslime beim Aufeinandertreffen mit Ungläubigen bekundete. Und in anderen Reden sagt er einen bevorstehenden islamischen Staat voraus: "Allah hat dies bestimmt: Dass ich dominant sein werde – die Dominanz ist natürlich eine politische Dominanz." Und er fährt fort, dass diese Dominanz zur Anwendung des Scharia-Gesetzes führen wird, was "das Abhacken der Hände der Diebe, das Auspeitschen der Ehebrecher und das Auspeitschen der Trunkenbolde beinhalten wird". Der Dschihad ist Teil dieser Denkweise, und er werde von diesem islamischen Staat begonnen werden: "Sodann der Dschihad gegen die Nichtmuslime, gegen die Leute, die die Unterdrücker sind."[45]

---

[43] "Undercover Mosque", Sendung auf *Dispatches*, Channel 4, 15. Jan. 2007, Min. 9:48–10:54.

[44] Suhaib Hasan: *An Introduction to the Sunnah* (London: Al-Quran Society, 2000), S. 6.

[45] Hasan in "Undercover Mosque", Min. 17:34–19:19. Als er mit diesem Video konfrontiert wurde, erklärte Hasan dem *Dispatches*-Team, das Wort "Kuffar" sei "kein rassistischer oder diskriminierender Begriff, wenn man es in seiner koranischen Bedeutung hört". Er habe viele Male erklärt, dass die Wiedererrichtung eines "einzigen islamischen Staates" friedlich sein würde. Er habe, so sagte er, oft den britischen Wohlfahrtsstaat und sein Justiz-, Gesundheits- und Bildungs-

Die fünfte Gruppe sind die Salafisten oder Wahhabiten. Der Salafismus ist eine orthodoxe sunnitische Bewegung, die im 18. Jahrhundert von Mohammed ibn Abd al-Wahhab gegründet wurde, der überzeugt war, dass die Muslime vom "reinen Islam" des Propheten Mohammed abgewichen waren. Der Salafismus befürwortet die strikte Ausübung und den absoluten Gehorsam gegenüber dem Islam, wie er (nach salafistischer Interpretation) vom Propheten und den frühen Generationen seiner Anhänger verordnet wurde. Diese sind bekannt als die *salaf* oder die Vorväter – daher das Eigenschaftswort Salafi. Der Salafismus lehnt jede Form der Vermittlung zwischen Gott und dem einzelnen Gläubigen ab und verbietet strikt den Gebrauch von Heiligtümern oder Skulpturen – eine Position, die oft zu deren Zerstörung führte, wo immer die Salafisten an die Macht kamen. Der Salafismus nimmt eine intolerante fundamentalistische Haltung gegenüber Nichtmuslimen und Nichtsalafisten ein und verpflichtet die Muslime, sich von ihnen zu distanzieren. Er sieht es als Pflicht der Muslime an, dem Aufruf zum Heiligen Krieg/Dschihad zu folgen, und definiert die Bedingungen für eine solche Reaktion.[46]

Saudi-Arabien wurde auf der Grundlage eines 1744 geschlossenen Bündnisses zwischen Mohammed ibn Saud, dem Begründer der saudischen Dynastie, und Ibn Abd al-Wahhab gegründet, dem Begründer der Bewegung. Sie verpflichteten sich, einen Staat nach wahhabitischen Prinzipien zu schaffen. Dasselbe Gelöbnis wurde anderthalb Jahrhunderte später von Ibn Saud erneut bekräftigt und bildete die Grundlage für das heutige moderne Saudi-Arabien.[47]

Der Salafismus wandert auf einem schmalen Grat zwischen zwei völlig gegensätzlichen Positionen. Einerseits müssen sich Salafisten auch dann politisch ruhig verhalten, wenn sie von dem übelsten Herrscher regiert werden, solange er technisch gesehen ein Muslim ist. Sobald der Herrscher oder die Gesellschaft als Gan-

---

system gelobt. Und: "Ich habe nie irgendeine Form von Extremismus gefördert, ob religiös oder anders."

[46] Manea: *Regional Politics in the Gulf ...*, S. 20–22, 73–74; weitere Informationen über Salafismus und zum Prinzip al-wala' wa-lbara siehe Benham T. Said und Hazim Fouad (Hg.): *Salafismus: Auf der Suche nach der wahren Islam* (Freiburg: Herder Verlag, 2014), S. 64–74.

[47] Manea, ebd.

zes jedoch aufhört, muslimisch zu sein, ist gewaltsamer Widerstand erlaubt. Dies erklärt, warum die meisten Salafisten im Nahen Osten politisch quietistisch, ja sogar dogmatisch sind, während eine Minderheit der Salafisten sich dem bewaffneten Kampf zuwendet.[48] Die beiden Positionen teilen ein zentrales Bestreben: den Aufbau eines islamischen Staates und die Anwendung der Scharia, wie sie sie verstehen. Dschihadistische Salafisten, die in ihrer schlimmsten Form von ISIS ("Islamischer Staat im Irak und in Syrien") verkörpert werden, verbinden die Lehre des gewalttätigen Salafismus mit der Ideologie des politischen Islamismus, der durch die Schriften radikaler islamistischer Denker wie Sayyid Qutb[49] von der Muslimbruderschaft vertreten wird.

In Großbritannien wird der Salafismus zusätzlich zu den Lehren von Mohammed ibn Abd al-Wahhab von verschiedenen Quellen beeinflusst. Der südasiatische Salafistenführer Ahl al-hadith, den ich im obigen Abschnitt erwähnt habe, ist eine. Eine andere Quelle sind neuere populäre, aber umstrittene salafistische Persönlichkeiten. Die drei wichtigsten sind:

- Haitham Al-Haddad, der im *Islamic Shari'a Council* von Leyton sitzt;
- Abu Hamza, der 2004 inhaftiert und wegen Aufforderung zum Mord und wegen Anstiftung zum Hass zu sieben Jahren Haft verurteilt wurde; und
- Omar Bakri Mohammad, Gründer der Muhajiroun, dem nach einem Besuch im Libanon ein Wiedereinreisevisum nach Großbritannien verweigert wurde.[50]

Diese Prediger propagieren eine Anzahl von Überzeugungen und Aktivitäten, die den meisten inzwischen bekannt vorkommen dürften: die Abschottung der Muslime, der Hass auf Nichtmuslime und

---

[48] Jonathan Brown: *Salafis and Sufis in Egypt* (Washington, DC: Carnegie Endowment for International Peace, 2011), S. 3.
[49] Sayyid Qutb (1906–1966): Ägyptischer Journalist und einflussreicher Theoretiker der ägyptischen Muslimbruderschaft. Er gilt als einer der bedeutendsten islamistischen Ideologen des 20. Jahrhunderts. 1966 wurde er wegen Teilnahme an einer Verschwörung gegen Staatspräsident Gamal Abdel Nasser vor Gericht gestellt und hingerichtet. Seine Schriften tragen bis heute entscheidend zur Prägung vieler islamistischer militanter Organisationen und Gruppierungen bei. (Wikipedia; A.d.Ü.)
[50] Bowen: *Medina in Birmingham*, S. 75–80.

den Westen, die Notwendigkeit des Dschihad und eines islamischen Staates, die Notwendigkeit der Anwendung der Scharia, die Erlaubnis, in Kriegszeiten Nichtmuslime als Sklaven zu nehmen, und, wieder einmal, die Vorherrschaft der Muslime und ihre ultimative Herrschaft über Nichtmuslime.

Scheich al-Haddad artikulierte all diese Ansichten in einer Vielzahl von Videos, Sendungen und Texten sowohl auf Arabisch als auch auf Englisch. Sie können mit ihren Transkripten auf einer Webseite gefunden werden, die sich dem Kampf gegen jene widmet, die sie "Rechtsaußen-Islamisten" in Großbritannien nennt. Bezeichnenderweise beschreibt al-Haddad offen, was "Koexistenz" mit "Nichtmuslimen" bedeutet und wie aus seiner Sicht "Multikulturalismus" nützlich ist, um den Weg für die Vorherrschaft der Muslime und ihre endgültige "Kontrolle über die Welt" zu ebnen. Hier ein Teil einer Abschrift eines Interviews, das er dem englischsprachigen Salafi-Huda-Kanal gab:

> "Al Haddad: Natürlich glauben wir als Muslime, dass dieses Zusammenleben nicht stattfinden kann, wenn sie nicht unter dem Dach des al-Islam, unter dem System des al-Islam leben. Aber, Bruder Jamil und ihr Brüder, wir müssen unterscheiden zwischen einer Situation der Notwendigkeit, mit der wir es zu tun haben, und dem Endziel in einer idealen Situation. Jetzt sprechen wir über Minderheiten, die im Westen leben, also müssen wir ihnen kurzfristig praktikable Lösungen anbieten. Und wie gesagt, diese Visionen und Strategien sind für eine kurze Zeitspanne gedacht, also innerhalb von fünfzig Jahren, so etwa in der Art. Es ist nicht das ultimative Ziel der Muslime, denn das ultimative Ziel der Muslime ist es, dass der Islam die ganze Welt regiert, die Islamisierung des ganzen Globus. Das ist das ultimative Ziel eines jeden Muslims und aller Gemeinschaften, der muslimischen Gemeinschaften.
> Aber darüber sprechen wir im Moment nicht, wir sprechen über die unmittelbaren Ziele. Was also die unmittelbaren Ziele angeht, so brauchen wir diese friedliche Koexistenz, und wenn sie behaupten, dass sie das fördern, dann müssen wir es von dorther übernehmen. Und wir müssen ihnen sagen, dass diese friedliche Koexistenz, um also echte friedliche Koexistenz zu haben – dann müssen wir über echten Multikulturalismus reden, wir müssen über echten Pluralismus reden. Und Sie sagten, wenn Sie sich an die vorherige Episode erinnern: die Diskussion, die viele Menschen haben, und die da lautet: Ja, man fordert Multikulturalismus – [das] bedeutet schließlich, dass der Islam in all diesen europäischen Ländern offiziell als Religion anerkannt wird und die muslimischen Bedürfnisse innerhalb dieser Länder offiziell erfüllt werden.
> Jamil Rashid (Programm-Moderator): Also, das ist es, worauf ich zurückkommen wollte, das ist es, was [...] viele der sogenannten Skeptiker sagen

> [...] Diese sagen, dass das, was Scheich Haitham, was also Sie hier sagen, das Ziel dieses Multikulturalismus ist, nämlich: dass der Islam die Oberhand gewinnt. Weil der Islam jetzt... Sie fragen, sagen jetzt: 'Schaut, das Problem ist, dass wir herausfinden müssen, was eigentlich besser für die Gesellschaft als Ganzes ist.' In Wirklichkeit fordern Sie also die Gesellschaft auf, den Islam zu akzeptieren, also, in Wahrheit wird das als Multikulturalismus getarnt. In Wahrheit geht es nicht um Multikulturalismus, es geht darum, das der Islam einen Fuß in die Tür bekommt. Was sagen Sie zu dieser Art von...?
> Al Haddad: Selbst, wenn wir das sagen, was ist daran falsch? Denn das ist schließlich unser Ziel, und ich möchte nicht so reagieren, wie so viele Muslime auf die Frage der Integration reagiert haben, als sie diesen Terroranschlag hatten. Da haben sie gesagt: 'Nein, nein, nein, wir sind integriert.' Ich will nicht sagen: 'Nein, nein, nein, wir werden nicht übernehmen.' Unser ultimatives Ziel ist keine Frage der Übernahme unter Verwendung dieser Terminologie; als Muslime ist es unser ultimatives Ziel, darauf zu schauen, wie sich der Islam auf der ganzen Welt ausbreitet und wie das Wort Allahs auf dem ganzen Globus dominiert, denn Gerechtigkeit wird niemals erreicht werden, wenn das Wort Allahs nicht vorherrscht."[51]

Angesichts der offensichtlich totalitären Züge dieser Ideologie ist es ziemlich beunruhigend, dass dieser Strang des Islamismus in Großbritannien auf dem Vormarsch ist. Weniger als 100 der 1.700 Moscheen in Großbritannien waren 2013 unter salafistischer Kontrolle. Innes Bowen stellt jedoch fest, dass zwischen 2009 und 2013 die Zahl der salafistischen Moscheen in Großbritannien um 50 % gestiegen ist. Damit war diese Bewegung die am schnellsten wachsende der großen islamischen Strömungen in Großbritannien. Nach Angaben von Mehmood Naqshbandi, Webmaster von MuslimInBritain.org und Sammler der umfassendsten öffentlich zugänglichen Daten über Moscheezugehörigkeiten, war die Hälfte aller neuen Moscheen, die jedes Jahr in Großbritannien eröffnet werden, von Salafisten kontrolliert.[52]

Der zweite Typ des Islamismus ist politisch.

Der politische Islamismus ist eine Ideologie, eine moderne Ideologie, die darauf abzielt, die politische Macht des Staates als Mittel zu nutzen, um bestehende Gesellschaften zu verändern und zu transformieren. Macht ist nur ein Mittel zum Zweck. Das Ziel ist

---

[51] Das Video mit dem Interview und sein Transkript findet sich auf Haitham al-Haddads Blog "The Islamic Far-Right in Britain, under Islamic Supremacy". http://tifrib.com/haitham-al-haddad/ (Zugriff am 6 April, 2015).
[52] Bowen: *Medina in Birmingham*, S. 58–59, 75, 80–81.

ein revolutionärer Wandel, der von der Vision einer puritanischen Gesellschaft und eines puritanischen Staates angetrieben wird, einer Gesellschaft, die von Gottes Gesetz regiert wird, nicht von Gesetzen, die von Männern und Frauen gemacht werden. Diese Ideologie stellt sich einen Staat vor, in dem Identität und Staatsbürgerschaft auf religiöser Zugehörigkeit und Observanz beruhen und durch diese definiert werden. In der Folge werden die universellen Menschenrechte, die Bürgerrechte, die Rechte von Minderheiten, LGBT und Frauen oft verletzt.[53]

Es gibt verschiedene Versionen des politischen Islamismus. Einige Bewegungen versuchen, diese Vision von Gesellschaft und Staat mit offener Gewalt zu schaffen. Al-Qaida und ISIS (eine Kombination aus salafistischem Islam und dschihadistischem politischen Islamismus) sind zwei Beispiele für diese Art von Bewegung.

Auf der anderen Seite gibt es eine gewaltfreie Version des politischen Islamismus, die einen schrittweisen Ansatz verfolgt.

Bei diesem Ansatz ist Gewalt immer noch "salonfähig", besonders wenn es um Israel geht. Aber die Gesamtstrategie verfolgt eine schrittweise Veränderung: die Gesellschaft islamischer zu machen, indem man das Bildungssystem, die Moschee, religiöse Lehren und die Medien nutzt. Es ist kein Zufall, dass jedes Mal, wenn Islamisten eine Regierung übernehmen, sei es eine arabische oder eine islamische, das erste Ministerium, auf dessen Kontrolle sie bestehen, das Bildungsministerium ist, und die erste Maßnahme, die sie ergreifen, die Änderung des Lehrplans ist, um ihn entsprechend ihrer Ideologie zu formen.

Diese Strategie ist nicht nur auf arabische und islamische Staaten beschränkt. Sie wird auch in westlichen Gesellschaften prakti-

---

[53] Weitere Informationen zum politischen Islam und zu den wichtigsten Schriften islamistischer Denker finden sich bei Barry Rubin (Hg.): *Political Islam I* (London: Routledge, 2007), S. 1–44; Wendell Charles (Übersetzer und Kommentator): *The Five Tracts of Hasan Al-Banna (1906–1949)* (Berkeley, CA: University of California Press, 1978), S. 40–68, 133–161; John Calvert: *Sayyid Qutb and the Origins of Radical Islamism* (New York: Columbia University Press, 2010), Kap. 6; Sayyid Qutb: *Milestones*, (Übersetzung aus dem Arabischen, Beirut: The Holy Koran House, 1978), Kap. 1–5 & 12; Roy Jackson: *Mawlana Mawdudi and Political Islam* (London: Routledge, 2011), Kap. 7–11; Ayatollah Ruhollah Khomeini: *Islamic Government*, 2. Aufl. (Rome: European Islamic Cultural Centre, 1982), S. 32–120.

ziert, in denen muslimische Minderheiten leben. In Großbritannien beispielsweise haben islamistische Bildungsorganisationen, die mit der islamistischen Jamaat-e-Islami-Bewegung verbunden sind, sich erfolgreich dafür eingesetzt, den Inhalt des Lehrplans öffentlicher Schulen zum Islam zu überarbeiten und Texte einzuführen, die von Islamisten verfasst wurden, die eine Position des politischen Islamismus propagieren und diese als eine islamische Mainstream-Position darstellen. Schriften muslimischer und nichtmuslimischer Autoren mit anderen Ansichten wurden als nicht "authentisch" verworfen.[54]

Es gibt zwei politische Hauptbewegungen, die die Ideologie des politischen Islamismus verkörpern. Aus diesen beiden gingen weitere Gruppen hervor, sowohl gewalttätige als auch gewaltfreie. Die beiden Hauptbewegungen sind:
- die Muslimbruderschaft, gegründet 1928 in Ägypten von Hassan Al-Banna, einem Grundschullehrer; und
- die Jamaat-e-Islami, gegründet 1941 in Britisch-Indien von Abul A'la Maududi, einem in Indien geborenen Journalisten, der später nach Pakistan zog.

Die Ideologie der beiden Bewegungen teilt die Welt in zwei konkurrierende Lager auf – den Islam und den Westen –, die sich in einer existenziellen Konfrontation befinden.

Beide Bewegungen beharren darauf, dass der Islam nicht nur eine Religion sei. Er sei ein politisches System und eine soziale Ordnung. Er regiere jeden Aspekt der Gesellschaft, einschließlich der Politik. Und die Muslime müssten sich seinen Vorgaben unterwerfen.

Es war der politische Islamismus, der dieses "Konzept" zuerst ideologisch artikulierte. Hassan al-Banna war der erste, der es in seinen Traktaten formulierte[55], und auch alle anderen wichtigen Autoren des politischen Islamismus propagierten diese Idee. Es gelang ihnen, diese Idee – dass der Islam nicht nur eine Religion, sondern auch eine Gesellschaftsordnung und ein politisches System sei – so weit zu verankern, dass die Menschen diese Aussage heute ohne nachzudenken wiederholen.

---

[54] Kepel: *Allah in the West*, S. 109–125.
[55] Charles: *The Five Tracts of Hasan Al-Banna*, S. 46–47, 69–71, 74–75.

Beide Bewegungen teilen das Bestreben, einen islamischen Staat zu schaffen, der das islamische Recht, die Scharia, anwendet. Beide wenden eine systematische Strategie an, um ihr Ziel zu erreichen: die Beteiligung am politischen Prozess. Und beide nutzen Basisorganisationen, um die Unterstützung der Bevölkerung zu mobilisieren. Zusätzlich zu ihrer allgemeinen Bildungsarbeit richten Islamisten oft Jugendzentren ein und organisieren Aktivitäten wie Religionsunterricht und Sportkurse, die ihnen helfen, Jugendliche für ihre Reihen zu rekrutieren. Darüber hinaus ist die Kontrolle über bestimmte Moscheen ein wichtiger Aktivposten bei der Verbreitung ihrer politischen Botschaft. Schlussendlich engagieren sie sich häufig in karitativen Unternehmungen, die dringend benötigte Hilfsleistungen, medizinische Versorgung und Bildungsangebote bereitstellen. Ziel ist es, eine Unterstützungsbasis aufzubauen und die Loyalität bestehender Anhänger zu stärken und gleichzeitig neue zu rekrutieren.[56]

Es ist an dieser Stelle wichtig zu betonen, dass keine der beiden Bewegungen die politische Beteiligung mit der Zielsetzung fördert, den demokratischen Spielregeln zu folgen. Wenn sie sich am politischen System beteiligen, dann mit dem Ziel, es nach ihrer Spielart eines islamischen Staates zu verändern, auch wenn das Jahrzehnte dauern sollte.

Angesichts der Bedeutung der beiden Bewegungen werde ich auf jede von ihnen genauer eingehen.

Die Muslimbruderschaft gilt als die Wiege der Ideologie des politischen Islamismus. Sie wurde 1928 in Al-Ismailia in Ägypten von Hassan Al-Banna (1906–1949) gegründet. Genau wie Maududi teilte Al-Banna die Welt in zwei Lager: "wir", die guten Muslime, gegen "sie", den moralisch korrupten, aber wissenschaftlich fortschrittlichen Westen. Die Ideologie der Muslimbrüder ist offensichtlich – und einfach: Jeder Muslim hat zwei Alternativen, zwischen denen er wählen kann. Die erste ist der Islam, mit all seinen Prinzipien, Regeln, seiner Kultur und Zivilisation. Die zweite ist der Westen mit seinen Lebensweisen, seinen Systemen und Stilen. Welche Alternative ist besser? Der islamische Weg. Genau wie Maududi bestand Al-Banna darauf, dass der Islam nicht nur eine

---

[56] Rubin: *Political Islam I*, S. 17–19.

Religion sei, die die spirituelle Beziehung zwischen Gott und dem Individuum regele. Vielmehr sei er ein allumfassendes System:

> "Der Islam ist ein umfassendes System, das sich mit allen Bereichen des Lebens befasst. Er ist ein Staat und eine Heimat (oder eine Regierung und eine Nation). Er ist Moral und Macht (oder Barmherzigkeit und Gerechtigkeit); er ist eine Kultur und ein Gesetz (oder Wissen und Rechtslehre). Er ist Materialf und Reichtum (oder Gewinn und Wohlstand). Er ist ein Streben und ein Aufruf (oder eine Armee und ein Anliegen). Und schließlich ist er wahrer Glaube und Anbetung."[57]

Al-Bannas Weltanschauung lieferte das Fundament, auf dem der politische Islamismus seither seine Argumente aufbaut: Der Islam sei eine Lebensweise. Er regele jeden Aspekt der Gesellschaft, auch die Politik. Und die Muslime müssten sich seinen Vorgaben unterwerfen.

Die Weltanschauung Al-Bannas legte auch den Grundstein für eine Ideologie, die in ihrem Kern eindeutig expansionistisch und imperial ist. Lesen Sie, was Al-Banna über das Ziel seiner Bewegung zu sagen hat:

> "Das bedeutet, dass der edle Koran die Muslime in ihrer Minderheit als Wächter über die Menschheit einsetzt und ihnen das Recht der Souveränität, und Herrschaft über die Welt einräumt, um diesen erhabenen Auftrag auszuführen. Daher ist dies unsere Angelegenheit, nicht die des Westens, und betrifft die islamische Zivilisation, nicht die materialistische Zivilisation.
> Wir sind zu dem Schluss gekommen, dass es unsere Pflicht ist, Souveränität über die Welt zu erlangen und die gesamte Menschheit zu den gesunden Geboten des Islam und zu seinen Lehren zu führen, ohne die die Menschheit kein Glück erlangen kann."[58]

Abd Alqader Auda (1907–1954), der Stratege, der das ideologische Fundament der Muslimbrüder mit begründete, fügte ihrer Islamkonzeption ein weiteres Element hinzu – die Anwendung der Scharia:

> "Der Grund für unsere Rückständigkeit war, dass wir die Scharia nicht vollständig und gerecht angewandt haben. Und wenn der Grund für unsere Rückständigkeit unsere Vernachlässigung der Scharia ist, wird es uns nicht

---

[57] Hassan Al-Banna: *Message for Youth*, aus d. Arabischen v. Muhammad H. Najm (London: Ta-Ha Publishers Ltd., 1993), S. 6, zit. in Manea: *Ich will nicht mehr schweigen ...*, S. 98–99.
[58] Charles: *The Five Tracts of Hasan Al-Banna*, S. 70–73.

helfen, positives Recht anzunehmen; nein, es würde unsere Rückständigkeit nur noch weiter fördern. Das wirksame Heilmittel ist, den Grund für unsere Rückständigkeit zu beseitigen – und zu den Bestimmungen der Scharia zurückzukehren."[59]

Herr Auda versäumte es zu spezifizieren, was er mit Scharia meinte. Für ihn war sie einfach, selbstverständlich und aus ihrem historischen Kontext herausgelöst, genau wie der Islam, den er und Al-Banna sich vorstellten.

Der Islam sei eine Lebensweise. Die Scharia solle die Gesellschaft regieren. Und, so Al-Banna, "der Dschihad ist eine religiöse Pflicht, die für jeden Muslim verbindlich ist"[60]. Der Dschihad ist also die dritte Komponente der Ideologie der Muslimbruderschaft. Hassan Al-Banna äußerte sich wieder unzweideutig zu dem Dschihad, den er meinte, und das war kein friedlicher Dschihad. Er sagte:

> "Gott hat jedem Muslim den Dschihad als religiöse Pflicht auferlegt, kategorisch und rigoros, von der es weder ein Ausweichen noch ein Entkommen gibt. Er hat den Dschihad zum höchsten Objekt der Begierde ausgerufen und die Belohnung der Märtyrer und Kämpfer auf seinem Weg zu einer prächtigen gemacht, denn er hat mit ihnen in ihrer Anerkennung nur diejenigen vereint, die so wie sie gehandelt haben, und die sich in der Durchführung des Dschihad an ihnen ein Beispiel genommen haben."[61]

Sayyid Qutb förderte diese militante Komponente der Ideologie des politischen Islamismus. Angesichts seiner Bedeutung für die Radikalisierung muslimischer Jugendlicher in Europa werde ich näher auf seine Ideologie eingehen. In den 1950er und 1960er Jahren von den ägyptischen Behörden gefoltert und inhaftiert, schrieb Qutb sein Buch *Meilensteine*, das später als Handbuch für gewalttätige dschihadistische Islamisten betrachtet werden sollte.

Maududi hatte Gesellschaften, die Macht an Parteien oder Männer verliehen, die nicht gemäß Gottes Gesetz regierten, als in "vorislamische Unwissenheit und falschen Glauben" – oder *jahi-*

---

[59] Mohammad Khalaf Allah: "Islamic Awakening in Egypt", in: Ismael Sabri Abdullah u. a. (Hg.): *The Contemporary Islamic Movement in the Arab World* (auf Arabisch) (Beirut: Center for the Studies of Arab Unity & United Nations Library, 1987), S. 53, zit. in Manea: *Ich will nicht mehr schweigen ...*, S. 99–100.

[60] Hassan Al-Banna: "On Jihad", in: Charles: *The Five Tracts of Hasan Al-Banna*, S. 133, zit. in Manea: *Ich will nicht mehr schweigen ...*, S. 101.

[61] Ebd.

liyyah – gefallen beschrieben. Aufbauend auf Maududis Werk wandte Qutb den Begriff auf die Kräfte an, die im Laufe der Geschichte gegen die Umsetzung der göttlichen Weisungen arbeiteten und die in seiner eigenen Zeit besonders vorherrschend waren. Mit seinen Worten: "Heute sind wir von der *Jahiliyyah* umgeben. Ihre Natur ist die gleiche wie in der ersten Periode des Islam, und sie ist vielleicht noch tiefer verwurzelt. Unsere ganze Umgebung, die Überzeugungen und Ideale der Menschen, ihre Gewohnheiten und Kunst, Regeln und Gesetze – ist *Jahiliyyah*."[62]

Nach Qutb ist jede Gesellschaft in der heutigen Welt – ohne Ausnahme und einschließlich der muslimischen Gesellschaften – als *jahili*, unwissend, zu klassifizieren. Wie Maududi betrachtete Qutb die Souveränität (*hakimiyya*) als das ausschließliche Vorrecht Gottes, der allein qualifiziert sei, die Prinzipien für das ordnungsgemäße Funktionieren einer sozialen, politischen und wirtschaftlichen Ordnung zu gestalten. Gott ist demnach sowohl der rechtliche Souverän als auch der Herr der Natur. Der Mensch sei nicht weniger *makhluq* (geschaffen) als der Rest der Schöpfung und habe allein dem Schöpfer zu dienen. Nach Qutbs Ansicht ist es der Zweck des Menschen, Gott weder zu kennen noch zu lieben, sondern ihm zu dienen.[63]

Qutb gab klare Richtlinien vor, wie der islamistische Staat, der ihm vorschwebte, erreicht werden sollte. Erstens sei die *hakimiyya* Gottes abhängig von der Bildung einer Vorhut (*tali'a*) von Gläubigen, die sich von den korrumpierenden Einflüssen der sie umgebenden *Jahili*-Kultur fernhielten.

Zweitens müsse der Glaube dieser Gruppe rein sein und ihre Mitglieder müssten sich dem Dienst an Gott allein widmen. Dies wiederum erfordere, dass sie sich von den verderblichen Einflüssen der *jahiliyya* abschotteten. Drittens: Der Gläubige müsse sich von der Gesellschaft fernhalten und dürfe mit Polytheisten nur aus praktischen Gründen zu tun haben. Viertens: Diese Gruppe sei die einzig wahre und legitime muslimische Gemeinschaft. Sie werde weiterhin predigen, den Glauben propagieren, missionieren und

---

[62] Zit. in Clavert: *Sayyid Qutb and the Origins of Radical Islamism*, S. 217.
[63] Peter R. Demant: *Islam vs. Islamism: The Dilemma of the Muslim World* (Westport, CT: Praeger, 2006), S. 100.

überzeugen. Geduld sei die Devise in dieser Phase. Fünftens werde die Gruppe sich auf Konfrontation einlassen: "Predigen ist nicht genug". Gewalt sei notwendig, um Macht zu erlangen.[64]

Das Muslimische Wohlfahrtshaus ("*Muslim Welfare House*"), dessen Richter ich im letzten Kapitel beschrieben habe, gilt als ein Ableger der Muslimbruderschaft.

Jamaat-e-Islami, die zweite Gruppe, ist die einzige auf dem Subkontinent entstandene re-islamisierende Bewegung mit klaren politischen Zielen und einer Mission. Sie basiert auf der gleichen Prämisse wie die Tabligh: der Forderung nach strikter religiöser Observanz. Vielmehr aber setzt sie sich dafür ein, den idealen islamischen Staat sofort zu errichten. Gegründet 1941 von Maududi, einem in Indien geborenen Journalisten, der später nach Pakistan übersiedelte, wurde die Jamaat-e-Islami zu einem der unverzichtbaren Teile der islamistischen Bewegung weltweit, vergleichbar mit der Muslimbruderschaft. Maududi und die Jamaat-e-Islami setzten sich das unmittelbare Ziel, einen Staat wiederherzustellen, der die Scharia anwenden würde. Nach dieser politischen Ideologie gehört die *hakimiyya* nicht dem Volk, sondern allein Allah, und die Macht ist nur legitim, wenn sie nach den Geboten Gottes regiert. Daher sei der einzig legitime Staat ein islamischer Staat mit dem alleinigen Ziel, die Scharia einzusetzen.[65]

Maududis Vision eines islamischen Staates ist offensichtlich: ein "islamischer Staat mit dem Koran als Verfassung; die Gesetzgebung wäre auf die Auslegung der Scharia beschränkt; und sein Präsident wäre ein gläubiger Muslim, umgeben von einem rein muslimischen Rat. Nichtmuslime würden in den '*Dhimmi*-Status' zurückkehren" – eine Kategorie für eine geschützte Gruppe, der aber weder Gleichberechtigung noch volle Staatsbürgerschaft zusteht. Und Muslime, die nicht mit der Maududi-Weltanschauung konform gehen, würden gänzlich verstoßen.[66]

---

[64] Qutb: *Milestones*, S. 16–140, Clavert: *Sayyid Qutb and the Origins of Radical Islamism*, S. 224–225.
[65] Kepel: *Allah in the West*, S. 92.
[66] Mawlana Maududi: *The Rights of non-Muslims (Dhmmis) in Islam* (auf Arabisch), 1947; Roy Jackson: *Mawlana Mawdudi and Political Islam* (London: Routledge, 2011), Kap. 7–11.

Die ursprüngliche Keimzelle des maududistischen Netzwerks in Großbritannien war die 1962 gegründete *UK Islamic Mission* mit Hauptsitz in Islington im Norden Londons. Laut Lorenzo Divino, einem führenden Experten für politischen Islamismus im Westen, erklärte die *Mission* von Anfang an ihre politische Agenda und definierte sich selbst als "ideologische Organisation", die auf dem Glauben basiere, dass "der Islam eine umfassende Lebensweise ist, die in allen Bereichen des menschlichen Lebens in Handlungen umgesetzt werden muss". In ihrer offiziellen Leitlinie erklärte sie, dass die Organisation danach strebe, "die sozialen Ordnungsvorstellungen des Islam für die in Großbritannien lebenden Muslime und Nichtmuslime zu etablieren"[67].

Während die *UK Islamic Mission* karitative und missionarische Arbeit leistete, um diese Ordnung in Großbritannien zu etablieren, gelang es einem anderen Ableger von Madudis Jamaat-e-Islami, das britische Bildungssystem in Fragen des Islams und der muslimischen Schüler nach ihrer eigenen Weltanschauung zu formen.

So veranlasste die *Leicester Islamic Foundation* 1980 die Einführung des *Muslim Guide*, der sich an "Lehrer, Arbeitgeber, Gemeindearbeiter und die Mitglieder der Sozialverwaltung in Großbritannien" richtete. Kepel bemerkte, nicht ohne gebührenden Sarkasmus, dass der Leitfaden eine glühende Einleitung vom "Leiter der Kommission für Rassengleichheit" aufwies und dass er "die radikal-islamistischen Positionen der Jamaat-e-Islami als die von allen Muslimen akzeptierte Norm darstellt". In der Tat stellt der Leitfaden neben der Lehre der heiligen Texte die Schriften von Maududi und verschiedener Autoren, die der Muslimbruderschaft nahe stehen, als "empfohlene Lektüre" vor. Er unterlässt jeden Hinweis auf Publikationen, die eine alternative Sicht des Islams darbieten, selbst wenn sie von Muslimen geschrieben wurden. Sogar barelwische sufistische Autoren fehlen in der Liste der empfohlenen Texte, trotz der Bedeutung ihrer Bewegung in Großbritannien. Ab den 1970er Jahren baute die *UK Islamic Mission* ein Netzwerk von Moscheen auf. Gleichzeitig wurde eine andere von der Jamaat-e-Islami inspi-

---

[67] Divino: *The New Muslim Brotherhood* ..., S. 116.

rierte Organisation, die *Islamic Foundation*, zum wichtigsten Herausgeber maududistischer Literatur.[68]

Der ultimative "politische Coup der Maududisten", wie es Innes Bowen ausdrückte, war ihre Kontrolle über den 1997 gegründeten *Muslim Council of Britain* (MCB). Die britische Regierung erkannte diesen als repräsentatives Gremium der Muslime in Großbritannien an.[69]

Dass die Regierung den MCB zum Sprecher der "muslimischen Gemeinschaft" ernannte, war eine politische Entscheidung und beruhte nicht auf der tatsächlichen Repräsentanz der Organisation. Tatsächlich führte *Policy Exchange*, eine einflussreiche Mitte-Rechts-Denkfabrik, 2007 eine Umfrage unter britischen Muslimen durch. Auf die Frage nach einer Organisation, die ihre Ansichten als Muslime vertritt, nannten nur 6 % den *Muslim Council of Britain*.[70] Nur 6 %!

Und doch behandelten die britischen Behörden das MCB bis 2005 weiterhin als alleinigen Sprecher der muslimischen Gemeinschaft in Großbritannien. Das Jahr ist bedeutsam, weil es das der Terroranschläge vom 7. Juli in London war und einen Weckruf über den hausgemachten Terrorismus in Großbritannien darstellte. Es war auch ein Weckruf für die britischen Behörden, die zum ersten Mal den islamistisch-politischen Charakter der Organisation erkannten, die sie als Vertreterin einer Glaubensgemeinschaft betrachteten.[71]

Was mich zu dem Punkt zurückbringt, mit dem ich dieses Kapitel begonnen habe. Wie und warum ist Großbritannien an diesen Punkt gelangt?

---

[68] Kepel: *Allah in the West*, S. 122; Bowen: *Medina in Birmingham*, S. 84–90.
[69] Bowen: *Medina in Birmingham*, S. 89–90.
[70] Munira Mirza, Abi Senthikumaran, Zein Ja'far: "Living apart together: British Muslims and the paradox of multiculturalism", *Policy Exchange Report*, 2007, S. 6.
[71] Weitere Informationen siehe Martin Brights Bericht When Progressives Treat with Reactionaries: The British State's Flirtation with Radical Islamism" (London: *Policy Exchange*, 2006).

Die Konstruktion der britischen muslimischen Gemeinschaft

Drei Faktoren spielten bei der Konstruktion der britischen muslimischen Gemeinschaft ("*British Muslim Community*") eine Rolle. Gemeinsam verschleierten sie die Vielfalt der südasiatischen Gemeinschaften und warfen diese stattdessen in der sogenannten britischen muslimischen Gemeinschaft in einen Topf. Diese Faktoren waren: (1) zwei besondere Merkmale des britischen Kontexts, (2) gleichzeitige Maßnahmen seitens der Bewegungen für den gesellschaftlichen und politischen Islamismus sowie (3) die britische Politik und das Bedürfnis, Mittelsleute auszumachen, die für die "asiatische Wählerschaft" sprechen und ihre Stimmen sichern können.

Der britische Kontext

Zwei besondere Merkmale des britischen Kontextes erleichterten den Prozess der Zusammenführung der Muslime zu einer Gemeinschaft und die Konstruktion ihrer religiösen Identität: die frühere Kolonialpolitik gegenüber den Kolonien/Protektoraten und das britische Verständnis von Nationalität.

In der Zeit, in der das koloniale Großbritannien seine Kolonien und Protektorate beherrschte und verwaltete, etablierte es bestimmte politische Maßnahmen, die fortgesetzt wurden, nachdem Großbritannien eine postkoloniale Nation wurde. Erstens bediente sich Großbritannien in den verschiedenen Kolonien und Protektorate oft Mittelsmännern, um indirekte Kontrolle zu etablieren. Zweitens mischte es sich oft nicht in die gesellschaftlichen Gepflogenheiten seiner Kolonien und Protektorate ein, während es gleichzeitig Systeme des Rechtspluralismus förderte.[72]

Auf der arabischen Halbinsel konnten diese Mittelsmänner Scheichs, Sultane oder Emire sein. In Britisch-Indien sind für unsere Diskussion eher die politischen Führer relevant, die Macht erlangten, indem sie sich als die ausschließlichen Vertreter dessen präsentierten, was sie als "Religionsgemeinschaft" definieren wollten. Durch diesen Prozess wurden heterogene Populationen auf der

---

[72] Manea: *Regional Politics in the Gulf* ..., S. 24; Manea: *The Arab State* ..., S. 59.

Grundlage einer soziologischen Definition dessen, was Kepel ihre "Muslimizität" nennt, zusammengefasst und homogenisiert.[73]

Diese Führer verfolgten eine politische Agenda: Sie wollten ihren eigenen Staat, Pakistan, aus Indien herausbilden. Währenddessen hatte das koloniale Großbritannien ein Interesse daran, die nationalistischen Bestrebungen der Inder mit der Strategie des "Teile-und-herrsche" zu schwächen.

Und es funktionierte, wie der Historiker David Page darlegt:

> "Indem sie die Muslime als eine separate Gruppe behandelte, trennte [die Kolonialregierung] sie von den anderen Indern. Indem sie ihnen eigene Wahlkreise gewährte, institutionalisierte sie diese Trennung. Dies war einer der wichtigsten Faktoren für die Entwicklung der kommunalen Politik. Muslimische Politiker mussten sich nicht an Nichtmuslime wenden; Nichtmuslime mussten sich nicht an Muslime wenden. Dies erschwerte das Entstehen eines echten indischen Nationalismus."[74]

Wir sehen also, dass die kolonialzeitlichen Briten die Politik des Regierens durch Mittelsmänner und die Entwicklung eines Kommunalismus nutzten, der verschiedene Gruppen aus politischen Gründen zu einer einzigen zusammenfasste.

Ebenso war der Rechtspluralismus der kolonialistischen britischen Politik nicht fremd. In der Tat hatte das System eine politische Funktion: Es erleichterte die Fragmentierung der kolonialen Gesellschaften.

In Britisch-Indien zum Beispiel löste das Rechtssystem Familienstreitigkeiten gemäß dem *Warren Hastings Act II* von 1772, der als Verordnung vom 17. April 1780 verabschiedet und in Abschnitt 27 verankert wurde. Das Gesetz besagte, dass "in allen Prozessen, die das Erbe, die Erbfolge, die Heirat, die Kaste und andere religiöse Bräuche oder Institutionen betreffen, die Gesetze des Korans in Bezug auf die Mohammedaner [Muslime] und die der Shastras in Bezug auf die Gentoos [Hindus] unverändert befolgt werden sollen".[75]

---

73   Kepel: *Allah in the West*, S. 94–95.
74   David Page: *Prelude to Partition: The Indian Muslims and the Imperial System of Control (1920–1932)* (Delhi: Oxford University Press, 1982), S. 260, zit. nach Kepel: *Allah in the West*, S. 95.
75   Manea: *The Arab State …*, S. 63; Warren Hastings Act II of 1772, in Kashi Prasad Saksena: *Muslim Law as Administered in India and Pakistan*, 4. Aufl. (Lucknow:

Auch Aden – das seit 1839 unter britischer Herrschaft war und 1937 den Status einer Kolonie erhielt – sollte in die Fußstapfen des indischen Rechtssystems treten, das in seinen Grundzügen dem in anderen britischen Kolonien existierenden ähnelte. Das koloniale Rechts- und Gerichtssystem behandelte alle Fälle von Rechtsverstößen und verhandelte sie in englischer Sprache. In Angelegenheiten, die Heirat, Scheidung und Erbschaft betrafen, blieben jedoch religiöse und gewohnheitsrechtliche Bestimmungen in Kraft. Ab 1840 beschloss die Generalregierung von Bombay, dass Gesetze, die "rein sozial oder religiös" waren, weiterhin den muslimischen *Qadis* (Richtern) obliegen sollten. Religiöse Minderheiten in Aden, wie Juden und Hindus, durften ihre eigenen religiösen Gerichte haben, um ihre Familienstreitigkeiten beizulegen.[76]

Während Kommunalismus, der Einsatz von Mittelsleuten und Rechtspluralismus im kolonialen Großbritannien etablierte Politiken waren, ebnete das britische Verständnis von Nationalität und Staatsbürgerschaft weiter den Weg für das, was im postkolonialen Großbritannien noch kommen sollte.

Großbritannien versteht Nationalität und Staatsbürgerschaft nicht als ein homogenes Konzept. Stattdessen drückt sich die politische Identität durch verschiedene nebeneinander existierende nationale Identitäten aus: Englisch, Schottisch, Walisisch und Irisch. Die Staatsbürgerschaft als solche ist die Summe der verschiedenen Nationalitäten. Kepel erkannte schnell, wie dieses Konzept der Staatsbürgerschaft die Bedingungen schuf, unter denen das politische System die Einwanderer, die nach der Unabhängigkeit der ehemaligen Kolonialgebiete nach Großbritannien kamen, aufnahm. Von diesen Einwanderern wurde nicht verlangt, sich in die dominante Gesellschaft zu assimilieren. Stattdessen wurde ihnen ein pa-

---

Eastern Book Company, 1963), S. 41; Rosemarie Zahlan Said: *The Making of the Modern Gulf States: Kuwait, Bahrain, Qatar, The United Arab Emirates and Oman* (London: Unwin Hyman, 1989); Karl Pieragostini: *Britain, Aden and South Arabia: Abandoning Empire* (New York: St. Martin's Press, 1991), S. 21; Maxine Molyneux: *State Policies and the Position of Women Workers in the People's Democratic Republic of Yemen, 1967–1977* (Genf: International Labour Office, 1982), S. 246.

[76] Z.H. Kour: *The History of Aden 1839–1872* (London: Frank Kass, 1981), S. 88.

ralleler Status zugestanden, ähnlich dem der walisischen und schottischen Nation, der zu dieser Zeit bereits existierte.[77]

Diese beiden besonderen Merkmale des britischen Kontextes schufen den Rahmen, innerhalb dessen die neuen Einwanderer aus den ehemaligen Kolonien in den 1950er Jahren nach Großbritannien kamen.

Maßnahmen der islamistischen Bewegungen, gesellschaftlich oder politisch

Der parallele Status, den die britische Regierung den südasiatischen Migranten einräumte, wurde durch Aktionen und Maßnahmen zementiert, die von Mitgliedern der beiden von mir beschriebenen Formen islamistischer Bewegungen ergriffen wurden: dem gesellschaftlichen und dem politischen Islamismus.

Die Hauptströmungen des gesellschaftlichen Islamismus hatten seit den 1950er Jahren beharrlich daran gearbeitet, eine muslimische Identität unter den südasiatischen Gemeinschaften zu schaffen – eine Identität, die "die Muslime" letztlich von der allgemeinen britischen Gesellschaft abschottete. Gleichzeitig wurden in den frühen 1960er Jahren verschiedene Stiftungen und Organisationen gegründet, die der Ideologie des politischen Islamismus folgten, in erster Linie, um die Konzepte des politischen Islamismus zu fördern und zu etablieren. Sie plädierten zwar für eine aktive Teilnahme der Muslime an der britischen Gesellschaft, taten dies aber begleitet von der Forderung nach einem islamistischen Exzeptionalismus.

Die Ghettoisierung der Muslime, die in den 1950er und 1960er Jahren begann, wurde durch die fremdenfeindlichen Reaktionen von Vermietern begünstigt, die sich weigerten, an "Pakis" zu vermieten. Moscheen wurden errichtet, die die verschiedenen Strömungen des gesellschaftlichen Islamismus repräsentieren, insbesondere die der Deobandi und Barelwi. Gleichzeitig begannen Wissenschaftler, einen Kommunalismus wahrzunehmen, der sich in dem ausdrückte, was sie "Marktsegmentierung" nannten. Religiöse Tabus wurden verordnet, was das Bedürfnis nach – islamisch "rei-

---

[77] Kepel: *Allah in the West*, S. 98.

nen" – Halal-Lebensmitteln und islamischem Kreditwesen zur Folge hatte. Um diese Moscheen herum entstanden auch Supermärkte, die Halal-Lebensmittel verkaufen und muslimische Jugendliche beschäftigen, deren Verkäuferinnen und Kassiererinnen eine Uniform mit Schleier tragen. Kepel hat diese Entwicklung seit ihren Anfängen erforscht und genau beobachtet:

> "Die Organisation kommunaler Netzwerke um die ersten Moscheen ermöglichte es den eingewanderten muslimischen Gemeinden, einen Prozess der Identitätsdifferenzierung in Gang zu setzen, der alle Aspekte des täglichen Lebens betraf."[78]

Die Differenzierung nahm eine weitere Dimension an, als die mit der Jamaat-e-Islami verbundenen Verbände begannen, sich aktiv für eine islamische bzw. islamistische Erziehung einzusetzen, indem sie eine Überarbeitung des Lehrplans und besondere Bedingungen für muslimische Schüler in öffentlichen Schulen forderten: Halal-Essen, die Erlaubnis für Mädchen, Hosen, Tuniken und Schleier zu tragen, und separate Gebetsräume für Muslime. Am erfolgreichsten waren sie dort, wo sie sich organisierten, um bei den lokalen Behörden Lobbyarbeit zu leisten.[79]

Durch diese Lobbyarbeit gelang es, eine enge Arbeitsbeziehung zu den britischen Behörden aufzubauen.

So war der 1966 von Mitgliedern der Maududi-Bewegung und der Jamaat-e-Islami gegründete *Muslim Education Trust* maßgeblich an der Durchsetzung einer islamischen/islamistischen Bildungsagenda beteiligt. Laut seiner Webseite wurde der Trust gegründet, um "für die islamischen Bildungsbedürfnisse der britischen muslimischen Kinder zu sorgen und ihre Eltern zu beraten, wie sie ihre Kinder in einer unislamischen, materialistischen Gesellschaft erziehen können."[80]

Der Trust war erfolgreich bei der Bereitstellung dessen, was er als "praktische Hilfe und Beratung für britische Bildungsbehörden, Schulen, Bildungseinrichtungen, muslimische Eltern und nichtmuslimische Lehrer sowie eine Vielzahl anderer Personen, die mit

---

[78] Kepel, ebd., S. 108.
[79] Ebd., S. 110–111.
[80] Muslim Educational Trust: *About us*, http://web-eab.wix.com/met#!__page-2 (Zugriff am 1. Juli 2015).

Bildung zu tun haben, über die allgemeinen und islamischen Bedürfnisse muslimischer Schüler in britischen Schulen" beschreibt.[81]

Eine Errungenschaft, mit der er sich rühmt, ist die Vorbereitung des GCSE-Lehrplans für Religionsunterricht (ISLAM) als vollwertiges Prüfungsfach. Der Lehrplan wurde vom damaligen SEAC (*Secondary Examinations and Assessment Council*) genehmigt und vom früheren *University of London Examinations and Assessment Council* (ULEAC, jetzt EDEXCEL) eingeführt. Nach Angaben des Trusts haben bisher mehr als 25.000 Schüler eine Prüfung nach diesem Lehrplan abgelegt.[82]

Obwohl der Trust eng mit den britischen Bildungsbehörden zusammenarbeitet, muss betont werden, dass die von ihm geförderte "islamische Erziehung" darauf abzielt, eine spezifische islamische kulturelle Identität aufrechtzuerhalten und die Assimilation muslimischer Kinder in die britische Gesellschaft zu verhindern.[83] Bezeichnenderweise propagiert sie eindeutig die politische Ideologie des Islamismus, insbesondere des Maududi-Islamismus.

Eines der beliebtesten Bücher, für das der Trust auf seiner Webseite wirbt, ist zum Beispiel "*Islam: Beliefs and Teachings*", geschrieben vom Gründer des Trusts, Ghulam Sarwar, einem Mitglied der Jamaat-e-Islami. In der Einleitung zu seiner achten Auflage (2006) rühmt sich das Buch, dass es in der englischsprachigen Welt weit verbreitet ist und auch zunehmend in "trägerschaftlich finanzierten Schulen in England verwendet wird, um den Islam als Teil des Lehrplans für Religionswissenschaften zu unterrichten"[84].

Ed Husain, ein Senior Fellow für Nahoststudien am *Council on Foreign Relations* in New York und ein ehemaliger islamischer Fundamentalist, bestätigte diese Annahme. In seinen Memoiren schrieb er, dass Sarwars Buch das Hauptlehrbuch für die Religionsschüler an seiner Schule war.[85] Rashad Ali, ein Experte für Islamismus und ebenfalls ein ehemaliger Fundamentalist, bestätigte dies und sagte,

---

[81] Ebd.
[82] Ebd.
[83] Kepel: *Allah in the West*
[84] Ghulam Sarwar: *Islam: Beliefs and Teachings*, 8. Aufl. (London: Muslim Educational Trust, 2006), S. 7.
[85] Ed Husain: *The Islamist* (London: Penguin Books, 2007), S. 20–21.

dass das Buch sehr beliebt gewesen sei und in der Schule, die er besuchte, verwendet worden war.[86]

Diese Standardlektüre über den Islam, die in britischen Schulen verwendet wird, fördert die Ideologie des politischen Islamismus, nicht das Verständnis eines Glaubens.

Vielmehr betont sie, dass es im Islam keine Trennung zwischen Religion und Politik gebe: "Die Trennung von Religion und Politik ist im Islam bedeutungslos. Wir haben bereits erfahren, dass der Islam ein komplettes Lebenssystem ist, und die Politik ist sehr wohl ein Teil unseres kollektiven Lebens."[87] Das Buch beharrt darauf, dass Allah allein Souveränität ausübe:

> "Allah ist die Quelle aller Machthaber und Gesetze. Es ist Allah, der weiß, was gut und was schlecht für seine Diener ist. Sein Urteil ist endgültig. Der Mensch soll und darf es nicht ändern. Es gibt viele Gesetze im Koran, die unser Leben betreffen, und diese Gesetze müssen von einem islamischen Staat zum Wohle aller Menschen in die Praxis umgesetzt werden."[88]

Es lobt die Arbeit der Muslimbruderschaft und der Jamaat-e-Islami und anderer islamistischer Organisationen weltweit zur Errichtung des islamischen Staates auf Erden:

> "Es gibt heute keinen perfekten islamischen Staat auf der Welt. Es gibt viele muslimische Länder. Ein islamischer Staat basiert auf dem Modell des Staates des Propheten in Medina, während ein muslimischer Staat einer ist, der eine mehrheitlich muslimische Bevölkerung und einige islamische Merkmale hat. In vielen Teilen der Welt werden allerdings organisierte Anstrengungen unternommen, ein islamisches Regierungssystem zu errichten, um die Gesetze des Korans und der Sunna umzusetzen. Zu den Organisationen, die sich für eine islamische Gesellschaft einsetzen, gehören vor allem die Muslimbruderschaft im Nahen Osten und die Jamaat-e-Islami in Pakistan und Bangladesch."[89]

Und dann dringt das Buch darauf, dass der Dschihad eine Verpflichtung sei und dass Muslime, "wenn die Not groß ist", ihr Leben "um Allahs willen" geben müssten:

> "Wir möchten, dass sich die Wahrheit durchsetzt und die Falschheit verschwindet, aber wir sind uns bewusst, dass dies nicht von allein geschehen

---

[86] Rashad Ali: Telefongespräch mit d. Autorin, 10. April 2015.
[87] Sarwar: *Islam* …, S. 169.
[88] Ebd.
[89] Ebd., S. 171.

kann; wir müssen unser Bestes tun, um das zu erreichen. Die Erfüllung anderer islamischer Pflichten wird bedeutungslos sein, wenn sie uns nicht dazu motivieren, uns im Dschihad zu engagieren."[90]

---

[90] Ebd., S. 76-77. Im Folgenden finden Sie die vollständigen Zitate. Sarwar sagt dies über das politische System des Islam: "Die Politik ist Teil des Islam. Sie kann nicht von ihm getrennt werden. In der Tat ist die Trennung von Religion und Politik im Islam bedeutungslos. Wir haben bereits gelernt, dass der Islam ein komplettes System des Lebens ist, und die Politik ist sehr wohl ein Teil unseres kollektiven Lebens. So wie der Islam uns lehrt, Salah (Gebet) zu verrichten, Sawm (Fasten) einzuhalten, Zakah (Almosen) zu zahlen und Hadsch (Pilgerfahrt) zu unternehmen, so lehrt er uns, wie man einen Staat führt, eine Regierung bildet, Vertreter wählt, Verträge schließt und Handel betreibt." (S. 169) So wie Sarwar die Vorstellung Maududis vom politischen System des Islams hervorhebt, wiederholt er seine Vorstellung von der Souveränität Allahs und der Anwendung der Scharia: "Souveränität bedeutet die Quelle von Macht und Autorität. Im Islam ist Allah die Quelle aller Kräfte und Gesetze (3:154; 12:40; 25:2; 67:1). Es ist Allah, der weiß, was gut und was schlecht für seine Diener ist. Sein Urteil ist endgültig. Der Mensch soll und darf sich nicht ändern. Im Koran heißt es zum Beispiel: 'Was den Dieb betrifft, so hacken sich Mann und Frau die Hände ab. Es ist der Lohn für ihre eigenen Taten und eine exemplarische Strafe Allahs. Allah ist allmächtig und weise.' (5:38) Nach dem Islam kann diese Ordnung von keinem Herrscher oder keiner Regierung, die behauptet, islamisch zu sein, geändert werden (5:44; 2:229). Es gibt viele Gesetze im Koran, die unser Leben betreffen, und diese Gesetze müssen von einem islamischen Staat zum Wohle aller Menschen in die Praxis umgesetzt werden' (S. 169)."
Unnötig zu sagen, dass der Dschihad ein wichtiger Teil dieser politisierten Weltanschauung des Islam ist: "Dschihad ist der Einsatz aller Kräfte und Mittel zur Durchsetzung der islamischen Lebensordnung, um Allahs Gunst zu erlangen. Dschihad ist ein arabisches Wort, das bedeutet, dass man sein Äußerstes versucht. Er ist ein kontinuierlicher Prozess. In seiner ersten Phase lernt ein Muslim, seine eigenen Leidenschaften und Absichten zu kontrollieren. Wir müssen uns sehr anstrengen, um dies zu erreichen. Dieser Dschihad in uns selbst ist die Grundlage für den umfassenden Dschihad, bei dem es darum geht, Ma'ruf (Recht) zu etablieren und Munkar (Böses) aus unserem Leben und aus der Gesellschaft, in der wir leben, zu entfernen. Er verlangt den Einsatz all unserer materiellen und geistigen Ressourcen. Schließlich müssen wir, wenn es nötig ist, sogar unser Leben für Allahs Willen geben. Das Ziel des Dschihad ist es, das Wohlgefallen Allahs zu suchen. Dies darf nicht vergessen werden, denn dieses Ziel ist die Grundlage aller islamischen Bestrebungen [...] Die regelmäßige und bewusste Erfüllung der vier Grundpflichten sollte uns darauf vorbereiten und motivieren, für die Sache des Islam zu leben und zu sterben [...] Mit anderen Worten, alle islamischen Pflichten sollten uns darauf vorbereiten, den Dschihad zu führen. Der Dschihad ist das Endergebnis unserer Bemühungen in Salah (Gebet), Zakat (Almosen), Sawm (Fasten) und Hadsch (Pilgerfahrt). Wir können uns den Islam nicht ohne den Dschihad vorstellen. Wir möchten, dass sich die Wahrheit durchsetzt und die Falschheit verschwindet, aber wir sind uns bewusst, dass dies nicht von alleine geschehen kann; wir müssen unser Bestes tun, um es zu erreichen. Die Erfüllung anderer islamischer Pflichten

Und dies ist das Buch, das fortwährend im Religionsunterricht an britischen Schulen verwendet und in Moscheen und muslimischen Haushalten in ganz Großbritannien als Einführungstext für junge Muslime beworben wird.[91] Allein diese Tatsache macht deutlich, wie erfolgreich die politischen Islamisten in ihrer Kampagne waren, ihre eigene Agenda als eine zu propagieren, die die islamische Religion und die "Gesamtheit der Muslime" repräsentiert.

Ein ähnliches Muster lässt sich in den Richtlinien erkennen, die der *Muslim Council of Britain* 2007 für britische Bildungsbehörden herausgegeben hat, um den Bedürfnissen muslimischer Schüler an staatlichen Schulen gerecht zu werden. Neben der "islamischen Kleiderordnung", Halal-Essen und Räumlichkeiten für muslimische Gebete besteht eine weitere Praxis darin, Schüler vom gemeinsamen Gottesdienst (der eingeführt wurde, um die Kluft zwischen den Glaubensgruppen zu überbrücken) auszuschließen, wenn dieser nicht auf "islamische Weise" abgehalten werde.

Muslimische Kinder sind auch vom Tanz-, Musik-, Theater- und Zeichenunterricht, von der Sexualerziehung, der Beziehungserziehung und vom koedukativen Schwimmen ausgeschlossen.[92] Die Lehrkräfte werden gewarnt, dass "die meisten Muslime einem Mitglied des anderen Geschlechts in der Regel nicht die Hand geben" und dass sie "sich bewusst sein müssen, dass einige Schüler

---

ist bedeutungslos, wenn sie uns nicht dazu motivieren, den Dschihad zu führen." (S. 76, 77)
Schließlich lobt Sarwar die Bemühungen der islamistischen Bewegungen, den islamischen Staat auf Erden zu errichten. Daher sagt er: "Es gibt heute keinen perfekten islamischen Staat auf der Welt. Es gibt viele muslimische Länder. Ein islamischer Staat basiert auf dem Modell des Staates des Propheten in Medina, während ein muslimischer Staat einer ist, der eine mehrheitlich muslimische Bevölkerung und einige islamische Merkmale hat. In vielen Teilen der Welt werden jedoch organisierte Anstrengungen unternommen, ein islamisches Regierungssystem zu errichten, um die Gesetze des Korans und der Sunna umzusetzen. Zu den Organisationen, die sich für eine islamische Gesellschaft einsetzen, gehören die Muslimbruderschaft im Nahen Osten, die Jamaat-e-Islami in Pakistan, Bangladesch und Kaschmir [...], die Islamische Heilsfront in Algerien, [...] usw." (S. 171)
[91] Ed Husain: *The Islamist*, S. 21.
[92] Muslim Council of Britain: *Meeting the Needs of Muslim Pupils in State Schools: Information & Guidelines for Schools* (London: Muslim Council, 2007), S. 38–58.

und Eltern Zurückhaltung zeigen oder sich sogar weigern könnten, dies zu tun, z. B. bei Preisverleihungen"[93].

Man beachte, dass die MCB-Forderungen bezüglich Musik, Theater, Zeichnen und Händeschütteln tatsächlich die fundamentalistischste Lesart des Islams darstellen. Diese Fächer werden in vielen arabischen und islamischen Staaten unterrichtet, und auch das Händeschütteln ist in vielen arabischen und islamischen Staaten zwischen den Geschlechtern üblich.

Es stellt sich daher die Frage: Warum haben die britischen Behörden die Behauptungen dieser islamistischen Organisationen und damit der gesellschaftlichen Islamisten für bare Münze genommen? Dies bringt mich zum dritten Faktor, der die Herausbildung der muslimischen Gemeinschaft erleichterte.

Die britische Politik und der Einsatz von Mittelsleuten, um die "asiatische Wählerschaft" zu gewinnen

Langsam, aber stetig, über die späteren Jahrzehnte der 1900er Jahre hinweg, begann eine bestimmte Realität Gestalt anzunehmen. Berücksichtigen Sie die Gegebenheiten des Kontextes: Staatsbürgerschaft wurde und wird als Summe verschiedener Nationalitäten wahrgenommen, und die Politik und das Verhalten des nachkolonialen Britanniens waren vom kolonialen Erbe des Kommunalismus und von dem Bedürfnis nach Mittelsleuten geprägt. In diesem Kontext fanden die Bestrebungen der gesellschaftlichen und politischen Islamisten, eine eigene religiöse "Gemeinschaft" zu schaffen, zwangsläufig ein empfängliches Publikum im britischen politischen Establishment.

Der parallele Status, der der sogenannten "muslimischen Gemeinschaft" verliehen wurde, nahm in den 1980er Jahren volle Gestalt an. Die Regierungspolitik, unabhängig von ihrer ideologischen Ausrichtung, spielte eine große Rolle in dem Prozess, der die verschiedenen südasiatischen Gemeinschaften konstruierte und homogenisierte.

Zunächst verfolgten die Konservativen unter Margaret Thatcher die Politik eines "Rollback des Staates" und der Auslagerung

---

[93] Ebd., S. 58.

öffentlicher Dienstleistungen an zivilgesellschaftliche Akteure. Dieser Prozess förderte Partnerschaften zwischen dem Staat und zivilgesellschaftlichen Trägern, insbesondere Glaubensorganisationen.[94]

Thatcher glaubte fest an "individuelle Freiheit und individuellen Wohlstand [...] in der Vielfalt der Wahlmöglichkeiten, [und] in der Erhaltung lokaler Rechte örtlicher Gemeinschaften". Aber ihr Konzept des Neoliberalismus und einer begrenzten Rolle für den Staat gründete sich auf ihren christlichen Glauben und ihre Überzeugung, dass die Kirche starke Funktionen in der Zivilgesellschaft übernehmen sollte.[95] Fast standardmäßig wurde diese Rolle auf andere "Glaubensgruppen" ausgedehnt.

Religion wurde auch als ein Mittel betrachtet, um sozialen Missständen innerhalb des britischen Kontextes zu begegnen.[96] Tatsächlich argumentierten in den 1980er Jahren einige, dass die "Religiosität der muslimischen Gemeinschaft gefördert werden sollte, weil sie dazu beitrug, die relativ niedrigen Kriminalitätsraten" unter "jungen asiatischen Männern im Vergleich zu ihren afro-karibischen Pendants aufrechtzuerhalten"[97].

Zweitens: Während die Konservativen auf eine größere Rolle für Glaubensorganisationen drängten, spielte auch die Labour Party ihren Part beim Aufbau der muslimischen Gemeinschaft. Hier ging es darum, Stimmen zu bekommen. Die Labour Party musste Stimmen aus den asiatischen Gemeinschaften rekrutieren, um die Erosion ihrer traditionellen Wählerschaft aus der Arbeiterklasse zu kompensieren.[98] Doch dabei bediente sie sich derselben britischen Kolonialtechniken des Kommunalismus und der Mittelsleute. Früh rekrutierte sie zum Beispiel "Clan-Älteste, die Stimmen

---

[94] Jack Barbalet, Adam Possamai, Bryan S. Turner: *Religion and the State: A Comparative Sociology* (London: Anthem Press, 2013), S. 51.
[95] Margaret Thatcher: "My kind of Tory Party", *Daily Telegraph*, 30. Jan. 1975, http://www.margaretthatcher.org/document/102600 (Zugriff am 1. Juli 2015). Für mehr über Thatchers Wahrnehmung des Staates, der Regierung und der Kirche siehe auch ihre Rede in St. Lawrence Jewry, 4. März 1981, http://www.margaretthatcher.org/document/104587 (Zugriff am 1. Juli 2015).
[96] Ghaffar Hussain, Interview d. Autorin, St. Albans, 6. Aug. 2013.
[97] Mirza, Senthikumaran, Ja'far: "Living apart together", S. 25.
[98] Kepel: *Allah in the West*, S. 112.

en masse liefern konnten". Die Annahme war, dass "der Älteste einfach jedem im Clan vorgeben würde, für den Kandidaten zu stimmen, den er ausgewählt hatte"[99]. Allmählich wurde die "asiatische Wählerschaft", die auch als "ethnische Wählerschaft" bezeichnet wurde, als "muslimische Wählerschaft" definiert.

Das Bedürfnis nach Mittelsleuten ging über die Frage der Wahlen hinaus. Die ethnischen Spannungen der frühen 1980er Jahre machten deutlich, dass einige lokale Beamte "einen neuen Kommunikationskanal" zwischen den Gemeinderäten und den Gemeinden brauchten: "etwas, um den Mangel an politischer Repräsentation zu kompensieren."[100]

Dieser neue Kanal nahm die Form von religiösen Mittelsleuten an. Um diesen neuen Kanal zu schaffen, half zum Beispiel die Gemeindeverwaltung von Bradford 1981 bei der Gründung und Finanzierung des *Bradford Council of Mosques*, der später eine wichtige Rolle bei der Schürung von Ressentiments gegen Salman Rushdies *"Satanische Verse"* spielen sollte. Natürlich gehörten die Ratsmitglieder den Deobandi-, Barelwi- und Jamaat-e-Islami-Bewegungen an, also den Verfechtern des gesellschaftlichen und politischen Islamismus, die auf eine eigene religiöse Identität für die diversen südasiatischen Gemeinschaften drängten.

Kenan Malik merkt an, dass der Rat der Moscheen (*Council of Mosquees*) nicht in erster Linie eine religiöse Organisation war. Vielmehr wurde er gegründet, um sich als die wahre Stimme der "muslimischen Gemeinschaft" zu präsentieren und als "Vermittler zwischen dieser Gemeinschaft und den öffentlichen Einrichtungen in der Stadt" zu fungieren.[101]

Eine Fülle von moscheebasierten Sozialprojekten begann zu florieren: Im Fall des Rats der Moscheen umfasste dies zwei Zentren für ältere Menschen, eine Vielzahl von Mitarbeitern, die Beratung anboten, Dienste für Frauen in Krankenhäusern und Kliniken sowie eine Reihe von Zentren für muslimische Jugendliche und für die muslimische Gemeinde. Mit diesen Projekten begann der Rat, sich auf Forderungen nach separaten religiösen und kulturellen

---

[99] Malik: From Fatwa to Jihad, S. 68.
[100] Malik, ebd., S. 73.
[101] Ebd., S. 72–75.

Quartieren zu konzentrieren, wie z. B. separate muslimische Schulen, separater Unterricht für Mädchen und das Anbieten von Halal-Fleisch in Schulen. Alle diese Forderungen wurden ohne große Diskussion erfüllt.[102]

Die neue Beziehung zwischen den Gemeinderäten, den Moscheen und den sozialen Diensten marginalisierte die eher säkularen Bewegungen. Vor allem aber verlieh sie der konservativen religiösen Führung innerhalb dieser Gemeinden mehr Glaubwürdigkeit. Ebenso förderte diese Art von Politik das Aufkommen eines bestimmten Typus von Führungspersönlichkeit: eine, die ein Interesse daran hat, die Gemeindegrenze aufrechtzuerhalten, da sie ihn oder sie als Vermittler unentbehrlich macht.[103]

Alle diese Faktoren und Maßnahmen zusammen bildeten das Rückgrat der britischen Politik des Multikulturalismus. Angesichts der Tatsache, dass diese Maßnahmen auf Trennung und sogar Tribalismus gerichtet waren, war es nicht überraschend, dass sie stattdessen zur Realität des pluralen Monokulturalismus führten. Der Multikulturalismus war gut gemeint, aber die Bemühungen, ihn zu entwickeln, verfestigten tatsächlich die Unterschiede, anstatt das zu feiern, was Menschen unterschiedlicher Herkunft zueinander führt. Man konzentrierte sich auf das, was trennt, und diese Getrenntheit wurde durch politische Maßnahmen noch gefördert. Und wenn diese Bemühungen die südasiatischen Gemeinschaften betrafen, geschahen sie in einem politischen und islamistischen Kontext, der die Menschen homogenisierte und sie auf ihre religiöse Identität reduzierte.

Heute ist diese Getrenntheit täglich zu sehen und zu spüren. Ich fragte Tehmina Kazi, Direktorin der *British Muslims for Secular Democracy* (BMSD), ob sie der Aussage zustimme, dass der Multikulturalismus zu einer spezifischen kulturellen Trennung zwischen den Gemeinschaften geführt habe. Ihre Antwort erinnerte mich an die geschlossenen Gemeinschaften des Millet-Systems im Osmanischen Reich:

> "Eine Trennung der Gemeinschaften? Nun, wenn Sie an Orte wie Bradford und Oldham gehen, sogar in Gebiete von Ost-London, werden Sie eine

---

[102] Ebd., S. 75–79.
[103] Kepel: *Allah in the West*, S. 114–115.

Menge Gemeinschaften sehen, die sich miteinander reiben. Im besten Fall sind sie freundlich und tolerieren sich gegenseitig, im schlimmsten Fall gibt es sehr wenig Interaktion und sehr wenig Vermischung. [Es gibt ...] geringere Anteile von dem, was ich als Zeichen der Integration betrachte, wie z.B. interreligiöse Ehen und [interkulturelle] Beziehungen. In weiten Teilen Bradfords gibt es zum Beispiel asiatische Schulen und asiatische Gegenden, und daneben weiße Schulen und weiße Gegenden, und es ist traurig, dass diese Gemeinschaften so disparat sind. Sie haben nicht das Gefühl, dass es etwas gibt, was sie zusammenbringt."[104]

Der plurale Monokulturalismus hatte eine weitere Auswirkung: eine neue Generation von Muslimen, die sich in erster Linie als "muslimisch" identifizieren. Laut einer 2009 vom *Department for Communities and Local Government* in Auftrag gegebenen Studie über "muslimische Gemeinschaften" hat sich die Bedeutung von ethnischer Zugehörigkeit und Glauben in Bezug auf die Identität über Generationen hinweg verändert:

"Vor allem für die älteren Generationen können Zugehörigkeiten zu Nation, Clan, Stamm, Herkunftsort eine ebenso große Rolle spielen wie die Glaubensidentität, und die Verbundenheit mit den Herkunftsländern bleibt stark. Bei jüngeren Befragten gibt es Anzeichen für eine wachsende Religiosität und ein eher pan-muslimisches Identitätsgefühl, das andere ethnische Grenzen und Praktiken ablehnt, die als spezifisch für eine kulturelle Gruppe und nicht für den Islam angesehen werden, obwohl dieses qualitative Ergebnis noch weiterer substantieller Forschung bedarf."[105]

Innerhalb dieser neuen Generation entwickelten einige Personen "islamistisch-fundamentalistische Tendenzen". Dr. Usama Hasan, ein Wissenschaftler in Leitungsfunktion bei der *Quilliam Foundation* und ehemaliger Fundamentalist, drückte es mit diesen Worten aus:

"Die Erfahrung [der britischen Idee des Multikulturalismus] begann in den 60er und 70er Jahren des letzten Jahrhunderts und setzte sich bis in die jüngste Zeit fort – das ist der Zeitrahmen, in dem das islamische Wiedererstehen stattfand. Ich bin damit aufgewachsen und habe es in den späten 70er Jahren aus erster Hand erlebt, aber vor allem in den 80er und 90er Jahren, also mindestens zwei oder drei Jahrzehnte lang. Zwei oder drei Generationen von Muslimen, die von diesem Wiederaufleben betroffen waren, entwickelten sehr starke islamistisch-fundamentalistische Tendenzen. All das geschah unter dem Radar der britischen Gesellschaft, die dies bis zum 11. September 2001 nicht wirklich bemerkte. Nun, die Rushdie-Affäre war ein

---

[104] Tehmina Kazi, Interview d. Autorin, London, 14. Jan. 2013.
[105] Change Institute: *Summary Report* ..., S. 6.

Weckruf in den späten 80er Jahren, sodass die Leute erkannten, dass es hier eine Art Problem gibt, aber sie dachten eigentlich nicht, dass es weit verbreitet und dass es so schlimm ist."[106]

Die Salman-Rushdie-Affäre[107] wurde als Wendepunkt, als historisches Ereignis und als Zäsur in der Beziehung zwischen der britischen Gesellschaft und ihren "muslimischen Gemeinschaften" beschrieben. Tatsächlich entschied sie nur über den Ausgang eines Machtkampfes zwischen Vertretern des politischen und gesellschaftlichen Islamismus und legte fest, wen die britischen Behörden als offiziellen Sprecher der "muslimischen Gemeinschaft" betrachteten. Es war der Höhepunkt von vier Jahrzehnten des Kommunalismus und der Identitätspolitik.

Zwar organisierten Vertreter der Deobandi-, Barlewi- und Jamaat-e-Islami-Bewegungen Demonstrationen und Verbrennungen von Rushdies Buch, doch was die Jamaat wirklich als Sprachrohr der muslimischen Gemeinschaft herausstechen, war die Gründung des *United Kingdom Action Committee on Islamic Affairs* (UKACIA) aus einer Reihe von Jamaat-beeinflussten Organisationen in Großbritannien zur Koordinierung der Kampagne gegen das Buch. Saudi-Arabien förderte diesen Schritt, der den Einfluss des politischen Islamismus innerhalb des britischen politischen Systems institutionalisierte.[108] Der *Muslim Council of Britain* wurde 1997 aus dem Schoß von UKACIA geboren.

Daher war die Rushdie-Affäre eine andere Art von Weckruf. Ghaffar Hussain, den ich bereits erwähnte, formulierte es so:

"Die Regierung wurde zum ersten Mal wach und erkannte, dass es tatsächlich Muslime gibt, die sich politisch als Muslime und nicht als Pakistaner

---

[106] Usama Hasan, Interview d. Autorin, Leytonstone, 9. Aug. 2013.
[107] Salman Rushdie, ein indischer Schriftsteller islamischer Herkunft, war für seine scharfe Kritik an der Jamaat-e-Islami-Agenda bekannt. Als der Penguin-Verlag im September 1988 seinen Roman *Die Satanischen Verse* in Großbritannien veröffentlichte, starteten Vertreter des politischen und gesellschaftlichen Islamismus eine Kampagne gegen das Buch, weil es angeblich blasphemisch sei. Die Fatwa des iranischen Ayatollah Ruhollah Khomeini im Jahr 1989, die den Muslimen befahl, Rushdie zu töten, politisierte die Situation weiter. Der Iran konkurrierte mit Saudi-Arabien um die Führung der "muslimischen Welt", und beide nutzten die Affäre als Stellvertreterfeld für ihre Rivalität.
[108] Malik: *From Fatwa to Jihad*, S. 1–36; Divino: *The New Muslim Brotherhood* ..., S. 118–124.

oder Araber verhalten – sie verhalten sich als Muslime, und das war sehr zweckdienlich für die Briten."[109]

Es war zweckdienlich, weil das britische politische Establishment, wie Hussain uns erinnert, an diese Vorgehensweise schon aus Britisch-Indien gewöhnt war, wo sie "die Muslime als einen politischen Block behandelten"[110].

Die Muslime, die sich politisch verhielten, waren Islamisten, die über den *Muslim Council of Britain* operierten, und diese Organisation "wurde zur Standardorganisation, an die sich jede britische Regierung, jeder Beamte oder die Medien in allen Fragen, die den Islam betrafen, wandten". Daher, so fuhr er fort:

> "Wenn es um Halal-Fleisch oder den Hijab geht, egal was, gehen sie direkt zum *Muslim Council of Britain*. Was also tatsächlich geschah, war, dass die Islamisten, die zahlenmäßig eher klein waren, im Grunde die mächtigste Organisation wurden, der *Muslim Council of Britain*, und für die Mainstream-Gesellschaft in der Tat das einzige Tor zur muslimischen Gemeinschaft."[111]

Seit den Bombenanschlägen vom 7. Juni 2005 in der Londoner U-Bahn hat sich das Verhältnis zwischen dem britischen politischen Establishment und dem *Muslim Council of Britain* stetig verändert. Die Menschen fingen an, die Vielfalt der muslimischen Gemeinschaften wahrzunehmen, und die Medien begannen mit einer energischeren Berichterstattung, die immer noch eine entscheidende Rolle bei der Entlarvung der fundamentalistischen und radikalen Botschaften spielt, die sowohl durch den gesellschaftlichen als auch durch den politischen Islamismus verbreitet werden.

Es dauerte eine Weile, bis die Regierung ihre Strategie zur Terrorismusbekämpfung anpasste und an die Vorstellung, dass der gewaltlose Islamismus tatsächlich den Weg für den gewalttätigen Islamismus ebnen kann. Dies wurde klar zum Ausdruck gebracht in einer Rede von Innenministerin Theresa May im März 2015 mit dem Titel "Ein stärkeres Großbritannien, aufgebaut auf unseren

---

[109] Ghaffar Hussain, Interview, Aug. 2013.
[110] Ebd.
[111] Ebd.

Werten: Eine neue Partnerschaft zur Bekämpfung des Extremismus".[112]

May räumte ein, dass die "ernsthafteste und am weitesten verbreitete Form des Extremismus, die wir bekämpfen müssen, der islamistische Extremismus ist". Ebenso argumentierte sie, dass "Extremismus viele Formen annehmen kann. Er kann ideologisch sein, oder er kann von sozialen und kulturellen Normen angetrieben werden"[113]. Während "nicht jeder Extremismus zu Gewalt führt und nicht alle Extremisten gewalttätig sind", gibt es einen "roten Faden, der die Art von Extremismus, die Hass und ein Gefühl der Überlegenheit gegenüber anderen fördert, mit den Handlungen derjenigen verbindet, die uns ihren Glauben durch Gewalt aufzwingen wollen"[114].

Diese Erkenntnis machte deutlich, dass auch Scharia-Räte Teil dieses sozialen und kulturellen Extremismus sein können. Tatsächlich stellte die britische Regierung zum ersten Mal seit der Einführung dieser Praxis in den 1980er Jahren eine Verbindung her und erwähnte ausdrücklich die Anwendung von "Scharia-Gesetzen, die zur Diskriminierung von Frauen eingesetzt werden" als Beispiel für diese Art von Extremismus.[115]

Die Zusammenhänge herstellen: Über die Bedeutung dieser Verbindungen

Wie hängt all dies zusammen mit unserer Diskussion über den schwachen Rechtspluralismus und die Einführung der Scharia für Familienangelegenheiten in muslimischen Gemeinschaften in Großbritannien und im Westen im Allgemeinen? Es gibt hier eine politische Dimension, die wir bei der Diskussion des Themas kaum berücksichtigen: Diejenigen "Muslime" im Westen, die die Einführung von Rechtspluralismus und die Anwendung des islamischen

---

[112] Theresa May MP, Home Secretary: *A stronger Britain, built on our values – A new partnership to defeat extremism* (Rede, 23. März 2015), https://www.gov.uk/government/speeches/a-stronger-britain-built-on-our-values.ur (Zugriff am 1. Juli 2015).
[113] Ebd.
[114] Theresa May MP, ebd.
[115] Ebd.

Rechts fordern, sind oft mit anderen Formen des Islamismus verbunden, sei es gesellschaftlich oder/und politisch. Die Essentialisten nehmen ihre Forderungen für bare Münze und ignorieren dabei die politische Agenda des Islamismus und seinen totalitären Charakter.

Erinnern Sie sich an die Aussage von Gita Saghal, die ich am Anfang dieses Kapitels zitiert habe: "Es gibt eine Kluft"[disconnect]? Menschen, die sich mit Sicherheitsfragen beschäftigten, Menschen, die den Extremismus bekämpften – sie machten sich über Scharia-Gerichte in Großbritannien keine Sorgen. Aber die beiden Themen seien miteinander verbunden, so erklärte sie.

Die beiden Themen sind auf drei Arten miteinander verbunden: durch Mitgliedschaft, durch Ideologie und durch Vereinnahmung.

Betrachten wir zunächst die Mitgliedschaft. Ich habe diesen Punkt angedeutet, als ich über die Formen des Islamismus sprach. Der Schlüssel ist, dass viele Mitglieder der Scharia-Gerichte den verschiedenen Bewegungen angehören, die den gesellschaftlichen und politischen Islamismus fördern.

Maryeam Namazi, Direktorin von *One Law for All*, ist eine iranischstämmige Menschenrechtsaktivistin und eine der führenden Stimmen, die sich für das Ende der Scharia-Gerichte in Großbritannien einsetzen. Sie beschrieb den programmatischen Charakter dieser Verbindung zum Islamismus:

> "Es ist nicht so, [dass] eine Gruppe von Muslimen zusammenkam und sagte: 'Oh ja, wir wollen Scharia-Gerichte als eine Form der Schlichtung haben.' Wenn man sich die Scharia-Gerichte selbst anschaut, haben die Leute, die die Gerichte leiten, Verbindungen zur islamischen Bewegung [...]. Aber ebenso viele von ihnen sind mit der Muslimbruderschaft und mit Jamaat-e-Islami verbunden; sie haben diese Verbindung."[116]

Rashad Ali, der Extremismusexperte, den ich bereits zitiert habe, erwähnte diesen Aspekt ebenfalls, und zwar auf sachliche Art und Weise. Genau wie Gita Saghal und Maryam Namazie hob er diese Verbindung hervor und gab dazu folgendes Beispiel:

---

[116] Maryam Namazie, Interview d. Autorin, London, 19. Jan. 2013.

> "Ich denke, in mancherlei Hinsicht wird man feststellen, dass der Scharia-Rat in Birmingham, in der Zentralmoschee in Birmingham, eine Mischung aus Jamaat-e-Islami, Maududis und Deobandi-Gelehrten ist, die ihn leiten. Die Zentralmoschee ist ein Zusammenschluss der beiden Gruppen [...] Ich denke also, dass man Trends [... und] transnationale [islamistische] Bewegungen wie die Muslimbruderschaft und Jamaat-e-Islami hier findet, die mit solchen Bewegungen zu tun haben."[117]

Meine Recherche unterstützt diese Beobachtung. Mitglieder der beiden Arten des Islamismus, des gesellschaftlichen und des politischen, kontrollieren häufig britische Scharia-Gerichte. So wurde beispielsweise der *Islamic Shari'a Council* in Leyton laut seiner Webseite von mehreren Organisationen gegründet, die bekanntermaßen dem politischen und gesellschaftlichen Islamismus nahestehen: Jamaat-e-Islami (*UK Islamic Mission*), Muslimbruderschaft (*Muslim Welfare House*) und dem globalen wahhabitischen Islam (*Muslim World League*).[118] Einige derjenigen, die im Council als "Richter" wirken, gehören dem salafistischen Islam (wie Haitham Al Haddad) und der Ahl al-hadith, den Salafisten Südasiens, an (wie Dr. Suhaib Hasan). Laut dem Dokumentarfilm "*War Crimes File*" von Channel 4 aus dem Jahr 1995 war der Leiter dieses Rates, Scheich Maulana Abu Sayeed, ein führendes Mitglied der *Al-Badr Squad* – eines paramilitärischen Ablegers der Jamaat-e-Islami –, die 1971 während des Unabhängigkeitskrieges von Bangladesch als pakistanische Todesschwadron fungiert haben soll.[119]

Zweitens ist die Ideologie zu berücksichtigen. Diejenigen, die in den Scharia-Gerichten wirken, weisen oft ideologische und politische Merkmale des Islamismus auf, ein Aspekt, den ich weiter oben in diesem Kapitel dargestellt habe, als ich die beiden Formen des Islamismus diskutierte. Zu diesen Merkmalen gehören die Betonung der schrittweisen Schaffung eines islamischen Staates, die Umsetzung der Scharia, der Dschihad gegen die Feinde des Islam

---

[117] Rashad Ali, Interview d. Autorin, London, 18. Jan. 2013.
[118] http://www.islamic-sharia.org/aboutus/
[119] Siehe z.B. Bangladesh Genocide Archive: *War Crimes File – A Documentary by Twenty Twenty Television*, http://www.genoci debangladesh.org/war-crimes-file-a-documentary-by-twenty-twenty-television/ (Zugriff am 1. Juli 2015); weitere Informationen zur Badr Squad siehe u.a. Husain Haqqani, *Pakistan: Between Mosque and Military* (Washington, DC: Carnegie Endowment for International Peace, 2010), S. 79–80.

sowie die Aufteilung der Welt in zwei Lager: in Gläubige und Ungläubige. Die Kontrolle der Frauen und ihres Verhaltens durch eine patriarchalische und archaische Auslegung des Islams ist ein weiteres gemeinsames Merkmal.

Dr. Usama Hasan, der 2012 die Stellungnahme der *Quilliam Foundation* zum *Baroness-Cox-Arbitration-and-Mediation-Services-(Equality)*-Gesetz verfasst hat, erwähnte ausdrücklich das Problem des Extremismus in Bezug auf die Scharia-Räte: Er verwies auf die Art und Weise, wie extremistische Kleriker, die in den britischen Scharia-Räten sitzen, den Frauen das Leben schwer machen. Zu diesem Aspekt äußerte er sich in einem Folgeinterview:

> "Ja, es gibt sicherlich Leute mit starken islamistischen Ideen [die in den Scharia-Räten sitzen]. Aber Sie wissen ja, dass islamistische Ideen die Muslime weltweit infiziert haben, also ist das keine Überraschung. Also, ja, es wird Leute geben, die diese vagen Vorstellungen vom islamischen Staat, der Scharia und dem Kalifat und dem Dschihad und all diesen Dingen haben."[120]

Dieses ideologische Merkmal, das er als seiner Natur nach fundamentalistisch beschreibt, beeinflusse die Art und Weise, wie "sie bestimmte Themen in Bezug auf den Widerstand gegen Reformen betrachten", insbesondere in Bezug auf die Geschlechterbeziehungen. Es erklärt, warum es schwierig sein wird, die Scharia-Räte zu reformieren. In der Tat ist die Gesinnung die eines wortgetreuen Festhaltens am strengen, restriktiven, engstirnigen Weltbild über Frauen und dem Beharren auf ihrer Behandlung als Unmündige:

> "[Diese extremistischen Kleriker] werden sagen, dass eine Frau niemals aus eigenem Antrieb heiraten kann, sie sich niemals aus eigenem Antrieb scheiden lassen kann, sie niemals eine gleiche Erbschaft wie Männer antreten kann, geschweige denn eine höhere als Männer. Und sie alle stützen sich auf eine wortgetreue Auslegung des Korans, was nach meinem Verständnis ein Merkmal des Fundamentalismus ist."[121]

Beachten Sie drittens die Zweckentfremdung. Islamisten haben die Idee des schwachen Rechtspluralismus für ihre eigene politische Agenda vereinnahmt. Diese Aussage habe ich wiederholt gehört, und zwar aus verschiedenen Quellen. Die Menschen erkennen völ-

---

[120] Usama Hasan, Interview, Aug. 2013.
[121] Ebd.

lig klar die politische Bedeutung, die mit der Einführung des islamischen Rechts in westliche Rechtssysteme einhergeht. Aber viele haben Angst, das zu äußern, um sich nicht dem Vorwurf der Islamfeindlichkeit auszusetzen.

Die Scharia-Gerichte sind "sicherlich aus einer ideologischen" islamistischen Agenda heraus entstanden[122]: der erste Rat, der 1982 in Großbritannien gegründet wurde, war der *Islamic Shari'a Council* in Leyton, und er hat deutliche Verbindungen zu transnationalen islamistischen Gruppen, sowohl gesellschaftlicher als auch politischer Natur.

Im Laufe der Zeit und aufgrund der Islamisierung in den britischen muslimischen Gemeinden sind jedoch, wie Rashid Ali erklärt, einige dieser Scharia-Gerichte zu einem Ort geworden, an dem "praktische Probleme" für einige Personen mit bestimmten religiösen Überzeugungen gelöst werden, die "Probleme gelöst haben müssen", welche zu ihrem Dogma passen. Und so "dienen die Räte manchmal als Ort für Fatwas, als Ort, der ihnen hilft, ihre eigenen religiösen Bedürfnisse zu erfüllen"[123].

Angesichts der Probleme und der Diskriminierung, mit denen Frauen vor den Scharia-Gerichten konfrontiert sind, versuchen einige muslimische Religionsgelehrte wie Dr. Usama Hasan, den Frauen zu helfen und sie dabei zu unterstützen, das zu bekommen, was sie brauchen: eine religiöse Scheidung.

Die islamistische Vereinnahmung der Scharia-Gerichte nimmt vor diesem Hintergrund verschiedene Formen an. Eine davon ist das, was Tahmina Saleem, Mitbegründerin der britischen muslimischen Frauenorganisation *Inspire*, als Verpflichtung zur Inanspruchnahme dieser Scharia-Räte beschreibt, die sie als entkontextualisierte patriarchalische Interpretation des islamischen Rechts als Standard, der angewendet werden sollte, darstellt:

> "Ich sehe eine Beziehung zwischen dem Islam, der für politische Zwecke benutzt wird, und den Scharia-Räten in Großbritannien. Ich würde die Beziehung als 'obligatorisch' beschreiben, was bedeutet, dass die Existenz dieser Räte als Erfüllung grundlegender religiöser Bedürfnisse innerhalb muslimischer Gemeinschaften dargestellt wird, die anderswo im britischen Kontext

---

[122] Rashad Ali, Interview, Jan. 2013.
[123] Ebd.

nicht erfüllt werden. Viele dieser Scharia-Räte werden von konservativen Gremien unterstützt, z. B. von Mitgliedsorganisationen der Jamaat-e-Islami und den Muslimbrüdern, die beide patriarchalische, eng definierte Rollen für Frauen begünstigen. Diese Rollen basieren auf kontextlosen Interpretationen der Scharia, die für das heutige Großbritannien irrelevant sind. Dennoch werden diese Interpretationen als definierender Standard propagiert, dem alle anderen Standards untergeordnet sind, einschließlich westlicher Rechtsauffassungen von den Menschenrechten der Frau."[124]

Die Vereinnahmung erfolgt in der Form, dass Scharia-Gerichte ungeachtet ihrer Unzulänglichkeiten verteidigt werden und indem argumentiert wird, dass für muslimische Gemeinschaften die "Umsetzung der Scharia" eine "religiöse Notwendigkeit" sei. Bei dieser Darstellung wird außer Acht gelassen, dass diese Notwendigkeit mit der politischen Agenda des Islamismus zusammenhängt und dass solche Gerichte nicht den allgemeinen Bedürfnissen unterschiedlicher Gemeinschaften mit islamischer Überlieferung entsprechen. Dr. Usama Hasan hat dies so formuliert:

"Aber es ist auch wahr, dass die Islamisten dieses ganze Projekt als Teil ihres eigenen vereinnahmen, und das ist auch der Grund, warum die islamistischen Gruppen in diesem Land dazu tendiert haben, die Scharia-Räte zu verteidigen, egal was passiert und wann immer es Kritik gegeben hat. Sie haben sich um die Scharia-Räte geschart, weil sie die Scharia umsetzen wollen [...]. Und die breitere Gesellschaft kann das sehen: Sie kann sehen, dass die Islamisten aktiv sind und viel über die Scharia sprechen, und sie kann sehen, dass die Scharia-Räte versuchen, eine Art von Scharia im Familienrecht und in der Familiensituation umzusetzen, und sie wirft die beiden oft zusammen, weil sie ihrer Vorstellung nach miteinander verbunden sind. Und ja doch, es gibt diese Verbindung."[125]

Die Islamisten vereinnahmen einen schwachen Rechtspluralismus auf zwei Ebenen.

Die erste Ebene sind die transnationalen institutionellen Arme des politischen Islamismus. Die globalen institutionellen Arme des gesellschaftlichen und/oder politischen Islamismus propagieren häufig die Idee eines separaten, auf der Scharia basierenden Rechtssystems für die "muslimische Minderheit". Das Thema wird oft so

---

[124] Tahmina Saleem, schriftl. Antwort auf Fragen der Autorin per E-Mail, 14. Aug. 2014.
[125] Usama Hasan, Interview d. Autorin, Aug. 2013.

eingekleidet, dass es als religiöse Forderung dargestellt wird, die unter dem Banner der Religionsfreiheit respektiert werden sollte.

Folgendes Beispiel verdeutlicht meinen Standpunkt. Der *Europäische Rat für Fatwa und Forschung* (ECFR) ist eine einflussreiche, private Institution mit Sitz in Dublin, Irland. Er wurde im März 1997 auf Initiative der *Federation of Islamic Organisations in Europe* (FIOE) in London gegründet. Er wird von englischsprachigen islamistischen Webseiten häufig als "eines der repräsentativsten Gremien in diesem Bereich" vorgestellt; der Rat liefere "auf muslimische Minderheiten zugeschnittene Interpretationen des islamischen Rechts"[126].

Nach Gründung des Rates unterstützten die ersten Empfehlungen seiner beiden Eröffnungssitzungen ein islamistisches Weltbild, das Identität durch Religionszugehörigkeit und -befolgung definiert. Ebenso ignoriert es die Nationalitäten von Migranten mit islamischem Hintergrund und fordert sie auf, in ihrer Lebensführung dem islamischen Recht zu folgen und sich um die Würdigung des islamischen Rechts für Familienangelegenheiten zu bemühen.

Der Rat forderte die Muslime daher auf, "ihre islamische Identität und religiöse Persönlichkeit zu bewahren und in ihrer 'Gottesverehrung und ihren Handlungsweisen' das zu befolgen, was der Herr befohlen, was er erlaubt und was er verboten hat". Der Rat verlangte auch, dass sie "hart arbeiten", um die Staaten, in denen sie leben, dazu zu bringen, "den Islam als Religion anzuerkennen und [...] die Muslime als eine religiöse Minderheit wie andere religiöse Minderheiten auch". Diese Anerkennung würde "den vollen Genuss ihrer Rechte und die Fähigkeit, ihren persönlichen Status wie Heirat, Scheidung und Erbschaft zu regeln", nach islamischem Recht beinhalten.[127]

Eine wichtige Tatsache wird bei der Darstellung dieser Empfehlungen oft übersehen: Dieser Rat und die Föderation, die ihn ins

---

[126] Siehe Islamopedia online: "European Council for Fatwas and Research (Dublin, Ireland)", http://www.islamopediaonline.org/websites-institutions/european-council-fatwas-and-research-dublin-ireland (Zugriff am 1. Juli 2015).

[127] European Council for Fatwa and Research: *Resolutions and Fatwas [edicts] of the European Council for Fatwa and Research* (auf Arabisch) (Kairo: Islamic House for Distribution and Publication, 2002), S. 19.

Leben gerufen hat, sind alle internationale Arme der Muslimbruderschaft.

Der ECFR wird von Scheich Yusuf al-Qaradawi geleitet, dem Vorsitzenden der *Internationalen Union der Gelehrten der Muslime* und einem weltweit bekannten geistlichen Führer der Bewegung der Muslimbruderschaft. Er hat seine Fernsehsendung auf den Sendern *Al Jazeera* und *Qatar-TV* oft dafür genutzt, um islamistische Anliegen weltweit zu unterstützen und zu verbreiten. Er hat auch die Idee gefördert, dass der Islam, oder genauer gesagt der Islamismus, Europa allmählich erobern werde, ohne dass zum Schwert gegriffen werden müsse. In einer Fernsehsendung sagte er zum Beispiel Folgendes:

> "Die friedliche Eroberung hat eine Grundlage in dieser Religion, und deshalb erwarte ich, dass der Islam Europa erobern wird, ohne zum Schwert zu greifen oder zu kämpfen. Er wird dies mit Hilfe von *da'wa* [Bekehrung] und Ideologie tun. Europa ist unglücklich mit dem Materialismus, mit der Philosophie der Promiskuität und mit den unmoralischen Erwägungen, die die Welt beherrschen, Erwägungen des Eigeninteresses und der Selbstverliebtheit. Es ist höchste Zeit, dass Europa aufwacht und einen Ausweg aus dieser Situation findet. Europa wird keinen anderen Lebensretter und kein anderes Rettungsboot finden als den Islam. Der Islam wird Europa vor dem rasenden Materialismus retten, unter dem es leidet. Die Promiskuität, die es Männern erlaubt, Männer zu heiraten, und Frauen, Frauen zu heiraten, ist entsetzlich. Alle Religionen verurteilen dies. [Der Islam] ist in der Lage, Europa und dem gesamten Westen die kommende Welt zu gewähren, ohne ihnen diese Welt zu verweigern. Er kann ihnen Glauben gewähren, ohne ihnen Wissenschaft zu verweigern. Er kann ihnen Wahrheit gewähren, ohne ihnen Macht zu verweigern. Er kann sie mit den Himmeln verbinden, ohne sie von der Erde loszureißen. Er kann ihnen Geist gewähren, ohne ihnen die Materie zu verweigern. Die Botschaft des Islam ist eine Botschaft des globalen Gleichgewichts, und deshalb glaube ich, dass die nächste Eroberung durch *da'wa* erfolgen wird. Aber natürlich müssen die Muslime zu handeln beginnen, um diese Welt zu erobern."[128]

Darüber hinaus identifiziert die Online-Enzyklopädie der Muslimbrüder, die in arabischer Sprache veröffentlicht wird, die FIOE, die

---

[128] Scheich Yusuf al-Qaradawi: "Islam's 'Conquest of Rome' will save Europe from its subjugation to materialism and promiscuity'", *Qatar TV*, 28. Juli 2007. Der TV-Clip Nr. 1592, übersetzt und veröffentlicht durch MERI TV, The Middle East Media Research Institute, ist verfügbar unter http://www.memritv.org/clip/en/1592.htm (Zugriff am 1. Juli 2015).

Mutterorganisation des Rates, als "den europäischen Flügel der weltweiten Bewegung der Muslimbrüder".[129]

Diese politische Zugehörigkeit fehlt auf der englischen Webseite der FIOE schlichtweg. Stattdessen definiert sie sich als 'kulturelle Organisation' – eine mit Hunderten von Mitgliedsorganisationen in 28 europäischen Staaten. Sie stellt sich auch als die "größte islamische Organisation auf europäischer Ebene" dar. Ob dies die Realität widerspiegelt, ist diskutabel. Sie ist sicherlich gut finanziert und gut organisiert. Wichtig ist jedoch, dass es sich bei dieser Organisation um eine politische Organisation handelt, die als Arm der globalen Bewegung des politischen Islamismus arbeitet.[130]

In pluralistischen westlichen Demokratien haben die beiden Organisationen sicherlich ein Recht auf ihre Meinung zum islamischen Recht im Westen. Das Problem, das ich sehe, ist die Art und Weise, wie sie ihre Forderungen als islamisch, vom Islam verordnet und damit als religiöse Forderungen der muslimischen Minderheit darstellen. Tatsächlich handelt es sich bei ihren Forderungen um politische Forderungen einer politischen Ideologie: des Islamismus. Sie geben diese Verbindung nur nie offen zu.

Die zweite Ebene, auf der sie den schwachen Rechtspluralismus vereinnahmen, sind die Organisationen des politischen Islamismus auf nationaler Ebene. Diese Organisationen und Verbände, die auf nationaler Ebene in Europa und Nordamerika tätig sind, befürworten oft die Anwendung eines schwachen Rechtspluralismus für die muslimische Gemeinschaft.

Im Vereinigten Königreich beispielsweise versuchte der *Muslim Council of Britain* (MCB) mit seinen eindeutigen Verbindungen zur Jamaat-e-Islami an vorderster Front, Scharia-Gerichte zu "verankern" und islamisches Recht in Familienangelegenheiten als "religiös beauftragte Schlichtungsgremien" einzuführen. In seinem jüngsten Papier zu den Parlamentswahlen 2015 bekräftigt er diesen Punkt.[131] Wiederum der Strategie der transnationalen institutionel-

---

[129] Ikhwan Wiki, Federation of Islamic Organisations in Europe (auf Arabisch), http://goo.gl/u57S2R (Zugriff am 1. Juli 2015).
[130] Ebd.
[131] Muslim Council of Britain (MCB): *Fairness not Favours: British Muslims' Perspectives at the 2015 General Election* (London: MCB, 2015), S. 11, http://www.mcb.

len Arme des politischen Islamismus ähnlich präsentiert der MCB seine islamistische Perspektive als *"British Muslims' perspectives at the 2015 General Election"* – so der Titel seines Papiers. Das Papier fördert die Abgrenzung von Muslimen, indem es die Vorstellung propagiert, dass britische Muslime spezifische Bedürfnisse haben, die nur durch eine Sonderbehandlung für sie erfüllt werden können, einschließlich der Unterstützung der Arbeit der Scharia-Räte.[132]

Vor allem aber wird so jede Kritik an diesen Gerichten als "Islamkritik" und Ausdruck von "Islamophobie" politisiert. Baroness Cox ist eine Zielscheibe solcher Vorwürfe.

Baroness Cox war eine der ersten Parlamentsabgeordneten, die die Öffentlichkeit auf das Problem der in Großbritannien arbeitenden quasi-juristischen Systeme und deren negative Auswirkungen auf Frauen aufmerksam machte. Als sie ihren bereits erwähnten Gesetzesentwurf aus dem Jahr 2011 veröffentlichte, der darauf abzielt, das Schiedsgerichtsgesetz von 1996 zu ändern und "straf- und familienrechtliche Angelegenheiten nicht schiedsfähig zu machen"[133], gab der MCB eine Erklärung ab, in der er diesen Entwurf kritisierte und darauf bestand, dass die Scharia-Räte gemäß dem Konzept der "Zustimmung" arbeiteten. Khurshid Drabu, ein Berater für Verfassungsfragen des MCB, kommentierte den Gesetzentwurf in einem Interview mit dem *Guardian* so:

> "Mit solchen Gesetzesentwürfen ist niemandem geholfen. Sie scheinen nicht zu verstehen, dass wir in einem freien Land leben, in dem die Menschen freie Entscheidungen treffen können. Wieder einmal scheint es ein völliges Missverständnis über das Konzept zu geben, das diesen Schlichtungsräten zugrunde liegt. Scharia-Räte arbeiten mit Zustimmung. Wenn es eine Frau gibt, die unter der Entscheidung einer dieser Räte leidet, steht es ihr frei, sich an die britischen Gerichte zu wenden."[134]

---

org.uk/wp-content/uploads/2015/03/fairnessnotfavours-MCB.pdf (Zugriff am 1. Juli 2015).
[132] Ebd.
[133] Arbitration and Mediation Services (Equality Bill), Baroness Cox, 7th June 2011, National Archive, Part 2, Article 4, S. 3.
[134] Karen McVeigh, Amelia Hill: "Bill limiting sharia law is motivated by ‚concern for Muslim women'", *The Guardian*, 8. Juni 2011, http://www.theguardian.com/law/2011/jun/08/sharia-bill-lords-muslim-women (Zugriff am 26. Mai 2015).

Diese Ausführungen beachten selbstverständlich nicht, dass "Zustimmung" in einer geschlossenen Gemeinschaft oft von Machtstrukturen und vom Patriarchat geprägt ist, die die "Freiheit", sich an die britischen Gerichte zu wenden, unerträglich unrealistisch machen. Das MCB fuhr fort, an Baroness Cox und ihrer Persönlichkeit herumzukritteln, mit einer Taktik, die Islamisten oft als Reaktion auf jegliche Kritik an ihrer Agenda, an Extremismus oder an den negativen Folgen der Anwendung des islamischen Rechts heranziehen – sie brandmarken die Person oder Gruppe und die Regierung einfach als "islamophob".

Dr. Usama Hasan, bekannt dafür, ein gläubiger Gelehrter zu sein, der Extremismus und Islamismus kritisch gegenübersteht, erinnert sich an das Geschehen:

> "Sie brachten verschiedene Beschwerden über die Arbeit von Baroness Cox selbst vor. Weil sie sich zum Beispiel im Sudan für die dortigen christlichen Gemeinden eingesetzt hat, [...] wurde sie als verkappte Kreuzritterin dargestellt, die, vor allem wegen ihrer Arbeit im Sudan und [...] in anderen Gebieten im Namen der Christen, den Islam und die Muslime angreife. Und sie [...] haben das zu einem politischen Thema gemacht.
> Sie neigen dazu, jeden, der diese Themen anspricht, als islamophob zu bezeichnen. Wenn man etwas kritisiert, was Muslime tun, oder eine Interpretation der Scharia oder des Islams, dann ist die Standardantwort: 'Oh, das ist islamophob und das kann man nicht machen!' Mir wurde vorgeworfen, islamfeindlich zu sein, weil ich über Extremismus gesprochen habe – so ist das eben."[135]

Diese drei Elemente – Mitgliedschaft, Ideologie und Vereinnahmung – verdeutlichen die politische Dimension des Themas. Sie zu ignorieren wird dies nicht verschwinden lassen. Diese Dimension hat Auswirkungen, nicht nur auf den Kampf gegen Terrorismus und Extremismus, sondern auch auf den Zusammenhalt der Gesellschaft und die erfolgreiche Integration verschiedener Migranten muslimischer Herkunft in die britische Gesellschaft. Islamisten bedienen sich einer theoretischen Diskussion, die durch das Paradigma der Essentialisten gefördert wird, um politische Ziele zu erreichen, die man als "kulturellen Dschihad" bezeichnen könnte: einen Dschihad, der darauf abzielt, Migranten muslimischer Herkunft gemäß den Lehren des gesellschaftlichen und politischen Is-

---

[135] Usama Hasan: Interview m. d. Autorin, Aug. 2013.

lamismus zu islamisieren, sie von ihrer breiteren Gesellschaft abzuschotten und allmählich "den Westen zu erobern", um es mit den Worten von Scheich Yusuf al-Qaradawi zu sagen.

Viele westliche Politiker und Akademiker zögern, ihre Bedenken über diese politische Dimension zu äußern, aus Angst, als "rassistisch" oder, noch schlimmer, als "islamophob" abgestempelt zu werden. Die Essentialisten hingegen ignorieren diese Dimension des machtlosen Rechtspluralismus entweder oder halten sie gar nicht erst für gültig.

Das Gleiche gilt für das Verständnis der Folgen für Menschen- und Frauenrechte bei der Einführung dieses Systems in westliche Rechtssysteme. Es herrschen zwei Einstellungen vor: Entweder werden diese Bedenken bagatellisiert, oder sie werden als Teil eines natürlichen Prozesses betrachtet, der letztlich zu einer Mäßigung der "konservativen Lesart des Islam" führen werde. Wissenschaftlerinnen, Aktivistinnen und Organisationen mit muslimischem Hintergrund sind da anderer Meinung. Während nämlich die Essentialisten darauf drängen, islamische (religiöse) Gesetze in westliche Rechtssysteme einzuführen, geht der Diskurs in islamischen Ländern in die andere Richtung: weg von Familiengesetzen mit religiöser Grundlage und hin zu Gesetzen, die Konzepte der Geschlechtergleichheit und -gerechtigkeit respektieren. Im folgenden Kapitel gehe ich auf diese Dimension ein, kontextualisiere die Debatte innerhalb der Alltagsrealität von Frauen und zeige, wie Menschen die Anwendung des Scharia-Rechts anfechten.

Kapitel 6
Verortung der Debatte in der Realität von Frauen: Scharia-Recht – angefochten

Als der *Muslim Council of Britain* die Idee der Scharia-Räte verteidigte, argumentierte er, dass es um Wahlfreiheit gehe. Er kritisierte die *Baroness Cox Arbitration and Mediation Services (Equality) Bill* und sagte, dass sie nicht "versteht, dass wir in einem freien Land leben, in dem die Menschen freie Entscheidungen treffen können". Sie fügte hinzu: "Scharia-Räte arbeiten mit Zustimmung. Wenn es eine Frau gibt, die unter der Entscheidung einer dieser Räte leidet, steht es ihr frei, sich an die britischen Gerichte zu wenden."[1]

Islamisten verwenden dieses Argument häufig. Einerseits bestehen sie darauf, dass die Anwendung des islamischen Rechts vorrangig und zwingend – ja, eine religiöse Verpflichtung – sei. Andererseits bestehen sie, wenn sie diese Anwendung in einem westlichen Kontext verteidigen, darauf, dass dies der Kern des Pluralismus sei.[2] Dementsprechend sagen sie, dass muslimische Frauen Wahlfreiheit hätten und diese Freiheit dadurch nutzen könnten, dass sie sich an Scharia-Gerichte wendeten. Wenn sie aber unter dieser Erfahrung litten, so hätten sie die britischen Gerichte. Die Wahl liege bei ihnen.

Akademiker und Wissenschaftler, die das essentialistische Paradigma vertreten, sind oft die ersten, die solche Argumente unterstützen – und sie sind, ohne es zu wissen, dadurch die stärksten Verbündeten der Islamisten geworden. Die Essentialisten glauben aufrichtig, dass es um eine Pluralität von Rechtsoptionen gehe. Ein privatisierter Markt von Rechtsordnungen sei fast wie ein Supermarkt: Man müsse nur das beste Produkt auswählen, dasjenige, das am besten zu den eigenen Bedürfnissen passe. Ich wäre versucht,

---

[1] Zit. in McVeigh, Hill: "Bill limiting sharia law is motivated by ‚concern for Muslim women'"

[2] Siehe Muslim Council of Britain (MCB): *Fairness not Favours: British Muslims' Perspectives at the 2015 General Election* (London: MCB, 2015), S. 11, http://www.mcb.org.uk/wp-content/uploads/2015/03/fairnessnotfavours-MCB.pdf (Zugriff am 9. Juli 2015).

dies als eine Form des Neoliberalismus zu bezeichnen, in der der Staat nur ein Produzent von Normen ist und andere, nichtstaatliche Akteure frei sind, dem Markt beizutreten und ihre "Dienstleistungen", wenn nicht sogar ihre "Produkte", anzubieten. Aber die Essentialisten sind die ersten, die den Neoliberalismus in den Ausprägungen kritisieren, wie sie von Margret Thatcher, Ronald Reagan und George W. Bush eingeführt wurden.

Auch hier werden alle Merkmale des Paradigmas der Essentialisten sichtbar. Sie unterstützen stark die Gruppenrechte und die Bürde des weißen Mannes. Damit meine ich die Idee, dass die koloniale Vergangenheit um jeden Preis gesühnt werden müsse, selbst wenn das bedeutet, dass genau das demokratische System untergraben wird, das auf Konzepten der Gleichheit in Bezug auf Staatsbürgerschaft und Rechten beruht und das sie wiederum zu schützen behaupten. Diese Behauptungen werden oft ohne Kontext, in rein theoretischen Diskussionen, aufgestellt. Sie erkennen die Rolle des Islamismus nicht an und beschreiben die soziale Realität von Frauen oft aus einer kulturrelativistischen Perspektive. Die Folgen der Einführung des islamischen Rechts für Frauen werden oft als trivial und geringfügig behandelt: etwas, das Frauen um eines solchen sozialen Experiments willen ertragen sollten.

Betrachten wir das Argument von Tariq Modood, einem britischen Staatsbürger pakistanischer Herkunft und Professor für Soziologie, Politik und Public Policy an der Universität Bristol. Seine Argumentation weist alle oben genannten Merkmale einer theoretischen Diskussion ohne Kontext auf.

In seinem Kapitel "Multikulturelle Staatsbürgerschaft und die Scharia-Kontroverse in Großbritannien" führt er sein Konzept der "multikulturellen Staatsbürgerschaft" ein – eine Staatsbürgerschaft, die durch Gruppenidentität gebildet wird. Er sagt, sie basiere "auf der Idee, dass Bürger individuelle Rechte haben". Aber, so fährt er fort:

> "Da die Individuen nicht einheitlich sind, formt sich die Staatsbürgerschaft um die spezifischen Individuen, die eine Bürgergesellschaft einer bestimmten Zeit und eines bestimmten Raums ausmachen. Staatsbürgerschaft ist keine monistische Identität, die völlig getrennt von anderen für die Bürger wichtigen Identitäten ist oder diese transzendiert. Ihre Gruppenidentitäten sind allgegenwärtig, und jede Gruppe hat ein Recht darauf, Teil des staats-

bürgerlichen Ganzen zu sein und für sich selbst und für ihre Vision des Ganzen einzutreten. [...]
Staatsbürgerliche Inklusion besteht also nicht in einer unkritischen Akzeptanz einer bestehenden Konzeption von Staatsbürgerschaft der 'Spielregeln' und einer einseitigen 'Einpassung' von Neueinsteigern (oder 'neuen Gleichen' – zumeist Ex-Untergebenen aus kolonialer Erfahrungszeit). Ein Bürger zu sein, nicht weniger als gerade ein Bürger geworden zu sein, bedeutet, ein doppeltes Recht zu haben: anerkannt zu werden und die Bedingungen der Anerkennung zu diskutieren."[3]

Trotz der Eloquenz seines Arguments ist der Kern einfach: Jeder Bürger ist ein Individuum mit vielen Identitäten, und die Gruppenidentität ist diejenige, die alle anderen Identitäten überragt. Deshalb müssen die Menschen die Spielregeln neu verhandeln, um dieser übergeordneten Identität Rechnung zu tragen. Es ist eine andere Version von Charles Taylors Politik der Anerkennung, die ich in Kapitel 2 beschrieben habe, nur weit ausgefeilter.

Wie Taylors geht auch Modoods Argument davon aus, dass eine Gruppe grundlegende, unveränderliche Eigenschaften hat und homogen ist. Es lässt außer Acht, dass eine Gruppe kein kultureller Block mit ähnlichen und standardisierten Merkmalen und Eigenschaften oder homogenen Ansprüchen ist. Die Machtstrukturen innerhalb von Minderheitengruppen machen die Sache noch komplizierter, vor allem dann, wenn einige für sich in Anspruch nehmen, Vertreter einer bestimmten kulturellen Gruppe zu sein und sich damit das Recht anmaßen, zu definieren, was die authentische Identität ihrer Gruppe ist und was nicht.

In den letzten Kapiteln habe ich gezeigt, wie diese Minderheitengruppe – in unserem Fall Muslime – von verschiedenen Akteuren erschaffen wird, und ich habe den politischen Kontext dieses Konstruktionsprozesses hervorgehoben. Bezeichnenderweise ist die eine Gruppe, die von diesem Prozess in Großbritannien profitiert hat, eine Minderheit von Islamisten, die ein klares politisches Ziel haben: die Propagierung einer totalitären Ideologie.

Modood hält diese politische Dimension – den Islamismus in seinen beiden Formen – und die politische Agenda der Islamisten

---

[3] Tariq Modood: "Multicultural citizenship and the Shari'a controversy in Britain", in: Rex Ahdar, Nicholas Aroney (Hg.): *Shari'a in the West* (Oxford: Oxford University Press, 2010), S. 34.

für "Angstmacherei im großen Stil". Er glaubt, dass Menschen auf diesen Aspekt als eine Taktik verweisen, "um zu vermeiden, dass man diskutiert und zugesteht, was vernünftig ist, weil jemand anderes später etwas Unvernünftiges fordern könnte". Weiter, so sagt er, "ist eine ganze Gruppe, in diesem Fall Muslime, mit ihren extremistischen Elementen in Verbindung zu bringen, eine Art von politischer Dämonisierung, die man treffend als antimuslimischen Rassismus bezeichnen kann"[4]. Es ist interessant, dass die Islamisten die Islamophobie-Taktik nutzen, um jede Kritik am Islamismus oder am islamischen Recht zu unterbinden, und dass die Essentialisten "antimuslimischen Rassismus" als Werkzeug nutzen, um diejenigen zu brandmarken, die aufrichtig besorgt sind über die Folgen der Aufnahme dieser Räte und Gesetze in das britische Rechtssystem. Dabei spielt es keine Rolle, dass viele derjenigen, die als antimuslimische Rassisten gebrandmarkt werden, meist weibliche Wissenschaftlerinnen oder/und Aktivistinnen muslimischer Herkunft sind. Es ist genau diese Wortwahl, die versucht, die Diskussion zu stoppen, bevor sie überhaupt beginnt. Aber es gibt auch eine geschlechtsspezifische Dimension in diesem ganzen Diskurs, die wir nicht ignorieren sollten.

Ich habe schon gezeigt, dass die Spielregeln, von denen Modood vorschlägt, dass man sie neu verhandeln muss, nicht trivial sind. Wenn wir sie in bodenständige Sprache übersetzen, werden wir auf Fragen wie diese stoßen: Darf ein Mädchen verheiratet werden? Hat ein männlicher Vormund das Recht, einem jungen Mädchen eine Heirat aufzuzwingen? Hat ein männlicher Vormund das Recht, die Ehe seiner Tochter zu annullieren, wenn er ihren Bräutigam für "untauglich" hält? Hat ein Ehemann das Recht, seine Frau zu schlagen? Ist eine Frau ein vor dem Gesetz gleichberechtigtes Individuum, das in der Lage ist, seine eigenen Entscheidungen zu treffen? Oder ist sie eine immerwährende Minderjährige, die eines männlichen Vormunds bedarf? Und vor allem: Kann eine konstruierte Minderheit durch ideologische Überlegenheitsansprüche, Hass auf Andersgläubige und Herrschaftsziele von der Gesamtgesellschaft abgetrennt werden?

---

[4] Ebd., S. 36.

Diese Spielregeln greifen den Kern dessen an, was Demokratie, Gleichheit vor dem Gesetz und Gleichberechtigung der Geschlechter ausmacht, und sie gehen die Art und Weise an, wie eine Gesellschaft funktioniert. Sie sind nicht verhandelbar. Man bekommt den Eindruck, dass die Art von Liberalismus, die Modood und andere Essentialisten fordern, eine ist, bei der alles möglich ist.

Tatsächlich erwähnt Modood nie die Art des islamischen Rechts, das in den Scharia-Räten angewendet wird. Dieses Problem zu ignorieren, wird es nicht verschwinden lassen. Es ist ein schlechtes Recht, das hier angewandt wird – und ich glaube, sobald wir über den Inhalt dieses Gesetzes sprechen (siehe Kapitel 5), wird diese Behauptung erhärtet werden.

Was Modood jedoch anerkennt, ist die patriarchalische Natur dieser Räte. Er verweist auf eine umfangreiche Studie von Samia Bano, die die Nutzung von Scharia-Räten durch Frauen in Großbritannien untersuchte. Ihre Ergebnisse legen nahe, dass die "tatsächliche Praxis der Schlichtungsstellen patriarchalische Annahmen und Machtverhältnisse widerspiegelt"[5].

Modood verwendet eine beruhigende Sprache, die an die von Christian Giordano, Charles Taylor und dem ehemaligen Erzbischof Rowan Williams erinnert:

> "Wie ich von Anfang an vorgebracht habe, müssen die Verletzlichkeit von Frauen (und Kindern) im Prozess hervorgehoben und ihre Rechte geschützt werden. Daher würde ich die Einbeziehung von Frauen auf jeder Ebene der Beratung und der institutionellen Ausgestaltung voll unterstützen. Ich würde vielleicht zögern, dies zu einer notwendigen Bedingung für die Zulassung einer Scharia-Einrichtung zu machen. Die Forderung an solche Gremien, ihre *Fatawa* [religiöse Erlasse] zu veröffentlichen, würde dazu beitragen, Frauenorganisationen, professionelle Berater und einzelne Antragsteller über die Erfolgsgeschichte eines Gremiums zu informieren und so das Auswählen frauenfreundlicher Gremien zu ermöglichen, die sich hoffentlich im Laufe der Zeit vermehren werden. Für mich ist die Quintessenz, dass, wenn solche Gremien schon mal existieren und in Anzahl und Umfang wachsen, es dann besser ist, sie in das System einzubinden und zu regulieren."[6]

Ich finde es eigenartig, vorzuschlagen, ein System einzuführen, das ein schlechtes Gesetz etabliert, sehr wohl wissend, dass Frauen und

---

[5] Ebd., S. 40.
[6] Ebd., S. 40–41.

Kinder dadurch einer vorurteilsbehafteten und diskriminierenden Behandlung ausgesetzt sein werden, und dann diese problematische Seite dadurch zu kompensieren, dass man Frauen in den Prozess einbezieht, und selbst dann ihre Beteiligung bedeutungslos zu machen. Es ist eindeutig das Gesetz, das hier voreingenommen ist. Das System wird weiterhin die Rechte der Frauen verletzen. Solange das islamische Recht nicht reformiert wird, wird sich das System nicht mit der Zeit selbst korrigieren. Es ist ebenso absurd, hier den einfachen Ausweg zu nehmen und diese missbräuchlichen Einrichtungen mit dem Argument anzuerkennen, "aber es gibt sie ja schon". Was Professor Modood vorschlägt, ist die Institutionalisierung eines diskriminierenden Systems – eines, das aus der islamistischen Ideologie geboren wurde –, argumentierend, dass sich mit der Zeit frauenfreundlichere Räte ausbreiten werden. In diesem Szenario würden einzelne Mandantinnen in der Lage sein, aus diesem Supermarkt von Scharia-Räten und staatlichen Gerichten auszuwählen.

Wieder die Wahlmöglichkeit. Die Islamisten beharren darauf, dass der schwache Rechtspluralismus eine Frage der Wahl ist, und die Essentialisten betonen den Pluralismus und die Wahlmöglichkeit für die Frauen – eine Wahl, die durch ihre eigene Gruppenidentität geprägt ist.

In diesem "Wahl-Narrativ" fehlt der tatsächliche Realitätskontext der Frauen und das Motiv, warum Frauen sich an diese Räte wenden. Sie gehen zu ihnen, weil sie eine religiöse Scheidung wollen. Im Gegensatz zu dem, was viele behaupten, können Frauen dieses Bedürfnis innerhalb des britischen Rechtssystems erfüllen. Dafür brauchen sie die Scharia-Gerichte nicht. In diesem "Entscheidungsdiskurs" fehlen auch die Gegen-Narrative von Frauengruppen, Wissenschaftlern und/oder Aktivisten, viele von ihnen muslimischer Herkunft, wie auch die Art und Weise, wie sie dieses System und seine Folgen wahrnehmen und wie sie das Scharia-Recht anzweifeln. In den folgenden Abschnitten gehe ich auf diese Aspekte ein.

Der Kontext der Frauen

> "Die Behandlung von muslimischen Frauen in unserer Gesellschaft ist schlecht; man muss herzlos sein."[7]

Dies waren nicht die Worte eines britischen Wissenschaftlers oder Aktivisten mit südasiatischen Wurzeln oder islamischem Erbe. Vielmehr handelt es sich um die Worte von Dr. Ghayasuddin Siddiqui, einem britischen muslimischen Führer in Großbritannien und einem Gründungsmitglied des *Muslim Institute* und der *British Muslims for Secular Democracy*.

In den 1980er und 1990er Jahren war Dr. Siddiqui eine umstrittene Figur, zunächst als aktives Mitglied und Student der Jamaat-e-Islami, dann als Unterstützer von Khomeinis Fatwa gegen Salman Rushdie mit engen Beziehungen zum Iran, und schließlich als Präsident des Muslimischen Parlaments – einer 1992 in London gegründeten Nichtregierungsorganisation, die eine eindeutig separatistische und islamistische Agenda verfolgte.

Heute hat sich das Muslimische Parlament in eine Plattform verwandelt, die für säkulare Demokratie wirbt und sich gegen Zwangsheirat, häusliche Gewalt, "Ehren"-Morde und Radikalisierung einsetzt.[8] Eine Transformation, die so erstaunlich ist wie die, die Dr. Siddiqui selbst durchgemacht hat.

Als ich ihn nach den Gründen für seinen Ideologiewechsel fragte, sagte er, es sei eine "schrittweise Angelegenheit" gewesen, "durch Versuch und Irrtum". Er habe die islamistische Ideologie von Maududi in Frage gestellt, sei dann von der iranischen Revolution "enttäuscht" gewesen, habe viel "Elend und Probleme in den muslimischen Gesellschaften" gesehen und schließlich erkannt, dass der "religiöse Diskurs genauso [...] korrupt ist wie [der auf] der anderen Seite".[9]

Sein allmählicher Ideologie- und Herzenswandel führte ihn auch dazu, die Notwendigkeit einer Veränderung der Situation der Frauen zu erkennen. Da er mehr als 30 Jahre lang in muslimischen

---

[7] Dr. Ghayasuddin Siddiqui: Interview m. d. Autorin, London, 12. Aug. 2013.
[8] Siehe "Muslim parliament", Webseite: http://www.muslimparliament.org.uk.
[9] Ghayasuddin Siddiqui, Interview, Aug. 2013.

Gemeinschaften gearbeitet hat, besitzt er Erfahrungen aus erster Hand über Frauen und ihre Behandlung. Daher seine Aussage: "Die Behandlung von muslimischen Frauen in unserer Gesellschaft ist schlecht; man muss herzlos sein."[10] Er fügte hinzu, dass die "Frauenprobleme vielleicht der Hauptgrund für meine Wandlung waren. Ich wurde unruhig [...] Ein Neuanfang wird sich einstellen, sobald wir erkennen, dass es ein Problem gibt. Wir erkennen es nicht; es gibt immer irgendeinen *kaffir* [Ungläubigen]"[11], der schuld ist.

Die Bewältigung von Problemen zwischen den Geschlechtern in den geschlossenen Gemeinschaften muslimischer Herkunft war in Großbritannien immer ein sehr heikles Thema. Einerseits brauchte die Regierung eine Weile, bevor sie die Notwendigkeit erkannte, diese Probleme anzugehen, ohne sie mit kulturellen Gründen zu rechtfertigen. Interviewpartner, die in diesem Bereich tätig sind, wie Sawsan Salim, Direktorin der kurdischen und nahöstlichen Frauenorganisation in Großbritannien, sagten, dass man den Handlungsbedarf erst nach den Terroranschlägen vom 11. September 2001 wirklich erkannt habe. Vor diesem Datum verhinderte die kulturelle Sensibilität gegenüber der Genderfrage jede offene Diskussion über Zwangsheirat, häusliche Gewalt oder Gewalt im Namen der Ehre.[12]

Jenan Al Jabiri, der Vorsitzende derselben Organisation, beschrieb diese Beobachtung noch weitergehend:

> "Vor dem 11. September waren sie [die Polizei und die Gerichte] bei Fällen von Ehrengewalt nachsichtig und hielten den kulturellen Faktor für einen Grund, mildere Strafen zu verhängen – fünf Jahre Gefängnis für den Mord an einer türkischen Frau zum Beispiel. Aber wir als Frauenaktivistinnen, die in verschiedenen feministischen Bewegungen aus unterschiedlichen Gemeinschaften – südasiatisch, arabisch, nahöstlich – arbeiten, haben die Behörden immer wieder gedrängt, Ehrenverbrechen wie jedes andere Verbrechen zu behandeln. Erst nach dem 11. September und dem 7. Juli 2005 begannen sich ihre Sprache und ihre Behandlung zu ändern."[13]

Die Schilderungen dieser Frauen entsprechen den Entwicklungen bei der Behandlung von Genderfragen mit kulturellen Dimensio-

---

[10] Ebd.
[11] Ebd.
[12] Sawsan Salim: Interview m. d. Autorin, London, 12. Jan. 2013.
[13] Jenan Al Jabiri: Interview m. d. Autorin, London, 12. Jan. 2013.

nen in Großbritannien. Tatsächlich begannen die gesetzlichen Stellen zwar 1999, geschlechtsspezifische Gewalt zu bekämpfen, aber ihr Ansatz war kulturrelativistisch. Erst 2005 begann sich dies zu ändern.

So wurde etwa laut einem Bericht, der die Ergebnisse von zwei Konferenzen zur Gleichstellung der Geschlechter aus vergleichenden europäischen Kontexten zusammenfasst, die britische Öffentlichkeit 1999 für Zwangsheirat sensibilisiert, weil drei öffentlichkeitswirksame Fälle sie auf diese Menschenrechtsverletzung aufmerksam machten:

1. Der Mord an der 19-jährigen Rukhsana Naz durch ihren Bruder und ihre Mutter im Jahr 1998. Frau Naz verließ eine arrangierte Ehe mit einem pakistanischen Ehemann, den sie seit ihrer Heirat im Alter von 15 Jahren nur zweimal gesehen hatte, und wurde von einem anderen Mann schwanger. Sie wurde getötet, als sie sich weigerte, eine Abtreibung vornehmen zu lassen.[14]
2. Der Fall von "Jack und Zena Briggs", die mehr als ein Jahrzehnt lang untertauchen mussten, als Zenas Familie Kopfgeldjäger einsetzte, nachdem diese sich geweigert hatte, einen Cousin in Pakistan zu ehelichen, und stattdessen darauf bestand, einen nichtmuslimischen, weißen, britischen Mann zu heiraten.
3. Die erfolgreiche Rückkehr nach England von KR, einem jungen Sikh-Mädchen indischer Herkunft, das von seinen Eltern nach Indien entführt worden war, um sie zu verheiraten. KR verließ mit 16 Jahren ihr Zuhause, um bei ihrer Schwester zu leben, die zuvor gegen den Willen ihrer Eltern mit einem Mann zusammengezogen war. Die Polizei gab sie in die Obhut ihres Vaters zurück, nachdem dieser sie als vermisst gemeldet hatte. Sie wurde dann nach Indien geschickt.

---

[14] Sarah Hall: "Life for 'honor' killing of pregnant teenager by mother and brother", *The Guardian*, 25. Mai 1999, http://www.theguardian.com/uk/1999/may/26/sarahhall (Zugriff am 9. Juli 2015).

Nachdem festgestellt wurde, dass ihr Aufenthalt in Indien nicht freiwillig war, wurde sie zurück nach Großbritannien geflogen und zu einer Schutzbefohlenen des Gerichts gemacht.[15]

Obwohl diese Fälle 1999 zur Gründung einer Arbeitsgruppe für Zwangsheirat führten, kritisierten Frauengruppen gerade diese Gruppe für ihren relativistischen Ansatz. Die *Southall Black Sisters* (SBS), eine 1979 gegründete gemeinnützige Organisation von Frauen aus ganz Asien, beschreiben auf ihrer Webseite, wie sie aus der Arbeitsgruppe austreten mussten, weil diese darauf beharrte, von Zwangsheirat bedrohten Frauen Mediation und Versöhnung anzubieten:

> "Wir argumentierten, dass Frauen in der Regel als letzten Ausweg zu Organisationen wie der unseren kommen, nachdem sie fast immer versucht hatten, sich mittels traditioneller Gemeinschaftsmechanismen zu versöhnen, die Treffen mit Familienältesten, Verwandten und Gemeindeleitern beinhalten. Wir argumentierten, dass die Sicherheit einer Frau an erster Stelle steht und dass ihre Sicherheit nicht überwacht oder garantiert werden kann, wenn sie zu Hause versöhnt wird.
> Besonders beunruhigt waren wir über die Zurückhaltung der Behörden, weil Zwangsheirat als eine kulturelle Praxis angesehen wurde, die eher toleriert als bekämpft werden sollte. Wir setzten uns für eine breite Akzeptanz der Ansicht ein, dass es rassistisch ist, nicht einzugreifen, um einen jungen Menschen vor einer Zwangsheirat zu schützen, und dass Zwangsheirat ein Verstoß gegen das Menschenrecht auf freie Wahl der Ehe ist. Wir argumentierten, dass alle Frauen staatlichen Schutz vor Gewalt, einschließlich Zwangsheirat, erwarten und erhalten sollten."[16]

Die Schilderung der SBS, wie die gesetzlich zuständigen Behörden aus kulturellen Gründen zögerten, einzugreifen, wurde 2007 in dem von Purna Sen und Liz Kelly für das *Komitee zur Beseitigung aller Formen der Diskriminierung von Frauen* verfassten "Shadow The-

---

[15] Department of Justice, Canada: Annotated Bibliography on Comparative and International Law Relating to Forced Marriage, 'Selected Relevant Case Law', http://www.justice.gc.ca/eng/rp-pr/fl-lf/famil/mar/chap8.html (Zugriff am 9. Juli 2015).
[16] Southall Black Sisters: The Forced Marriage Campaign, http://www.southallblacksisters.org.uk/campaigns/forced-marriage-campaign/ (Zugriff am 9. Juli 2015).

matic Report on violence against women in the UK" bekräftigt. Wie Sen und Kelly schrieben:

> "Das Bekenntnis der britischen Politik zum Multikulturalismus hat eine Zurückhaltung bei der Einmischung in das private oder kulturelle Leben von Minderheitengruppen im Vereinigten Königreich begünstigt, was zu einer Vernachlässigung von Verbrechen im Namen der Ehre führte. Erst die jüngsten Fälle und die Kampagnenarbeit von NGOs haben dazu geführt, dass sich beispielsweise die Metropolitan Police damit befasst."[17]

Was die Behörden auf ehrenbasierte Gewalt innerhalb geschlossener Gemeinschaften aufmerksam machte, war eine Kombination aus Lobbyarbeit von Frauenorganisationen, die in diesen Gemeinschaften arbeiten und ihnen entstammen, und den Auswirkungen der beiden aufsehenerregenden terroristischen Anschläge. Gemeinsam entfalteten sie schließlich die notwendige Wirkung.

Im Januar 2005 gründete die Regierung die *Forced Marriage Unit* (FMU), eine gemeinsame Bemühung des *Foreign and Commonwealth Office* (Außenministerium) und des *Home Office* (Innenministerium). Heute steht die FMU an vorderster Front im Kampf gegen Zwangsheirat und bietet vertrauliche Unterstützung und Informationen für potenzielle Opfer und betroffene Fachleute. Die Hilfe, die die FMU bietet, reicht von einfacher Sicherheitsberatung bis hin zur Unterstützung eines Opfers dabei, den unerwünschten Ehepartner daran zu hindern, nach Großbritannien zu ziehen (im jeweils sogenannten "Reluctant-sponsor"-Fall). In extremen Fällen rettete die FMU Opfer, die gegen ihren Willen im Ausland festgehalten wurden. Im Jahr 2014 erließ die britische Regierung den *Anti-social Behaviour, Crime and Policing Act 2014*, der es zu einem Straftatbestand macht, jemanden zur Heirat zu zwingen.[18]

Einerseits hat es zwar eine Weile gedauert, doch die britischen Behörden erkennen nun die ehrenbasierte Gewalt innerhalb von Minderheitengemeinschaften an und gehen sie mit den Mitteln und

---

[17] Purna Sen, Liz Kelly: *Cedaw Shadow Thematic Report on Violence Against Women in the UK* (London, 2007), S. 22, http://www2.ohchr.org/english/bodies/cedaw/docs/ngos/UKThematicReportVAW41.pdf (Zugriff am 9. Juli 2015).
[18] Ebd.; UK Government, Foreign & Commonwealth Office and Home Office: *Forced Marriage: Information and Practice Guidelines for Professionals Protecting, Advising and Supporting Victims*, https://www.gov.uk/forced-marriage (Zugriff am 9. Juli 2015).

der Dringlichkeit an, die sie verdient. Auf der anderen Seite haben die Gemeinschaften muslimischer Herkunft aber immer noch nicht angezeigt, dass sie das Problem erkennt haben. Dr. Siddiqui hatte nicht ganz unrecht, als er die gängige Reaktion kritisierte: "Wir erkennen [diese Gewalt] nicht an; es gibt immer irgendeinen *kaffir*", irgendeinen Ungläubigen, "der schuld ist".[19]

Mehrere Aktivistinnen, die innerhalb ihrer eigenen Gemeinschaften tätig sind, brachten in Interviews mit mir die gleiche Verzweiflung zum Ausdruck. Tahmina Saleem, Mitbegründerin von *Inspire*, der britischen muslimischen Frauenorganisation, drückte ihre Frustration zum Beispiel folgendermaßen aus:

> "Es läuft etwas fürchterlich falsch [mit der Gendersituation in der Gemeinschaft] und mit uns als Gemeinschaft mit unserem ständigen 'Wir sind eine unterdrückte Gemeinschaft, wir sind die Opfer, die breitere Gesellschaft mag uns nicht, und wir müssen gegen Islamophobie kämpfen.' [...] Allein die Tatsache, dass man nicht einmal anerkennt, dass es ein Problem gibt, [wenn] die muslimischen Führer aufstehen und sagen, ja, wir müssen anfangen, über die Gleichberechtigung der Geschlechter innerhalb der muslimischen Gemeinschaft nachzudenken, wir müssen anfangen, die Ermächtigung der Frauen auf die öffentliche Tagesordnung zu setzen; [die breitere] Gesellschaft würde sagen: 'In Ordnung, ihr seid vielleicht nicht [bei allen Themen] auf dem Laufenden, aber zumindest habt ihr das Problem erkannt'. Aber die Frustration besteht darin, dass sie das Problem nicht einmal anerkennen wollen."[20]

Diese Art von "Das Problem leugnen und anderen die Schuld geben"-Diskurs ist nicht auf den britischen Kontext beschränkt. Tatsächlich ist sie in vielen Gemeinschaften muslimischer Herkunft sowohl in Europa als auch in Nordamerika weit verbreitet. Sie ist auch im arabischen Kontext weit verbreitet. Ich habe in einem früheren Buch, das ich über den Islam, den Westen und die Menschenrechte geschrieben habe, darauf angespielt – ich habe es das "Schildkrötenschild-Syndrom" genannt.[21] Wenn Sie den Diskurs aufmerksam verfolgen, der in letzter Zeit über Islam, Integrationsprobleme und Islamismus geführt wird, dann werden Sie feststellen, dass manche der Aktivisten muslimischer Herkunft, die sonst sehr kritisch gegenüber einigen der in ihrer eigenen Gemeinschaft

---

[19] Ghayasuddin Siddiqui, Interview, Aug. 2013.
[20] Tahmina Saleem, Interview m. d. Autorin, Luton, 27. Jan. 2013.
[21] Elham Manea: *Ich will nicht mehr schweigen ...*, S. 40.

praktizierten Traditionen und Normen sein mögen, sehr vorsichtig geworden sind in dem, was sie sagen. Sie sind defensiver, misstrauischer, vorsichtiger geworden und nehmen bei jedem Versuch, über Integrationsprobleme zu sprechen, schnell das Schlimmste an.

Sie fühlen sich eingezwängt. Sie hören Stimmen, die sowohl in der europäischen als auch in der nordamerikanischen Gesellschaft immer lauter werden, die ihre Religion als Synonym für Terrorismus darstellen und sie auf die reaktionärsten Praktiken ihrer Anhänger reduzieren. Gleichzeitig fühlen sie sich entsetzt über das, was einige islamische Fundamentalisten als ihre islamische Religion bezeichnen. Und weil sie sich über beide Seiten ärgern, verwenden sie am Ende das, was ich die "Schildkrötenschild"-Argumentationslinie nenne: "Das hat nichts mit uns zu tun, es hat nichts mit unserer Religion zu tun." Oder sie fangen an, das "Der-Westen-hat-Schuld"-Argument zu verwenden, das den Westen für jedes historische Missgeschick, das die muslimische Welt erlebt hat, verantwortlich macht.[22] Verantwortung für die eigenen Fehler und die eigene Zukunft zu übernehmen, ist nicht Teil der "Schildkrötenschild"-Argumentation.

Es ist an dieser Stelle erwähnenswert, dass der Islam nicht die Schuld an allen sozialen Problemen trägt, mit denen Frauen in ihren geschlossenen Gemeinschaften konfrontiert sind. Deshalb habe ich bewusst den Fall des indischstämmigen Sikh-Mädchens erwähnt, um daran zu erinnern, dass Probleme mit Zwangsheirat und Gewalt im Namen der Ehre in verschiedenen patriarchalen Kontexten auftreten, unabhängig von der Religion. In der Schweiz werden Zwangsheiraten in verschiedenen Migrantengemeinschaften mit unterschiedlichen Nationalitäten und Religionen praktiziert – darunter Menschen aus Sri Lanka (Hinduismus), dem Kosovo (Islam und Katholizismus) und der Türkei (Islam).

Kulturelle Normen sind für diese Übergriffe und Gewalt verantwortlich. Ich fürchte, es gibt keine politisch korrekte Art, dies zu sagen: Es ist die Kultur der patriarchalischen Strukturen, die in ländlichen und stammesorientierten Gebieten von Entwicklungs- oder Übergangsgesellschaften üblich sind. Das mag erklären, warum in Großbritannien geschlechtsspezifische Gewalt vor allem pa-

---

[22] Ebd.

kistanische und bengalische Gemeinschaften betrifft, die mehrheitlich ihre Wurzeln in Stammesgebieten haben.

Ich definiere Patriarchat als "ein System sozialer Beziehungen, das männliche Ältere gegenüber Jüngeren und Frauen privilegiert"[23]. In einem solchen System lernen Frauen von ihrer frühesten Kindheit an, ihre männlichen Verwandten zu respektieren. Sie lernen, "andere vor sich selbst zu stellen und ihre Interessen als eingebettet in die anderer zu sehen, insbesondere in die der Familie"[24]. Vereinfacht ausgedrückt: Sie lernen, dass ihre Interessen an die ihrer männlichen Verwandten geknüpft sind. Männer hingegen lernen, Verantwortung für ihre weiblichen Verwandten und jüngeren Brüder zu übernehmen.

Während Respekt und Verantwortung positive Tugenden sind, können sie auch zu Werkzeugen für repressives Verhalten werden.[25] Die Betonung von Respekt kann sich in eine Forderung nach Gehorsam verwandeln, die wenig Raum für die Entscheidungsfreiheit des Mädchens lässt. Währenddessen kann Verantwortung leicht in soziale Kontrolle umgewandelt werden, bei der die älteren männlichen Verwandten das Verhalten des Mädchens kontrollieren und sicherstellen, dass es sich nicht etwas tut, was sie selbst als "unmoralisches Verhalten" betrachten. In extremen Fällen kann diese Art der sozialen Kontrolle zu "Ehrenverbrechen" führen: die Ermordung des Mädchens im Namen des Schutzes der Familien-"Ehre".

Zwangsverheiratungen kommen in solchen patriarchalen Strukturen ziemlich häufig vor.

Davon abgesehen tragen zwei Aspekte des Islam zu den Genderproblemen innerhalb geschlossener Gemeinschaften bei. Der erste ist die rechtliche Dimension der Religion: Das Beharren auf der Anwendung der islamischen Rechtsprechung bei der Regelung von Familienangelegenheiten kann in der Tat Zwangs- und Kinderheiraten erleichtern, wie ich in Kapitel 4 erläutert habe.

---

[23] Suad Joseph (Hg.): *Citizenship and Gender in the Middle East* (Syracuse, NY: Syracuse University Press, 2000), S. XV.
[24] Suad Joseph, Susan Slyomovics (Hg.): *Women and Power in the Middle East* (Philadelphia: University of Pennsylvania Press, 2001), S. 7.
[25] Für weitere Informationen zu Geschlecht und Familienwerten in einer patriarchalischen Struktur siehe Joseph, Slyomovics, S. 6–7.

Zweitens kann ein Re-Islamisierungsprozess dazu führen, dass sich fundamentalistische Interpretationen der Religion durchsetzen, insbesondere die salafistischen und deobanditischen Strömungen des islamischen Fundamentalismus, die Frauen als Quelle des Bösen und davon ausgehen, dass Frauen weniger Wert und Intellekt aufweisen als ihre männlichen Gegenstücke. Gewalt und Zwangsheirat werden durch das Zusammenwirken dieser reaktionären religiösen Vorstellungen unterstützt.

Ungeachtet dessen ist die von muslimischen Führern in Großbritannien verwendete "Schildkrötenschild"-Argumentation heute nicht mehr haltbar, denn, wie Saleem richtig feststellte, "die Rechnung geht nicht auf. Die Menschen sehen das mit ihren eigenen Augen"[26].

Einige der Dinge, die sie wahrnehmen, sind: Frauen in Großbritannien mit südasiatischen Wurzeln leben häufiger in Armut, sind häufiger arbeitslos, haben häufiger einen schlechten Gesundheitszustand, fügen sich selbst häufiger Schaden zu und unternehmen öfter Selbstmordversuche, verglichen mit ihren weiblichen Pendants aus anderen Ethnien.

Im Allgemeinen haben Menschen mit pakistanischem und bengalischem Hintergrund ein etwa dreimal so hohes Risiko, in Armut zu leben, wie weiße Briten. Sie haben auch mit höherer Wahrscheinlichkeit eine einschränkende Langzeiterkrankung oder Behinderung und leben häufiger in beengten Verhältnissen. Darüber hinaus haben pakistanische und bengalische Frauen eine extrem hohe Armutsquote von etwa 50 %, und ihre Kinder sind und bleiben mit größerer Wahrscheinlichkeit arm. Sie haben die niedrigsten sowohl Haushalts- als auch individuellen Einkommen. Das liegt daran, dass die anderen Haushaltsmitglieder, in der Regel die Männer, relativ niedrige individuelle Einkommen haben und aufgrund der relativ größeren durchschnittlichen Familiengröße relativ hohe Ansprüche an diese Einkommen stellen. Die Frauen weisen zugleich einen sehr hohen Anteil an Nichtbeschäftigung auf, sowohl

---

[26] Tahmina Saleem, Interview, Jan. 2013.

an wirtschaftlicher Inaktivität als auch an Arbeitslosigkeit: etwa 80 %, verglichen mit etwa 30 bis 50 % bei anderen Frauen.[27]

Die negativen Auswirkungen von Armut und Arbeitslosigkeit bzw. wirtschaftlicher Inaktivität werden durch die geschlechtsspezifische Gewalt, die in den Gemeinden als weit verbreitet gilt, noch verstärkt.

Geschlechtsspezifische Gewalt ist ein Problem, das unter Minderheiten am weitesten verbreitet ist. Asiatische Frauen sind am stärksten betroffen und leiden als Folge davon unter psychischen Erkrankungen. Rashida Manjoo, UN-Sonderberichterstatterin für Gewalt gegen Frauen, berichtete darüber unter anderem nach einer Reise nach Großbritannien im Jahr 2014:

> "Sog. 'BME'-Frauen (Black and Minority Ethnic) aus schwarzen und ethnischen Minderheiten und Migrantinnen erleben eine unverhältnismäßig hohe Rate an häuslichen Tötungsdelikten, und [...] asiatische Frauen begehen bis zu dreimal häufiger Selbstmord als andere Frauen. Vor allem junge BME-Frauen erleben auch häufiger häusliche Gewalt durch mehrere Täter, wie z. B. durch Mitglieder der erweiterten Familie."[28]

Manjoos Befund deckt sich mit den Studienresultaten von Frauengruppen und Epidemiologen, die die Suizidrate in Großbritannien immer wieder mit der ethnischen Zugehörigkeit in Verbindung gebracht haben. Laut dem SBS-Bericht *Safe and Sane* zeigen breitere

---

[27] Für eine detaillierte Zusammenfassung dieser Ergebnisse siehe Alita Nandi und Lucinda Platt: *Ethnic Minority Women's Poverty and Economic Well Being* (London: UK Government Equalities Office, 2010), https://www.gov.uk/government/uploads/system/uploads/attachment_data/file/85528/ethnic-minority-women_s-poverty.pdf (Zugriff am 9. Juli 2015); Yaojun Li and Anthony Heath: *CSI 10: Are we becoming more or less ethnically-divided? Briefing note* (Oxford: Centre for Social Investigation, Nuffield College, März 2015), http://csi.nuff.ox.ac.uk/wp-content/uploads/2015/03/CSI_10_Ethnic_Inequalities.pdf (Zugriff am 9. Juli 2015); Anthony Heath and Yaojun Li: "Review of the Relationship between Religion and Poverty – An Analysis for the Joseph Rowntree Foundation", *CSI Working Paper* 2015-01 (Oxford: Centre for Social Investigation, Nuffield College, 2015), http://csi.nuff.ox.ac.uk/wp-content/uploads/2015/03/religion-and-poverty-working-paper.pdf (Zugriff am 9. Juli 2015); UNHCHR: *Special Rapporteur on violence against women finalizes country mission to the United Kingdom and Northern Ireland and calls for urgent action to address the accountability deficit and also the adverse impacts of changes in funding and services* (London, 15. April 2014), http://www.ohchr.org/en/newsevents/pages/displaynews.aspx?newsid1/414514& (Zugriff am 9. Juli 2015).

[28] UNHCHR, Sonderberichterstatterin ("Special Rapporteur").

Untersuchungen eine unverhältnismäßig hohe Rate von Selbstmord, Selbstmordversuchen, Selbstmordgedanken und Selbstverletzungen unter südasiatischen Frauen, insbesondere unter jungen Frauen. Nur sehr wenige dieser Frauen hatten eine Vorgeschichte mit einer psychiatrischen Erkrankung. Forschungen über drei Jahrzehnte hinweg bestätigen, dass südasiatische Frauen, insbesondere im Alter von 15 bis 34 Jahren, bis zu dreimal häufiger Selbstmord begehen als Frauen in der Allgemeinbevölkerung.[29]

Anita Bhardwaj, die über die Ergebnisse einer wichtigen Studie über Selbstverletzung und Suizid unter südasiatischen Frauen berichtete, erklärte, dass diese Verhaltensweisen hier als Bewältigungsmechanismen für die unerträgliche Notlage betrachtet wurden, mit der die Frauen in ihrem Leben konfrontiert waren.[30] Sie halfen ihnen dabei, von Tag zu Tag zu überleben und ihre "Verzweiflung, ihren Selbsthass und vor allem ihre Empfindungen gegenüber anderen zu bewältigen, von denen sie das Gefühl hatten, nicht in der Lage zu sein, sie zu artikulieren"[31]. Eine von ihr interviewte 18-Jährige drückte es so aus:

> "Ich weiß nicht, aber zu der Zeit sah es so aus, als ob ich innerlich einfach durcheinander wäre. Wenn ich nichts getan hätte [Selbstverletzung], dann wäre ich, glaube ich, einfach explodiert. Es ist, als wäre dein Kopf so voll mit so viel, du wolltest irgendwas, um dich zu beruhigen, und hätte ich das nicht getan, wäre ich einfach verrückt geworden."[32]

Die Faktoren, die zu ihrer emotionalen Notlage führten, drehten sich hauptsächlich um elterliche, familiäre und gemeinschaftsbezogene Unterdrückungen. Die Studie, die sich über zwei Jahre mit Interviews und Beobachtungen erstreckte, zeigte, dass es zwar in den meisten Kulturen Generationskonflikte gibt, asiatische Frauen aber zusätzlich mit sozialem und religiösem Druck zu kämpfen haben.[33]

---

[29] Hannana Siddiqui und Meena Patel: *Safe and Sane: A Model of Intervention on Domestic Violence and Mental Health, Suicide and Self-harm Amongst Black and Minority Ethnic Women* (London: Southall Black Sisters, 2010), S. 9.
[30] Anita Bhardwaj: "Growing up young, Asian and female in Britain: A report on self-harm and suicide", *Feminist Review*, No. 68, Sommer 2001.
[31] Ebd., S. 56.
[32] Ebd.
[33] Ebd., S. 58–59.

Zu den von diesen Frauen beschriebenen gemeinschaftlichen und kulturellen Bedrängnissen gehören starr definierte Rollen in der Ehe und die Pflicht der Frauen, die *izzat* (Ehre) der Familie zu wahren. Infolgedessen gehen die Ungleichheiten zwischen Männern und Frauen weit über eine bloße Ungleichbehandlung hinaus. Vielmehr sind die Einschränkungen, die asiatischen Frauen auferlegt werden, mit ihrer Rolle als "Trägerinnen der Gemeinschafts- und Familienehre" verwoben. Im Alleingang können die Frauen das Ansehen und die Ehre ihrer Familie und der erweiterten Verwandtschaft gefährden. Sie können *sharam* (Schande) über ihre Familien bringen. Dies führt zu einem Maß an sozialer Kontrolle, das an das Einsperren von Mädchen und Frauen grenzt – eine Behandlung, die im Widerspruch zu der Freiheit und den Privilegien steht, die ihre Brüder genießen. Folglich sind Gewalt und körperlicher Missbrauch gegenüber jungen Frauen eine von der Gemeinschaft ungebrochen gebilligte Methode zur Kontrolle ihrer Unabhängigkeit.[34]

Viele der von Bhardwaj befragten Frauen waren durch die unrealistischen Erwartungen belastet, die ihre Familien an sie stellten. Frauen im Alter von 25 bis 30 Jahren in einer Gesprächsgruppe machten diese Feststellung:

> "[Asiatische Frauen] müssen perfekt sein – sie müssen alles sein, was die Schwiegermutter will, alles, was der Ehemann will, alles, was ihre Eltern wollen – alles sein eben."[35]

Die soziale Kontrolle beschränkt sich nicht nur darauf, einer möglichen Schande vorzubeugen. Vielmehr erstreckt sie sich auf die von Frauen erwartete Geschlechterrolle – eine Botschaft, die ständig vermittelt wird, latent, explizit oder auf andere Weise. So erklärte eine Frau in derselben Gesprächsgruppe, dass ihre Eltern bei Streitigkeiten mit ihrem Mann auf ihrer Seite stünden, aber keine Diskussion über Trennung oder Scheidung duldeten: "Du hast kein Recht, eine Ehe zu verlassen, die nicht funktioniert [...], weil es am Ende des Tages eine Schande ist – das ist es, es geht um Schande."[36]

---

[34] Ebd.
[35] Ebd., S. 58.
[36] Ebd., S. 59.

Diese kulturellen Merkmale wurden in neueren Berichten und Studien über häusliche Gewalt und die sexuelle Ausbeutung asiatischer Mädchen und junger Frauen wiederholt erwähnt. Eine Studie von Shayma Izzidien, die 2008 von der NSPCC veröffentlicht wurde, einer führenden Wohltätigkeitsorganisation, die sich für die Beendigung von Kindesmissbrauch einsetzt, gab beispielsweise ausdrücklich *izzat* und *sharam* als zwei relevante soziale und kulturelle patriarchalische Konstrukte an, die zur sozialen Kontrolle und zum Schweigen von Frauen innerhalb südasiatischer Gemeinschaften eingesetzt werden. Ehre und Scham werden benutzt, um Missbrauchsopfer zu kontrollieren und die Täter zu schützen, und "weibliche Unterdrückung wird von Männern oft – zu Unrecht – auf der Grundlage religiöser Überzeugungen gerechtfertigt"[37].

Wichtig für unsere Diskussion ist, dass Bhardwaj hervorhebt, wie den Frauen beigebracht wird, dass das öffentliche Bild der Familie wichtiger ist als ihre individuelle Sicherheit und dass die Konzepte von Ehre und Respektabilität untrennbar mit einer erfolgreichen Ehe verbunden sind. Infolgedessen fürchten Frauen die "Entehrung und Ablehnung durch ihre Gemeinschaft, wenn ihre Ehe scheitern sollte". Sie fürchten auch, dass ihre Handlungen Konsequenzen für andere Familienmitglieder einschließlich der Kinder und insbesondere der Töchter haben werden, und deshalb bleiben sie ihrer Ehe verpflichtet und tolerieren Missbrauch.[38]

In ähnlicher Weise benannte Shaista Gohir in ihrem Bericht von 2013 über die sexuelle Ausbeutung asiatischer Mädchen und junger Frauen ausdrücklich die kulturellen Einstellungen gegenüber Mädchen und Frauen innerhalb asiatischer und muslimischer Gemeinschaften als eine zugrunde liegende Ursache. Neben der sozialen Kontrolle im Zusammenhang mit *izzat* und *sharam* haben die Erfahrungen muslimischer und asiatischer Frauen gezeigt, dass Familie und Gemeinschaft von ihnen erwarten, dass sie um der Familienehre willen schweigend leiden, selbst dann, wenn sie Missbrauch ausgesetzt sind. Für zerrüttete Familien und Scheidungen

---

[37] Shayma Izzidien: "I cannot tell people what is happening at home – Domestic abuse within South Asian communities: The specific needs of women, children and young people", *NSPCC Inform: The Online Child Protection Resource*, Juni 2008, S. 21.
[38] Ebd., S. 21–22.

werden oft sie beschuldigt und stigmatisiert, und von Mädchen und Frauen wird erwartet, dass sie den Männern in der Familie, ob Vater, Bruder oder Ehemann, gehorchen und sich sozial stärker einschränken. Und schließlich wird Vergewaltigung in der Ehe als normal angesehen, da von den Ehefrauen erwartet wird, dass sie auf die sexuellen Forderungen ihrer Ehemänner eingehen.[39]

Die von mir befragten Aktivistinnen, die an der Basis arbeiten, bestätigen, dass diese Merkmale der patriarchalischen Kultur in asiatischen Gemeinschaften ganz allgemein üblich sind, unabhängig von der Religion. Sie betonen jedoch auch die häufige Verwendung der Religion, um die Kontrolle der Frauen innerhalb geschlossener Gemeinschaften muslimischen Ursprungs zu rechtfertigen. Habiba Jaan, Frauenaktivistin und Sozialarbeiterin für psychische Gesundheit in geschlossenen Gemeinschaften, beschrieb dies zum Beispiel so:

> "Ich glaube, es hat seinen Ursprung in der Kindheit. Wenn man als Mädchen in eine Gemeinschaft hineingeboren wird, wird einem vom ersten Tag an der Platz zugewiesen, den man einnimmt. Ergibt das einen Sinn? Wenn du aufwächst, weißt du, wie du dich zu verhalten hast. Du weißt, was dein Platz ist – in deinem Haus als Schwester, mit deinen Brüdern und deinem Vater, du musst sie auf eine bestimmte Art und Weise ansprechen, du darfst deine Stimme nicht erheben, du musst dich auf eine bestimmte Art und Weise verhalten. Du musst zuerst ihnen das Abendessen reichen, ihr Geschirr abräumen, du musst kochen und waschen, und die Frauen übernehmen diese Rolle. Wir wachsen also tatsächlich mit diesem Denken und dieser Mentalität auf, und dann wird uns natürlich gesagt, wenn wir zum Haus unseres Mannes gehen, respektiere deinen Mann; wenn du nicht mit deinem Mann schläfst, wirst du in die Hölle geworfen."[40]

Weil es als religiöse Pflicht gilt, die sexuellen Forderungen des Ehemannes zu erfüllen, "gibt es keine Vergewaltigung in der Ehe". Diese Ansicht wurde in den theologischen Mainstream eingebracht von keinem Geringeren als dem Präsidenten des Islamischen Scharia-Rates, Scheich Maulana Abu Sayeed, der in Bangladesch vermeintlicher Kriegsverbrechen beschuldigt wird. Seine Äußerungen

---

[39] Shaista Gohir: "Unheard voices: The sexual exploitation of Asian girls and young women", *Muslim Women's Network UK*, Sept. 2013, S. 82, http://www.mwnuk.co.uk/go_files/resources/UnheardVoices.pdf (Zugriff am 17. Juli 2015).

[40] Habiba Jaan, Interview m. d. Autorin, Birmingham, 7. Aug. 2013.

in einem Interview mit der Webseite *Samosa* verdeutlichen diese Vorstellung:

> "Zweifellos, eine 'Vergewaltigung' innerhalb der Ehe kann es nicht geben. Vielleicht eine Aggression, vielleicht eine unanständige Handlung. Keine Aggression – es ist kein Übergriff, es ist nicht irgendeine Art von Übergriff auf das individuelle Recht von jemandem. Denn als sie geheiratet haben, galt die Abmachung, dass der Geschlechtsverkehr Teil der Ehe ist. Daher kann es also nichts gegen Sex in der Ehe geben.
> Natürlich, wenn es ohne ihren Wunsch geschieht, ist das nicht gut und nicht wünschenswert. Der Mann kann lediglich diszipliniert und getadelt werden."[41]

Abu Sayeed musste seine Kommentare zurückziehen, nachdem ihre Veröffentlichung einen Aufruhr ausgelöst hatte.[42] Doch was er sagte, ist bezeichnend für eine Mentalität, die in seinem Scharia-Rat und in geschlossenen Gemeinschaften in Großbritannien vorherrscht. Eine von mir interviewte Frau, die ich Reyhana nennen werde und die anonym bleiben möchte, erzählte, wie sie im Alter von 15 Jahren während eines Urlaubs im Dorf ihres Vaters in Pakistan dazu gedrängt wurde, einen Cousin zu heiraten. In der Hochzeitsnacht vergewaltigte ihr Mann sie, weil sie nicht mit ihm schlafen wollte. Als sie am nächsten Morgen ihrer Familie erzählte, was passiert war, war die Reaktion: "Er ist dein Mann, es ist sein Recht." Und diese Haltung, so meinte sie, sei nicht nur auf ihre Familie beschränkt.[43]

Ganz ähnlich beschrieb mir Gina Khan, eine bekannte britische Frauenaktivistin mit pakistanischen Wurzeln und umfangreicher Erfahrung in den geschlossenen Gemeinschaften Birminghams, einen Fall, mit dem sie zu tun hatte – den Fall einer jungen Frau, die vor ihrer Zwangsheirat fliehen musste:

---

[41] Zitiert in Tahmina Kazi: "Why the sheikh is wrong on rape", *The Samosa*, 25. Okt. 2010, http://www.thesamosa.co.uk/archive/thesamosa.co.uk/index.php/comment-and-analysis/society/437-why-the-sheikh-is-wrong-on-rape.html (Zugriff am 9. Juli 2015).

[42] Mark Hughes und Jerome Taylor: "Rape 'impossible' in marriage, says Muslim Cleric", *The Independent*, 14. Okt. 2010, http://www.independent.co.uk/news/uk/home-news/rape-impossible-in-marriage-says-muslim-cleric-2106161.html (Zugriff am 9. Juli 2015).

[43] 'Reyhana', Interview m. d. Autorin, Aug. 2013.

> "Ihre Mutter nahm sie nach dem Tod ihres Vaters mit nach Pakistan, holte dieses wirklich kluge und intelligente Mädchen aus dem College und zwang sie in die Ehe mit einem Cousin. In der Hochzeitsnacht kam er ins Zimmer, und sie sagte Nein. Sie kannte ihn ja nicht. Ihre Mutter schickte ihn zurück und sagte zu ihm: Du hast jedes Recht dazu! Und dann vergewaltigte sie der Mann."[44]

Um der Ehe zu entkommen und eine Scheidung zu erwirken, wandte sie sich an mehrere Scharia-Räte. Ihre Schilderung der Geschichte spielte jedoch keine Rolle: "Sie ging zu mehreren Scharia-Räten, und es war denen egal, dass sie zur Heirat gezwungen wurde, es war ihnen egal, dass sie in der Ehe vergewaltigt wird, sie betrachteten das nicht als Vergewaltigung in der Ehe."[45]

Usha Sood, eine angesehene Anwältin und Leiterin von *Champers*, ist bekannt für ihre jahrzehntelange gemeinnützige Arbeit zur Verteidigung der Menschenrechte von Frauen, Männern und Kindern in den asiatischen Gemeinschaften Großbritanniens, insbesondere im Zusammenhang mit Mitgiftmissbrauch, Zwangsheirat, Kindesentführung und Einwanderung.[46] Bei der Beschreibung der Art von Problemen, mit denen Frauen innerhalb geschlossener Gemeinschaften islamischer Herkunft konfrontiert sind, verwies sie zunächst auf die patriarchalischen Strukturen und Erwartungen:

> "Der Konflikt der Kulturen ist am wichtigsten. Frauen müssen sich den familiären und gesellschaftlichen Erwartungen anpassen, und es spielt keine Rolle, ob die Frau gebildet ist oder nicht. Wir stellen fest, dass viele Erwartungen an die Frauen gestellt werden und dass dies manchmal dazu führt, dass sie ihre Träume aufgeben. Zu anderen Zeiten versuchen sie diskret, auszubrechen – manchmal führen sie auch ein Doppelleben."[47]

Innerhalb dieser Strukturen, so Sood weiter, sind Frauen sehr verängstigt. Gefangen in einer hierarchischen und geschlechtsspezifischen Ordnung, besitzen sie weniger Kontrolle über ihr eigenes Leben und ihre Entscheidungen.

---

[44] Gina Khan, Interview m. d. Autorin, Birmingham, 10. Aug. 2013.
[45] Ebd.
[46] Mehr über Sood siehe Louise Ridley: "The trail blazing Hindu barrister who uses inner strength to win back abused women's dowries", *Huffington Post UK*, 5. Nov. 2014, http://www.huffingtonpost.co.uk/2014/11/03/usha-sood-dowry-abuse-forced-marriage-cases_n_6097448.html (Zugriff am 9. Juli 2015).
[47] Usha Sood, Telefoninterview m. d. Autorin, Nottingham, 14. Aug. 2013.

Sood verdeutlichte zugleich die Probleme geschlossener Gemeinschaften und das Aufkommen eines islamischen Fundamentalismus, der das Verhalten der Gemeinschaftsmitglieder zu kontrollieren sucht:

> "Ich würde so weit gehen zu sagen, dass die islamischen Gemeinschaften derzeit ziemlich geschlossene Gemeinschaften sind. Es gibt diejenigen, die nach Veränderungen rufen oder darauf bestehen, dass sie die gleichen Rechte genießen sollten wie andere in Großbritannien, doch sie werden zum Schweigen gebracht und [sind] einsame Stimmen. Genau wie im Iran und in Saudi-Arabien mit ihrer Religionspolizei gibt es auch hier eine Moralpolizei. Sogar in diesem Land gibt es Polizeigruppen, die versuchen, unangemessenes Verhalten zu unterbinden; die Art und Weise, wie sich eine Frau kleidet, wird kommentiert und die Frau wird getadelt. Aber es gibt den Extremfall, dass eine muslimische Frau mit einem Nichtmuslim zusammen ist; das kann dazu führen, dass sowohl der Mann als auch die Frau verprügelt werden. Der Hinweis auf das Verhalten der Frau kommt vielleicht nicht einmal von ihrer Familie, sondern von der moralischen Führung [soziale Kontrolle durch Gemeindeälteste und Extremisten]."[48]

Innerhalb dieses Kontextes an patriarchalischen Strukturen, sozialer Kontrolle und des Aufstiegs des islamischen Fundamentalismus wird von Frauen muslimischer Herkunft erwartet, dass sie eine "Wahl" treffen. Eine Wahl, die durch solche Strukturen, Werte und Normen derart eingeschränkt ist, ist aber möglicherweise gar keine Wahl. Mit anderen Worten: Die Exit-Option – also das Recht, sich aus dem Geltungsbereich einer Rechtsordnung zu lösen[49] – ist in Großbritannien keine realistische Garantie für individuelle Rechte. Nicht, wenn der Druck, sich der Tradition anzupassen, die Angst, Schande über die Familie zu bringen, und die Furcht, die eigene Familie zu verlieren und von der Gemeinschaft geächtet zu werden, die realen Folgen der eigenen Entscheidung sind.

Es sind die verletzlichsten Frauen, die der Einführung des islamischen Rechts in einer westlichen Gesellschaft zum Opfer fallen werden, nicht die wortgewandte Frau aus der Mittelschicht. Und obwohl Frauen, unabhängig von ihrem Hintergrund, ihre Hand-

---

[48] Usha Sood, Interview, August 2013.
[49] International Council on Human Rights Policy (ICHRP): *When Legal Worlds Overlap: Human Rights, State and Non-State Law* (Genf: ICHRP, 2009), S. 107–108, http://papers.ssrn.com/sol3/papers.cfm?abstract_id1/41551229 (Zugriff am 15. Juli 2015).

lungsmacht auch in den heikelsten Situationen geltend machen, werden sie oft einem System überlassen, das ihre Verletzlichkeit auf jeden Fall ausnutzen wird. Die gebildete, starke und wortgewandte Frau aus der Mittelschicht, die einfach nur eine religiöse Scheidung anstrebt, um eine Ehe zu beenden, wird nicht manipuliert werden, ihr Sorgerecht oder ihre finanziellen Rechte aufzugeben, um eine Scheidung zu bekommen. Noch wird sie zu einer Mediation erpresst werden, die sie nicht will. Eine Frau aber, die in einer geschlossenen Gemeinschaft gefangen ist, wird nicht in gleicher Weise handeln können.

Querschnitt der Frauen, die sich an Scharia-Gerichte wenden

Der Querschnitt der Frauen, die sich an die Scharia-Gerichte wenden, verdeutlicht diese Verletzlichkeit. Die folgende Klassifizierung basiert auf zweierlei Quellen. Die erste ist eine Untersuchung von Fällen, die innerhalb von sechs Monaten vor Gericht kamen, durchgeführt von Salma Dean, Opfer einer Zwangsheirat und Anwältin für Menschenrechte. Sie arbeitete im Team von Baroness Cox an der *Equality Bill*. Die zweite Quelle ist Charlotte Proudman, eine Anwältin für Menschenrechte, die über die Scharia-Räte forschte, einen Bericht zur Unterstützung des Gleichstellungsgesetzes erstellte und über einige der von ihr behandelten Fälle berichtete. Auf der Grundlage dieser beiden Quellen lassen sich drei Falltypen identifizieren.[50]

Erster Falltypus: Religiöse Scheidung

Eine Frau strebt eine religiöse Scheidung an, weil sie glaubt, dass eine zivile Scheidung nicht ausreiche, da man ihr gesagt hat, dass sie nach muslimischem Recht nicht geschieden sei.

Innerhalb dieser Kategorie gibt es eine weitere Untergruppe: hauptsächlich muslimische Frauen der ersten oder zweiten Generation, die in England geboren und aufgewachsen sind und oft eine

---

[50] Salma Dean, Interview m. d. Autorin, London: House of Lords, 9. Aug. 2013; Charlotte Proudman, Interview m. d. Autorin, London, 17. Jan. 2013.

starke muslimische Identität haben. Die anderen sind Frauen, die zum Islam konvertiert sind und einen islamischen Lebensstil angenommen haben. Für diese Gruppe ist es entscheidend, eine religiöse Scheidung zu erhalten, so wie sie sich eine religiöse Ehe gewünscht haben.

Sonia Shah-Kazemi und Samia Bano führten jeweils Studien über Scharia-Räte durch und interviewten jeweils 20 bis 25 Frauen. Beide betonten, wie wichtig diesen Frauen eine religiöse Scheidung sei, da dies für sie "Teil ihrer religiösen Identität" sei.[51]

Zweiter Falltypus: Heirat außerhalb des Vereinigten Königreichs

Solche Ehen können entweder erzwungen oder arrangiert sein. Die Zeremonie kann in Pakistan, Bangladesch oder Indien stattgefunden haben, eine zivile Eheschließung in Großbritannien folgte danach nicht. Nach internationalem Privatrecht erkennt das Vereinigte Königreich eine außerhalb des Landes geschlossene Ehe an und betrachtet sie als rechtlich bindend, und daher ist es rechtlich möglich, sie aufzulösen. Viele Frauen wissen das nicht und denken, dass der einzige Ort, an dem sie ihre Ehe auf offiziellem Wege beenden können, ein Scharia-Gericht sei.

Zu dieser Kategorie gehören diejenigen, die mit einem Ehegattenvisum nach England kommen und oft einen Cousin oder ein Mitglied eines in Großbritannien lebenden Clans heiraten. In der Regel sprechen sie kein Englisch, sie haben wenig oder gar keine formale Bildung und sind sich ihrer gesetzlichen Rechte in England nicht bewusst. Sie leben unter dem patriarchalischen Regime im Familienhaushalt, oft in Armut in einer ghettoisierten Gegend Englands. Frauen in dieser Kategorie "glauben wirklich, dass die Gemeinde die einzige Option ist, die sie in England haben; sie kennen die breitere Gesellschaft in England nicht"[52].

---

[51] Samia Bano: *Muslim Women and Shari'ah Councils: Transcending the Boundaries of Community and Law* (London: Palgrave Macmillan, 2013), S. 186; Sonia Nurin Shah-Kazemi: *Untying the Knot: Muslim Women, Divorce and the Shariah*, Nuffield Foundation (London: Nuffield Foundation, 2001), S. 48.

[52] Charlotte Proudman, Interview, Jan. 2013.

Dritter Falltypus: Ehe außerhalb des Zivilrechts in Großbritannien

Frauen in dieser Kategorie führen eine religiöse Ehe, diese ist jedoch nicht registriert. Solche Ehen, *nikahs* genannt, werden zivilrechtlich nicht anerkannt, sodass diese Frauen vor ein Scharia-Gericht gehen müssen, um sich scheiden zu lassen.

Trotz des Mangels an verlässlichen Statistiken und Zahlen gilt die Nichtregistrierung einer islamischen religiösen Ehe als ein weit verbreitetes Problem in Großbritannien – alarmierend in dem Ausmaß, dass die BBC darüber berichtete und Frauenorganisationen Kampagnen starteten, um Frauen über die Konsequenzen der Nichtregistrierung ihrer Ehen zu informieren. Cassandra Balchin, die verstorbene Präsidentin des *Muslim Women's Network*, erklärte, dass *nikahs* eine Angelegenheit von Interesse seien, weil die Frau kaum Rechtsmittel besitze, wenn es in der Beziehung zu Unstimmigkeiten komme oder ihr Mann sterbe.[53]

Es gibt viele Gründe, warum Frauen ihre Eheschließungen nicht registrieren lassen. Der häufigste ist die Unkenntnis über den rechtlichen Status der religiösen Ehe, aber manchmal wollen Frauen eine Beziehung testen, bevor sie sich auf eine echte Zivilehe einlassen. Oft kommt es zu einer solchen Situation, wenn der Ehemann bewusst versucht, seine Frau zu täuschen, um sie davon abzuhalten, die Ehe als Zivilehe zu registrieren und dadurch in den Genuss der Rechte zu kommen, die das Zivilrecht den Frauen zugesteht.[54]

In ihrer Studie "*Untying the Knot*" untersuchte Sonia Shah-Kazemi insgesamt 287 Fallakten eines Scharia-Rats in Ealing, West London. Sie fand heraus, dass 57 % der Frauen sich in einer religiösen islamischen Ehe befanden, diese aber nicht in Großbritannien registriert hatten, wie es das Zivilrecht vorschreibt (nicht alle dieser religiösen Eheschließungen geschahen in Großbritannien). 27 %

---

[53] Cassandra Balchin: *Registering Muslim marriages* (London: Critical Muslim website, 2011), http://criticalmuslim.com/upfront/religion/registering-muslim-marriages-cassandra-balchin (Zugriff am 9. Juli 2015).

[54] Feldstudien in Großbritannien im Jan. und Aug. 2013. Siehe auch Balchin: *Registering Muslim marriages*; Divya Talwa: "Wedding trouble as UK Muslim marriages not recognised", *BBC News*, 3. Feb. 2010, http://news.bbc.co.uk/2/hi/uk_news/8493660.stm (Zugriff am 9. Juli 2015).

derjenigen, die in religiösen Ehen in Großbritannien lebten, registrierten diese nicht.[55]

Samia Bono untersuchte für ihre Studie *Muslim Women and Shari'a Councils* auch Fälle verschiedener Scharia-Gremien in Großbritannien. Die meisten dieser Fälle betrafen Frauen, deren religiöse Eheschließungen nicht registriert waren. Dabei handelte es sich nicht um eine bewusste Entscheidung der Frauen. Tatsächlich gingen die meisten dieser Frauen davon aus, dass ihre religiösen Ehen registriert worden seien, nachdem sie die religiöse Zeremonie abgeschlossen und die Ehe vollzogen hatten. Aber einige Ehemänner weigerten sich schlicht, die Ehe zu registrieren und sie damit zu formalisieren, wie es das Zivilrecht verlangt. Bano kommt zu dem Schluss, dass es schwierig sei, die "Machtverhältnisse und die geschlechtsspezifischen kulturellen Normen und Werte" zu ignorieren, die die Entscheidung vieler Ehemänner bekräftigen, die Ehe nicht zu formalisieren. Diese Frauen werden mit einem Vertrauensbruch und einem Verlust an Entscheidungsfreiheit und Autonomie in ihrer Ehe konfrontiert.[56]

Manchmal hat der Ehemann aber ein anderes Motiv für die Weigerung, die Ehe zu registrieren: Er geht eine polygame Ehe ein.

In einem Interview mit der BBC äußerte der bereits erwähnte Dr. Siddiqui seine Besorgnis über die Ausbeutung, der manche Frauen ausgesetzt sind. Ihre Partner versprechen ihnen nach der religiösen Eheschließung eine standesamtliche Trauung und weigern sich dann, diese nach dem Vollzug der Ehe vorzunehmen:

> "Dies ermöglicht es muslimischen Männern, ihre Frauen zu kontrollieren, da sie damit drohen können, sie zu verlassen und die islamische Ehe zu beenden, indem sie einfach die Worte 'Scheidung, Scheidung, Scheidung' zu ihr sagen. Es ermöglicht auch einigen Männern, Polygamie zu betreiben. Ich weiß von Fällen, in denen Männer sich mehrere Ehefrauen genommen haben, weil sie gerade die *nikah* – [die 'Carnal Union'] – mit jeder Partnerin hatten."[57]

---

[55] Shah-Kazemi: *Untying the Knot*, S. 31.
[56] Bano: *Muslim Women and Shari'ah Councils*, S. 160–161.
[57] Thalia: "Wedding trouble …"; zu polygamen Ehen in Großbritannien siehe auch Linda Serck: "Polygamy in Islam: The women victims of multiple marriage", *BBC News*, 1. Juni 2012, http://www.bbc.com/news/uk-england-berkshire-18252958 (Zugriff am 9. Juli 2015).

Der Aufstieg fundamentalistischer Interpretationen des Islams innerhalb einiger geschlossener Gemeinschaften, so behaupten einige meiner Interviewpartner, habe die Polygamie als Teil einer "islamischen Lebensweise" etabliert. Das habe auch dazu geführt, dass "Frauen auf den Irrtum hereinfallen", dass eine religiöse Ehe, eine *nikah*, der "richtige muslimische Weg" sei.[58] Wenn sie in ihrer Ehe Probleme haben, entdecken sie, dass sie keinen Schutz haben und gezwungen sind, sich an ein Scharia-Gericht zu wenden.

Warum Frauen sich an Scharia-Gerichte wenden

Die Falltypen, die ich oben skizziert habe, und die Gründe, warum Frauen sich an Scharia-Gerichte wenden, verdeutlichen den sozialen Kontext, in dem diese oft agieren – eine patriarchalische Ordnung. Obwohl ihr Kontext ähnlich sein mag, sind ihre persönlichen Hintergründe doch unterschiedlich. Einige Frauen sind gebildet und unabhängig und verfügen über ein eigenes Einkommen, während viele andere nur über ein Minimum an formaler Bildung verfügen und nicht wirtschaftlich tätig und verarmt sind. Einige leben in geschlossenen Gemeinschaften, während andere nicht durch solche Strukturen eingeschränkt sind. Dies gilt insbesondere für Konvertitinnen.

Doch trotz ihrer Verschiedenheit haben sie eines gemeinsam: Was sie oft wollen, ist eine religiöse Scheidung. Dies ist wichtig. Sie sind nicht an einer Mediation oder Schlichtung interessiert. Sie wollen ihre Ehe beenden und sich religiös scheiden lassen. Die Tatsache, dass die Mehrheit der Frauen, die zu den Scharia-Gerichten gehen, ihre religiöse Ehe nicht nach dem Zivilrecht registriert oder formalisiert hat, unterstreicht nur die rechtlichen Lücken, die diese Frauen dazu zwingen, die Hilfe der Scharia-Gerichte in Anspruch zu nehmen. Sobald sie sich dorthin begeben, lassen sie sich auf ein inhärent diskriminierendes Verfahren ein, in dem sie dazu gedrängt werden, eine Schlichtung statt eine Scheidung anzustreben. Einige werden sogar gezwungen, auf Rechte zu verzichten, die ihnen nach dem Zivilrecht zustehen würden, da dies ihre einzige

---

[58] Balchin: *Registering Muslim marriages*.

Möglichkeit ist, die religiöse Scheidung zu erwirken, die sie verzweifelt wollen.

In den drei Scharia-Räten, die ich in London und Birmingham besuchte, bestätigten die Leute, die ich traf, dass Frauen, die sich an die Scharia-Räte wenden, eine religiöse Scheidung anstreben.

Schwester Sabah, die Verwaltungskoordinatorin des Familienunterstützungsdienstes beim islamischen Scharia-Rat in Birmingham, erzählte mir, dass neun von zehn Fällen, die der Rat behandelte, Frauen betreffen, die eine Scheidung beantragten: "Offensichtlich ist [...] wenn ein Mann eine Scheidung will, kann er sie selbst vornehmen." Die Frauen haben die Wahl: "Wenn sie sich privat scheiden lassen wollen, können sie [an eine Moschee] verwiesen werden; wenn sie eine Bescheinigung wollen, müssen sie das Verfahren durchlaufen."[59]

Das Verfahren beinhaltet den Besuch des Familienunterstützungsdienstes und der Beratungsstelle der Gemeinde, wo weibliche Beraterinnen sich den Fall der Einzelperson oder des Paares anhören. Die Beraterinnen schlagen grundsätzlich eine Versöhnung als islamisches Prinzip vor. Wenn die Person auf einer Scheidung besteht, wird ihr Fall mit einer Nummer versehen. Sobald die Akten zusammengestellt sind, wird der Fall dem Scharia-Rat vorgelegt, der den Fall prüft und sein endgültiges Urteil darüber fällt, ob die Scheidung, *talaq* genannt, oder eine *khula*, eine von der Frau initiierte Scheidung, gewährt wird.[60]

Scheich Mohammad Talha Bokhari, der Koordinator des Scharia-Rates und eines seiner Mitglieder, bestätigte Schwester Sabahs Darstellung. Auf die Frage nach der Art der Fälle, die zum Rat kommen, sagte er, dass sie nicht viele Heiratsfälle bekämen. Ihre Moschee habe ein Heiratsbüro, das solche Fälle behandele. Vielmehr befasse sich der Rat mit Scheidungsfällen. In den meisten Fällen "will die Frau nicht mit ihm zusammenleben, und der Ehemann will nicht in die Scheidung einwilligen"[61].

---

[59] Sister Sabah, Interview m. d. Autorin, 23. Jan. 2013.
[60] Birmingham Mosque Trust (BMT): *Islamic divorce (khula) procedure* (Birmingham: Birmingham Mosque Trust, 2015), http://centralmosque.org.uk/downloads/62_Islamic%20Divorce-Procedure.pdf (Zugriff am 9. Juli 2015).
[61] Scheich Mohammad Talha Bokhari, Interview m. d. Autorin, Birmingham, 23. Jan. 2013.

Dr. Mohammad Shahoot Kharfan, der Imam des *Muslim Welfare House* in London, sagte, dass die meisten Fälle, mit denen er sich befasse, entweder einen Ehevertrag oder eine Scheidung beträfen. Normalerweise versuche er zuerst, zwischen den beiden Partnern zu vermitteln. Wenn dies nicht gelinge, bewillige er die Scheidung.[62]

Salim Leham, der juristische Leiter des *Muslim Welfare House* in London, erklärte mir, dass die meisten derjenigen, die in das Zentrum kämen, Flüchtlinge mit arabischem oder somalischem Hintergrund seien. Sehr oft sprächen sie kein Englisch und bräuchten Unterstützung. Seine Aufgabe sei es, ihnen bei der Kommunikation mit den lokalen Behörden zu helfen. Wenn es um Familienangelegenheiten gehe, insbesondere um Fragen von *talaq* und *khula*, würden die Leute an den Imam verwiesen, in diesem Fall an Dr. Kharfan. Manchmal übersetze Leham für diesen, wenn der Antragsteller ein Konvertit sei, der kein Arabisch spreche. Leham fügte hinzu, dass der "Scheich die islamische Sichtweise vermittelt, aber wir leben in einem Staat, der nicht muslimisch ist; sein Recht sollte umgesetzt werden. Also erklären wir ihnen den britischen Scheidungsprozess, [...] und helfen ihnen im Gerichtssystem".[63]

Andererseits erklärte Scheich Dr. Suhaib Hasan vom *Islamic Shari'a Council* in Leyton, dass sein Rat 1982 gegründet wurde, um "die muslimische Gemeinschaft in allen Angelegenheiten zu leiten". Später habe der Rat erkannt, dass es ein "großes Feld gab, das noch von keiner muslimischen Organisation besetzt war: Eheprobleme von *talaq* und *khula*. Also sagten wir: Na gut, lasst uns dieses Vakuum füllen." Auf die Frage nach der Art der Dienstleistung, die der Rat anbietet – Mediation, Schlichtung oder Familienberatung – antwortete Scheich Dr. Hasan:

> "Wir erhalten viele Fälle von Frauen, die *khula* suchen. Nun könnte dieselbe Frau ebenso gut vor ein Zivilgericht gehen. Und Zivilgerichte versuchen nicht zu vermitteln, sie versuchen nicht zu versöhnen, sondern sie versuchen, die Entscheidung über den Fall zu treffen, der ihnen vorgelegt wird. Aber das ist bei uns nicht der Fall. Wenn hier eine Frau die Scheidung beantragt, behandeln wir das als einen *khula*-Fall, bei dem der Mann überzeugt

---

[62] Dr. Mohammad Shahoot Kharfan, Interview m. d. Autorin, London, 22. Jan. 2013.
[63] Salim Leham, Interview m. d. Autorin, London, 18. Jan. 2013.

werden muss, seine Zustimmung zu geben. Wenn er dazu nicht bereit ist, wenn er nicht bereit ist, eine *khula* zu geben, dann ist es keine richtige *khula*. Dann ist es unsere Verantwortung als *qadis* [Richter], die Ehe aufzulösen. Auf diese Weise müssen wir also ein gemeinsames Treffen für Ehemann und Ehefrau abhalten, und wenn sie kommen, versuchen wir, zwischen ihnen zu vermitteln. Das ist also Teil unserer Politik, dass wir versuchen, zwischen den beiden zu vermitteln und auszuloten, ob es Wege gibt, wie sie zusammenkommen können, wie sie ihre Differenzen minimieren und wie sie zusammenleben können. Wir fragen die Frau, wenn sie irgendwelche Bedingungen hat, bitte legen Sie diese Bedingungen fest, und dem Mann sagen wir, wenn Sie diese Bedingungen erfüllen, geben wir Ihnen noch eine Chance für zwei oder drei Monate. Und erfüllt der Mann diese Bedingungen nicht, dann werden wir der Frau die Scheidung zusprechen, die sie anstrebt. Wir versuchen also in jedem Fall zu vermitteln, es sei denn, es wird sehr deutlich, dass die Frau ein Opfer von Gewalt ist und es überhaupt keinen Raum für eine Versöhnung gibt. Dann und nur dann treffen wir selbst die Entscheidung, die Ehe aufzulösen, weil der Mann keine Scheidung will, aber wenn er bereit ist, sich scheiden zu lassen, dann ist die Sache sehr einfach."[64]

Mediation wird also fast immer als obligatorischer Teil des Prozesses angeboten, auch wenn die Frau das klare Ziel hat, eine religiöse Scheidung zu erreichen. Dies kann dazu führen, dass Frauen genötigt werden, an einer Mediation teilzunehmen.

Sonia Shah-Kazemi und Samia Bano haben in ihren beiden separaten Studien hervorgehoben, dass der wichtigste Grund, warum sich Frauen an Scharia-Räte wenden, darin besteht, eine religiöse Scheidung zu erhalten – und nicht in dem Wunsch, ihre Ehe zu retten oder an einer Mediation teilzunehmen.[65] Shah-Kazemi, die den Einsatz von Scharia-Räten befürwortet, befragte ihre Interviewpartnerinnen zu ihren Ansichten über die Mediation. Alle sprachen über die positive Seite von Mediatoren, die ähnliche Hintergründe wie sie selbst haben. Allerdings äußerten Frauen, die aus kleinen, eng miteinander verbundenen Gemeinschaften (aus verschiedenen Regionen Großbritanniens) kamen, ihre Bedenken bezüglich der Vertraulichkeit innerhalb der Community. Nur eine Interviewpartnerin hatte das Mediationsverfahren tatsächlich durchlaufen.

Wenn Mediation jedoch ihre Kinder betrifft, dann verflüchtigt sich die positive Einstellung zur Mediation.

---

64 Scheich Dr. Suhaib Hasan, Interview m. Autorin, London, 28. Jan. 2013.
65 Bano: *Muslim Women and Shari'ah Councils*, S. 186; Shah-Kazemi: *Untying the Knot*, S. 34.

Shah-Kazemi erkannte, dass Frauen, die zum Scharia-Rat kommen, bereits eine Entscheidung über die Scheidung getroffen haben. Eine ihrer Interviewpartnerinnen formulierte es so:

> "[Die Situation war] zu weit fortgeschritten; wenn ich Zweifel gehabt hätte, hätte ich das Verfahren nicht begonnen [...] Ich hatte darüber nachgedacht: 'Gibt es irgendeine Hoffnung?'"[66]

Samia Banohat beobachtet, dass in einigen Fällen Frauen ermutigt wurden, sich zu versöhnen, auch wenn sie dies nicht wollten. Sie ist sich des beunruhigenden Kontextes sehr bewusst, in dem die Mediation stattfindet: Diese ist durchsetzt von Machtdynamiken, die betonen, was als göttlich verordnete Pflicht der Frau beschrieben wird. Sie ist zugleich männlich dominiert und oft von konservativen Interpretationen über die Stellung der Frau im Islam durchdrungen.[67]

Bano beschreibt eines der beunruhigenden Ergebnisse ihrer Studie: Zehn ihrer Interviewpartnerinnen berichteten, dass sie zur Teilnahme an den Versöhnungssitzungen mit ihren Ehemännern "überredet" worden seien, obwohl sie sich dagegen gesträubt hätten. Noch beunruhigender ist, dass vier dieser Frauen eine einstweilige Verfügung gegen ihre Ehemänner wegen häuslicher Gewalt besaßen und dennoch dazu gedrängt wurden, während der Versöhnungssitzungen nur ein paar Meter von diesen Männern entfernt zu sitzen.[68]

Bano, gelangte zu dieser Schlussfolgerung:

> "Die empirischen Ergebnisse dieser Studie bestätigen die Existenz gruppeninterner Ungleichheiten und dass Scharia-Räte Grenzen für die Gruppenzugehörigkeit konstruieren, die auf traditionellen Interpretationen der Rolle der Frau im Islam beruhen, vor allem als Ehefrau, Mutter und Tochter. Unter solchen Bedingungen kann die multikulturelle Anpassung des muslimischen Familienrechts in Großbritannien zu Menschenrechtsverletzungen an muslimischen Frauen führen. In der Tat bedeutet diese privatisierte Form der religiösen Schlichtung eine Verlagerung der staatlichen Regulierung in

---

[66] Shah-Kazemi: *Untying the Knot*, S. 35.
[67] Bano: *Muslim Women and Shari'ah Councils*, S. 210–212.
[68] Ebd., S. 213.

den privaten Bereich, wodurch religiöse Führer mehr Macht erhalten, ihnen genehme Verhaltensmuster zu diktieren."[69]

Charlotte Proudman, die Beweismaterial zur Unterstützung des Gesetzentwurfs von Baroness Cox vorlegte, sagte in ähnlicher Weise, dass in allen Fällen, die sie untersuchte, Frauen sich an Scharia-Gerichte gewandt hatten, um ihre Ehen zu beenden. Doch in den meisten Fällen seien diese Frauen in einem frauenfeindlichen und geschlechterdiskriminierenden Verfahren zur Mediation gedrängt worden. Proudman stellte nicht nur Fälle vor, mit denen sie in ihrer Eigenschaft als Anwältin persönlich zu tun hatte. Sie dokumentierte auch die Aussagen von neun angesehenen muslimischen und Frauenorganisationen, die in den Gemeinden tätig waren und Fälle von Frauen bearbeiteten, die sich an Scharia-Gerichte gewandt hatten.[70]

Ihre Berichte sind wichtig, um den patriarchalischen sozialen Kontext, in denen diese Frauen handeln müssen, zu veranschaulichen, die soziale Kontrolle und den Druck, dem sie ausgesetzt sind, während sie versuchen, ihre religiöse Scheidung zu erhalten, und den Mangel an juristischem Wissen in Kombination mit den rechtlichen Schlupflöchern des Systems, die die Frauen zu den Scharia-Gerichten treiben. Zwei Aussagen sind erwähnenswert.

Die erste stammt von Jasvinder Sanghera, der Präsidentin von *Karma Nirvana*, einer renommierten, eingetragenen Wohltätigkeitsorganisation, die Opfer und Überlebende von Zwangsheirat und ehrenbezogenem Missbrauch unterstützt. Sanghera erstellt für britische Gerichte Sachverständigengutachten und Stellungnahmen in familienrechtlichen Angelegenheiten. Sie machte diese Aussage:

> "Viele Frauen, die bei *Karma Nirvana* anrufen, wollen wissen, wie sie eine Scharia-Scheidung erreichen können. *Karma Nirvana* unterstützt sie bei der Antragstellung und stellt den Frauen oft ein Unterstützungsschreiben zur Verfügung. Sobald die Frauen den Scharia-Scheidungsprozess beginnen, setzen die Scharia-Räte die gefährdeten und ausgegrenzten Frauen bald unter Druck, ihre Ehe zu versöhnen. Auch Familienmitglieder werden involviert, was den Druck auf diese Frauen weiter erhöht, in das eheliche Haus

---

69 Ebd.
70 Charlotte Rachael Proudman: *Equal and Free? Evidence in Support of Baroness Cox's Arbitration and Mediation Services (Equality) Bill* (London: House of Lords, Mai 2012), S. 11–39.

zurückzukehren, ungeachtet des Missbrauchs, dem sie ausgesetzt waren und weiterhin ausgesetzt sein werden. Wenn Frauen sich weigern, zu ihrem Ehemann zurückzukehren, bestehen die Scharia-Räte darauf, dass die Frauen ihre Kinder zu ihren Ehemännern zurückbringen. Sobald das Kind zu seinem Vater zurückgebracht worden ist, besteht ein hohes Risiko, dass es verschleppt wird."[71]

Die *Henna Foundation*, eine landesweit eingetragene Wohltätigkeitsorganisation, die sich für die Stärkung von Familien in muslimischen Gemeinschaften einsetzt, hat die rechtlichen Fehlinformationen aufgezeigt, die diese Frauen schutzlos belassen. In den letzten 12 Jahren betraf ein Drittel der Arbeit von *Henna* muslimische Frauen, die eine islamische Scheidung und Klarheit über ihre muslimische Ehe anstrebten:

"Der Mangel an Regulierung und Rechenschaftspflicht der Scharia-Räte hat insbesondere bei muslimischen Frauen unangemessenen Stress und Druck verursacht. Dies lässt sich an der fehlenden Akzeptanz des *decree absolute* [zivile Scheidung] als gültige und rechtskräftige Scheidung für muslimische Frauen verdeutlichen. Eine Reihe renommierter Gelehrter hat klargestellt, dass ein *decree absolute* ausreicht, um die Anforderungen einer islamischen Scheidung zu erfüllen, und dass muslimische Frauen technisch gesehen keine Scheidung durch einen Scharia-Rat einholen müssen. Aufgrund des Drucks der islamischen Gemeinschaft, des mangelnden Verständnisses der Scheidung und auch um des Seelenfriedens willen beantragt die große Mehrheit der muslimischen Frauen jedoch eine islamische Scheidung, sobald sie ihr *decree absolute* erhalten haben. Das mangelnde Verständnis für das Thema Scheidung ist besonders besorgniserregend, da es religiöse Führer und Ex-Ehemänner usw. gibt, die dies ausnutzen und wehrlosen muslimischen Frauen erzählen, dass sie islamgemäß immer noch verheiratet seien und dass sie weiterhin ihre Pflicht/Rolle als Ehefrau erfüllen müssten."[72]

Erinnern Sie sich an den Ausdruck, den ich in Kapitel 4 verwendet habe: die anthropologische Version des Gesetzes? Ich definierte dies als eine Version des Gesetzes, die keinen historischen, politischen oder sogar rechtlichen Kontext hat. Auch in den oben beschriebenen Zusammenhängen ist sie im Spiel. Frauen unterliegen einem verwirrenden System, das ihre Bedürfnisse anhaltend nicht berücksichtigt.

---

[71] Zitiert ebd., S. 33.
[72] Zitiert ebd., S. 29.

Frauen wenden sich an die Scharia-Gerichte, weil sie eine religiöse Scheidung erwirken wollen, aber die Erfüllung dieses Bedürfnis wird durch drei Faktoren erschwert.

Erstens haben die meisten Frauen kaum Wissen über den rechtlichen Status von Ehe und Scheidung. Zum einen wissen die meisten dieser Frauen nicht, dass eine außerhalb des Vereinigten Königreichs geschlossene Ehe in Großbritannien als rechtsverbindlich anerkannt wird. Sie können also eine zivile Scheidung mit dem damit verbundenen Schutz erwirken. Auf der anderen Seite ist den meisten auch nicht bewusst, dass eine britische zivile Scheidung religiös als gültige Scheidung anerkannt wird.

Zweitens ist es möglich, dass eine in Großbritannien geschlossene religiöse Ehe nicht registriert wurde. Wie ich oben beschrieben habe, haben viele Frauen, die eine Scheidung anstreben, nur religiöse Ehen in Großbritannien geschlossen und es versäumt, diese zu registrieren. Sie brauchen eine Scheidung, und um diese zu bekommen, wenden sie sich an die Scharia-Räte.

Drittens wird die fundamentalistische Auslegung des Islam inzwischen zum Mainstream. Der Aufstieg fundamentalistischer Interpretationen des Islam, wie die des salafistischen Islam, hat die Fehlannahme, dass eine muslimische Frau nur durch eine islamische Scheidung geschieden werden kann, innerhalb geschlossener britischer Gemeinschaften zum Mainstream gemacht und verbreitet. Diese Meinung wurde von Haitham al-Haddad vom Scharia-Rat in Leyton stark hervorgehoben, der in einer Fatwa, die er im Juli 2010 herausgab, davor warnte, das "Urteil von Nichtmuslimen" zu akzeptieren. Er beharrte darauf, dass eine "Scheidung, die vom Zivilgericht auf Antrag der Ehefrau ausgesprochen wird, weder eine gültige Scheidung noch eine legitime Eheauflösung ist"[73].

Al-Haddads Auffassung ist eine Randmeinung – eine extreme noch dazu. Sie widerspricht der tatsächlichen Praxis in vielen islamischen Ländern, darunter Pakistan, Bangladesch, Tunesien und Marokko, die eine zivile Scheidung durchaus als gültige Scheidung akzeptieren. Sohail Akbar Warraich und Cassandra Balchin haben

---

[73] Haitham al-Haddad: *Fatwa: A civil divorce is not a valid religious divorce*, Islam21c.com, 21. Juli 2010, http://www.islam21c.com/fataawa/912-fatwa-a-civil-divorce-is-not-a-valid-islamic-divorce/ (Zugriff am 9. Juli 2015).

diese Rechtspraxis in ihrem Bericht "*Recognising the un-Recognised*" aufgezeigt. Fälle, so sagen sie, die in Bangladesch und Pakistan vor Gericht gebracht würden und eine britische zivile Scheidung zum Gegenstand hätten, beinhalteten immer Sorgerechts- und Eigentumsstreitigkeiten, und keine der beiden Parteien würde den tatsächlichen Vollzug der Scheidung in Frage stellen.[74]

Al-Haddads Meinung steht auch im Widerspruch zur klassischen islamischen Jurisprudenz. In der Tat weist Rashad Ali darauf hin, dass muslimische Gelehrte Muslimen traditionell dazu raten, Scheidungen vor Gerichten des Rechtssystems verhandeln zu lassen, in dem sie leben. Solche Scheidungen wären sowohl aus religiösen Gründen als auch nach dem Recht des Landes legitim. Diese Position ist nicht neu – sie ist Teil der klassischen islamischen Rechtsprechung und wurde lange Zeit von vormodernen Gelehrten für Muslime befürwortet, die in Gebieten leben, die eine mehrheitlich nichtmuslimische Bevölkerung haben, oder sogar auch, wenn Nichtmuslime in Ländern mit muslimischer Mehrheit die Richter waren. Demnach ist es für Muslime religiös, moralisch und rechtlich verpflichtend, die vorherrschenden Rechtsnormen und -standards für ihre eigenen vertraglichen Vereinbarungen zu übernehmen. Eine führende zeitgenössische Autorität für islamisches Recht, Scheich Abdallah bin Mahfudh ibn Bayyah, erklärt ausdrücklich, dass man nach den Gesetzen des Landes, in dem man lebt, heiratet und geschieden werden muss.[75]

Er ist damit nicht allein. Der Scharia-Rat von Birmingham hält sich an diese Regel, wie ich in Kapitel 4 gezeigt habe. In der Tat erklärte mir Scheich Mohammad Talha Bokhari, der Koordinator dieses Scharia-Rates und zugleich eines seiner Mitglieder, dass eine Frau, die eine zivile Scheidung vorweisen könne, keine religiöse

---

[74] Sohail Akbar Warraich, Cassandra Balchin: *Recognizing the Unrecognized: Intercountry Cases and Muslim Marriages & Divorces in Britain*, (London: Women Living Under Muslim Laws, 2006), S. 3.

[75] Rashad Ali: "Islam, Shari'ah courts, Islamisation and the far-right", *Democratiya*, 16, Spring/Summer 2009, S. 47–48. Es ist erwähnenswert, dass sogar der Europäische Rat für Fatwa und Forschung (ECFR) – eine Mitgliedsorganisation der weltweiten Muslimbrüder – widerwillig eine religiöse Entscheidung herausgegeben hat, die die Gültigkeit einer von einem Nichtmuslim ausgesprochenen Scheidung anerkennt. ECFR, Fifth Regular Session, 4 – 7 May, Dublin, 2000, http://goo.gl/hGOAeK (Zugriff am 9. Juli 2015).

Scheidung vom Rat benötige: "Denn wenn die [zivile] Scheidung eingetroffen ist, ausgestellt vom Zivilgericht, dann ist sie abgeschlossen. Das ist eine Scheidung."[76]

Sowohl Islamisten als auch Essentialisten lehnen diese solide theologische Position und die moderne Praxis der Rechtssysteme in islamischen Ländern ab. Stattdessen plädieren sie für eine anthropologische Version des islamischen Rechts und fordern, dass eine parallele Rechtsordnung von Scharia-Gerichten in das westliche Rechtssystem integriert wird. Dies ist eine falsche Darstellung des Problems. Die Frauen wollen keine religiöse Schlichtung. Was sie brauchen, ist eine prozedurale Maßnahme, die es ihnen erlaubt, eine religiöse Scheidung zu bekommen, ohne ein religiöses Gericht aufsuchen zu müssen. Die britischen Behörden haben es bisher aus einem absurden Gefühl der politischen Korrektheit heraus versäumt, dieses Problem anzugehen. Es gibt spezifische politische Maßnahmen, die das Problem lösen könnten, aber dazu ist politischer Wille erforderlich. Ich werde sie im abschließenden Kapitel beschreiben.

Scharia-Recht angefochten: Ein folgenreicher Diskurs

Das essentialistische Prisma der anthologischen Version des islamischen Rechts ist ohne Kontext. Es ignoriert den historischen, politischen, sozialen und sogar den rechtlichen Rahmen dessen, was es beschreibt. Bezeichnenderweise ignoriert es auch den kritischen Diskurs über das islamische Recht, der in den arabischen und islamischen Ländern seit dem frühen zwanzigsten Jahrhundert stattfindet. Es ist so, als hätte dieser kritische Diskurs nie existiert. Ebenso wird außer Acht gelassen, wie das islamische Recht außerhalb und innerhalb des Vereinigten Königreichs in Frage gestellt und bekämpft wurde.

Wie ich in der Einleitung sagte, vertreten viele arabische und islamische Intellektuelle und Schriftsteller, sowohl Männer als auch Frauen, den Standpunkt, dass die Emanzipation der Frauen eine

---

[76] Scheich Mohammad Talha Bokhari, Interview m. d. Autorin, Birmingham, 23. Jan. 2013.

Voraussetzung für den Aufstieg ihrer Gesellschaften im Allgemeinen ist. Diese Emanzipation kann nicht von den Gesetzen getrennt werden, die ihr Leben regeln: insbesondere Familiengesetze – religiöse Familiengesetze.

Im arabischen Kontext war der Tunesier Al Taher al Hadad 1930 der erste, der ausdrücklich auf das islamische Recht als Teil des Problems und auf dessen Reformierung als Teil der Lösung hinwies. In seinem Buch "*Our Women in Shari'a and Life*", das 1930 erstmals veröffentlicht wurde, schrieb er: "Koranische Verse privilegieren den Mann gegenüber der Frau in unzweideutigen Standpunkten. Dies sollte kein Hindernis sein, die Prinzipien der sozialen Gleichheit zwischen ihnen im Laufe der Zeit zu akzeptieren, da sein [des Korans] Endziel die totale Gerechtigkeit ist."[77]

Soziale Gleichheit, so argumentierte er, könne durch mehrere Maßnahmen erreicht werden. Erstens solle die Frau die gleiche rechtliche und zivile Identität haben wie der Mann. Darüber hinaus solle die Praxis der männlichen Vormundschaft über ihre weiblichen Verwandten beendet und das Mindestheiratsalter auf 18 Jahre festgesetzt werden. Das männliche Recht auf einseitige Scheidung solle abgeschafft werden und nur ein Zivilgericht solle bei familiären Streitigkeiten zwischen Mann und Frau entscheiden. Polygamie solle wegen der Demütigung, die Frauen erlitten, und der familiären Zwistigkeiten und Streitigkeiten, die sie verursache, verboten werden. Schließlich sollten neue Bestimmungen die Gleichberechtigung in Erbschaftsangelegenheiten ermöglichen.[78]

Die erste Maßnahme, die Habib Bourguiba (1903–2000), der Präsident Tunesiens, nach der Unabhängigkeit 1946 ergriff, war die Einführung eines zivilen Familiengesetzes, das alle Maßnahmen, die al Hadad gefordert hatte, umsetzte, mit Ausnahme der Gleichheit im Erbrecht. Bourguiba begründete das Gesetz damit, dass alle Bemühungen, die tunesische Gesellschaft zu modernisieren, vergeblich sein würden, wenn das Land nicht den untergeordneten Status der Frau innerhalb der Familienstruktur ändere. Die Ände-

---

[77] Al Taher al Hadad: *Our Woman in Shari'a and Life* (auf Arabisch) (Tunis: Tunisia's House for Publication, 1972), S. 40.
[78] Ebd., S. 27–82.

rung des Familiengesetzes war das Mittel, um dieses Ungleichgewicht zu korrigieren.

Mehr als 75 Jahre nach der Veröffentlichung von Haddads Buch, genauer gesagt im Jahr 2005, wiederholte der "*Arab Human Development Report, Towards the Rise of Women in the Arab World*", der sich der Verbesserung der Bedingungen für Frauen in arabischen Gesellschaften widmet, das gleiche Argument. Viele Frauen, so argumentiert der Bericht, kämpften nach wie vor um eine faire Behandlung. Sie seien Opfer konservativer Behörden, diskriminierender religiöser Familiengesetze in rechtlich pluralistischen Systemen, chauvinistischer männlicher Experten und traditionsbewusster Verwandter, die ihre Aspirationen, Handlungen und ihr Verhalten reglementierten.[79]

Am wichtigsten aber: Der Bericht legt pointiert dar, dass islamische Familiengesetze Frauen diskriminieren und daher geändert werden sollten. Die Autoren formulierten es so:

> "Die meisten arabischen Gesetze sind durch ein ausgeprägtes Defizit in der familienrechtlichen Gleichstellung der Geschlechter gekennzeichnet. Die Vorstellung, dass Männer die Hüter der Frauen seien und eine gewisse Befehlsgewalt über sie haben, wird in den islamischen Schriften aufrechterhalten. In der Rechtspraxis hat sich dies in Gesetzen niedergeschlagen, die von den Ehemännern verlangen, ihre Frauen finanziell zu unterstützen, in Gesetzen, die den Gehorsam der Frau vorschreiben, in Gesetzen, die allein den Männern das Recht einräumen, die Scheidung zu diktieren, und in Gesetzen, die den Männern das Recht auf die Zwangsrückgabe ihrer Frauen im Falle einer widerruflichen Scheidung einräumen (*talaq raj'i*)."[80]

Es überrascht nicht, dass der Bericht das tunesische Personenstandsgesetzbuch (Familienrecht) als Vorbild in der arabischen Welt für die Förderung des Prinzips der Gleichheit in ehelichen Beziehungen im Gesetz hervorhebt, da es das vermeide, was es als "archaische Interpretationen der Scharia zum Nachteil der Rechte der Frauen" bezeichnet.[81] Den Verfassern des Berichts ist auch nicht entgangen, dass das tunesische Familienrecht das "einzige arabi-

---

[79] United Nations Development Program (UNDP): *Arab Human Development Report 2005: Towards the Rise of Women in the Arab World* (New York: United Nations, 2006), S. 189–190.
[80] Ebd., S. 191.
[81] Ebd., S. 193.

sche Personenstandsgesetz ist, das für alle Bürger des Landes unabhängig von ihrer Religionszugehörigkeit gilt".[82] Wie ich in Kapitel 3 gezeigt habe, kann man die Bedeutung der Anwendung des Familienrechts auf alle Bürger unabhängig von ihrer Religion oder ethnischen Zugehörigkeit für den Zusammenhalt der nationalen Identität und die Gleichheit der Bürger nicht hoch genug einschätzen.

Man beachte, dass dieser Bericht von arabischen Wissenschaftlern und Experten, einige von ihnen mit islamischem Hintergrund, und nicht von westlichen Experten verfasst wurde. Diese arabischen Wissenschaftler hatten keine Schwierigkeit, das Problem beim Namen zu nennen, indem sie feststellten, dass die aus dem islamischen Recht abgeleiteten Familiengesetze die Frauen in Familienangelegenheiten diskriminieren.

Es gibt in den arabischen und islamischen Ländern einen kritischen Diskurs über das islamische Recht und die Notwendigkeit, es zu reformieren. Dieser Diskurs beinhaltet eine Kombination aus forschungsorientiertem Aktivismus und wissenschaftlicher Arbeit. In einer Zeit, in der die Essentialisten darauf drängen, das islamische Recht in die westlichen Rechtssysteme einzuführen, geht der Trend in den arabischen und islamischen Ländern außerdem dahin, auf die Reform des islamischen Rechts zu drängen – und nicht auf seiner Anwendung zu beharren.

Ein berühmtes Beispiel für forschungsorientierten Aktivismus ist *Women Living Under Muslim Laws* (WLUML), ein internationales Solidaritätsnetzwerk, das sich auf mehr als 70 Länder erstreckt, von Südafrika bis Usbekistan. Es ist eine Plattform, die Informationen, Unterstützung und einen kollektiven Raum bietet für "Frauen, deren Leben durch Gesetze und Bräuche, die angeblich aus dem Islam stammen, geformt, konditioniert oder regiert wird".[83]

Diese Frauen leben in unterschiedlichen Kontexten. Sie leben in Ländern oder Staaten, in denen der Islam Staatsreligion ist, in säkularen Staaten mit muslimischen Mehrheiten, in muslimischen Gemeinschaften, die von religiösen Minderheitengesetzen regiert

---

[82] Ebd., S. 194.
[83] Women Living Under Muslim Laws (WLUML): *About WLUML*, http://www.wluml.org/node/5408 (Zugriff am 9. Juli 2015).

werden, in säkularen Staaten, in denen islamistische Gruppen religiöse Gesetze fordern, in muslimischen Migrantengemeinschaften in Europa, Amerika und auf der ganzen Welt und in Kontexten, in denen nichtmuslimische Frauen direkt oder mittels ihrer Kinder von muslimischen Gesetzen betroffen sein können. Schließlich kann es sich um Frauen handeln, die als Muslime etikettiert werden, weil sie in muslimische Gemeinschaften oder Familien hineingeboren wurden, sich aber anders definieren, entweder weil sie die Religion verlassen haben oder weil sie es vorziehen, nicht über religiöse Begrifflichkeiten identifiziert zu werden, sondern andere Aspekte ihrer Identität wie politische Ideologie, Beruf oder sexuelle Orientierung zu betonen.[84]

Die Gründerin des Netzwerks ist Marieme Hélie-Lucas, eine algerische Soziologin. Sie erklärt, was all diese Frauen zusammenbringt: Frauen werden überall auf der Welt in verschiedenen Gesellschaften unterdrückt, genauso wie die Frauen, die unter muslimischen Gesetzen leben. Der Unterschied zwischen ihnen und Frauen in anderen Gesellschaften ist jedoch die Art und Weise, wie diese Unterdrückung konstruiert und gerechtfertigt wird:

> "Man sagt uns (oder lässt uns glauben, wenn es nicht direkt gesagt wird), dass die Umstände, unter denen wir leben, nicht geändert werden können, weil Gott gesagt hat, dass es so sein soll. Das ist es, was unsere Situation wirklich speziell macht. Das ist auch, was uns zusammenbringt. Wir haben die gleichen Probleme wie andere Frauen überall auf der Welt auch – nur dass sie für uns anders gestaltet ist."[85]

Die Mission der WLUML wurde von dieser Differenz geprägt und erlangte den Ruf, die Homogenisierung des muslimischen und des Scharia-Rechts, die durch Essentialisten und Islamisten vorgenommen wird, zu erschüttern. Schon der Name der Organisation stellt das in Frage, was sie als "den Mythos einer einzigen, homogenen 'muslimischen Welt'" bezeichnen.[86] Diese "muslimische Welt" ist eine Konstruktion, ein "absichtlich geschaffener Mythos". Sie spiegelt nicht die Tatsache wider, dass Gesetze, die als muslimisch be-

---

[84] Ebd.
[85] Marieme Hélie-Lucas, WLUML: *Heart and Soul. Transcript des "Plan of Action"*, Dhaka 97, http://www.wluml.org/sites/wluml.org/files/Heart%20and%20Soul_Marieme%20Helie-Lucas.pdf (Zugriff am 9. Juli 2015).
[86] WLUML: "About WLUML".

zeichnet werden, von einem Kontext zum anderen variieren und dass sie aus verschiedenen Quellen stammen: religiösen, gewohnheitsrechtlichen, kolonialen und säkularen.

Abweichungen und Unterschiede sind eine Selbstverständlichkeit. Selbst wenn die Grundlagen der Gesetze die gleiche religiöse Konfession oder Rechtsschule sind, unterscheiden sie sich in der Art und Weise, wie sie die religiösen Bestimmungen anwenden. Zum Beispiel haben Marokko und Kuwait eine Rechtsschule gemeinsam: die sunnitische Maliki-Schule. Doch Marokko machte 2004 von einer alten islamischen Bestimmung aus einer anderen Rechtsschule Gebrauch, die besagt, dass eine volljährige Frau ein Recht auf Schutz hat. In Kuwait wurde diese Bestimmung völlig ignoriert. Stattdessen hat man dem männlichen Vormund die Befugnis gegeben, seine Tochter, Schwester usw. zu verheiraten, selbst ohne ihr Wissen. Was zwingt die eine Gesellschaft, von einer Bestimmung Gebrauch zu machen, und die andere, sie zu ignorieren? Wieder ist es der menschliche und soziale Kontext, der den Unterschied ausmacht.[87]

Durch die Beleuchtung dieses politischen, sozialen und kulturellen Kontextes und der politischen Beanspruchung der Religion sowohl durch Islamisten als auch durch politische Führer brachte das WLUML-Netzwerk Forschungsarbeiten hervor, die deutlich machen, dass diese Gesetze "von Menschen gemacht und nicht von Gott gegeben sind". Dies habe enorme Auswirkungen auf die Anstrengungen der Frauen, behauptet Marieme Hélie-Lucas, "denn wenn sie von Menschen gemacht sind, hat niemand Angst, diese Gesetze anzufechten und sich ihnen entgegenzustellen – während sich viele Menschen eingeschränkt fühlen, wenn sie sie als gottgegeben betrachten"[88]. Diese Gesetze werden tatsächlich von Männern (und einigen wenigen Frauen) gemacht – nicht von Gott. Diese Sichtweise des muslimischen Rechts wird in einem wissenschaftlichen kritischen Diskurs über die Scharia von dem sudanesischen Amerikaner Abdullahi Ahmed An-Na'im bekräftigt, einem renommierten Professor für Recht an der Emory University. In seinem berühmten Buch "*Toward an Islamic Reformation: Civil Liberties, Human*

---

[87] Manea: *Ich will nicht mehr schweigen*, S. 34.
[88] Hélie-Lucas, WLUML: *Heart and Soul*.

Rights and International Law" argumentiert er, dass die Scharia nicht die Gesamtheit des Islam sei. Stattdessen sei die Scharia eine Interpretation grundlegender Quellen des islamischen Rechts, wie sie in einem bestimmten historischen Kontext verstanden worden seien. Mit anderen Worten: Die Scharia wurde von den Rechtsgelehrten ersonnen, die sie erschaffen haben.[89]

Die Berücksichtigung dieses Aspekts macht es möglich, ein Urteil auf der Grundlage heutiger Normen zu fällen. In der Tat legt An-Na'im dar, dass die historische Scharia Frauen und religiöse Minderheiten diskriminiert. Diese Diskriminierung war die Norm der Zeit, zu der die Scharia-Bestimmungen Verbreitung fanden, im siebten bis zehnten Jahrhundert, obwohl einige Komponenten der Scharia versuchten, das Ausmaß dieser Diskriminierung einzuschränken und zu reduzieren. Nichtsdestotrotz sind die Prinzipien der Scharia, die eine schwerwiegende und inakzeptable Diskriminierung aufgrund des Geschlechts und der Religion billigen, aus heutiger Sicht betrachtet unhaltbar und verletzen den Verfassungsgrundsatz der Gleichheit vor dem Gesetz. Eine Rechtfertigung dieser Diskriminierung sei inakzeptabel, so An-Na'im. Er verwendet das Beispiel der Sklaverei: Sie mag in der Vergangenheit als gerechtfertigt akzeptiert worden sein. Heute würde sie niemand mehr akzeptieren. Aus dem gleichen Grund "kann die Diskriminierung von Frauen und Nichtmuslimen nach den heute vorherrschenden Maßstäben von Gerechtigkeit und Zumutbarkeit nicht als vertretbar akzeptiert werden"[90].

An-Na'im gilt als Autorität im islamischen Recht, und er spricht aus der islamischen Tradition heraus. Mit anderen Worten, er ist kein Ex-Muslim. Doch die Schlussfolgerung, zu der er kommt, ist nicht nur, dass das islamische Recht reformiert werden muss – ein Vorhaben, das er für unbedingt notwendig hält –, sondern auch, dass Religion und Staat vom Staat getrennt werden müssen. Wenn sich ein Staat dazu bekenne, seine Bürger gleichberechtigt zu behandeln, dann müsse er sich von der Religion trennen. An-Na'ims

---

[89] Abdullahi Ahmed An-Na'im: *Toward Islamic Reformation: Civil Liberties, Human Rights, and International Law* (Syracuse, NY: Syracuse University Press, 1990), S. XIV.
[90] Ebd., S. 89–91, 175–176.

Position ist für unsere Diskussion über das islamische Recht im Vereinigten Königreich von großer Bedeutung, weil er ein Kapitel für den von Robins Griffith-Jones herausgegebenen Band "*Islam and English Law*" beigesteuert hat, der als intellektuelle Auseinandersetzung mit der Rede von Rowan Williams, dem ehemaligen Erzbischof von Canterbury, über das islamische Recht im Vereinigten Königreich veröffentlicht wurde.[91]

Darin argumentiert An-Na'im, dass "der Staat gegenüber der Religion neutral sein muss. Das heißt, der Staat kann sich mit mir nicht *anders* [Kursivdruck im Original] auseinandersetzen als aufgrund meiner Staatsbürgerschaft. Meine religiöse Zugehörigkeit hat nichts mit dem Staat zu tun. Es ist nicht die Sache des Staates, zwischen seinen Bürgern auf Basis ihrer Religionszugehörigkeit zu unterscheiden."[92]

Er findet es ziemlich paradox, dass Europäer dazu neigen, Muslime als eine Gemeinschaft von Gläubigen zu behandeln – und die Zugehörigkeit der Menschen zu einer Religionsgemeinschaft zum Mittel machen, mit dem diese und der Staat interagieren. Dies erinnert ihn an die Art und Weise, wie das Osmanische Reich das "Millet"-System auf nichtmuslimische Gemeinschaften anwandte. Genau jenes Europa, das das Osmanische Reich im Namen der Ermöglichung einer Staatsbürgerschaft für alle seine Bewohner zerschlagen hat, verweigert nun die gleiche Staatsbürgerschaft für Gläubige, indem es akzeptiert, dass der Staat sich mit Gläubigen auseinandersetzen kann, indem er sich auf ihren Glauben bezieht. An-Na'im beharrt darauf, dass dies die falsche Richtung sei:

> "Es sollte hier kein Entgegenkommen geben, auf keiner Seite. Der Staat sollte sich mit Gemeinschaften oder Einzelpersonen nicht anders als aufgrund ihrer Staatsbürgerschaft auseinandersetzen, ohne Bezugnahme auf ihre religiöse Zugehörigkeit; und Bürger sollten mit dem Staat nur auf der Grundlage ihrer Staatsbürgerschaft interagieren."[93]

---

[91] Abdullahi Ahmed An-Na'im: "Towards an Islamic society, not an Islamic state", in: Robin Griffith-Jones (Hg.): *Islam and English Law: Rights, Responsibilities and the Place of Shari'a* (Cambridge: Cambridge University Press, 2013), S. 242.
[92] Ebd.
[93] Ebd.

Viele Frauenorganisationen und andere Gruppen, die in Großbritannien arbeiten, könnten ihm nicht vehementer zustimmen.

Frauenorganisationen und die Scharia in Großbritannien

Diejenigen, die mit gefährdeten Frauen in Großbritannien arbeiten, sind am allerwenigsten beeindruckt von den Forderungen der Essentialisten und ihrer islamistischen Verbündeten. Sie wissen es besser, als sich von einer theoretischen Betonung der Wahlfreiheit, die den Kontext außer Acht lässt, verführen zu lassen.

Dennoch könnte man auf den ersten Blick den Eindruck gewinnen, dass Frauenorganisationen in Großbritannien nur langsam Alarm schlugen, was die Frage des schwachen Rechtspluralismus – die Einführung des islamischen Rechts in das britische Rechtssystem – und seine Folgen für gefährdete Frauen angeht.

Verglichen mit der Reaktion in Kanada ist dieser Eindruck sicherlich richtig. Dort hat sich eine Koalition aus säkularen, humanistischen und muslimischen Frauenorganisationen zusammengeschlossen, um einen kanadischen Vorschlag zu stoppen, in Ontario das erste islamische Gericht in einem nordamerikanischen Rechtsbezirk einzurichten. Der Aufruf, islamisches Recht im Rechtssystem von Ontario anzuwenden, kam von Mumtaz Ali, einem pensionierten muslimischen Anwalt. Im Jahr 2003 gründete er das *Islamic Institute of Civil Justice* (Islamisches Institut für Ziviljustiz), warb ein Gremium von Schiedsmännern an und forderte, dass das Scharia-Recht zur Beilegung von Familienstreitigkeiten unter Muslimen eingesetzt werde. So entstand der Bericht von Marion Boyd, der ehemaligen Generalstaatsanwältin, mit dem Titel *"Dispute Resolution in Family Law: Protecting Choice, Promoting Inclusion"*, der im Dezember 2004 veröffentlicht wurde. Darin schlug Ms. Boyd vor, freiwillige Tribunale für kanadische Muslime einzuführen, die auf der Scharia-Rechtsprechung basieren, um Familienstreitigkeiten zu schlichten und ein verbindliches Schiedsverfahren anzubieten. Ihr Vorschlag für islamische Tribunale wurde gemacht, als die Regierung versuchte, die Zulässigkeit von Scharia-Recht unter dem *Ontario Arbitration Act* zu bewerten. Der *Ontario Arbitration Act* erlaubt es religiösen und kulturellen Gruppen, ihre familiären und zivilrechtlichen Streitigkeiten durch private und verbindliche Schiedsverfahren zu lösen. Als das Gesetz 1991 eingeführt wurde, wurde nur das rabbinische Recht für Juden in Kraft gesetzt, während die Katholiken und Protestanten diese Möglichkeit nicht nutzten.[94]

Zur Überraschung der Regierung kam der Aufschrei, der ihrem Vorschlag entgegenschlug, ausgerechnet von dieser sehr religiösen Minderheit – von der Minderheit in der Minderheit. Er kam vom *Kanadischen Rat der Muslimischen Frauen*. Der Rat reagierte mit der Aussage, dass "die Bestätigung der Anwendung religiöser Gesetze im Rahmen des Schiedsgerichtsgesetzes Praktiken legitimieren wird, die von unparteiischen Kanadiern, einschließlich muslimischer Frauen, verabscheut werden"[95]. Wahlfreiheit war also keineswegs inklusiv.

Genauer gesagt, legte der Rat eine Gegenposition zu der von Frau Boyd vor. Darin erklärte er, dass die vielen Formen des muslimischen Familienrechts gemeinsam hätten, dass sie ein patriarchalisches Modell aufrechterhielten:

> "Die Rechtsprechung des *fiqh* beruht auf einigen gemeinsamen Auffassungen. Sie basiert auf einem patriarchalischen Modell von Gemeinschaft und Familie. Es ist allgemein akzeptiert, dass Männer das Oberhaupt des Staates, der Moschee und der Familie sind. Die skizzierte Verantwortung der Männer besteht darin, dass sie für ihre Familien sorgen, und weil sie ihr Vermögen aufwenden, haben sie die Führung inne, um die Mitglieder ihrer Familien, einschließlich der Frauen, anzuweisen und zu führen. [...] Die meisten Befürworter des muslimischen Rechts akzeptieren, dass Männer das Recht haben, bis zu vier Frauen zu heiraten; dass sie sich einseitig scheiden lassen können; dass Kinder zur patriarchalischen Familie gehören; dass Frauen gehorsam sein müssen und für viele Dinge die Erlaubnis des Mannes einholen müssen; dass der Mann die Frau disziplinieren kann, wenn sie 'ungehorsam' ist; dass Töchter die Erlaubnis ihres Vaters benötigen, um zu heiraten, und dass sie jederzeit nach der Pubertät verheiratet werden können. Eine Ehefrau erhält keinen Unterhalt, außer für einen Zeitraum von drei Monaten bis zu einem Jahr, und die meisten sind sich einig, dass die Kinder dem Vater überlassen werden sollten, normalerweise im Alter von 7 Jahren für Jungen und 9 Jahren für Mädchen. Wenn die Ehefrau die Scheidung will, geht sie vor Gericht, während der Ehemann das Recht hat, die Verbindung ohne Inanspruchnahme der Gerichte aufzukündigen. Das Erbrecht begünstigt den

---

[94] Manea: *Ich will nicht mehr schweigen*, S. 33–35.
[95] Zitiert in Manea, ebd., S. 34.

Mann, und zwar so weit, dass die Frau beim Tod des Mannes nur einen Teil erhält."⁹⁶

In ähnlicher Weise wies der *Muslimisch-Kanadische Kongress* auf die Problematik einer Zulassung der Anwendung muslimischen Rechts hin. Denn dies zu tun...

> "... ghettoisiert die muslimische Gemeinschaft, die sich im Übrigen über fünf verschiedene Kontinente erstreckt und 1,3 Milliarden Menschen umfasst, mit einer Vielzahl von Sekten, Sprachen, Kulturen und Bräuchen – ghettoisiert sie alle in eine Abteilung zweiter Klasse bei der Bestimmung von Menschen- und Familienrechten, die von öffentlicher Bedeutung und Wirkung sind. [...] All dies, unter dem unehrlichen Deckmantel der religiösen Toleranz und des Entgegenkommens."⁹⁷

Andere fochten das System religiöser und gewohnheitsrechtlicher Schlichtung im Allgemeinen an, da es traditionalistische männliche Sichtweisen begünstige:

> "Religiöse Führer (christliche, jüdische oder muslimische) und Gemeindeleiter (im Falle der kanadischen First Nations) sind in erster Linie männlich und vor allem Traditionalisten, die an veralteten Glaubensvorstellungen und überholten Gesetzen festhalten, die in einigen Fällen die von den Kanadiern so geschätzten Freiheiten einschränken. Die traditionelle Kultur ist tendenziell männlich dominiert – das Konzept, dass Frauen 'freiwillig' einer glaubensbasierten Schlichtung zustimmen, wird für viele Frauen niemals eine Option sein, insbesondere nicht für Immigrantinnen und Frauen der First Nations mit einem geringeren Niveau an Alphabetisierung und Bildung, einem geringeren Selbstwertgefühl und weniger Kontrolle über ihr eigenes Leben."⁹⁸

Trotz des starken Widerstands vieler Organisationen, einschließlich der wichtigsten muslimischen Frauenorganisationen, ignorierte Frau Boyd die Bedenken und fuhr mit einem Vorschlag fort, der ein theoretisches Konzept von "Wahlfreiheit und Inklusion" hochhielt.

Als der *Canadian Council of Muslim Women* diesen Vorschlag als das erkannte, was er war – eine eklatante Diskriminierung weiblicher Rechte in Familienangelegenheiten – schloss er sich mit an-

---

96 Marion Boyd: *Dispute Resolution in Family Law: Protecting Choice, Promoting Inclusion* (Toronto: Attorney General of Ontario, 2004), S. 48, http://www.attorneygeneral.jus.gov.on.ca/english/about/pubs/boyd/ (Zugriff am 10. Juli 2015).
97 Ebd., S. 52.
98 Ebd., S. 51.

deren kanadischen Organisationen zusammen und startete eine internationale öffentliche Kampagne. Es gelang der Kampagne, die kanadische Regierung zu zwingen, von ihrem Vorschlag Abstand zu nehmen, und sie brachte – maßgeblich – das Schiedsgerichtsgesetz selbst zu Fall. Der Aufschrei machte dem Premierminister von Ontario, Dalton McGuinty, klar, dass religiöse Schiedsgerichtsbarkeit die kanadischen "Gemeinsamkeiten" bedrohen kann. Deshalb versprach er, einen Gesetzesentwurf zum Verbot aller religiösen Gerichte einzubringen, und gelobte: "Es wird ein Gesetz für alle Ontarier geben." Am 14. Februar 2006 verabschiedete die Regierung von Ontario den Gesetzesentwurf Bill 27, *The Family Statute Law Amendment Act*, der vorschreibt, dass alle familienrechtlichen Schlichtungen nur nach kanadischem Recht durchgeführt werden dürfen.[99]

"Der Schlüssel dieser Kampagne ist, dass sie zu einer Massenbewegung wurde", sagte mir Maryam Namazie. Sie ist die Direktorin von *One Law for All*, nahm an der kanadischen Kampagne teil und war eine der führenden Stimmen gegen Scharia-Räte in Großbritannien. "Wir alle haben Kampagnen organisiert", erklärte sie. "Aber einige haben Wirkung; einige erreichen eine große Anzahl von Menschen, und andere nicht [...] Ich denke, was in Kanada wichtig war, was wir hier aber weniger gesehen haben, ist, dass muslimische Frauengruppen hinter dieser Kampagne standen."[100]

Diese Situation hat sich in Großbritannien jedoch zu ändern begonnen. Tatsächlich forderte im Juni 2015 eine Koalition aus 200 Frauenrechtlern und säkularen Aktivisten sowie mehreren angesehenen Nichtregierungsorganisationen, die über den zunehmenden Einfluss von Scharia-Gerichten auf das Leben von Bürgern muslimischer Herkunft alarmiert waren, die britische Regierung auf, ihr Wahlversprechen einzuhalten und eine Untersuchung der Scharia-Gerichte durchzuführen. Die Koalition brachte eine breitgefächerte Gruppe von Frauengruppen sowie säkulare, muslimische und ehemals muslimische NGOs zusammen. Prominente muslimische Organisationen wie *British Muslims for Secular Democracy*, *Inspire*, *Women Living Under Islamic Law* und die *Quilliam Foundation* schlossen

---

[99] Manea: *Ich will nicht mehr schweigen*, S. 35–36.
[100] Maryam Namazie, Interview m. d. Autorin, London, 19. Jan. 2013.

sich mit säkularen, Frauen- und Frauengesundheitsorganisationen zusammen wie *One Law for All,* den *Black Southall Sisters,* dem *Centre for Secular Space,* der *Iranian and Kurdish Women's Rights Organisation,* der *Kurdish and Middle Eastern Women's Organisation* und *Aurat*, einer Frauenorganisation zur Unterstützung von Frauen in den Midlands.[101]

Der mutige Aufruf im Jahr 2015 steht im Gegensatz zu dem Schweigen, das das Thema in den 1980er und 1990er Jahren umgab. Tatsächlich zögerten noch 2005 einige Frauen- und Menschenrechtsgruppen, die Folgen der Scharia-Gerichte zu untersuchen, aus Angst, sich in die religiöse Domäne von Minderheiten einzumischen. Das Thema sei sensibel, wurde mir bei meiner Feldforschung gesagt.

Die Sensibilität war verknüpft mit einer Kultur des "Wegschauens" – Teil der multikulturellen Maxime der Gruppendifferenz und der kollektiven kulturellen Rechte von Anderen. Als die Faszination des Multikulturalismus als staatliche Politik zu schwinden begann, verlagerte sich die Sensibilität auf die Angst, der extremen Rechten Nahrung für ihre fremdenfeindliche Agenda zu liefern.

Maryam Namazi, die für ihren starken Widerstand gegen die extreme Rechte bekannt ist, erklärte:

> "Anfangs waren viele Frauenrechtsgruppen zwar wohlwollend, aber sie schlossen sich nicht offiziell der One-Law-Kampagne [gegen die Scharia-Gerichte] an, weil es ein so sensibles Thema ist; es gibt so viele rechtsextreme Kräfte, die dieses Thema ausnutzen. Und mein Argument war: Wenn wir nichts sagen, überlassen wir es ihnen, und deshalb müssen wir es selbst tun."[102]

Zunächst sah man keine Möglichkeit, das Problem anzusprechen. Die Kombination aus kultureller Sensibilität und Angst vor der

---

[101] Maryam Namazie: "Nearly 200 Signatories call to Dismantle Parallel Legal Systems", *Freethought Blog,* 15. Juni 2015, http://freethoughtblogs.com/maryamnamazie/2015/06/15/nearly-200-signatories-call-to-dismantle-parallel-legal-systems/ (Zugriff am 9. Juli 2015); Emma Batha: "Britain must ban Sharia 'Kangaroo Courts', say Activists", *Reuters,* 15. Juni 2015, http://www.reuters.com/article/2015/06/15/us-britain-sharia-court-idUSKBN0OV2EX20150615 (Zugriff am 9. Juli 2015).
[102] Maryam Namazie, Interview, 19. Jan. 2013.

fremdenfeindlichen Agenda erwies sich als sehr mächtig. *Amnesty International* beispielsweise erwähnte die Scharia-Räte nicht einmal in ihrem Bericht über Muslime in Europa aus dem Jahr 2012, der den Titel "*Choice and Prejudice: Discrimination against Muslims in Europe*" trug. Obwohl der Bericht die Bedeutung des Schutzes "muslimischer Frauen" vor Diskriminierung durch nichtstaatliche Akteure und ihr Recht, frei von geschlechtsspezifischer Diskriminierung zu leben, erwähnte, war der Großteil des Berichts der Diskriminierung von Muslimen am Arbeitsplatz und dem Recht muslimischer Frauen, Kopftuch und Burka zu tragen, gewidmet.[103] Er ging nicht auf die Diskriminierung der Minderheit innerhalb der Minderheit ein: die Diskriminierung von Frauen und Kindern durch ihre eigenen männlichen Verwandten, auf den Druck, dem Mädchen und Frauen ausgesetzt sein können, Kopftuch und Burka zu tragen, sowie auf die Art und Weise, wie religiöse Schlichtung gefährdete Frauen in geschlossenen Gemeinschaften treffen kann.

Amnesty, das den Kampf gegen geschlechtsspezifische Gewalt als eines seiner Hauptziele bezeichnet, hat sich mit diesem Thema noch nicht befasst, doch begannen britische Frauenorganisationen Anfang der 2000er Jahre, sich des Problems bewusst zu werden. Eine Anwältin für Frauenrechte, die ich interviewte, erzählte mir, dass die eigenen Erfahrungen dieser Organisationen mit Frauen zu einer wachsenden Besorgnis führten, dass die von Glaubensgruppen angebotenen Dienste möglicherweise nicht im besten Interesse dieser Frauen arbeiteten und ihre Menschenrechte nicht befürworteten.[104]

Zu den von dieser Frau erwähnten Glaubensgruppen gehörten Hindus, Juden und Christen. Einige dieser Glaubensgemeinschaften, so wurde mir gesagt, arbeiteten innerhalb des britischen Menschenrechtsrahmens, andere jedoch nicht. Die Bedenken bezogen sich nicht nur auf die muslimische Schlichtung – die am meis-

---

[103] Amnesty International (AI): *Choice and Prejudice: Discrimination Against Muslims in Europe* (Brüssel: AI European Institutions Office, 2012), S. 22–24.
[104] Interviewpartnerin 2, anonyme Frauenrechtlerin, Interview m. d. Autorin, London, 16. Jan. 2013. Diese Person war von der Organisation nicht zu sprechen autorisiert worden und bat daher um Anonymität.

ten kritisiert wurde –, sondern erstreckten sich auch auf andere Formen der Schlichtung, wie die jüdischen *Beth Din*-Gerichte.[105]

Infolgedessen begannen einige Frauenorganisationen, eine breitere kritische Diskussion über den glaubensbasierten Ansatz der Regierung zu führen. Zum Beispiel zeigten die *Southall Black*

---

[105] *Beth Dins* sind als eine Form der zivilen Schiedsgerichtsbarkeit unter dem *Arbitration Act* 1996 anerkannt. Ihre Macht liegt jedoch in ihrem Einfluss auf familiäre und andere "private" Bereiche, zumal sie als formelles religiöses Gericht in Scheidungsangelegenheiten und Rechtsstreitigkeiten agieren. Es gibt keine übergeordnete Autorität über das Verfahren; vielmehr sind die einzelnen Schiedsgerichte nach den großen Linien des orthodoxen und nicht orthodoxen Judentums organisiert. Diese Schiedsgerichte erfüllen mehrere Funktionen für die Mitglieder der jüdischen Gemeinden in Großbritannien: Sie bieten die Schlichtung von zivilrechtlichen Streitigkeiten unter Anwendung des jüdischen Rechts an und entscheiden über religiöse Angelegenheiten wie die Festlegung religiöser Feiertage. Am wichtigsten ist, dass sie religiöse Scheidungen für Frauen bewilligen. Nach jüdischer Tradition muss der Ehemann, um eine religiöse Scheidung zu vollziehen, seiner Frau eine schriftliche Form der Scheidung ausstellen, und die Frau muss diese akzeptieren. Wenn der Ehemann nicht kooperiert oder sich weigert, eine religiöse Scheidung durchzuführen, wendet sich eine jüdische Frau an die *Beth Dins*. In orthodoxen Gemeinden kann eine Frau ein erhebliches Stigma erleiden, wenn sie ohne religiöse Scheidung standesamtlich wieder heiratet. Dies kann sich auf die zukünftige Legitimität ihrer Kinder auswirken, die als unehelich eingestuft werden könnten; dies hat tiefgreifende Auswirkungen auf ihren Zugang zu Räumen und Ressourcen innerhalb der Gemeinschaft. Obwohl Befürworter und unabhängige Interviewpartner darauf bestanden haben, dass der *Beth Din* das britische Zivilrecht als Hauptbezugspunkt für seine Entscheidungen akzeptiert, gibt es weiterhin Kritik an der patriarchalischen Natur dieser Gerichtshöfe. So kritisierte der britische CEDAW-Schattenbericht einige rabbinische Gerichte: "Während die jüdische Scheidung auf dem Einverständnis beider Parteien beruhen soll, stellen rabbinische Gerichte eine religiöse Scheidung für Ehemänner aus, wenn die Ehefrau nicht zustimmt (bekannt als *Get Zikkui*). Männer und Frauen haben von Anfang an eine ungleiche rechtliche Stellung, aber darüber hinaus haben die *Beth Dins* eine ihnen inhärente männliche Voreingenommenheit, weil sie normalerweise aus drei Männern bestehen: drei Rabbinern. Daher, so argumentiert der Bericht, ist das System von Natur aus patriarchalisch. Centre for Social Cohesion (CSC): *The Beth Din: Jewish Courts in the UK* (London: CSC, 2009), S. 1, 4; CEDAW Working Group, UK CEDAW Shadow Report, Appendix 31: *Faith based organisations and legal arbitration* (London: Women's Resource Centre, 2013), http://thewomensresourcecentre.org.uk/our-work/cedaw/cedaw-shadow-report/ (Zugriff am 9. Juli 2015); *Arbitration and Mediation Services (Equality) Bill,* House of Lords, Mai 2012, http://www.publications.parliament.uk/pa/bills/lbill/2012-2013/0007/13007.pdf (Zugriff am 16. Juli 2015); *Arbitration Act* 1996; Interviewpartnerin Nr. 2, Interview m. d. Autorin, Januar 2013; Richterin Dawn Frei, ehemalige Bezirksrichterin, Telefoninterview m. d. Autorin, 20. Jan. 2013; David Frei, External and Legal Services Director of the United Synagogue, London, E-Mail-Austausch m. d. Autorin, 20. Jan. 2013.

Sisters (SBS), dass die von ihnen befragten Frauen, im Gegensatz zu der oft von staatlichen und religiösen Führern propagierten Ansicht, nicht das Bedürfnis hätten, religiösen Führern gegenüber "unterwürfig" zu sein, noch wollten sie religiöse Gesetze. Tatsächlich stellten die SBS fest, dass diese Frauen, sobald ihnen Anonymität zugesichert wurde und sie sich sicher fühlten, sich zu äußern, "keine Probleme damit haben, die Idee religiöser Gesetze, einschließlich der Scharia, zu kritisieren"[106].

Die Ansichten der Frauen standen in direktem Zusammenhang mit ihren negativen Erfahrungen in religiösen Institutionen und mit religiösen Führern: Erfahrungen mit sexistischer und frauenfeindlicher Diskriminierung, Korruption und kleingeistiger Politik. Frauen brachten die Ansicht zum Ausdruck, dass religiöse Institutionen korrupte und nicht zurechenbare Einrichtungen seien; über Differenzen gespalten, bekämpfen sie rivalisierende Fraktionen von Treuhändern, die versuchen, ihre Autorität und/oder ihr Interesse an finanziellen Gewinnen durchzusetzen. Teilung und Diskriminierung aufgrund von Religion, Klasse und Kaste sind innerhalb dieser Institutionen üblich. Der Mangel an Transparenz und an Rechenschaftspflicht religiöser Institutionen hat das allgemeine Misstrauen der Frauen gegenüber glaubensbasierten Organisationen nur noch verstärkt. Diese Frauen brachten auch Fälle von sexuellem Missbrauch zur Sprache. Einige berichteten von Fällen, in denen religiöse Autoritäten ihre Machtpositionen missbraucht und versucht hatten, genau die Frauen sexuell zu missbrauchen, die sich an sie um Hilfe wandten.[107]

Ähnliche Aussagen über Machtmissbrauch und sexuelle Belästigung wurden von bekannten Frauenrechtsaktivistinnen innerhalb muslimischer Gemeinschaften wiederholt. Die bereits erwähnte Gina Khan zum Beispiel erzählte mir, wie ein Imam versuchte, seine Macht zu missbrauchen, als sie eine religiöse Scheidung benötigte:

---

[106] Pragna Patel und Uditi Sen: *Cohesion, Faith and Gender: A Report on the Impact of the Cohesion and Faith-based Approach on Black and Minority Women in Ealing* (London: Southall Black Sisters, 2010), S. 60, http://www.southallblacksisters.org.uk/sbs/cfg-report-copyright-sbs.pdf (Zugriff am 10. Juli 2015).

[107] Ebd., S. 58–63.

"Das erste Mal ging ich in eine kleine Moschee in Birmingham – ich ging dorthin und ich erinnere mich, dass ich weinte; ich war verletzlich, verzweifelt; und dieser Imam schickte mich zu einem anderen alten Dorfbewohner in dessen Haus, um zu vermitteln. Mein Vater wohnte zu dieser Zeit bei mir, und um 23 Uhr abends rief mich der Imam betrunken an und machte sich an mich heran. Und mein Vater fragte mich: 'Wer ist das?', und ich sagte: 'Oh, nur der Imam aus deiner Moschee, er hat mich gerade angemacht.'"[108]

Der SBS-Bericht kommt zu dem Schluss, dass die religiöse Autorität alles andere als vertrauenserweckend war, sondern vielmehr mehrfache Ängste vor Diskriminierung und Belästigung verursachte, und dass diese Ängste noch deutlicher hervortraten, als es um die Frage der religiösen Gesetze ging: "Die meisten der im Interview Befragten brachten eindeutig das Argument vor, dass das Konzept des religiösen Gesetzes untrennbar mit seiner Ausführung durch religiöse Führer verbunden ist, die meistens zutiefst konservativ und sogar sexistisch waren, wenn es um die Rechte der Frauen ging."[109]

Im Rahmen dieser allgemeinen kritischen Diskussion über den glaubensbasierten Ansatz der Regierung gegenüber Minderheiten berichteten Frauenorganisationen, die an vorderster Front arbeiteten, insbesondere über die negativen Erfahrungen der Frauen, die sich an Scharia-Gerichte wandten. Darüber hinaus wurden Menschenrechtsorganisationen auf dieses parallele Rechtssystem aufmerksam. Eine Frauenrechtsanwältin drückte es so aus:

"So haben wir [durch die Frauenorganisationen an der Front] von den Auswirkungen erfahren. Nämlich, wenn eine Frau ein [islamisches] Tribunal durchlaufen hat und Schwierigkeiten im Zusammenhang mit häuslicher Gewalt oder einer anderen Form von häuslicher Gewalt in der Familie oder in der Gemeinde hat und als Teil ihrer Odyssee schließlich einen Zufluchtsort oder einen Unterstützungsdienst findet und dann ihre Geschichte erzählt, mit was sie es zu tun hatte und ob es einen Aspekt dazu gibt, der mit dem Tribunal zu tun hat. Auf diese Weise haben wir es herausgefunden."[110]

Dieses Bewusstsein war verbunden mit der Erkenntnis, dass sozialer Druck ein integraler Bestandteil dieses Mechanismus ist und bleibt, der das Funktionieren dieser Gerichte ermöglicht, insbeson-

---

[108] Gina Khan, Interview m. d. Autorin, Birmingham, 10. Aug. 2013.
[109] Patel and Sen: Faith and Gender, S. 58.
[110] Interviewpartnerin 3, Interview m. d. Autorin, Jan. 2013.

dere wenn sie in geschlossenen Gemeinschaften eingebettet sind. Gegen die Normen in einer geschlossenen Gemeinschaft zu verstoßen führt zu "Ächtung und Isolation und so vielen Dingen, die nicht unbedingt direkte Bedrohungen sind, aber dir dein Leben zur Hölle machen können", sagte mir Maryam Namazie.[111] Wenn eine Frau sich nicht traut, ihren Schleier in Tower Hamlets in London, Coventry in Birmingham, Little Horton in Bradford oder in einigen Gemeinden in Leicester abzulegen, wie soll sie dann darauf bestehen, sich nicht an eines dieser Gerichte zu wenden oder sich der Schikane zu widersetzen, die dort stattfindet?

In Fällen, in denen sich Frauen freiwillig an diese Gerichte wandten, waren Frauenorganisationen alarmiert über die diskriminierenden, frauenfeindlichen Verfahren, die von einer konservativen, wenn nicht gar reaktionären Auslegung des islamischen Rechts durchdrungen waren und häusliche Gewalt billigten und verharmlosten. Sie stellten ebenso eine Missachtung des britischen Rechts fest, da diese Gerichte sich oft weigerten, einem Mädchen oder einer Frau eine Scheidung zu gewähren, selbst in Fällen von Zwangsheirat und Kinderehe und in Fällen, in denen die Frau eine zivile Scheidung erwirkt hatte.

Diese Gerichte duldeten und legitimierten auch nach britischem Recht illegale Praktiken wie Polygamie. Die Zahl der Polygamie-Fälle steigt mit der zunehmenden Zahl nicht registrierter religiöser Ehen, und die Scharia-Gerichte akzeptieren diese Praxis. Meine Recherche bestätigt diese Situation. Amra Bone, das einzige weibliche Mitglied des islamischen Scharia-Rats in der Zentralmoschee von Birmingham, beschrieb einen Fall von Polygamie in sachlicher Art und Weise:

> "Amra Bone: Ich erinnere mich an einen besonderen Fall, in dem sich ein Mädchen an den Rat wandte und uns bat, die Probleme in ihrer Ehe zu lösen (der Junge war von anderer Herkunft und[112] anderem kulturellen Hintergrund). Erst nach ihrer Heirat hatte sie herausgefunden, dass er bereits verheiratet war. Es war ein klarer Fall von Täuschung, und sie hatte jedes Recht, diese Ehe aufzulösen, aber sie wollte ihm noch eine Chance geben. Sie schlug vor, dass, solange er bereit sei, seiner ersten Frau von ihrer Ehe zu

---

[111] Namazie, Interview, Januar 2013.
[112] Details zur Herkunft der Prozessbeteiligten wurden zum Schutz der Privatsphäre weggelassen.

erzählen und beide gleich zu behandeln, sie sich dafür entscheiden würde, mit ihm in dieser Ehe zu bleiben. Der Ausschuss beschloss, ihn zusammen mit ihr einzuladen, um die Bedingungen aufzustellen, denen sie beide auch zustimmten, und wenn er diese Bedingungen nicht innerhalb der nächsten Monate erfüllte, würde ihre Ehe aufgelöst werden."[113]

Je mehr die Frauenorganisationen und Anwälte sich der problematischen Natur dieser religiösen Gerichte und ihrer Folgen bewusst wurden, desto mehr erkannten sie auch ihre politische Dimension. Tatsächlich waren diese Frauen die ersten, die die Öffentlichkeit lautstark darauf aufmerksam machten, dass Islamisten die Durchsetzung des Scharia-Rechts und eine politische Agenda vorantreiben, die von Natur aus diskriminierend und totalitär ist. Es geht nicht nur um konservative Kleriker und Imame, die das Gesetz auf eine Art und Weise anwenden, mit der sie sich schon immer gut auskannten. Das Problem ist vor allem politisch, da diese Kleriker und Imame sehr oft Mitglieder islamistischer Organisationen oder fundamentalistischer Gruppen sind.[114] *One Law for All* machte diesen Punkt in ihrer Kampagne deutlich, und andere Organisationen folgten, ebenso wie bekannte Frauenrechtlerinnen wie Gita Saghel und Pragna Patel, die Direktorin von SBS.

Die Islamisten, so argumentiert Patel, fordern, dass religiöse und säkulare Gesetze in Großbritannien "in Paralleluniversen funktionieren, wobei erstere für Minderheiten und letztere für die weiße Mehrheit gelten"[115].

In der Tat wenden sich Frauen an die Scharia-Räte und die muslimischen Schiedsgerichte, um sich scheiden zu lassen, doch funktionieren diese Einrichtungen oft in einer Weise, die die soziale Kontrolle über geschlossene Gemeinschaften besiegelt und ihrem eigentlichen Auftrag zuwiderläuft.

Die Scharia-Räte agieren wie Gerichte, obwohl sie keinem unabhängigen Kontrollmechanismus unterliegen. Einige sind als Wohltätigkeitsorganisationen registriert und behaupten, Mediationsdienste anzubieten. In Wirklichkeit erlassen sie jedoch "Ge-

---

[113] Amra Bone, Interview m. d. Autorin, Birmingham, 11. August 2013.
[114] Gita Sahgal, Interview m. d. Autorin, London, 24. Jan. 2013.
[115] Pragna Patel: "'Shariafication by stealth' in the UK", *50.50 Inclusive Democracy*, 17. Okt. 2014, https://www.opendemocracy.net/5050/pragna-patel/ %27shariafication-by-stealth %27-in-uk (Zugriff am 9. Juli 2015).

richtsregeln" und fordern die Menschen oft auf, eine Vereinbarung zu unterschreiben, sich an ihre Entscheidungen zu halten. Die Räte nennen sich oft "Gerichte" und die vorsitzenden Imame werden "Richter" genannt. Die Ernennung der "Richter" wird nicht kontrolliert. Die Menschen haben oft keinen Zugang zu rechtlicher Beratung und Vertretung. Die Verfahren werden nicht aufgezeichnet und es gibt kein Recht auf Berufung.[116]

Die Schlichtung von muslimischen Schiedsgerichten (*Muslim arbitration tribunals*, MAT) ist unter dem *Arbitration Act* 1996 anerkannt und ihre Entscheidungen sind rechtlich bindend, vorausgesetzt, beide Streitparteien stimmen der MAT-Schlichtung zu. Nach diesem Gesetz haben alle britischen Staatsbürger das Recht, zivilrechtliche Streitigkeiten durch ein Schiedsverfahren zu lösen. Zivilrechtliche Streitigkeiten, wie z.B. vertragliche Streitigkeiten, Ansprüche aus unerlaubter Handlung, Streitigkeiten über geistige Eigentumsrechte und bestimmte gesetzliche Ansprüche, können gesetzlich durch ein Schiedsverfahren gelöst werden, familienrechtliche und strafrechtliche Angelegenheiten jedoch nicht. Obwohl das Gesetz von 1996 dazu gedacht war, multinationalen Unternehmen die Möglichkeit zu geben, Streitigkeiten in Großbritannien in Übereinstimmung mit den Gesetzen anderer Nationen zu lösen, haben Glaubensgemeinschaften davon Gebrauch gemacht.[117]

MAT haben eingeräumt, sechs Fälle von häuslicher Gewalt betreut zu haben, wobei sie offenbar "im Tandem" mit polizeilichen Ermittlungen gearbeitet haben. In jedem Fall zogen die Frauen, die missbraucht worden waren, ihre Beschwerden bei der Polizei zurück. MAT-Richter schlugen den Ehemännern vor, Aggressionsbewältigungskurse zu besuchen und sich von muslimischen Ältesten beraten zu lassen, verhängten aber keine weiteren Strafen.[118]

---

[116] Maryam Namazie: *Sharia Law in Britain: A Threat to One Law for All and Equal Rights* (London: One Law for All, 2010), S. 9-11; CEDAW Working Group, Shadow Report, Appendix 31.

[117] *Arbitration and Mediation Services Bill*, Mai 2012; *Arbitration Act* 1996, http://www.legislation.gov.uk/ukpga/1996/23/data.pdf (Zugriff am 17. Juli 2015); CEDAW Working Group: *Shadow Report*, Appendix 31; CSC: *The Beth Din*, S. 1 u. 4.

[118] *Arbitration and Mediation Services (Equality) Bill*, S. 1; CEDAW Working Group, *Shadow Report*, Appendix 31.

In unserem Interview bestätigte Scheich Faizul Aqtab Siddiqi, der Leiter des MAT in Nuneaton, dass sich sein Gericht mit Fällen von häuslicher Gewalt befasst. Er sagte auch, dass nach der Erfahrung der Leute, die MAT leiten, "95 % dieser Fälle von häuslicher Gewalt nicht wieder vorkommen", insbesondere weil MAT "das überwachen und verfolgen". Auf meine Frage, wie "sie das verfolgen", antwortete er:

> "Wir bitten die Gemeindevorsteher in diesem Gebiet, die Familie regelmäßig zu besuchen und die Person, die als Opfer und Täter gilt, zu fragen, wie es mit dem Gleichgewicht aussieht, und wir versuchen, es zu überwachen, um sicherzustellen, dass es nicht wieder vorkommt; und den Mann immer wieder daran zu erinnern, dass er nicht nur vom Opfer oder der Familie, sondern auch von der Gemeinde beobachtet wird; und die Gemeinde wird auf ihm herumtrampeln und ihn beschämen, wenn er sich wieder auf diese barbarische Weise verhält."[119]

In ähnlicher Weise – und am beunruhigendsten – prahlte er auch damit, dass sie sich mit Fällen von Kindesmissbrauch befassen würden. Diese Enthüllung trat ein, als ich ihn fragte, ob ich Zugang zu den Daten des Tribunals haben könnte. Er antwortete:

> "Scheich Siddiqi: Wir veröffentlichen unsere Fälle nicht; wir veröffentlichen unsere Entscheidungen nicht. Aber die Daten, die ich Ihnen gegeben habe [verbale Beschreibung des jeweiligen Profils der Frauen], sind wahrscheinlich die einzigen Daten, die wir Forschern anbieten. Denn offensichtlich sind wir bei einigen Daten verpflichtet, sie [aus] Datenschutzgründen nicht zu veröffentlichen. Und die Leute kommen zu uns, weil sie wissen, dass sie Vertraulichkeit gewährleistet bekommen. Deshalb geben wir nichts, wissen Sie ... manche Fälle sind wirklich sehr, sehr schwierige Fälle.
> Wir bekommen Fälle, in denen Mädchen von ihrem Vater oder Bruder missbraucht worden sind. Wir sagen dann: Geht zur Polizei, und sie sagen: Nein, das wollen wir nicht. Wir sagen, bitte geht zur Polizei, und sie sagen Nein, wir wollen nur Schutz.
> Manea: Wie bieten Sie diesen an?
> Scheich Siddiqi: Nun, wissen Sie – es gibt viele Möglichkeiten, mit einer solchen Situation umzugehen. Die erste und wichtigste ist die Anerkennung, dass dieser Mann dieses Unrecht innerhalb der Gemeinschaft begangen hat. Das erste, was notwendig ist, ist, diesen Mann innerhalb der Gemeinschaft zu benennen und zu beschämen.
> Manea: Und was, wenn sie mit dieser Person zusammenlebt?
> Scheich Siddiqi: Das spielt keine Rolle.

---

[119] Scheich Faizul Aqtab Siddiqi, Interview m. d. Autorin, Nuneaton, 15. Januar 2013.

Manea: Geht das dann weiter?
Scheich Siddiqi: Es wird weitergehen, wenn wir diese Person nicht benennen und beschämen.
Manea: Ich denke, benennen und beschämen ist natürlich ein Schritt, aber ...
Scheich Siddiqi [unterbricht]: Das ist der erste Schritt; der zweite Schritt ist, diese Person aus der Familie zu nehmen. Und wir sagen: Sie werden nicht mehr bei diesem Mädchen bleiben! Denn warum sollte das Mädchen herausgenommen werden?
Manea: Wie können Sie das ohne Polizei durchsetzen?
Scheich Siddiqi: Die Familie wird es durchsetzen. Die Mutter, sie muss es durchsetzen. Die Brüder, sie müssen es durchsetzen. Die Gemeindeleiter, sie müssen es durchsetzen. Es gibt eine sehr große Macht, die man moralische Verpflichtungen nennt.
Manea: Von welcher Gemeinschaft sprechen wir hier?
Scheich Siddiqi: Von unserer Gemeinschaft hier in Großbritannien. Wir haben das schon oft gemacht. Ich werde Ihnen ein Beispiel erzählen. Ich hatte einen Fall – dieses Mädchen wurde von ihrem Bruder zehn Jahre lang missbraucht. Seit ihrem 8. Lebensjahr wurde sie bis zum 18. Lebensjahr missbraucht. Vater und Mutter und andere Geschwister wussten nicht, dass er sich sexuell an ihr verging. Und wissen Sie, er war so etwas wie der Ernährer der Familie, also machten Vater und Mutter auf 'Oh, mein Sohn, er verdient doch so viel Geld!' Also hat er sein Gewicht in die Waagschale geworfen und seine Schwester sexuell missbraucht. Doch Alhamdulillah [Gott sei Dank] konnten wir den Jungen aus dem Haus bringen, wir haben das Mädchen viele, viele Male ermutigt, zur Polizei zu gehen, weil sie als Minderjährige zum Opfer wurde. Schließlich haben wir es geschafft, sie dazu zu bringen, mit dem Sozialamt zu sprechen. Gott sei Dank sprach sie dort mit ihnen, aber auch sie konnten sie nicht überzeugen. Daher bekam die Polizei Aufnahmen von ihr, aber sie würde dazu nicht vor Gericht aussagen. Sie sagte, 'ich werde mit Ihnen sprechen, aber ich werde vor Gericht nicht aussagen'. Denn, wissen Sie, was auch immer ihre Gründe waren – wir können niemanden dazu zwingen, dies zu tun. Und dann haben wir den Jungen weggeschafft, nicht nur aus dem Haus, sondern aus der ganzen Stadt. Wir haben ihn von dort weggeholt. Wir haben gesagt: Du kannst nicht mehr zurück in die Stadt. Jeder in der Stadt wusste ja jetzt, dass er ein übler Kerl ist."

Frauengruppen, die sich gegen die Scharia-Gerichte wenden, haben durchaus recht, wenn sie betonen, dass die Art und Weise, wie diese Gerichte funktionieren, de facto parallele juristische Enklaven schafft, die mit ihren eigenen Rechts- und Ordnungsmechanismen von der breiteren Gesellschaft getrennt sind.

***

Um es noch einmal zusammenzufassen: Auf den ersten Blick mögen Frauenorganisationen in Großbritannien nur langsam Alarm geschlagen haben, was die Frage des schwachen Rechtspluralismus angeht, d. h. die Einführung des islamischen Rechts in das britische Rechtssystem und ihre Folgen für gefährdete Frauen. Dies hing jedoch mit dem britischen Kontext zusammen, der es mit "Rassismus" gleichsetzte, irgendeine Kritik an den geschlossenen Gemeinschaften oder an den Folgen der Anwendung religiöser Gesetze für das Leben von Frauen zu äußern. Die hausgemachten Terroranschläge vom 7. Juli 2005 brachen die Mauer des Schweigens an vielen Fronten auf. Geschlossene Gemeinschaften gerieten stärker unter die Lupe und damit auch Praktiken, die sonst als "kulturell" galten. Säkulare Organisationen ebneten den Weg für einen kritischen Diskurs über Scharia-Recht und -Gerichte, und viele Frauenorganisationen folgten.

Dieser kritische Diskurs wäre Anfang der 2000er Jahre in Großbritannien unvorstellbar gewesen, wie Baroness Caroline Cox in einem der ersten Treffen, die zu diesem Thema organisiert wurden, richtig bemerkte.[120] Angesichts des Schweigens, das das Thema umgab, war eine Sensibilisierungskampagne notwendig. Die *Arbitration and Mediation Services (Equality) Bill* wurde 2010 auf den Weg gebracht, so Baroness Cox, um dieses Bewusstsein zu schärfen und um "die Menschen da draußen in der breiteren Gesellschaft wissen zu lassen, dass es eine parlamentarische Initiative gibt", um sie auf das "Leiden von Frauen in geschlossenen Gemeinschaften" aufmerksam zu machen.[121]

Heute ist das Schweigen der 1980er und 1990er Jahre beendet. Frauenorganisationen und säkulare muslimische Organisationen haben auf die Folgen der Anwendung des islamischen Rechts in Großbritannien hingewiesen. Diejenigen, die sich an dieser Kampagne beteiligen, sind sich darüber im Klaren, dass einige "Probleme [...] rechtlich sehr schwer anzupacken" sind und "kulturell und durch politische Maßnahmen" angegangen werden müssen, die speziell auf sie zugeschnitten sind.[122] Niemand sagt, dass es einfach ist, die kulturellen und sozialen Normen zu ändern, die zu Dis-

---

[120] Namazie: *Sharia Law in Britain*.
[121] Baroness Caroline Cox, Cross-bench-Mitglied des britischen Oberhauses, Interviews m. d. Autorin, London, 28. Jan. u. 15. Aug. 2013.
[122] Ebd.

kriminierung führen. Aber die, die sich an dieser Kampagne beteiligen, beharren darauf, dass die Behandlung von Individuen als Bürger und die Anwendung eines Gesetzes für alle Bürger und Mitglieder einer Gesellschaft ein erster Schritt in die richtige Richtung ist.

Fazit: Zeit für einen Paradigmenwechsel
Ein folgenorientierter Ansatz für Menschenrechte und Menschenwürde

Akademische Diskurse haben Auswirkungen auf unser tägliches Leben. Sie haben Konsequenzen. Sie sind nicht nur abstrakte Diskussionen, die auf geschlossenen Konferenzen geteilt oder in begutachteten Zeitschriften und Büchern veröffentlicht und nur von wenigen Privilegierten gelesen werden. Meinungen auf akademischer Ebene bestimmen unser Handeln auf gesellschaftlicher Ebene. Sie beeinflussen strategische Überlegungen, Gesetze, Politik, Entwicklungshilfe und soziale Dienste – und prägen so unser tägliches Leben. Deshalb hat die Sozialwissenschaft eine Funktion und eine Verantwortung.

Nichts kann diese Funktion und Verantwortung besser verdeutlichen als die Rolle, die das essentialistische Paradigma in unserem Leben spielt. Dies ist das Denkparadigma, das für den westlichen akademischen postkolonialen und postmodernen Diskurs charakteristisch geworden ist und ihn viel zu lange dominiert hat. Es hat vier spezifische ideologische Merkmale.

Das erste ist eine Kombination aus Multikulturalismus und Rechtspluralismus in einem sozialen Kontext. Sie trennt die Menschen entlang kultureller, religiöser und ethnischer Linien, grenzt sie voneinander ab und platziert sie in parallelen rechtlichen Enklaven. Das zweite ist das Gruppenrecht, das Rechte aus einer Gruppenperspektive wahrnimmt – die Gruppe hat Rechte, nicht die Individuen innerhalb der Gruppe. Das essentialistische Paradigma beharrt darauf, dass jede Gruppe eine kollektive Identität und Kultur hat, eine essentielle Identität und Kultur, die geschützt und aufrechterhalten werden sollte, auch wenn dies die Rechte der Individuen innerhalb der Gruppe verletzt. Das dritte Merkmal ist der Kulturrelativismus, der von einem kulturrelativistischen Ansatz, Rechte betreffend, dominiert wird und argumentiert, dass Rechte – und andere soziale Praktiken, Werte und moralische Regeln – kulturell bedingt seien. Und das vierte Merkmal ist die Bürde des weißen Mannes – das starke Scham- und Schuldgefühl über die westliche koloniale und imperiale Vergangenheit, das einen paternalistischen Wunsch antreibt, Minderheiten oder Menschen aus ehemaligen Kolonien zu schützen. Es ist eine Denkweise, die den anderen, sei es ein Mitglied einer Minderheitengruppe oder ein ganzes Entwicklungsland, als den Unterdrückten und die Menschenrechte als die vom westlichen Unterdrücker aufgezwungenen Werkzeuge wahrnimmt. Es betrachtet diejenigen, die für universelle Menschenrechte in ihren eigenen Gesellschaften kämpfen, als nicht authentische Vertreter ihrer eigenen Länder und ignoriert oder rechtfertigt dabei entsetzliche Menschenrechtsverletzungen, die im Namen von Gruppenrechten oder kulturellen und religiösen Rechten begangen werden.

Das essentialistische Paradigma

Es ist entscheidend, dass wir das Paradigma identifizieren, es benennen und seine Eigenschaften erkennen. Denn wenn wir das getan haben, werden wir überall um uns herum seine Spuren sehen, nicht nur in akademischen Kreisen oder in einem bestimmten Themengebiet – hier der Einführung des islamischen Rechts in westliche Rechtssysteme –, sondern auch in der Art und Weise, wie Politiken auf internationaler und nationaler Ebene vorgebracht und umgesetzt werden.

Wir sehen seine Spuren in Strategien der Übergangsjustiz und in Entwicklungsprojekten. Wenn die Vereinten Nationen sowie Entwicklungs- und Geberorganisationen behaupten, sie würden Frieden, Stabilität, Demokratie und Menschenrechte in gescheiterte Staaten oder Entwicklungsländer bringen, dann führen sie in Wirklichkeit Rahmenbedingungen ein, die von den Kennzeichnungen des essentialistischen Paradigmas geprägt sind. Das heißt, diese Organisationen befürworten eher Rechtspluralismus als eine Rechtsstaatlichkeit, die auf soliden funktionierenden Institutionen beruht. Solche Rahmenbedingungen geben Stammes- und Sektenführern und ihren "Gruppen" die Oberhand in jedem Friedensprozess, der eine realistische Herangehensweise verfolgt. Sie argumentieren – nicht ohne Grund –, dass Frieden ohne diese Machthaber nicht möglich sei. Aber dieser "Frieden" bleibt an vielen Orten wie dem

Balkan prekär und hat sich in Ländern wie Somalia, Irak, Afghanistan und Jemen als völlig untragbar erwiesen. Dies ist keine naive Erwartung an schwierige Situationen, es ist gesunder Menschenverstand. Die Tatsache, dass diese Politik in einer Vielzahl von internationalen Kontexten wiederholt versagt hat, schreit nach einem Paradigmenwechsel in der internationalen Politik und ihren Ansätzen.

Wir sehen die Spuren des Paradigmas ebenfalls in internationalen Menschenrechtskampagnen. Während des Aufstands im Irak im Jahr 2004 weigerten sich Akademiker und Menschenrechtsaktivisten, die Konsequenzen der Unterstützung dessen zu sehen, was sie "Dschihad zur Selbstverteidigung" nannten. Dass Gruppen, die mit al-Qaida verbündet waren, diesen Dschihad starteten, dass sie aus sunnitischen Kämpfern bestanden, die konfessionelle Gewalt ausübten, und dass sie ihre Gewalt und ihre Feldzüge der Zerstörung hauptsächlich gegen Iraker und gegen Frauen, Minderheiten, LGBT-Personen und Menschen mit anderer politischer oder ideologischer Ausrichtung richteten: Nichts davon schien von Bedeutung zu sein. Was allein für diese Akademiker und Aktivisten zählte, waren ihre ideologischen Kämpfe mit ihren eigenen Ländern (der Feind meines Feindes ist mein Freund), die Bürde des weißen Mannes und ihre Besessenheit von Imperialismus und westlicher Hegemonialmacht.

Und was geschah mit den Stimmen der Iraker, die sich den Aufständen widersetzten, mit den Feministinnen und Intellektuellen und mit den Schiiten und Kurden, die zusammen die Mehrheit der irakischen Bevölkerung darstellen? Sie wurden zum Schweigen gebracht und als nicht repräsentativ für ihre eigene Gesellschaft angesehen. Die Zerstörung, die ihre Gesellschaft erlebte, das Blutvergießen und die Massaker? Das schien für die ideologischen Kämpfe der Essentialisten nicht relevant zu sein.

Diese Allianz und Unterstützung ist nun zu einer Peinlichkeit geworden. *Amnesty International* hat gerade beschlossen, seine "Zusammenarbeit" mit dem britischen Muslim Moazzam Begg, einem ehemaligen Guantanamo-Häftling, der als "Menschenrechtsverteidiger" gepriesen wird, und mit seiner pro-dschihadistischen Organisation, den Cageprisoners, einzustellen.[1]

Es ist also offensichtlich, dass das ideologische Prisma des essentialistischen Paradigmas Konsequenzen für diejenigen hat, die den Extremismus in ihren eigenen Ländern bekämpfen. In der Tat neigt man in internationalen Menschenrechtskreisen dazu, das zu ignorieren, was Karima Bennoune in ihrem viel beachteten Buch *"Your Fatwa does not apply here"* zutreffend als die "wichtigsten – und übersehenen – Menschenrechtskämpfe in der Welt" beschrieben hat: die Kämpfe, die Intellektuelle und Aktivisten in den Gesellschaften der muslimischen Mehrheit gegen den islamistischen Extremismus führen.[2]

Wir sehen die Spuren des Paradigmas auch in den ständigen Versuchen von Intellektuellen, Akademikern und Politikern (liberalen und linken gleichermaßen) im Namen des Respekts vor Gruppenrechten und religiöser Sensibilität zentrale Menschenrechte zu verwässern, zu relativieren und zu beschneiden. Wir sehen es in den Versuchen, die Meinungs-, Rede- und Pressefreiheit in Europa und Nordamerika einzuschränken, wie die Kontroversen um die Mohammed-Karikaturen gezeigt haben. Wir sehen es in der Weigerung der britischen *National Union of Students*, ISIS zu verurteilen, aus Angst, dass eine solche Aktion als "islamophob" ausgelegt werden könnte. All diese Versuche wurden im Namen des Respekts vor der "religiösen Sensibilität" einer Gruppe unternommen. Aber sie ignorieren die Tatsache, dass es ohne die Freiheit zur Meinungsäußerung überhaupt keine Freiheit gibt. Wenn wir an all die autoritären und theokratischen Staaten auf der Welt denken, stellen wir fest, dass sie neben ihren Menschenrechtsverletzungen vor allem eines verbindet: das Fehlen jeglicher Meinungsfreiheit.[3]

Zudem verfehlen diese Versuche ihr Ziel. Wenn wir beginnen, die Meinungs- und Redefreiheit zu beschneiden, respektieren wir

---

[1] Karima Bennoune: *Your Fatwa does not apply here: Untold Stories from the Fight against Muslim Fundamentalism* (New York: Norton, 2013), S. 22.
[2] Ebd., S. 3.
[3] Elham Manea: "We are all in this together, like it or not: On Raif Badawi, Charlie Hebdo and non-violent Islamism", *Qantara.de*, 22. Jan. 2015, http://en.qantara.de/content/on-raif-badawi-charlie-hebdo-and-non-violent-islamism-we-are-all-in-this-together-like-it-or (Zugriff am 23. Juli 2015).

nicht "die Muslime", von denen viele mit der Abbildung ihres Propheten nicht einverstanden sein mögen und sie sogar hassen, aber diese Gefühle dennoch friedlich zum Ausdruck bringen können. Stattdessen kommen wir den Wünschen der gewalttätigen Islamisten entgegen, die ihre Schreckensherrschaft ausbreiten und Künstler und Intellektuelle töten, die es wagen, ihren Meinungen zu widersprechen.

Wir sehen die Spuren des Paradigmas auch in Großbritannien, wo es eindeutig großen Einfluss hat, nachdem die Essentialisten erfolgreich die Politik der Differenz und der Gruppenrechte eingeführt haben. Nachdem sie den Glauben an den säkularen Universalismus und die Ideen der Aufklärung von Rationalismus und Humanismus verloren hatten, setzten sie sich für einen Multikulturalismus der Gruppenrechte und des Exzeptionalismus ein und errichteten dabei Mauern um segregierte geschlossene Gemeinschaften. Großbritannien zahlt heute einen hohen Preis für diese Politik der Differenz.

Und ja, wir sehen ihre Spuren auch im Thema dieses Buches, im Vorschlag von Christian Giordano, dem Schweizer Professor für Sozialanthropologie, dass das Land einen schwachen Rechtspluralismus und damit islamisches Recht einführen sollte, um die Angelegenheiten der muslimischen Minderheit zu regeln. Und wir sehen die Spuren in dem leidenschaftlichen Aufruf des ehemaligen britischen Erzbischofs von Canterbury, Rowan Williams, dass wir alle "ein wenig mehr über die Rechtsstaatlichkeit in einer pluralen Gesellschaft mit sich überschneidenden Identitäten nachdenken sollten"[4].

Wie ich an anderer Stelle im vorliegenden Buch sagte, stehen Giordano und Williams nicht allein. Ihre Vorschläge sind die Spitze eines Eisbergs, ein Ausdruck des essentialistischen Paradigmas.

Ich bin mir bewusst, dass sich die meisten Befürworter des Rechtspluralismus und der Einführung des islamischen Rechts in westliche Rechtssysteme heftig dagegen wehren werden, als Essen-

---

[4] Erzbischof Rowan Williams: *Civil and religious law in England: A religious perspective*, Vorlesung vor dem Royal Courts of Justice, 7. Feb. 2008, S. 1–2, http://rowanwilliams.archbishopofcanterbury.org/articles.php/1137/arc...re-civil-and-religious-law-in-england-a-religious-perspective#Lecture (Zugriff am 16. Juli 2015).

tialisten bezeichnet zu werden. Schließlich wird diese Bezeichnung oft mit Rassismus in Verbindung gebracht. Sie betrachten sich selbst nicht als Rassisten – wie sollten sie auch, wenn ihr Ziel doch "Schutz" ist? Aber selbst wenn ich anerkenne, dass ihre Absichten oft edel sind – schließlich schlagen sie Wege vor, um Minderheiten zu "schützen" –, wiederhole ich auch, dass wir uns an die Prismen erinnern müssen, durch die sie schauen, wenn sie diese essentialistische Sichtweise entwickeln. Das erste Prisma, durch das sie die Gesellschaft betrachten, beharrt darauf, dass eine Gruppe von Menschen inhärente, unveränderliche Charakteristika aufgrund ihrer eigenen Religion oder Kultur hat. Essentialisten ignorieren die Tatsache, dass jede Gruppe durch verschiedene politische, soziale und religiöse Faktoren konstruiert ist. Durch ihr zweites Prisma blickend beharren sie darauf, dass eine Person in erster Linie ein religiöses Wesen und Teil eines religiösen Ganzen ist. Dass diese Person ein komplexes Wesen mit verschiedenen Ebenen der Identität ist, dass sie sich vielleicht gar nicht zu dieser religiösen Identität bekennt: All dies wird als nicht ausreichend "authentisch" oder "repräsentativ" beiseite gewischt. Das dritte Prisma ist geprägt vom Beharren darauf, dass die Essentialisten – und nur sie – in der Lage seien, diese religiöse Minderheit zu schützen, zu verstehen, was sie will, und zu bestimmen, wer in ihrem Namen sprechen soll.

Am wichtigsten aber ist, dass sie essentialistisch sind, weil sie die Entwicklungen und Kämpfe, die in islamischen Ländern mit dem Ziel stattfinden, die auf der Scharia basierenden Familiengesetze zu ändern, sowie den kritischen Diskurs ignorieren, der das islamische Recht durch Intellektuelle und Feministinnen islamischer Herkunft anficht. Stattdessen führen sie eine "anthropologische Version des Rechts" ein, eine Version, die von ihren sozialen, politischen oder historischen Kontexten losgelöst bleibt. Diese Version verstärkt die Erwartung der Essentialisten, dass "Muslime" diese Art von diskriminierendem Recht tatsächlich bräuchten, um ihre Angelegenheiten zu regeln, und wir sie deshalb in Ruhe lassen sollten. Was auch immer sie behaupten mögen, Tatsache ist, dass sich Kultur, Religion und auch Identität verändern – sie sind nicht in Stein gemeißelt. Dieser Punkt erscheint allerdings trivial, wenn man die Welt durch die essentialistischen ideologischen Prismen betrachtet.

In den Kapiteln 2 und 5 habe ich gezeigt, wie die muslimische Gemeinschaft konstruiert worden ist. Die Gemeinschaft war in Wirklichkeit eine Vielzahl von Gemeinschaften – und doch haben wir lange nicht erkannt, wie vielfältig und heterogen diese sind, mit mehreren nationalen, konfessionellen, sprachlichen und regionalen Differenzierungslinien.

Wir sind erst nach den Londoner Terroranschlägen von 2005 aufgewacht und haben diese Tatsache wahrgenommen. Drei Faktoren spielten bei der Konstruktion der sogenannten britischen muslimischen Gemeinschaft eine Rolle. Gemeinsam verschleierten diese die Vielfalt der südasiatischen Gemeinschaften, sodass diese zu einer Gemeinschaft zusammengefasst und in einen Topf geworfen wurden. Diese Faktoren waren: (1) zwei besondere Merkmale des britischen Kontexts, (2) gleichzeitige Maßnahmen seitens der Bewegungen für den gesellschaftlichen und politischen Islamismus sowie (3) die britische Politik und das Bedürfnis, Mittelsleute auszumachen, die für die "asiatische Wählerschaft" sprechen und ihre Stimmen sichern können.

All diese Faktoren und Maßnahmen zusammen bildeten das Rückgrat der britischen Politik des Multikulturalismus. Angesichts der Tatsache, dass diese Maßnahmen auf Trennung und sogar Tribalismus abzielten, war es nicht überraschend, dass sie stattdessen zur Realität des pluralen Monokulturalismus führten. Der Multikulturalismus war gut gemeint, aber die Bemühungen, ihn zu entwickeln, verfestigten tatsächlich die Unterschiede, anstatt das zu feiern, was Menschen unterschiedlicher Herkunft zueinander führt. Man konzentrierte sich auf das, was trennt, und diese Getrenntheit wurde durch politische Maßnahmen noch gefördert. Und wenn diese Bemühungen die südasiatischen Gemeinschaften betrafen, geschahen sie in einem politischen und islamistischen Kontext, der die Menschen homogenisierte, sie auf ihre religiöse Identität reduzierte und nicht gewählte muslimische/islamistische Führer als Sprecher der Gemeinschaft förderte. In letzter Zeit hat sich diese Politik verändert, weil der Extremismus in Großbritannien zu einem großen Problem geworden ist.

Wenn die theoretischen Überlegungen der Essentialisten nur theoretisch wären und sich auf ihre Zeitschriften, Bücher und Konferenzräume beschränken würden, würde ich vielleicht nichts dagegen einwenden. Ich hätte mir nicht die Mühe gemacht, zu recherchieren und zu reisen, um dieses Buch zu schreiben. Aber das Problem ist, dass es sich nicht nur um eine intellektuelle Übung handelt: Den Überlegungen der Essentialisten fehlt der Kontext und sie haben Konsequenzen. Und sowohl Kontext als auch Konsequenzen sind unabdingbar für jede Forschungsagenda, die darauf abzielt, politische Empfehlungen zu geben.

Der Kontext ermöglicht es uns, die Gültigkeit der theoretischen Überlegungen der Essentialisten und ihrer Aufrufe zur Einführung des islamischen Rechts in westliche Rechtssysteme zu beurteilen. Die Essentialisten ignorieren die Kontexte von Ländern, die in verschiedenen Teilen der Welt Rechtspluralismus praktizieren. In Kapitel 3 habe ich gezeigt, dass das System des Rechtspluralismus weit davon entfernt ist, ein nachahmenswertes Modell zu sein. Stattdessen ist es oft mit einer Pyramide verbunden, die auf einer stratifizierten Bürgergesellschaft basiert und die zum Syndrom der doppelten Diskriminierung führt. Das Modell verstößt ungestraft gegen grundlegende Bürger- und Menschenrechte. Ich habe auch hervorgehoben, wie entscheidend es für jeden funktionierenden modernen Staat ist, eine einzige säkulare demokratische Rechtsordnung als Mindestgrundlage für die Achtung der Bürger- und Menschenrechte zu haben. Und ja, ich verwende absichtlich das Wort "modern". Denn ich glaube nach wie vor, dass mehrere Aspekte der Modernität wichtig sind, wenn wir einen Staat haben wollen, der die Bürger vor dem Gesetz gleich behandelt: eine einheitliche, säkulare, demokratische Rechtsordnung, die auf der Achtung der Bürger- und Menschenrechte beruht. Die Essentialisten würden bei meinem Gebrauch des Wortes "säkular" zusammenzucken, aber ich bestehe darauf, dass ein nichtsäkularer Staat nicht in der Lage ist, neutral mit seinen Bürgern umzugehen. Ein Staat, der säkular, aber nicht demokratisch ist und die Bürger- und Menschenrechte nicht respektiert, wird letztlich seine Macht missbrauchen. Und ein säkularer Staat, der demokratisch ist und die Menschenrechte achtet, aber plurale Rechtsordnungen einführt, wird letztlich einige Gruppen seiner Bürger diskriminieren. Daher bedingen diese Eigenschaften sich gegenseitig: Eine einzige säkulare und demokratische Rechtsordnung muss sich auf die Normen der Bürger- und Menschenrechte gründen.

Ich habe mich von dieser internationalen Ebene wegbewegt und begonnen, den britischen Fall genauer zu betrachten, nicht nur wegen seiner Relevanz, sondern auch, weil er von einigen Essentialisten – so bizarr das jetzt klingen mag – als "Beispiel" für einen erfolgreichen schwachen Rechtspluralismus benutzt wird. Ich habe mich auch bewusst dafür entschieden, mir die Praxis in Großbritannien anzuschauen, weil einige argumentieren könnten, dass, selbst wenn der Rechtspluralismus in fremden "Entwicklungsländern" nicht funktioniere, es dennoch möglich sein könne, ihn in einem westlichen "entwickelten" Kontext erfolgreich einzuführen. Ich hoffe, die letzten drei Kapitel haben hinreichend bewiesen, dass dies nicht der Fall ist. Der schwache Rechtspluralismus hat in Großbritannien ein Chaos angerichtet.

Der Kontext ist auch wichtig, um die Art von Gesetz hervorzuheben, das wir nach dem Willen der Essentialisten einzuführen hätten, um die Rechte muslimischer Gruppen zu "schützen". Es ist ein schlechtes Gesetz. Punktum. Wir kommen nicht um dieses Thema herum. Wie ich in Kapitel 4 gezeigt habe, können wir über die Scharia als allgemeine Prinzipien, die Gerechtigkeit bringen sollen, philosophieren, so viel wir wollen. Es bleibt Tatsache, dass die religiösen Gesetze, die die Familienangelegenheiten und das Leben von Frauen und Kindern regeln, nichts anderes sind als die starren konservativen religiösen Gesetze mittelalterlicher Juristen. Sie behandeln Frauen als Minderjährige, sie bieten die rechtliche Grundlage für Kinder- und Zwangsehen und Polygamie, und sie führen zu schweren Menschenrechtsverletzungen. Schutz ist das letzte Ergebnis, das man von einem solchen rechtlichen Rahmen erwarten würde. Ich habe kein Problem damit, zu sagen, dass die Scharia schlechtes Recht ist: Nach heutigen Maßstäben verletzen die aktuellen Versionen der Scharia ungestraft die Rechte von Frauen und Kindern. Ich betrachte sie nicht als Gottes Gesetz, wie es die Islamisten gerne sehen würden. Stattdessen sehe ich sie als menschengemachte Gesetze, die geändert und durch moderne Zivilgesetze ersetzt werden können, die die Würde und die Menschenrechte von Frauen und Kindern respektieren.

Würde und Menschenrechte: Beides gehört zusammen und sollte in keiner Diskussion über die Menschenrechte getrennt werden. Dieser Punkt ist bedeutsam, wie ich in Kapitel 4 gezeigt habe. Der Begriff der Würde ist vage. Ihm fehlt es an Substanz und er kann dazu benutzt werden, die Universalität der Menschenrechte zu untergraben. Bitte vergessen Sie nicht, wie Rowan Williams in seiner Rede die Menschenwürde auf geniale Weise von den Menschenrechten abgekoppelt hat – genauso wie es die Islamisten tun, wenn sie über die Rechte der Frauen diskutieren.

Ich habe auch gesagt, dass Würde mit Rechten verbunden sein sollte, wenn wir das Individuum verteidigen wollen. Indem wir das Individuum verteidigen, versetzt uns dies in die Lage, die Rechte und die Gleichheit der einzelnen Mitglieder ethnischer, religiöser und geschlechtsspezifischer Gruppen zu garantieren. Dieser Prozess funktioniert nur in eine Richtung: Die Achtung der Rechte des Einzelnen garantiert den Schutz der Gruppe insgesamt, und nicht umgekehrt.

Der Kontext ist entscheidend, weil er uns erlaubt, die politische Dimension dieses Themas wahrzunehmen und zu erkennen, wie Islamisten es für ihre eigene politische Agenda benutzt haben. Es gibt hier eine politische Dimension, die wir nicht ignorieren können. Ob in westlichen oder in Ländern mit muslimischen Mehrheiten: Diejenigen, die die Anwendung des islamischen Rechts fordern, sind Islamisten, die eine totalitäre Ideologie der Trennung unterstützen, die von Natur aus die Rechte nicht nur von Frauen, sondern auch von Minderheiten, Bürgern und LGBT-Menschen diskriminiert. Ich habe den britischen Kontext genutzt, um zu zeigen, wie die Verfechter zweier Formen des Islamismus, des gesellschaftlichen und des politischen, seit den 1950er Jahren konsequent daran arbeiten, den Islam und die Muslime zu essentialisieren, auf der Homogenität des Islams und der Muslime zu bestehen und ihre eigenen islamistischen Forderungen als die Forderungen aller Muslime und des Islams zu präsentieren. Und ich habe gezeigt, wie die britische Politik des Monokulturalismus die Konstruktion der muslimischen Gemeinschaft begünstigt hat: die Zusammenlegung verschiedener Gemeinschaften von Menschen mit unterschiedlichen Nationalitäten und religiösen Zugehörigkeiten zu einer homogenen Einheit, die die Essentialisten einfach Muslime nennen.

Die beiden Hauptgruppen, die hinter dem gesellschaftlichen und politischen Islamismus stehen, teilen eine ähnliche Weltanschauung über die Schaffung eines islamistischen Staates und die Umsetzung des Scharia-Rechts sowie über die Vorherrschaft der Muslime und des Islam. Die beiden Gruppen teilen auch eine Art des Geschichtsnarrativs, das Muslime und den Islam als ewige Opfer darstellt, die hegemonialen Angriffen und Verfolgung ausgesetzt seien.

Ich habe gezeigt, wie der Islamismus mit unserer Diskussion über den schwachen Rechtspluralismus und über die Einführung des Scharia-Rechts für die Lösung von Familienangelegenheiten der muslimischen Gemeinschaften in Großbritannien und im Westen im Allgemeinen zusammenhängt. Das erste und entscheidende Bindeglied ist die Mitgliedschaft: Viele Mitglieder der Scharia-Gerichte gehören zu den verschiedenen Bewegungen, die den gesellschaftlichen und politischen Islamismus fördern. Das zweite Bindeglied ist die Ideologie: Diejenigen, die in den Scharia-Gerichten arbeiten, weisen oft die ideologischen und politischen Merkmale des Islamismus auf. Und drittens haben die Islamisten die Idee des schwachen Rechtspluralismus für ihre eigene politische Agenda vereinnahmt. Viele westliche Politiker und Akademiker sind sich dieses Zusammenhangs bewusst, zögern aber, ihre Bedenken zu äußern, aus Angst vor dem Vorwurf der Islamfeindlichkeit. Die politische Dimension des Themas hat nicht nur erhebliche Auswirkungen auf den Kampf gegen Terrorismus und Extremismus, sondern auch auf den Zusammenhalt der Gesellschaft und die erfolgreiche Integration von muslimischen Migranten mit sehr unterschiedlichem Hintergrund in die britische Gesellschaft.

Auf den Kontext kommt es an, denn er macht es notwendig, die Situation der Frauen zu untersuchen – die erste Gruppe, die unter der gut gemeinten Forderung der Essentialisten leidet, das islamische Recht für Familienangelegenheiten anzuwenden. Wir können erkennen, dass die "Wahl"-Narrative der Befürworter von Rechtspluralismus und der "Ausstiegsoption" sich als hohl erweisen, wenn wir uns die tägliche Realität von Frauen, die in abgeschlossenen Gemeinschaften leben, genauer ansehen: eine Realität, die von patriarchalen Strukturen, sozialer Kontrolle und vom Aufstieg des islamischen Fundamentalismus geprägt ist. In diesem Kontext wird von Frauen muslimischer Herkunft erwartet, dass sie ihre "Wahl" treffen. Eine Wahl, die durch solche Strukturen, Werte und Normen so eingeschränkt ist, ist oft keine Wahl. Mit anderen Worten: Die Exit-Option – also das Recht, sich der Rechtsordnung zu entziehen[5] – ist keine realistische Garantie für individuelle Rechte, nicht für Frauen, die sich dem Druck ausgesetzt sehen, sich der Tradition anzupassen, die realistischerweise befürchten, dass sie Schande über die Familie bringen, und die fürchten, ihre Familie zu verlieren und von der Gemeinschaft geächtet zu werden.

Wenn wir den Kontext der Realität dieser Frauen betrachten, können wir auch verstehen, warum sich Frauen in Großbritannien an Scharia-Räte wenden: Sie gehen zu ihnen, weil sie eine religiöse Scheidung wollen. Im Gegensatz zu dem, was viele behaupten, können Frauen diesen Wunsch innerhalb des britischen Rechtssystems befriedigen. Sie brauchen die Scharia-Gerichte dafür nicht.

Der Kontext erlaubt es uns also, die Gültigkeit der theoretischen Überlegungen der Essentialisten und ihrer Forderungen nach Einführung des islamischen Rechts in westliche Rechtssysteme zu beurteilen. Und der Kontext zeigt uns das Umfeld, in dem diese theoretischen Überlegungen umgesetzt werden.

Und das gilt auch für die Konsequenzen. Nochmals, und ich werde nicht müde, dies zu wiederholen: Sobald der Staat damit beginnt, die Rechte innerhalb des Rahmens einer Gruppe und nicht bezogen auf das Individuum zu verorten, sind Segregation, Ungleichheit und Diskriminierung wahrscheinliche Ergebnisse. Die Schwächsten werden verwundbar bleiben und Missbrauch und Diskriminierung ausgesetzt sein. Dies ist das Hauptresultat des Rechtspluralismus in seinen beiden – schwachen und starken – Formen.

Eine wesentliche Folge der Einführung eines schwachen Rechtspluralismus – und damit des islamischen Rechts in die westlichen Rechtssysteme – wird eine stratifizierte, unterteilte Bürger-

---

[5] ICHRP: *When Legal Worlds Overlap*, S. 107–108.

gesellschaft sein, die zwei Arten von Frauen umfasst: Westliche Frauen, die ihre Rechte auf der Grundlage der Gesetze des Staates genießen können, und Migrantinnen, die dies nicht können. Das System in Großbritannien hat faktisch diese zwei Arten von Bürgerinnen geschaffen. Die eine genießt Gleichheit vor dem Gesetz und die andere aufgrund ihrer religiösen Identität nicht. Diese Frauen leiden unter dem Syndrom der doppelten Diskriminierung: Zusätzlich zur Diskriminierung aufgrund des Geschlechts wird ihnen auch der Zugang zu ihren gesetzlichen Rechten verwehrt. Durch diese Schichtung werden die Mauern um die geschlossenen Parallelgesellschaften nur weiter zementiert.

Darüber hinaus legitimiert das System de facto polygame Ehen und erleichtert Kinder- und Zwangsehen. Höchst bedeutsam für den Zusammenhalt und die Einheit der Gesellschaft und für den Kampf gegen den Extremismus: Das System schottet die Minderheitengruppen weiterhin von der breiteren Gesellschaft ab und gibt den Islamisten freie Hand, ihre soziale Kontrolle über die geschlossenen Gemeinschaften zu verstärken.

In diesem Buch habe ich durchgängig eine Position vertreten, die die Universalität der Menschenrechte verteidigt. Mit den Worten von Frank La Rue, dem ehemaligen UN-Sonderberichterstatter für die Förderung und den Schutz des Rechts auf Meinungsfreiheit und freie Meinungsäußerung, sind diese universellen Menschenrechte einfach die "Mindeststandards für den Schutz"[6] eines jeden Menschen in jeder Gesellschaft. Sie sind das Minimum, das man in jeder Gesellschaft erwarten sollte. Die Kämpfe von Männern und Frauen, die für diese universellen Rechte in verschiedenen Gesellschaften der Welt kämpfen, zeugen von dieser Tatsache.

Ich behaupte daher, dass Sonderbehandlungen für bestimmte Gruppen und die Einführung religiöser Gesetze nur mehr diese Universalität und den Schutz, der durch die internationalen Standards der Menschenrechte gewährt wird, unterminieren. Ich behaupte ferner, dass wir, anstatt darüber zu diskutieren, ob die Menschenrechte universell oder kulturell bedingt sind, einen folgenorientierten Ansatz verwenden sollten, um der Diskussion die notwendige Substanz zu verleihen. Wir müssen das menschliche Ge-

---

[6] Frank La Rue, Diskussion m. d. Autorin via Skype, 23. Juli 2015.

sicht des Leidens einbringen, das entsteht, wenn Menschenrechte verletzt werden – gleich, ob es sich um die Rechte des Einzelnen oder die einer größeren Gesellschaft handelt.

Ein solcher Ansatz kann die schwerwiegenden Folgen von Menschenrechtsverletzungen beleuchten und deutlich machen, dass es von Natur aus schlecht ist, solche zu begehen. Sobald wir diese Tatsache festgestellt haben, werden wir das moralische Urteil zu fällen wagen, dass diese Verletzungen falsch sind. Dies wird uns auch helfen, die Diskussion umzukehren. Anstatt sich krampfhaft um eine Antwort auf die Frage zu bemühen, ob die Menschenrechte universell sind, was die Essentialisten verneinen, wird die Frage lauten: Warum werden diese Rechte überhaupt verletzt?[7]

Ein folgenorientierter Ansatz für die Menschenrechte spiegelt die Idee wider, dass es aus moralischer Sicht am wichtigsten ist, "zu berücksichtigen, wie sich die eigenen Handlungen wahrscheinlich auf andere auswirken werden". Denn: "Es sind die Folgen der eigenen Handlungen, nicht die Absichten dahinter, die den relevantesten Maßstab für die Messung des moralischen Wertes einer Handlung bilden."[8] Wenn wir diesen Ansatz in konkreten Schritten auf unser Thema anwenden wollen, sollten wir die Folgen auf zwei Ebenen betrachten. Auf der individuellen Ebene: Welcher persönliche Schaden wird dem Mädchen oder der Frau durch die Anwendung eines parallelen Rechtssystems (Scharia-Recht) zugefügt? Und auf der gesellschaftlichen Ebene: Was sind die allgemeinen negativen Folgen der Segregation von Gruppen und der Schaffung dessen, was Amartya Sen den Monokulturalismus geschlossener Gemeinschaften nannte, für die Gesellschaft?

Sobald wir die Folgen der parallelen religiösen Rechtsordnungen in Großbritannien und der Bemühungen um die Einführung von Gruppen- und Identitätspolitik und einer auf Differenz basierenden Politik verstehen, erkennen wir auch die Notwendigkeit für spezifische politische Empfehlungen.

---

[7] Manea: "Islam and human dignity …", S. 520.
[8] Orend: *Human Rights: Concept and Context*, S. 89, zit in Manea: ebd., S. 513–514.

Politische Empfehlungen

Ich schlage vor, dass die britische Regierung sechs politische Empfehlungen in Betracht zieht, um die Probleme anzugehen, die Frauen erleiden, wenn sie sich im Rahmen des britischen Rechtssystems an Scharia-Gerichte wenden. Diese Empfehlungen sind auch für andere europäische und nordamerikanische Länder sehr wichtig und relevant.

1. Machen Sie es obligatorisch, eine zivile Ehe zu schließen, bevor eine religiöse Ehe eingegangen wird. Setzen Sie diese Regelung mit deutlichen und harten Sanktionen für alle Imame und Einzelpersonen um, die dagegen verstoßen.
2. Starten Sie eine landesweite Kampagne zur Registrierung aller islamischen Eheschließungen. Dies wird viele polygame Ehen endlich aufdecken. Die Frauen, die Teil dieser Ehen sind, und ihre Kinder sollten geschützt werden. Aber dieser Schutz sollte nicht dazu führen, dass Polygamie als eine Form der Ehe anerkannt wird, wie einige essentialistische Rechtsgelehrte argumentieren.
3. Bestrafen Sie den muslimischen Mann, der eine polygame Ehe eingegangen ist, auf dieselbe Weise, wie das britische Rechtssystem einen christlichen, jüdischen oder atheistischen Mann bestrafen würde, der dasselbe tut.
4. An das britische Gerichtssystem ist eine Einheit anzugliedern (mit lokalen Niederlassungen im ganzen Land), die befugt ist, automatisch eine islamische Scheidungsurkunde auszustellen, nachdem über die zivile Scheidung entschieden wurde: ein *decree absolute*. In vielen islamischen Ländern erkennen die religiösen Autoritäten eine zivile Scheidung als religiös gültig an. Dies sollte auch in Großbritannien so sein.
5. Starten Sie eine landesweite Kampagne, die Frauen innerhalb geschlossener Communities erreicht, um sie über ihre Rechte, die Bedeutung und den Schutz der Zivilehe, die Notwendigkeit der Registrierung ihrer Ehe und die Funktionsweise des Gesetzes in Großbritannien zu informieren.

6. Schaffen Sie die parallelen religiösen Rechtssysteme in Großbritannien ab, beenden Sie die Arbeit der Scharia-Gerichte und behandeln Sie Bürger und Migranten als vor dem Gesetz gleich.

Den europäischen und nordamerikanischen Regierungen empfehle ich acht Maßnahmen für den Umgang mit Bürgern und Migranten aus islamischen Ländern:

1. Hören Sie auf, diese Minderheit auf ihre religiöse Identität zu reduzieren. Im Europa der 1950er und 1960er Jahre wurden polnische oder italienische Migranten in der Schweiz, in Deutschland oder in Großbritannien nicht als Katholiken oder Christen bezeichnet. Sie wurden über ihre Nationalität angesprochen. Wenden Sie die gleiche Behandlung auf Migranten aus asiatischen, afrikanischen und arabischen Ländern an.
2. Behandeln Sie Migranten als Bürger, die vor dem Gesetz gleich sind. Oder als Migranten, deren Rechte durch Verfassungs- und Völkerrecht geschützt sind.
3. Behandeln Sie sie als Individuen und nicht auf der Basis ihrer Gruppenidentität.
4. Ignorieren Sie nicht den politischen Kontext (insbesondere in Bezug auf die beiden Formen des Islamismus) und den sozialen Kontext (insbesondere die patriarchalischen und Machtstrukturen), in denen die Mitglieder dieser Gemeinschaften leben.
5. Schauen Sie sich die Forderungen, die als religiöse Forderungen der muslimischen Minderheit dargestellt werden, genau an und stellen Sie sicher, dass es sich nicht um Forderungen handelt, die die politische Agenda der Islamisten widerspiegeln.
6. Um gewalttätigen Extremismus zu bekämpfen, muss die Politik in Schulen, Moscheen, Madrassas und in Religionsklassen den gesellschaftlichen und politischen Botschaften entgegentreten. Bei der Gestaltung dieser Politik ist es wichtig, Allianzen mit gesellschaftlichen oder politischen

islamistischen Bewegungen zu vermeiden, egal wie "gewaltfrei" ihre Botschaft zu sein scheint.[9]

7. Während religiöse Personen das Recht haben, respektiert zu werden, sollten diese Rechte sich auf die individuelle Ebene – nicht auf die Gruppenebene – erstrecken und nicht zu Verletzungen der Gleichberechtigung der Geschlechter oder der Menschenrechte führen.
8. Erkennen Sie an, dass es in jeder Gesellschaft Spielregeln gibt: Eine einzige säkulare demokratische Rechtsordnung, die auf den Normen der Bürger- und Menschenrechte beruht – und diese Rechte sollten für jeden in der Gesellschaft gelten.

***

Dieses Buch in Ihren Händen ist ein direktes Resultat einer Medienkontroverse aus dem Jahr 2009. Auslöser war ein kurzer Artikel eines Schweizer Professors für Sozialanthropologie, der Sondergesetze für Muslime und andere Gruppen vorschlug: die Scharia im Falle der Muslime. Angesichts der Tragweite seiner Forderung und der Auswirkungen auf die Gesellschaft im Allgemeinen hielt ich es für klug, zu recherchieren und ein Gegenargument zu erarbeiten. Auf dieser Reise wurde mir klar, dass wir es mit einem bestimmten Denkparadigma zu tun haben. Ich habe es benannt, seine Merkmale hervorgehoben und seine Konsequenzen diskutiert.

Als arabische Akademikerin, die den Islam als ihre Religion betrachtet und die Bedingungen für Menschen aller Geschlechter in der arabischen Region des Nahen Ostens und Nordafrikas (MENA) ausgiebig erforscht hat, als Frauenrechtsaktivistin, die an verschiedenen Kampagnen für Geschlechtergerechtigkeit beteiligt war, und als Frau, die die schrecklichen Folgen der Anwendung der Scharia erlebt hat, wusste ich nur zu gut, welche Folgen dieser essentialistische Vorschlag haben würde.

---

[9] Elham Manea: "Tackling militant Islamism means also confronting its non- violent forms", *Europe's World*, 5. Mai 2015, http://europesworld.org/2015/05/05/tackling-militant-islamism-means-also-confronting-non-violent-forms/#.VbITcWDX_dv (Zugriff am 24. Juli 2015).

Ich habe die schrecklichen Folgen des islamischen Rechts für das Leben von Frauen und Kindern in arabischen und islamischen Ländern und in geschlossenen Gemeinschaften im europäischen Kontext gesehen. Ich weiß auch aus erster Hand, wie der Islamismus in verschiedenen Kontexten funktioniert, wie er sich an die unterschiedlichen Umstände anpasst und dennoch seiner totalitären politischen Agenda treu bleibt. Mit ihrer Forderung, islamisches Recht in westliche Rechtssysteme einzuführen, um religiöse Rechte zu respektieren, spielen die Essentialisten den Islamisten und ihrer politischen Agenda in die Hände und konstruieren gleichzeitig eine "muslimische Minderheit". In Wirklichkeit schlagen sie vor, dass Nationen die systematische Diskriminierung von Frauen, Kindern und LGBT-Menschen legitimieren. Eine solche Diskriminierung wird den Menschen in islamischen Migrantengemeinschaften ganz sicher nicht helfen, sich erfolgreich zu integrieren. Vielmehr wird sie nur die soziale Kontrolle der Islamisten über die geschlossenen Gemeinschaften zementieren.

Ich habe gegen diese Forderung Stellung bezogen und dafür plädiert, dass wir uns stattdessen den Kontext und die Folgen solcher Vorschläge ansehen. Wenn wir das tun, wird die Absurdität eines solchen Vorhabens zusammen mit den schrecklichen Konsequenzen nicht nur für die Minderheit innerhalb der Minderheit – den Frauen, Kindern und LGBT-Menschen –, sondern auch für die breitere Gesellschaft und ihre langfristige politische Stabilität deutlich werden. Ich tat dies in dem Wissen, dass Wissenschaftler und Aktivisten muslimischer Herkunft, sowohl Männer als auch Frauen, und Menschen, die unter muslimischen Gesetzen leben oder gelebt haben, eine doppelte Verantwortung haben. Sie müssen erklären und verdeutlichen, was ein solcher Vorschlag mit sich bringt, und sie müssen ihre eigene Stimme erheben, um ihre eigenen Rechte und die der Frauen zu verteidigen, die in geschlossenen Gemeinschaften eingeschlossen sind und nicht für sich selbst sprechen können. Sie haben auch eine Verantwortung gegenüber den westlichen Ländern, die für sie neu sind und die ihnen Würde und Menschenrechte angeboten haben. Sobald die Stimmen all jener Gruppen in diesen Diskurs einbezogen werden, werden die essentialistischen akademischen Kreise erkennen müssen, dass die Zeit für einen Paradigmenwechsel reif ist.

Epilog

Seit 2016, als der Verlag I.B. Tauris mein Buch *"Women and Shari'a Law: The Impact of Legal Pluralism in the UK"* veröffentlichte, hat sich die Lage der Scharia-Räte und der muslimischen Schiedsgerichte nicht verändert. Es gibt sie weiterhin. Die einzige Änderung war etwa die Erkenntnis, dass dies nicht tragbar ist und unverhältnismäßige und negative Auswirkungen auf Frauen und Mädchen hat.

Ich wurde ins britische Oberhaus und ins Unterhaus als Rednerin und als Gutachterin eingeladen, um meine Forschungsergebnisse zu vorzustellen. Das Buch erhielt Zuspruch, besonders von Menschenrechts- und Frauenrechtsorganisationen. Frauenrechtlerinnen starteten eine Kampagne, um "genug Geld zu sammeln und jedem Unterhaus-Abgeordneten und Oberhausmitglied ein Exemplar [des] Buches zu schicken, um die negativen Folgen der Scharia-Gerichte für die Rechte und das Leben von Frauen aufzuzeigen und den Abbau paralleler Rechtssysteme in Großbritannien zu unterstützen".[1]

Die hartnäckigen Bemühungen von Frauenrechtsaktivistinnen und -organisationen sowie das Anwachsen des religiösen Extremismus waren entscheidend dafür, die britische Regierung überzeugen zu können, eine Untersuchung der Scharia-Gerichte durchzuführen. Die Untersuchung begann im Jahr 2016 und wurde auf zweierlei Art vorgenommen:

1. Als unabhängige Untersuchung "zum Scharia-Recht, speziell im Rahmen der Scharia-Räte in England und Wales". Die Aufgabenstellung konzentrierte sich auf die Frage, "ob die Scharia missbraucht oder in einer Weise angewandt wird, die mit dem inländischen Rechtsvorschriften in England und Wales unvereinbar ist, und insbesondere, ob es diskriminierende Praktiken gegenüber Frauen gibt, die

---

[1] "'Women and Sharia Law' to Every MP" (Oktober 2016), Maryam Namazi, https://www.crowdfunder.co.uk/sharia-law-and-womens-rights-book-to-every-mp

Scharia-Räte in Anspruch nehmen".² Die Zielvorgaben der Untersuchung stellten die Anwendung des islamischen Rechts zunächst einmal nicht infrage, weshalb Frauen- und Menschenrechtsorganisationen diese boykottierten.
2. Als eine Untersuchung des Innenausschusses der Scharia-Räte, die in Großbritannien tätig sind. Der Ausschuss sollte untersuchen, "wie Scharia-Räte in der Praxis arbeiten, ihre Arbeit bei der Lösung von Familien- und Scheidungsstreitigkeiten und schließlich ihre Beziehung zum britischen Rechtssystem".³

Das Ergebnis war enttäuschend für diejenigen, die ein Ende dieses parallelen Rechtssystems fordern. Die erste Untersuchung veröffentlichte ihre Empfehlung im Jahr 2018. Sie forderte eine notwendige Nachbesserung des Ehe-Gesetzes (*Marriage Act*) von 1949 und des Ehescheidungs-Gesetzes (*Matrimonial Causes Act*) von 1973, um sicherzustellen, dass eine Zivilehe vor oder gleichzeitig mit der islamischen Trauung durchgeführt wird. Die Untersuchung forderte aber auch, die Scharia-Räte zu regulieren, d.h. sie rechtlich in das britische Rechtssystem zu integrieren.⁴ Die Regierung übernahm die erste Empfehlung, während sie die zweite Empfehlung ablehnte.

Die zweite Untersuchung wurde in völlig unverständlicher Stille beendet. In einer auf ihrer Webseite veröffentlichten Erklärung hieß es: "Aufgrund der Parlamentswahlen am 8. Juni 2017 hat der Ausschuss diese Untersuchung nunmehr eingestellt. Nach Auflösung des Parlaments am 3. Mai 2017 erlöschen alle Sonderausschüsse bis nach der Parlamentswahl. Sollte in Zukunft eine Untersuchung zu diesem Thema stattfinden, kann sich der Ausschuss auf die im Rahmen dieser Untersuchung bereits gesammelten Belege beziehen."⁵

---

2   NN (Februar 2018): *The independent review into the application of sharia law in England and Wales*. Dem Parlament vorgelegt vom Staatssekretär des Innenministeriums, S. 3.
3   "Sharia Councils Inquiry Launched", *UK Parliament Website*, https://www.parliament.uk/business/committees/committees-a-z/commons-select/home-affairs-committee/news-parliament-2015/160623-new-inquiry-sharia-councils/
4   NN (Februar 2018): *The independent review ...*, S. 17, 19.
5   "Sharia Councils Inquiry"

Auch hier wurde das Thema als "sensibel" eingestuft. Diese Sensibilität prägt maßgeblich die Zurückhaltung der politischen Entscheidungsträger, sich mit einem derart "schwierigen Thema" auseinanderzusetzen.

Wichtig war die Rolle, die die britischen Medien spielten, indem sie diesem Schweigen entgegentraten und dabei die problematische Realität der anhaltenden Diskriminierung von Frauen und die schädlichen Folgen geschlossener Gemeinschaften aufdeckten. Zwei Sendungen haben die dringende Notwendigkeit ernsthafter politischer Maßnahmen aufgezeigt.

Die erste Sendung war die Channel-4-Dokumentation "*The Truth about Muslim Marriage*" vom November 2017.[6] Forscher befragten hierzu 1.000 muslimische Frauen in ganz Großbritannien. Sie fanden heraus, dass 78 % der Befragten sich zwar wünschten, dass ihre Ehe nach britischem Recht rechtsgültig sei, doch führten fast zwei Drittel (61 %) nur eine religiöse Ehe, was bedeutet, dass ihre Ehe rechtlich nicht anerkannt ist. Diese Frauen sind oft schutzlos, wenn sie eine Scheidung anstreben müssen, und sind daher gezwungen, sich an die Scharia-Räte zu wenden. Die Sendung forderte eine Änderung des Ehegesetzes, die die Zivilehe für muslimische Frauen verbindlich machen würde. Die Art und Weise, wie die Untersuchung innerhalb der Gemeinden und von Gemeindemitgliedern durchgeführt wurde, ermöglichte eine breite Resonanz. Sie erleichterte indirekt eine Sensibilisierungskampagne über die Bedeutung der Registrierung einer religiösen Ehe.

Die zweite Sendung wurde im Januar 2018 auf *Panorama* ausgestrahlt und trug den Titel "*White Fright Divided Britain – Blackburn*".[7] Der Casey-Bericht von 2016 über Segregation und Integration bezeichnete die Stadt Blackburn als eine der am stärksten segregierten Städte Großbritanniens. Die Sendung war eine Fortsetzung einer anderen Dokumentation, die *Panorama* 2008 produziert hatte, als Blackburn entlang ethnischer und religiöser Linien ge-

---

[6] Transparenzhinweis: Die Autorin war wissenschaftliche Beraterin des Produktionsteams der Dokumentation. NN (27. November 2017): *New Channel 4 survey reveals The Truth About Muslim Marriage,* http://www.channel4.com/info/press/news/new-channel-4-survey-reveals-the-truth-about-muslim-marriage

[7] BBC: *Panorama: White Fright Divided Britain – Blackburn* (22 January 2018), http://www.bbc.co.uk/programmes/b09pz718

spalten wurde. Zehn Jahre später fand *Panorama* hier eine Stadt vor, die noch stärker gespalten war. Einige Stadtteile Blackburns waren fast ausschließlich von asiatischen Muslimen bewohnt. Andere dagegen hatten nur weiße Bewohner. Diese soziale Segregation wurde als eine nationale Krise beschrieben.

Dame Louise Casey, die Autorin des Berichts von 2016, wurde in der Sendung interviewt. Sie sagte, dass die Stadt kein Einzelfall sei, sondern ein nationales Problem widerspiegele: "Wir leben mit den Folgen eines nicht effektiven Migrationsmanagements, ... und ich denke, wir haben ein gespaltenes Land."[8]

Diese Spaltung wurde in Caseys unabhängigen Regierungsbericht, der bei seiner ersten Veröffentlichung Schlagzeilen machte, deutlich veranschaulicht. Der Bericht sprach aus, was allgemein bekannt ist: Minderheiten leben segregiert.

Im Bericht heißt es, dass mit zunehmender Vielfalt im Vereinigten Königreich eine zusätzliche Dynamik deutlich wurde. Angehörige von Minderheitengruppen leben teils zerstreuter, in manchen Fällen aber auch stärker konzentriert und segregiert. Und Menschen pakistanischer und bangladeschischer Herkunft leben im Vergleich zu anderen ethnischen Minderheitengruppen tendenziell eher in geschlossenen Gemeinschaften. In vielen Gebieten nehmen diese Konzentrationen auf Stadtteilebene zu.[9]

Die Segregation wird durch das Muster der Eheschließungen verschärft. So stellt der Bericht fest, dass ein hohes Maß transnationaler Ehen die Integrationsraten in einigen Gemeinden untergraben haben könnte. Mit anderen Worten: Ehepartner – Männer wie Frauen – werden aus dem Ausland importiert: Menschen, die mit den britischen Traditionen und der britischen Lebensweise nicht vertraut sind. Wenn einheimische Menschen im Ausland geborene Partner heiraten, entsteht das Phänomen der "ersten Generation in jeder Generation", bei dem die Kinder jeder neuen Generation mit einem im Ausland geborenen Elternteil aufwachsen. Dies scheint vor allem in südasiatischen Gemeinschaften verbreitet zu sein. Die

---

[8] Ibid., ab Min. 14:05
[9] Dame Louise Casey (Dez. 2016): *The Casey Review: A review into opportunity and integration*, Department for Communities and Local Government, UK Government, S. 10ff, https://www.gov.uk/government/uploads/system/uploads/attachment_data/file/575973/The_Casey_Review_Report.pdf

Autoren des Berichts "erfuhren bei einem Besuch in einer Stadt im Norden des Landes, dass alle asiatischen Ratsmitglieder außer einem eine Frau aus Pakistan geheiratet hatten". Und weiter: "In einer Kohortenstudie am *Bradford Royal Infirmary* hatten 80 % der Neugeborenen pakistanischer Herkunft in der Gegend mindestens ein Elternteil, das außerhalb Großbritanniens geboren wurde."[10]

Der Casey-Bericht belegt, dass die demografische Struktur der Schulen die oben beschriebene Segregation widerspiegelt – mehr als 50 % der Schüler, die einer ethnischen Minderheit angehören, besuchen Schulen, in denen ethnische Minderheiten die Mehrheit bilden. Diese schulische Segregation war bei Schülern mit pakistanischem und bangladeschischem ethnischen Hintergrund am höchsten, verglichen mit anderen ethnischen Gruppen. Alles in allem, so der Bericht, erhöht diese hohe Konzentration von Kindern aus ethnischen Minderheiten in Wohngebieten und in Schulen die Wahrscheinlichkeit, dass sie dort aufwachsen, ohne je Menschen mit anderem Hintergrund zu treffen oder sich besser in diese hineinversetzen zu können.[11]

Dass eine Umfrage aus dem Jahr 2015 ergab, dass mehr als 55 % der allgemeinen Bevölkerung der Meinung sind, es gäbe einen "grundlegenden Konflikt zwischen dem Islam und den Werten der britischen Gesellschaft", überrascht nicht. Auf der anderen Seite waren 46 % der britischen Muslime der Auffassung, dass "das Leben als Muslim in Großbritannien aufgrund von Vorurteilen gegenüber dem Islam schwierig sei". Darüber hinaus deuteten die Umfragen hin auf ein wachsendes Gefühl der Unzufriedenheit unter Teilen der muslimischen Bevölkerung sowie auf eine stärkere Identifikation mit der "Notlage" der *Ummah*, der internationalen muslimischen Gemeinschaft.[12]

Chuka Umunna, Parlamentsabgeordneter und Vorsitzender der parlamentarischen Gruppe für soziale Integration, pochte in der *Panorama*-Sendung 2018 darauf, dass der Casey-Bericht "ignoriert und in die Schublade 'zu heiß', 'zu schwierig zu handhaben'

---

[10] Ebd., S. 9
[11] Ebd., S. 11
[12] Ebd., S. 11–12.

gesteckt wurde". Aber, so fuhr er fort, "je länger wir das an die Seite stellen, desto gefährlicher wird die Atmosphäre und das Umfeld".[13]

Zwei Monate später, im März 2018, reagierte die Regierung mit ihrem Grünbuch "*Integrated Communities Strategy*".[14] Das Grünbuch erkannte die Bandbreite der Herausforderungen an, vor denen Großbritannien steht, darunter Schulsegregation, Wohnsegregation, Extremismus und Rassismus sowie kulturelle Praktiken und Einstellungen, die Integration behindern. Es erkannte auch an, dass Frauen und Mädchen von diesen Umständen unverhältnismäßig stark betroffen sind. Das Grünbuch schlug mehrere Maßnahmen vor, darunter eine Änderung des Gesetzes über die religiöse Eheschließung, die eine standesamtliche Trauung vor oder im Rahmen einer religiösen Trauung zwingend vorschreibt. Imame, die die zivile Registrierung nicht sicherstellen, müssten mit rechtlichen Konsequenzen rechnen. Außerdem wurde ein Mindestalter für die Visa von Eheleuten vorgeschlagen, um Zwangsehen zu verhindern. Offensichtlich hatten einige britische Politiker endlich die Notwendigkeit für Veränderungen erkannt. Doch wird dies zu einem Ende der (von dem Papier vorsichtig kritisierten)[15] Scharia-Räte und der segregierten Gemeinden führen? Das bleibt weiterhin eine offene Frage. Die Kombination aus Brexit-Verhandlungen und der durch die Covid-19-Pandemie ausgelösten Krise hat die Sache jedenfalls nicht erleichtert: Viele Themen wurden auf Eis gelegt, und die Scharia-Räte bilden hier keine Ausnahme.

Rechtspluralismus in den deutschsprachigen Ländern: Eine vorläufige Einschätzung

Dieses Buch hat sich mit Rechtspluralismus beschäftigt, insbesondere mit der Art und Weise, wie das islamische Recht für Familienangelegenheiten in Großbritannien angewendet wird. Die Veröf-

---

[13] Ebd., ab Min. 14:38.
[14] UK Government (März 2018): *Integrated Communities Strategy Green Paper*, https://www.gov.uk/government/uploads/system/uploads/attachment_d ata/file/690819/Integrated_Communities_Strategy_green_paper.pdf.
[15] Ebd., S. 56.

fentlichung in deutscher Übersetzung wirft eine wichtige Frage auf: Wie stellt sich die Situation in den deutschsprachigen Ländern dar?

Die Antwort hierauf ist nicht leicht zu finden.

Manche sprechen von einem "blinden Fleck". Das sind die Worte von Mathias Rohe, einer renommierten deutschen Autorität der Rechtswissenschaft und des islamischen Rechts. Unter Verweis auf die umfangreiche Forschung zur "alternativen Streitbeilegung" (*Alternative Dispute Resolution*: ADR) unter Muslimen in Großbritannien, den nordischen Ländern und den Niederlanden sagte Rohe, dass im Vergleich dazu "Deutschland mit seiner muslimischen Bevölkerung von mehr als vier Millionen Menschen bisher fast ein blinder Fleck ist".[16]

Eine ähnliche Meinung vertritt Nina Scholz – eine bekannte deutsche Politikwissenschaftlerin, die viel und mit speziellem Fokus auf Österreich, wo sie lebt, über Islam und Menschenrechte geschrieben hat, und die zugleich Mitautorin einer unveröffentlichten Vorstudie über Formen paralleler Justizstrukturen in Österreich ist. Diese Frage, so Scholz, sei noch nicht gründlich erforscht, und sie bezeichnet sie daher als Neuland.[17]

Beide haben Recht. Die gegenwärtige Anwendung des islamischen Rechts in den deutschsprachigen Ländern Österreich, Deutschland und der Schweiz wurde bisher wenig untersucht.

Eine von mir zu diesem Zweck durchgeführte Literaturrecherche zeigt, dass zu verwandten Themen bereits viel geschrieben wurde; so etwa zu:

a) Anwendung des islamischen Rechts im deutschsprachigen Raum im Kontext des internationalen Privatrechts;
b) theoretischen Debatten über Rechtspluralismus und muslimischem Familienrecht in westlichen Demokratien;
c) islamischem Familienrecht im Kontext einer allgemeinen Diskussion über muslimische Minderheiten im deutschsprachigen Raum und zu

---

[16] Mathias Rohe: "Alternative Dispute Resolution among Muslims in Germany and the Debate on 'Parallel Justice'", in: Niels Valdemar Vinding, Egdūnas Račius und Jörn Thielmann (Hg.): *Exploring the Multitude of Muslims in Europe: Essays in Honour of Jørgen S. Nielsen* (Leiden und Boston: Brill, 2018), S. 91–92.

[17] Nina Scholz, Politikwissenschaftlerin und Autorin, Telefonat am 15. April 2021

d) Formen der Paralleljustiz durch Clans in Deutschland und Österreich.[18]

In allen vier Bereichen ist über die Situation in Deutschland weit mehr publiziert worden als im österreichischen und schweizerischen Kontext.

Ein Informationsmangel besteht allerdings in Hinblick auf außergerichtliche Formen der Rechtsstrukturen, die islamisches Recht für Familienangelegenheiten anwenden. Nur eine Publikation aus jüngerer Zeit hat sich speziell mit diesem Thema in Deutschland beschäftigt. Darin untersuchte Mahmoud Jaraba, wie lokale arabisch-muslimische Gemeinden in Deutschland eine rein islamische religiöse Ehe auflösen. Er fragt: "Wie entwickeln lokale religiöse Akteure außergerichtliche religiöse Formen der Mediation und Schlichtung, die oft in einer Moschee oder an einem privaten Ort

---

[18] Siehe z.B. https://doi-org.ezproxy.uzh.ch/10.5771/9783845261706-178; Andrea Büchler und Amira Latif: "Judicial encounters with Islamic and Middle Eastern family law in Switzerland for a private international law perspective – marriage and divorce", in Elisa Giunchi (Hg.): *Muslim Family Law in Western Courts* (London & New York, 2014), S. 55–86; Andrea Büchler und Amira Latif: "Islamisches Eheschliessungs- und Scheidungsrecht im Kontext des internationalen Privatrechts der Schweiz", *Jahrbuch für Migrationsrecht = Annuaire du droit de la migration*, 2012; Martina Schmied: *Familienkonflikte zwischen Scharia und Bürgerlichem Recht: Konfliktlösungsmodell im Vorfeld der Justiz am Beispiel Österreichs* (Frankfurt: P. Lang, 1999); Christian Ernst: "Die Bewältigung konfligierender normativer Ordnungen – Die Aushöhlung hoheitlicher Gewalt durch muslimische Friedensrichter?", in: Jennifer Hölzlwimmer, Daniel Engel, Lukas Krönke, Annika Schmidl, Helena Bebert, Julia Faber (Hg.), in *Rechtsfrieden-Friedensrecht*, 2016, S. 178–199; Susanne Schröter: *Herausforderungen im Umgang mit Parallelgesellschaften: Grundlagenanalyse zur Situation in Österreich im europäischen Vergleich* (Wien: Österreichischer Integrationsfonds, Juli 2020); Ralph Ghadban: *Arabische Clans: Die unterschätzte Gefahr*. 4. Aufl. (Berlin: Econ, 2019); Joachim Wagner: *Richter ohne Gesetz: islamische Paralleljustiz gefährdet unseren Rechtsstaat*. 6. Aufl. (Berlin: Econ, 2017); Mathias Rohe: *Der Islam – Alltagskonflikte und Lösungen: Rechtliche Perspektiven* (Freiburg: Herder Verlag, 2001); Mathias Rohe: *Der Islam in Deutschland: Ein Bestandsaufnahme* (München: C.H. Beck, 2016); Ebrahim Afsah: *Islamisches Familienrecht in grenzüberschreitenden Ehen*, Informationsbroschüre für österreichische Staatsbürger und ansässige Ausländer (Wien: Österreichischer Integrationsfonds, 2021); Mouez Khalfaoui & Justin Jones: "Islamic Family Law in Europe and the Islamic World: Current Situation and Challenges", EJIMEL Special Issue, *Electronic Journal of Islamic and Middle Eastern Law (EJIMEL)*, Volume 8, Issue 1 (2020), Vol. 7, 2019, http://www.ejimel.uzh.ch; Maurits Berger (Hg.): *Applying Shari'a in the West: Facts, Fears and the Future of Islamic Rules on Family Relations in the West* (Leiden: Leiden University Press, 2013).

stattfinden, um bestimmten Aspekten der Scharia gerecht zu werden?"[19]

Aber ich greife mir hier selbst vor.

Schauen wir uns zunächst die rechtlichen Kontexte der deutschsprachigen Länder an – mit einem kurzen Überblick über ihre institutionellen rechtlichen Rahmenbedingungen, die die Beziehungen zwischen Staat und Religion regeln, um danach zur bereits vorliegenden Forschung überzugehen.

Beziehungen von Staat und Religion in Österreich, Deutschland und der Schweiz

Die meisten westlichen Demokratien haben sich zu säkularen Staaten erklärt. Säkularismus in diesem Sinne bedeutet, dass der Staat individuelle Freiheit und Religionsfreiheit sowie die Trennung zwischen Religion und Staat garantiert. Der Staat erklärt auch, dass er in religiösen Angelegenheiten neutral ist.[20] Trotz erklärter Trennung von Staat und Religion unterscheiden sich die westlichen Demokratien in den institutionellen Rahmenbedingungen, die die Beziehungen zwischen Staat und Religion regeln.

Das Modell des **Vereinigten Königreichs** könnte als staatlich geförderte Kirche bezeichnet werden – die *Church of England* nimmt hier eine herausgehobene Stellung als etablierte Kirche ein. Der Souverän (der Monarch) wird als Oberhaupt der Kirche betrachtet und trägt den Titel des Obersten Statthalters der Kirche von England. Im Gegenzug dazu hat die Kirche enge Verbindungen zur Politik und zur öffentlichen Verwaltung und genießt finanzielle Unterstützung für ihre Arbeit in den Bereichen Bildung und soziale Dienste. Sechsundzwanzig ihrer Erzbischöfe und Bischöfe sitzen

---

[19] Mahmoud Jaraba: "Khul' in Action: How Do Local Muslim Communities in Germany Dissolve an Islamic Religious-Only Marriage?" *Journal of Muslim minority affairs* 40.1 (2020): 26–47.

[20] Mathias Rohe: "Germany", in: Oliver Scharbrodt, Samim Akgönül, Ahmet Alibašić, Jørgen S. Nielsen, Egdūnas Račius (Hg.): *Yearbook of Muslims in Europe, Vol 7*, Online, 2014 (Zugriff am 13. April 2021), http://dx.doi.org/10.1163/2588-9737_YMEO_COM_072014DEU, Erste Online-Publizierung 2018, S. 263.

als "*Lords Spiritual*" von Amts wegen (d.h. kraft ihres eigenen Amtes) im Oberhaus.[21]

Diese besondere Stellung, die die Kirche von England einnimmt, erklärt auch, warum der Staat religiösen Minderheitengemeinschaften (darunter u.a. Juden, Muslimen und Sikhs) entgegenkommt und allen religiösen Gruppen nahezu identische Leistungen im Bildungs- und Sozialbereich gewährt.[22] Diese Sonderstellung mag auch der Behauptung Substanz verleihen, dass ein Grund, warum britische Behörden zögern, die durch die Scharia-Räte verursachten Probleme anzusprechen, in der Befürchtung liegt, das Anstoßen einer solchen Debatte könnte sich zu einer Diskussion über die Privilegien und die herausgehobene Stellung der Kirche von England ausweiten.

Die Beziehungen zwischen Staat und Religion in Österreich, Deutschland und der Schweiz unterscheiden sich von denen in Großbritannien. Im Allgemeinen können in den Systemen dieser Länder nur die vom Staat anerkannten Religionsgemeinschaften verschiedene rechtliche und steuerliche Vorteile genießen.

Unter dem Konkordatssystem ("Körperschaft des öffentlichen Rechts") müssen religiöse Gruppen ein Prüfungsverfahren durchlaufen, das sicherstellt, dass sie mit den Werten des Staates vereinbar sind. Diese religiösen Gruppen müssen einen Vertrag mit dem Staat unterzeichnen, um die Rechte zu erhalten, die den christlichen Kirchen und anerkannten jüdischen Gemeinden gewährt werden. Jedes dieser drei Länder hat jedoch einen spezifischen rechtlichen Rahmen, der die Beziehungen zu seinen muslimischen Minderheiten regelt.

Österreich ist unter den meisten westeuropäischen Ländern einzigartig, weil es den Islam als offizielle Religion und organisierte religiöse Körperschaft schon früh im zwanzigsten Jahrhundert anerkannte. Dies lässt sich durch das historisches Erbe als Teil der ös-

---

[21] J. Christopher Soper und Joel S. Fetzer: "Religious Institutions, Church-State History and Muslim Mobilisation in Britain, France and Germany", *Journal of Ethnic and Migration Studies*, 33:6, 2007, S. 934-936; Samuel White, "House of Lords: Lords Spiritual", *Research Briefing*, House of Lords Library, UK Parliament, 4. Sept. 2017, https://lordslibrary.parliament.uk/research-briefings/lln-2017-0056/.

[22] Soper und Fetzer: "Religious Institutions ...", S. 936.

terreichisch-ungarischen Monarchie und die Präsenz von Muslimen auf österreichischem Staatsgebiet ab dem 16. Jahrhundert erklären. Die Präsenz der Muslime wurde formalisiert, nachdem österreichische Truppen 1878 die ehemaligen osmanischen Provinzen Bosnien und Herzegowina besetzt hatten. Obwohl viele Muslime aus Bosnien und Herzegowina in das Osmanische Reich flohen, blieb die Mehrheit in der Region und wurde nach der Annexion des Territoriums durch das Kaiserreich im Jahr 1908 österreichische Untertanen. Der österreichische Rechtsrahmen bildete die Grundlage für die rechtliche Anerkennung seiner muslimischen Minderheit.[23]

Insbesondere die Verfassung, das "Staatsgrundgesetz" von 1867, garantierte die Achtung aller Religionen, einschließlich des Islams. Das "Anerkennungsgesetz" von 1874 gewährte den Muslimen zusätzliche Rechte und Privilegien, darunter das Recht, ihre Gemeindeangelegenheiten unabhängig durch Gemeinderäte zu organisieren und zu verwalten und islamische Stiftungsfonds einzurichten. Das Islamgesetz von 1912 stellte die Muslime de jure den Anhängern anderer staatlich anerkannter Religionsgemeinschaften gleich und bildete die rechtliche Grundlage für die Anerkennung der islamischen Gemeinschaft als Körperschaft des öffentlichen Rechts.[24]

Das Islamgesetz garantierte den Muslimen das Recht, den Islam öffentlich zu praktizieren (z.B. durch islamischen Religionsunterricht an öffentlichen Schulen), konfessionelle Einrichtungen (z.B. Schulen und Stiftungen) zu gründen und die Regelung ihrer inneren Angelegenheiten selbst festzulegen. Das Gesetz wurde mehrfach geändert. Eine Änderung von 1989 erkannte alle islamischen theologischen Schulen an, nicht nur die *Hanafi*-Schule, die bereits zuvor anerkannt worden war. Eine weitere Änderung, das Gesetz

---

[23] Ednan Aslan et al.: *Muslimische Diversität*, Wiener Beiträge zur Islamforschung (Wiesbaden: Springer 2017), S. 25, DOI 10.1007/978-3-658-17554-2_3; Z. Sezgin: "Islam and Muslim Minorities in Austria: Historical Context and Current Challenges of Integration". *Int. Migration & Integration* 20, 873–874 (2019), S. 873–874; https://doi.org/10.1007/s12134-018-0636; Thomas Schmidinger und Alev Çakır, in: Oliver Scharbrodt, Samim Akgönül, Ahmet Alibašić, Jørgen S. Nielsen, Egdūnas Račius (Hg.): *Yearbook of Muslims in Europe*, Vol, 6, Online, 2014, S. 45–47 (Zugriff am 13. April 2021).

[24] Sezgin, ebd.

von 1998 über den Status religiöser Glaubensgemeinschaften, bot den Religionsgemeinschaften drei Möglichkeiten an, sich zu organisieren. Sie konnten a) eingetragene Vereine e. V., b) Stiftungen oder c) Körperschaften des öffentlichen Rechts sein.[25]

Mit einer weiteren Novelle führte Österreich im März 2015 ein Islamgesetz ein, das die Beziehungen des Staates zu den anerkannten muslimischen Religionsgemeinschaften weiter regelt. Es garantiert den Muslimen Religionsfreiheit, fordert aber gleichzeitig Transparenz und ein Ende der ausländischen Finanzströme an Moscheen. Es stellt auch die wissenschaftliche Ausbildung des klerikalen Nachwuchses sicher durch ein theologisches Programm an der Universität Wien. Anerkannte muslimische Gemeinden müssen sich an bestimmte Bedingungen halten, wie etwa die Aufrechterhaltung der Normen und Werte der österreichischen Verfassung.[26]

In **Deutschland** ist im Grundgesetz eine formale Trennung zwischen Kirche und Staat verankert. Gleichzeitig gewährleistet die Verfassung die Zusammenarbeit zwischen den beiden Institutionen in der Bildungs- und Sozialarbeit. Artikel 140 des Grundgesetzes regelt die Anträge der Religionsgemeinschaften auf Verleihung des Status einer Körperschaft des öffentlichen Rechts. Die Gemeinschaften, die diesen Status bei Inkrafttreten der Verfassung 1949 hatten, darunter die römisch-katholische und die evangelische Kirche, behielten ihren Status. Aber auch andere Religionsgemeinschaften hatten die Möglichkeit, sich zu bewerben.[27]

---

[25] Sezgin, ebd.; Schmidinger und Çakır, ebd.

[26] Für den Text des österreichischen Islamgesetzes 2015 in deutscher und englischer Sprache, siehe "Islamgesetz," Bundesministerium Republik Österreich, Webseite, https://www.bmeia.gv.at/integration/islamgesetz/; siehe auch Elham Manea: *The Perils of Nonviolent Islamism* (New York: Telos Press, 2021), S. 171-172.

[27] Soper und Fetzer: "Religious Institutions …", S. 938–939; Rohe: "Germany", S. 264; Stefan Muckel: "Muslimische Religionsgemeinschaften als Körperschaften des öffentlichen Rechts", in: Peter Antes, Rauf Ceylan (Hrsg.): *Muslime in Deutschland: Historische Bestandsaufnahme, aktuelle Entwicklungen und zukünftige Forschungsfragen* (Wiesbaden: Springer VS, eBook, 2017), S. 79; Brigitte Lehnhoff: "Körperschaftsstatus für Islamverbände?", *Radio NDR*, 18. Jan. 2019, https://www.ndr.de/kultur/sendungen/freitagsforum/Koerperschaftsstatus-fuer-Islamverbaende,lehnhoffkoerperschaftsstatus100.html, online aufgerufen 13. April 2021.

Um den Körperschaftsstatus zu erhalten, muss eine Organisation seit 30 Jahren bestehen und mindestens 0,1 % der Bevölkerung des Staates repräsentieren, aber Ausnahmen und reduzierte Anforderungen werden eingeräumt. Mit dem Status sind bestimmte Rechte und Privilegien verbunden: Steuerbefreiungen, das Recht, Mitglieder in Rundfunkbeiräte zu berufen, und in Angelegenheiten der Jugend- und Sozialhilfe mitzuwirken. Die Freie und Hansestadt Hamburg hat 2012 als erstes deutsches Bundesland einen verbindlichen Staatsvertrag mit drei muslimischen Verbänden (DITIB, VIKZ, Schura) abgeschlossen. Die Ahmadiyya-Gemeinden sind jedoch die einzigen muslimischen Gemeinschaften in Deutschland, die sich als Körperschaft des öffentlichen Rechts qualifiziert haben und anerkannt sind (ab April 2013).[28]

Das föderale System Deutschlands, bestehend aus 16 Staaten oder Bundesländern, spielt eine zentrale Rolle bei der Anwendung dieser Bestimmungen. Während die wichtigste Gesetzgebungskompetenz auf Bundesebene liegt, sind die Länder im Allgemeinen für Verwaltungsangelegenheiten zuständig und haben die vorrangige Gesetzgebungskompetenz in Bildungs-, Kultur- und Polizeifragen. Mit anderen Worten: Die Bundesländer sind in der Regel die wichtigsten Akteure bei der Zusammenarbeit mit den muslimischen Gemeinschaften vor Ort. In den Gesetzen einiger Bundesländer wird zwischen gesetzlich anerkannten und registrierten Religionsgemeinschaften unterschieden, in anderen nicht. Es reicht jedoch mittlerweile aus, als privatrechtlicher Verein registriert zu sein, was nicht schwer zu erreichen ist. Dies ist bei den meisten muslimischen Organisationen der Fall, insbesondere bei denen, die Moscheen und islamische Kulturzentren betreiben.[29]

In ähnlicher Weise garantiert in der **Schweiz** die Verfassung das Grundrecht auf Glaubens- und Gewissensfreiheit und die Gleichheit vor dem Gesetz. Gleichzeitig können nur die vom Staat anerkannten Religionsgemeinschaften verschiedene rechtliche und

---

[28] Soper und Fetzer: "Religious Institutions ..."; Rohe: "Germany"; Muckel: "Muslimische Religionsgemeinschaften ...", S. 79; Lehnhoff: "Körperschaftsstatus für Islamverbände?"; Gritt Klinkhammer und Heiner de Wall: *Staatsvertrag mit Muslimen in Hamburg: Die rechts- und religionswissenschaftlichen Gutachten* (Universität Bremen, 2012).

[29] Rohe: "Germany".

steuerliche Vorteile genießen. Dabei kooperieren Staat und Religionsgemeinschaften in bestimmten Bereichen miteinander, wie etwa im Bildungswesen und bei den sozialen Diensten.

Das föderale System der Kantone prägt die Art der Beziehungen zwischen Staat und Religion, die in dem jeweilgen Kanton praktiziert wird. So sind die 26 Kantone für die Regelung des Verhältnisses zwischen Kirche und Staat zuständig. Dies führt zu unterschiedlichen Ausgestaltungen, die von einer strikten Trennung zwischen Staat und Religion in den französischsprachigen Kantonen Genf und Neuenburg bis hin zu einer engen Beziehung zwischen Kirchen/Religionsgemeinschaften und Staat in den Kantonen Bern und Zürich reichen. Die Verfassung delegiert in ihrem Artikel 72 alle Religionsangelegenheiten in die Zuständigkeit der Kantone, sodass es den 26 Kantonen freisteht, einer oder mehreren Religionsgemeinschaften einen privilegierten Status einzuräumen. Sie können sogar eine Sondersteuer für sie erheben. Mit Ausnahme von Genf und Neuenburg haben fast alle anderen Kantone der römisch-katholischen Kirche, der reformierten Kirche, der kleinen altkatholischen Kirche und fünf jüdischen Gemeinden einen Sonderstatus gewährt. Kein Kanton hat dies bisher mit einer islamischen Körperschaft getan.[30]

***

Diese Diskussion über die Beziehungen zwischen Staat und Religion mag theoretisch und offen gesagt langweilig und uninteressant klingen. Diese Beziehungen stellen jedoch die Behörden sowohl der jeweiligen Staaten als auch der muslimischen Gemeinschaften vor echte Dilemmata. Der Islam als Weltreligion braucht keine Anerkennung. Aber er unterscheidet sich vom Christentum dadurch, dass er keine einheitliche Organisation hat wie die Kirche, die im Namen aller ihrer Anhänger sprechen kann. Das ist das Kernproblem, wenn es um die Anerkennung spezifischer muslimi-

---

[30] Adrian Loretan, Quirin Weber, Alexander H.E. Morawa: *Freiheit und Religion: Die Anerkennung weiterer Religionsgemeinschaften in der Schweiz*, ReligionsRecht im Dialog, Bd. 17 (Wien: LIT Verlag, 2014), S. 13–21; Stéphane Lathion und Andreas Tunger-Zanetti: "Switzerland", in: Nielsen, Jørgen et al.: *Yearbook of Muslims in Europe*. Vol. 4. (Leiden: BRILL, 2012), S. 578–579.

scher Organisationen geht, die die *Gesamtheit* der muslimischen Gemeinden (im Plural) im deutschsprachigen Raum vertreten wollen.

Um öffentlich-rechtlich anerkannt zu werden, muss die muslimische *Organisation* repräsentativ für die muslimischen Gemeinschaften im Land sein. Dies erweist sich als schwierig, wenn man bedenkt, wie vielfältig Muslime in Bezug auf Konfessionen, religiöse Praktiken und Interpretationen sowie die Identifikation mit ihrer nationalen Identität sind. So wäre es für eine Organisation mit ihrer begrenzten Anzahl von Mitgliedern problematisch, den Anspruch zu erheben, "die Muslime" zu repräsentieren, wenn man die ethnische, kulturelle, religiöse und sprachliche Vielfalt dieser Gemeinschaften bedenkt.

In der Schweiz beispielsweise ergab eine 2016 vom Bundesamt für Statistik durchgeführte Umfrage zum Thema Religion, dass die muslimischen Gemeinschaften, die auf 400.000 Personen geschätzt werden, nach denen, die sich als konfessionslos identifizieren, den größten Anteil an nicht praktizierenden Menschen aufweisen: 46 % der muslimischen Minderheit.

Dieser Wert ist deutlich höher als in der Gesamtbevölkerung, in der im vergangenen Jahr 30 % nicht an einem Gottesdienst teilgenommen haben. Die religiös aktivsten Gruppen sind die evangelischen Kirchen: 72 % ihrer Mitglieder besuchen mindestens einmal pro Woche einen Gottesdienst, bei den Muslimen sind dies nur 12 %.[31]

Hinzu kommt, dass diejenigen Muslime, die sich selbst als säkular, als kulturelle Muslime, als Ex-Muslime, als religiös, aber nicht organisiert oder einfach nur als nicht praktizierend bezeichnen, die große Mehrheit bilden. Natürlich fühlen sie sich von den bestehenden religiösen Organisationen nicht repräsentiert.

Für die meisten Muslime in der Schweiz ist die Zugehörigkeit zu ihrer jeweiligen ethnischen Gruppe nach wie vor eine wichtige Quelle ihrer Identität. Mit anderen Worten: Die Muslime in der Schweiz reagieren auf ihre diasporabezogenen Lebensbedingungen ähnlich, wenn nicht sogar genauso wie christliche Migranten

---

[31] Bundesamt für Statistik: *Erste Ergebnisse der Erhebung zur Sprache, Religion und Kultur 2014*, Teil Religion, (Berlin: 2016), https://www.bfs.admin.ch/bfs/de/home/statistiken/bevoelkerung/erhebungen/esrk.assetdetail.350455.html

aus Italien, Spanien oder Kroatien. Zu groß sind auch die Unterschiede zwischen den verschiedenen muslimischen Gemeinschaften in Kultur und Mentalität sowie die daraus resultierenden divergierenden Ansichten über die "richtige" Ausübung des Islam.[32]

Dies macht es den religiösen Dachverbänden der Schweizer Muslime sowie den liberalen und progressiven muslimischen Organisationen schwer, den Anspruch zu erheben, die muslimischen Minderheiten in der Schweiz zu vertreten. Sie vertreten nur sich selbst. Nicht mehr und nicht weniger.

Warum ist diese Diskussion so wichtig?

Wenn diese Gruppen nur sich selbst vertreten, wie können sie dann über die Inhalte des Religionsunterrichts oder über die politischen Entscheidungen in Bezug auf "Muslime" im Allgemeinen entscheiden? Diese Frage ist besonders bedeutsam in einer Zeit, in der der Islamismus und seine neofundamentalistische Auslegung, die seine politische Ideologie legitimiert, ein ernstes Thema bei *einigen* religiösen Organisationen bleibt.[33]

Der in Kapitel 5 erwähnte Fall des *Muslim Council of Britain* ist hier relevant. Aufeinanderfolgende britische Regierungen betrachteten den *Muslim Council* als die wichtigste Autorität in allen Fragen, die den Islam und die Muslime betreffen. Eine 2006 durchgeführte Umfrage ergab jedoch, dass sich nur 6 % der britischen Muslime von diesem Rat vertreten fühlten. Offensichtlich hat der islamistische und konservative Charakter dieses Rates – er wurde von Mitgliedern der Jamaat-e-Islami gegründet – die Forderungen geprägt, die er an die politischen Entscheidungsträger stellte, auch in Bezug auf Gender- und Rechtsfragen. Die Organisation stand an vorderster Front bei den Versuchen, Scharia-Gerichte zu etablieren und islamisches Recht für Familienangelegenheiten einzuführen – als "religiös beauftragte Schlichtungsgremien". Sie fördert die Abgrenzung von Muslimen, indem sie die Vorstellung vertritt, dass

---

[32] Martin Baumann, Jörg Stolz (Hg.): *Eine Schweiz – viele Religionen: Risiken und Chancen des Zusammenlebens* (Bielefeld: transcript Verlag, 2007), S. 198, 200.

[33] In meinem 2018 erschienenen Buch *Der Alltägliche Islamismus* habe ich dargelegt, wie islamistische Bewegungen den Religionsunterricht systematisch als Mittel zur Indoktrination von Kindern und Jugendlichen nutzen. Siehe Elham Manea: *Der alltägliche Islamismus* (München: Kösel Verlag (Random House Germany), 2018), S. 116–130.

britische Muslime besondere Bedürfnisse hätten, die nur durch eine Sonderbehandlung erfüllt werden könnten – wozu auch die Arbeit der Scharia-Räte gehört.[34]

Einen ähnlichen Aspekt der Repräsentation gibt es auch in Österreich. Im Jahr 1979 wurde die *Islamische Glaubensgemeinschaft in Österreich* (IGGiÖ) im Rahmen des Islamgesetzes von 1912 als offizielle Vertretung aller Muslime in Österreich – heute schätzungsweise 700.000 Menschen – anerkannt. Aber nur sehr wenige IGGiÖ-Mitglieder zahlten jemals ihre Mitgliedsbeiträge oder nahmen an Wahlen teil. Tatsächlich beteiligten sich nur 4 % der österreichischen muslimischen Bevölkerung an der Wahl für die Vertreter der IGGiÖ im Jahr 2011. Offensichtlich fühlten sich viele muslimische Gruppen unterschiedlicher Konfessionen von der IGGiÖ ausgeschlossen und nicht von ihr vertreten.[35]

Diese Organisation hat eine gut dokumentierte Verbindung zur islamistischen Muslimbruderschaft. Lorenzo Vidino stellte in seiner Studie fest, dass die IGGiÖ eine Schlüsselrolle bei der Förderung des allgemeinen Umfelds der österreichischen Bruderschaft spielte.[36] Im Juni 2011 wurde ein Mitglied von Milli Görüş – einer türkischen islamistischen Organisation, die von der Ideologie der Muslimbruderschaft inspiriert wird – zum neuen Vorsitzenden der IGGiÖ gewählt.[37]

Die IGGiÖ ist besonders wichtig, weil sie seit dem Schuljahr 1982/83 für den islamischen Religionsunterricht (IRU) an öffentlichen Schulen in Österreich zuständig ist. Sie ist verantwortlich für die Unterrichtsinhalte und für die Anstellung der Lehrkräfte, die allerdings aus öffentlichen Mitteln bezahlt werden.[38]

---

[34] Elham Manea: *Women and Shari'a Law: The Impact of Legal Pluralism in the UK* (London: I.B. Tauris, 2016), S. 162–168, 180–181.
[35] Schmidinger und Çakır, ebd., S. 29–30; Aslan et al.: *Muslimische Diversität*; Ednan Aslan: "Diyanet und ihre politisch-theologischen Aktivitäten in Österreich", *European Journal of Turkish Studies* [Online], 27 | 2018, S. 1, http://journals.openedition.org/ejts/6010 ; DOI: https://doi.org/10.4000/ejts.6010.
[36] Lorenzo Vidino: *The Muslim Brotherhood in Austria* (Washington D.C.: George Washington Program on Extremism, 2017), S. 23.
[37] Schmidinger und Çakır, ebd., S. 30
[38] Wesentliche Änderungen für den Alleinvertretungsanspruch der IGGiÖ ergaben sich 2013, als der Alevitischen Glaubensgemeinschaft in Österreich (ALEVI), sehr zum Missfallen der IGGiÖ, der Status einer öffentlich-rechtlichen Religionsgesellschaft verliehen wurde. Das Alevitentum wurde eine Religion

Eine abschließende Bemerkung ist in diesem Abschnitt angebracht. Keines der Rahmenwerke, die die Beziehungen zwischen Staat und Religion regeln, fordert die Schaffung paralleler Rechtssysteme. Wie bereits erwähnt, liegt das Hauptaugenmerk dieser Regelungen auf der Organisation und dem Inhalt des Religionsunterrichts für diese religiösen Organisationen und auf der finanziellen Unterstützung ihrer Aktivitäten im sozialen Bereich. In allen drei Ländern sind die Familiengesetze Zivilgesetze – sie wurden mehrfach reformiert, um die Gleichstellung der Geschlechter in ihre Bestimmungen und ihren Geist einzubeziehen.

Religiöse Gesetze gelten in diesen drei Ländern nicht für Familienangelegenheiten. Es gibt freilich einen Mangel an Informationen und solider Forschung zu diesem Thema. Im nächsten Abschnitt gehe ich auf die Hauptfrage dieses Kapitels ein, indem ich einen vorläufigen Überblick über das gebe, was wir bereits wissen. Diese Informationen sind mit einer gewissen Vorsicht zu genießen, da hier noch mehr Forschung erforderlich ist. Ich werde zunächst die Ergebnisse einer vorläufigen Studie skizzieren, die ich 2014 zum religiösen Schlichtungswesen in der Schweiz durchgeführt habe, und dann das Dilemma der rein religiösen Ehen in Deutschland diskutieren.

Vorbemerkungen zu Schiedsgerichtsbarkeit und Mediation: Die Schweiz als Fallbeispiel

Im Jahr 2014 habe ich eine Vorstudie zu den bestehenden Formen der religiösen Mediation und Schlichtung in der Schweiz durchgeführt. Ich tat dies als Vorbereitung für einen Workshop über Rechtspluralismus in der Schweiz, der von der Eidgenössischen Kommission für Frauenfragen organisiert wurde. Meine Ergebnisse habe ich den Mitgliedern der Kommission während ihrer Plenarsitzung am 17./18. November 2014 vorgestellt.

---

und die zweite rechtlich anerkannte muslimische Glaubensgemeinschaft in Österreich. Siehe Aslan et al.: *Muslimische Diversität*, S. 32–35.

Die Vorstudie bestand aus acht halbstrukturierten Interviews[39]. Mein Fokus lag dabei auf den Praktiken innerhalb von drei religiös-minderheitlichen Gemeinschaften[40]:

- **Der Hindu-Gemeinschaft** mit schätzungsweise 33.500 Menschen, die überwiegend der tamilischen Bevölkerung Sri Lankas angehören. Die Gemeinschaft lebt hauptsächlich in den deutschsprachigen Kantonen der Schweiz (Zürich, Bern, Aargau), mit Ausnahme des Waadt, das als einer der ganz wenigen französischsprachigen Kantone mit einer tamilischen Minderheit gilt.
- **Den jüdischen Gemeinden**, schätzungsweise 16.500 Menschen, die meisten von ihnen Schweizer Bürger. Derzeit gibt es 24 jüdische Gemeinden in der Schweiz, die von orthodox über konservativ bis liberal reichen. Die größten

---

[39] Angesichts der sehr begrenzten Datenerhebung sind die hier vorgestellten Ergebnisse mit großer Vorsicht zu betrachten und nur vorläufig. Ich sage dies auch wegen der unterschiedlichen Reaktionen auf meine Interviewanfragen. Alle Rabbiner, die ich kontaktierte, reagierten positiv und waren mehr als bereit, sich interviewen zu lassen. Ich musste meine Interviews auf zwei Rabbiner beschränken. Es war nicht leicht, einen hinduistischen Priester zu finden, der bereit war, Auskunft zu geben. Zudem sprach ich mit einem Experten, der mir Auskunft über die relevanten kulturellen Praktiken der Tamilen gab. Im Gegensatz dazu war es bei einigen muslimischen Organisationen sehr schwierig, Interviewpartner zu finden. Nur der Imam der albanischen Gemeinde in Bern reagierte sofort und positiv. Wiederholte Anfragen an Imame in Biel, Basel, Genf und Zürich blieben unbeantwortet; der Islamische Zentralrat der Schweiz lehnte ein Interview ab. Von der größten Moschee in Genf erhielt ich keine Antwort, nachdem ich das Ziel meines Interviews ausführlich schriftlich erläutert hatte. Ich führte strukturierte Interviews mit einem Rabbiner und der einzigen Rabbinerin in der Schweiz, mit einem Hindu-Priester, einem Imam, einem marokkanischen Journalisten mit gutem Zugang zur muslimischen Gemeinde und mit dem Leiter der Organisation Zwangsheirat Schweiz. Ich hatte auch einen E-Mail-Austausch mit einem Schweizer Anwalt, der sich mit religiöser Mediation auskennt.

[40] Kathrin Freire und Christoph Freymond (Hg.): *Ein Portrait der Schweiz Ergebnisse aus den Volkszählungen 2010–2014* (Neuchâtel: Bundesamt für Statistik (BFS), 2016); siehe auch Joëlle Morot, Denise Efionayi und Fabienne Stants: *Die srilankische Diaspora in der Schweiz* (Bundesamt für Migration (BFM), 20079; Gaby Knoch-Mund: "Judentum", *Historisches Lexikon der Schweiz* (HLS), 1. Feb. 2016, https://hls-dhs-dss.ch/de/articles/011376/2016-02-01/; Matteo Gianni: *Muslime in der Schweiz* (Eidgenössische Kommission für Migrationsfragen EKM, 2010). Aus Zeitgründen habe ich christliche Formen der Mediation nicht einbezogen, aber es gibt sie.

Gemeinden befinden sich in Zürich, Genf und Basel. Jede Gemeinde hat 2.000 bis 3.000 Mitglieder.
- **Die muslimischen Gemeinden**, die auf 400.000 Menschen geschätzt werden, sind mehrheitlich europäischer Herkunft – d.h. aus dem ehemaligen Jugoslawien und anderen Balkanländern – und von türkischer Herkunft. Wie bei ihren tamilischen Pendants ist auch in den Schweizer muslimischen Gemeinden die zweite und dritte Generation in der Schweiz geboren und aufgewachsen.

Bevor ich auf die religiösen Formen der Schlichtung und Mediation eingehe, möchte ich zunächst, als Hintergrund, die zivile Schlichtung und Mediation beschreiben.

In der Schweiz hat die Schlichtung eine lange Tradition, da fast jeder Zivilprozess mit einem Schlichtungsverfahren vor einem Friedensrichter beginnt. Während des Schlichtungsverfahrens erzielen die Streitparteien mit Hilfe einer dritten Partei eine einvernehmliche Lösung. Dazu gehört ein Procedere, in dem der Dritte den Konflikt und das Verhalten der Parteien beurteilt und dann eine Lösung vorschlägt. Maßstab für die Beurteilung ist grundsätzlich das geltende Recht.[41] Während die Schweiz als einer der attraktivsten Austragungsorte für internationale Schiedsverfahren gilt, ist die inländische Schiedsgerichtsbarkeit in der Schweizerischen Zivilprozessordnung geregelt, die sowohl Scheidungsverfahren als auch die Beendigung von eingetragenen Partnerschaften eindeutig von der Schiedsgerichtsbarkeit ausschließt (Art. 198 Abs. 2 ZPO).

Die Mediation hingegen hielt erst vor 30 Jahren Einzug in die Schweiz. Die Mediation ist ein freiwilliges und vertrauliches Konfliktlösungsverfahren, das von einem zertifizierten, kompetenten und unabhängigen Dritten durchgeführt wird, der keine Entscheidungs- oder Sanktionsbefugnis hat. Die Aufgabe, den Verhandlungsgegenstand zu bestimmen und Lösungen zu entwickeln, liegt in erster Linie bei den Konfliktparteien. Der Mediator ist allein für

---

[41] Isaak Meier: *Mediation und Schlichtung in der Schweiz unter besonderer Berücksichtigung der gesetzlichen Rahmenbedingungen für Mediation*; Veröffentlichungen des Schweizerischen Instituts für Rechtsvergleichung, 44/I, Zürich/Basel/Genf, 2002, S. 295 ff.

die Gestaltung des Verfahrens verantwortlich. Ziel der Mediation ist nicht das Aushandeln von Positionen, sondern vielmehr die Schaffung einer Basis für eine einvernehmliche Lösung, die für beide Parteien eine Win-win-Lösung darstellen.[42]

Die hier angesprochene Meditation ist ziviler Natur und wird häufig im Rahmen von Familienangelegenheiten durchgeführt. Laut Isaak Meier, Professor für Zivilprozessrecht an der Universität Zürich, sind Scheidungen der Hauptbereich, in dem die Mediation in der Schweiz angewandt wird. Das neue Scheidungsrecht begünstigt die Mediation, indem es eine einvernehmliche Scheidung ermöglicht. Eine "schnelle Scheidung" nach Art. 111 ZGB setzt voraus, dass sich die Parteien vor Einleitung des Scheidungsverfahrens über alle Fragen vollständig geeinigt haben. Auf Scheidungen spezialisierte Mediatoren stehen in allen Kantonen zur Verfügung, und Scheidungsmediationen werden oft in Zusammenarbeit mit einem Psychologen und einem Rechtsanwalt durchgeführt.[43] Meyer schätzt, dass der Anteil der Mediationen an allen einvernehmlichen Scheidungen weit unter 10 % liegt. Das Fehlen statistischer Daten macht es seiner Meinung nach schwierig, abzuschätzen, wie effektiv Scheidungsmediation ist.

Ich betone noch einmal, dass diese Formen der Mediation und Schlichtung im Rahmen des Zivilrechts durchgeführt werden – mit klarem Schutz der Menschenrechte aller beteiligten Parteien. Aber wir haben so gut wie keine verlässlichen Daten über religiöse Schlichtungen und Mediationen in der Schweiz. Umso mehr sind die folgenden Ergebnisse meiner Vorgespräche mit großer Vorsicht zu betrachten.

Vorläufige Ergebnisse

Meine Untersuchung führte zu drei vorläufigen Ergebnissen.

Erstens: In den Religionsgemeinschaften in der Schweiz gibt es unterschiedliche Formen von Mediation, Schlichtung und anderen Streitbeilegungsmechanismen.

---

[42] Meier: *Mediation und Schlichtung ...*
[43] Ebd.

Mediation

Mediation wird oft eingesetzt, um Streitigkeiten innerhalb der Familie oder Streitigkeiten zwischen Einzelpersonen oder Familien innerhalb der Religionsgemeinschaft zu lösen. In muslimischen und hinduistischen Gemeinschaften wird Mediation als Brücke zur Überwindung von Generationenkonflikten eingesetzt, zum Beispiel, wenn sich Eltern und Kinder über die Wahl des Ehepartners oder des Berufs eines jungen Menschen uneins sind. Oft ist der Mediator der Priester, der Imam oder der Rabbiner. Wie in anderen Ländern auch, wenden sich die Parteien oft an einen Imam oder Rabbiner, wenn eine Frau die Scheidung (die islamische *khula* oder den jüdischen *get*) anstrebt, um die Ehe aufzulösen.

Im Hinduismus, so der befragte Hindu-Priester, spielt der Priester keine Rolle bei der Auflösung der Ehe. Scheidung "gibt es einfach nicht" im Hinduismus – die hinduistische Religion spielt hierbei also keine rechtliche Rolle. Deshalb ist innerhalb der hinduistisch-tamilischen Gemeinschaft das Zivilrecht für die Auflösung der Ehe von primärer Bedeutung. Andererseits spielt die Tradition eine wichtige Rolle bei der Aufteilung des Vermögens, das oft bei der Frau verbleibt, wenn sie Grund und Boden und Geld in die Ehe eingebracht hat.[44]

Es ist schwierig, ein Profil derjenigen zu entwerfen, die diese Art von Mediation nutzen. Sie sind nicht unbedingt religiös, aber tendenziell konservativ. Da Statistiken fehlen, ist es schwer, die Zahl der Menschen zu schätzen, die eine religiöse Form der Mediation suchen. Ob Imam, Priester oder Rabbiner – die von mir befragten Geistlichen gaben an, dass sie die Grenzen ihrer Mediationsrolle verstehen und das Schweizer Recht in dieser Hinsicht respektieren. Sie bestehen darauf, dass das Schweizer Recht Vorrang habe.[45]

---

[44] Priester Sasikumar Tharmalingam des Arulmigu Gnanalingeswarar Tempel, Verein Saivanerikoodam, Interview mit der Autorin, Bern 12. u. 17. Sept. 2013

[45] Interviews mit der Autorin am 12., 17. und 30. Okt. 2013 in Bern und am 3. Okt. 2013 in Zürich und Baden

Schiedsgerichtsbarkeit

In der Schweiz führt die jüdische Gemeinde die meisten Schlichtungen zu religiösen Fragen in ihrem *Beth Din* (rabbinisches Gericht) durch. Die Nutzung der Schiedsgerichtsbarkeit durch die Gemeinde fällt nicht unter das verfassungsrechtliche Verbot kirchlicher Gerichte, ist aber auch nicht Teil der staatlichen Rechtsordnung der Schweiz. Daher kann jüdisches Recht nur in sehr engen Grenzen angewendet werden. Hinzu kommt, dass aufgrund jüdischer Rechtsnormen wie der *Dina deMalchute Dina* zwingende Normen des staatlichen Rechts laufend zu berücksichtigen sind.[46]

Rabbinische Gerichte wenden jüdisches Recht in fünf Bereichen an. Sie entscheiden über religiöse Fragen, beaufsichtigen Konvertierungen ins Judentum, stellen Koscher-Bescheinigungen aus, schlichten finanzielle Streitigkeiten und überwachen religiöse Eheschließungen und Scheidungen.

Die religiöse Eheschließung wird von einem rabbinischen Gericht durchgeführt und kann nur nach der zivilen Zeremonie stattfinden. Das heißt, dass ohne eine zivile Trauung keine religiöse Heirat möglich ist. Die religiöse Scheidung (der *get*) wird ebenfalls von rabbinischen Gerichten durchgeführt, hat aber keinen Einfluss auf den zivilen Status der Personen, einschließlich finanzieller und Sorgerechtsbestimmungen. Rabbiner Marcel Yair Ebel, der damalige Rabbiner der Israelitischen Cultusgemeinde in Zürich, betonte: "Wir mischen uns nicht in zivilrechtliche Angelegenheiten ein. *Get* ist eine rein religiöse Scheidung."[47]

Zweitens: Die Situation in der Schweiz sollte nicht mit derjenigen in Großbritannien verglichen werden. Dennoch gibt es einige besorgniserregende Anzeichen, die weiter untersucht werden müssen.

In der Schweiz hat nach dem Zivilgesetzbuch (Art. 97) die zivile Ehe Vorrang vor der religiösen. Das bedeutet, dass religiöse Ehen nicht erlaubt sind, wenn das Paar nicht zuvor auf dem Standesamt

---

[46] Für weitere Informationen siehe Alfred Strauss: *Das rabbinische Schiedsgericht im Lichte des schweizerischen Rechts* (Basel: Helbing & Lichtenhahn, 2004).
[47] Rabbi Marcel Yair Ebel, Israelitische Cultusgemeinde Zürich, Interview am 3. Okt. 2013 in Zürich.

getraut wurde. Diese Regel wird seit 1874 angewandt.[48] Diese zwingende Voraussetzung wird nicht immer beachtet.

Bevor ich das erkläre, möchte ich betonen, was ich während meiner Interviews erfahren habe – dass viele Imame darauf bestehen, das Gesetz in dieser Hinsicht anzuwenden: Sie fordern eine zivile Heiratsurkunde, bevor sie eine religiöse Trauung durchführen.

Dennoch verlangen einige Imame keine zivile Trauung, bevor sie eine religiöse durchführen. Der von mir befragte Imam betonte die Bedeutung der zivilen Eheschließung, erklärte aber, dass er das Vorliegen einer zivilen Heiratsurkunde nicht verlange, um eine religiöse Trauung durchzuführen. Er erklärte, dass Männer die wenigen Monate, die notwendig sind, um die zivile Trauung zu vollziehen, oft nicht abwarten könnten. Er führe daher die religiöse Trauung im Voraus durch, um zu verhindern, dass das Paar "in Sünde lebt". Er verlange jedoch, dass das Paar den religiösen Ehevertrag unterschreibe sowie bestätige, sich im Klaren darüber zu sein, dass die rein religiöse Ehe nach Schweizer Recht ungültig ist.[49]

Eine muslimische Frau, die zweimal in der Schweiz geheiratet hat – in Lausanne und dann in Freiburg –, erzählte mir, dass in beiden Fällen die Imame ihre religiöse Eheschließung vornahmen, ohne nach der zivilen Heiratsurkunde zu fragen.[50]

Der Sachverhalt, der mich am meisten beunruhigt, ist die Eheschließung innerhalb der Familienstruktur. Dies gilt sowohl für muslimische als auch für hinduistische/tamilische und orthodoxe christliche Familienstrukturen.[51]

Die Kombination aus Nichteinhaltung der vorgeschriebenen zivilen Trauungszeremonie vor einer religiösen Eheschließung und/oder der Betreibung religiöser Ehen innerhalb der Familienstrukturen eröffnet den Weg zu Kinder- und Zwangsehen. Dieses

---

[48] Für weitere Informationen siehe Anne-Lise Head-König: "Ehe", in *Historisches Lexikon der Schweiz (HLS)*, Version vom 03.10.2013, übersetzt aus dem Französischen, https://hls-dhs-dss.ch/de/articles/007975/2013-10-03/ (Zugriff am 29. April 2021).
[49] Interview mit der Autorin am 30. September 2013
[50] Sie brauchte nach dem Ende ihrer ersten Ehe keine religiöse Scheidung, da die Behörden in ihrem Heimatland (Marokko) eine zivile Scheidung als gültige Scheidung (rechtlich und religiös gültig) anerkannten.
[51] Head-König: "Ehe".

Problem besteht nicht nur in der Schweiz, sondern auch in Österreich und Deutschland.

Wie sieht das in der Praxis aus? Lesen Sie, was die Präsidentin der Schweizerischen Fachstelle für Zwangsheirat im Kompetenzzentrum des Schweizerischen Bundes gegen Zwangsheirat sagt. Neuzuwanderer sind die Gruppe, die am ehesten das Verbot einer religiösen vor einer zivilen Ehe missachtet, insbesondere Zuwanderer im Asylbereich. Im Jahr 2020 wurden der Fachstelle 361 Fälle von Zwangsheirat bekannt. Auch die Kinderehe bleibt ein latentes Problem: In 133 Fällen (mehr als ein Drittel der Gesamtzahl) war die Ehefrau unter 18 Jahre alt.[52]

Anu Sivaganesan, Präsidentin der Fachstelle Zwangsheirat, erklärte in einem Interview aus dem Jahr 2021, welche Rolle religiöse Zeremonien bei der Förderung von Zwangsheiraten spielen können. Muslime, aber auch Mitglieder der orthodoxen eritreischen Kirche, nehmen Trauungen vor, an denen Minderjährige beteiligt sind: "Oft führen Mitglieder von Religionsgemeinschaften ohne Funktion und Ausbildung die Eheschließungen durch und legen den Paaren Papiere ohne Rechtsgültigkeit zur Unterschrift vor."[53]

Schließlich können innerhalb einiger fundamentalistischer Kreise religiöse Gesetze durchaus Vorrang vor dem Zivilrecht haben. Erwähnenswert ist hier der Islamische Zentralrat der Schweiz, eine neo-salafistische Bewegung, die sich hauptsächlich aus Schweizer Islam-Konvertiten zusammensetzt. Der Zentralrat verlangt für eine religiöse Eheschließung keinen zivilen Trauschein. Stattdessen wird auf der Webseite angegeben, dass "eine schriftliche Bestätigung des (männlichen) Vormunds der Frau" erforderlich sei. Dies ist jedoch unvereinbar mit dem Schweizer Recht, das eine Frau als unabhängige juristische Person behandelt, die befähigt ist, eine eigene Ehe zu schließen, wenn sie 18 Jahre alt ist.[54]

---

[52] Andreas Schmid: "Es gibt so viele Zwangsheiraten wie noch nie", *NZZ am Sonntag*, 6. März 2021, https://nzzas.nzz.ch/schweiz/zwangsheirat-in-der-schweiz-so-viele-wie-noch-nie-ld.1605334 (Zugriff am 26.06.2021).
[53] Zitiert in Schmid: "Es gibt so viele Zwangsheiraten wie noch nie".
[54] Unter dem Titel "Nikah-Beratung und -Vertrag" des Islamischen Zentralrat der Schweiz heißt es auf dessen Webseite: "Die minimalen Vertragsbedingungen nach der Sunna sind: Der mündlich erklärte Wille von Mann und Frau zur Ni-

Drittens: Es gibt anekdotische Hinweise darauf, dass in privaten Mediationen Gewohnheitsrecht angewandt wird und dass einige Formen der Mediationen die Rechte der beteiligten Parteien nicht schützen.

Anu Sivaganesan von der Fachstelle Zwangsheirat erklärte mir, dass die Organisation "Zwangsheirat" (www.zwangsheirat.ch) Mediationen nach Gewohnheitsrecht durchführe, um Zwangsheiraten aufzulösen:

> "Zum Beispiel gibt es gewisse Gemeinschaften – wenn man dort schon verlobt oder traditionell verheiratet ist, kann man gegen Geld die Ehe wieder auflösen. Man muss dann wieder Dorfälteste dabei haben, damit die Dorfältesten, die männlichen, noch einmal darüber reden. Und wenn sie so-und-so-viel zahlen, dann erklären sie sich einverstanden, die Ehe aufzulösen. So ein Beispiel, solche Lösungen, hören wir von den Betroffenen selbst. Aber wir selbst entwickeln keine solchen Mechanismen."[55]

Darüber hinaus gibt es anekdotische Hinweise darauf, dass einige Mediationsarten die Rechte der beteiligten Parteien, insbesondere der Frau, nicht schützen. Dies geschieht, wenn der Mediator während des Verfahrens nicht neutral bleibt, beide Parteien nicht über ihre Rechte im Rahmen des staatlichen Rechtssystems informiert und/oder er seine Lösungsvorschläge auf seine eigenen religiösen

---

kah; die mündlich erklärte oder schriftlich beglaubigte Einwilligung des Wali (Vormunds) der Frau; die Bezeugung des Vertrags durch zwei handlungsfähige männliche Muslime; die Festsetzung einer fixen Morgengabe im gegenseitigen Einvernehmen". Weiter wird ausgeführt, dass "der Wali (...) typischerweise der Vater (ist). Lebt er nicht mehr, ist der Onkel oder Bruder verantwortlich. Bei Konvertitinnen ist die Religionszugehörigkeit des Vaters ausschlaggebend. Ist der Vater einer anderen Religion angehörig, entfällt die Bedingung seines Einverständnisses. In diesem Fall kann die Frau einen Wakil (Stellvertreter) benennen". Sodann gilt: "Beide Nikah-Anwärter müssen sich durch einen amtlichen Ausweis identifizieren können. Wir empfehlen dem Paar, jeweils eigene Zeugen aus dem privaten Umfeld mitzubringen. Ist dies nicht möglich, können auf Anfrage zwei Zeugen bereitgestellt werden". Erforderlich ist die Anwesenheit des Wali oder das Vorliegen einer notariell beglaubigten Einverständniserklärung des abwesenden Wali in Arabisch, Englisch, Deutsch oder Französisch. Schließlich: "Frauen, die eine frühere Nikah per Khula' auflösen liessen, müssen ein entsprechendes Dokument vorlegen können". Siehe http://www.izrs.ch/nikah-beratung-und-vertrag.html.

55 Anu Sivaganesan, Leiterin der Fachstelle Zwangsheirat, Kompetenzzentrum des Bundes gegen Zwangsheirat, in einem Interview mit der Autorin, Zürich 20. Sept. 2013.

Überzeugungen stützt. Diese Art der Mediation findet in christlich-fundamentalistischen Kreisen statt.[56]

In Anbetracht der sehr geringen Daten, die gesammelt werden konnten, wiederhole ich, dass hier Vorsicht geboten ist und Verallgemeinerungen vermieden werden sollten, bis weitere Untersuchungen durchgeführt worden sind.

Das Dilemma der "nur religiösen Ehen" in Deutschland

Im Jahr 2016 war ich als unabhängige wissenschaftliche Beraterin an einer Umfrage beteiligt, die für die im November 2017 erstmals ausgestrahlte Channel-4-Dokumentation *"The Truth about Muslim Marriage"* durchgeführt wurde.[57] Die repräsentative Umfrage unter 1.000 britischen Musliminnen in ganz Großbritannien offenbarte eine beunruhigende Realität: Zwei Drittel (61 %) der Befragten führten eine "Religious-Only-Ehe", eine rein religiöse Ehe also. Sie führten keine Zivilehe, und sie hatten ihre religiöse Ehe nicht registriert. Das bedeutete, dass ihre Ehe nach britischem Recht nicht anerkannt wurde. Wenn eine Frau ihre rein religiöse Ehe beenden will, ist sie schutzlos und muss sich an einen Scharia-Rat wenden. Wenn ihr Mann sich weigert, sich scheiden zu lassen, kann sie von ihm oder dem Rat (je nach Art des involvierten Rates) unter Druck gesetzt werden, im Gegenzug für die Scheidung finanzielle und Sorgerechtsrechte aufzugeben, die ihr das Zivilrecht zugestanden hätte.

Eine neue deutsche Studie zeigt, dass dieses Problem auch in Deutschland besteht. Die Studie *"Khul' in Action: How Do Local Muslim Communities in Germany Dissolve an Islamic Religious-Only Marriage?"* wurde von Mahmoud Jaraba verfasst und im Jahr 2020 im *Journal of Muslim Minority Affairs* veröffentlicht.[58] Obwohl Jarabas' Informationen von entscheidender Bedeutung sind, kennen wir das

---

[56] Schriftliche Antwort von Rosmarie Weibel, Schweizer Rechtsanwältin, Lugano, 21. Nov. 2013.
[57] NN (27. November 2017): *New Channel 4 survey reveals The Truth ...*
[58] Jaraba: "Khul' in Action ..."

Ausmaß dieses Problems noch nicht und benötigen daher weit bessere Statistiken hierzu.

Wie ich in Kapitel 4 erläutert habe, kann sich ein muslimischer Mann von seiner Frau oder einer seiner Frauen durch einseitige Verstoßung, *talaq*, scheiden lassen, ohne dass er seine Handlung gegenüber einer Person oder Behörde begründen oder rechtfertigen muss. Wenn er das *talaq* dreimal ausspricht, gilt die Scheidung als unwiderruflich: *bain*. Um zu ihm zurückzukehren, muss die Frau zunächst einen anderen Mann heiraten, die Ehe vollziehen und sich von dem neuen Mann scheiden lassen. Eine muslimische Frau hingegen kann sich auf drei Arten scheiden lassen: durch die Zustimmung ihres Ehemannes, durch ein gerichtliches Dekret für begrenzte spezifische Gründe/Handlungen oder durch *khula*. Dies bedeutet eine vom Richter gebilligte Scheidung, für die sie jedoch ihre finanziellen Rechte aufgeben und eine finanzielle Entschädigung (*fidya*) an ihren Mann zahlen muss, damit er der Beendigung der Ehe zustimmt.

Jaraba verfolgte zwei Fragen bei seinen Untersuchungen. Mein Fokus in diesem Kapitel ist seine zweite Frage:

> "Wie entwickeln lokale religiöse Akteure verschiedene außergerichtliche religiöse Formen der Mediation und Schlichtung, die oft in einer Moschee oder an einem privaten Ort stattfinden, um bestimmte Aspekte der Scharia bezüglich der *khula* zu praktizieren und anzuwenden?"[59]

Jaraba unternahm zwischen 2013 und 2017 verschiedene Phasen der Feldforschung in den Bundesländern Berlin, Bayern, Nordrhein-Westfalen und Hessen. Er führte über 130 qualitative Interviews mit männlichen religiösen Akteuren – hauptsächlich in sunnitisch-muslimischen Gemeinden meist arabischer Herkunft –, die sich auf die eine oder andere Weise mit Fragen der islamischen Scheidungspraxis und der *khula* beschäftigt hatten. Darüber hinaus untersuchte Jaraba 51 Dokumente, die sich auf die Praxis der *khula* beziehen.

Bevor ich seine Ergebnisse beschreibe, werde ich einige Bemerkungen zur Zusammensetzung der muslimischen Minderheiten in Deutschland als Hintergrundinformationen geben.

---

[59] Ebd., S. 26.

Die Präsenz von Muslimen in Deutschland, ein relativ neues Phänomen im Vergleich zu ihrer Präsenz in Österreich und Großbritannien, lässt sich in zwei Wellen unterteilen. Die erste begann in den 1960er Jahren, als Tausende von Gastarbeitern nach Deutschland kamen, um hier zu arbeiten. Die Mehrheit waren türkische Staatsangehörige, gefolgt von Menschen aus der Balkanregion (hauptsächlich aus Jugoslawien und Albanien): Länder mit einer Tradition der Zivilehe. Neben diesen beiden ethnischen Gruppen kam eine kleinere Anzahl oft gut ausgebildeter Menschen (Ärzte, Ingenieure etc.) aus dem Nahen Osten und darüber hinaus, vor allem aus Syrien, dem Libanon, dem Iran und Afghanistan.[60]

Die zweite Welle bestand aus Flüchtlingen und Asylbewerbern, vor allem in den ersten beiden Jahrzehnten des 21. Jahrhunderts. Diese Welle erreichte ihren Höhepunkt im Jahr 2015, als Hunderttausende Menschen gezwungen waren, ihre vom Krieg zerrütteten Länder zu verlassen und/oder vor der Verfolgung durch ISIS und andere Terrorgruppen zu fliehen. Die meisten kamen aus Ländern des Nahen Ostens, insbesondere aus Syrien und dem Irak. Deutschland war eines der Länder, das viele der Flüchtlinge aufnahm. Zwischen 2010 und 2016 stieg die Zahl der in Deutschland lebenden Muslime von 3,3 Millionen (4,1 % der Bevölkerung) auf fast 5 Millionen (6,1 %).[61]

---

[60] See Rohe: "Germany"; N.N.: *The Growth of Germany's Muslims*, Pew Research Center: Religion and Public Life, 29. November 2017, https://www.pewforum.org/essay/the-growth-of-germanys-muslim-population/.

[61] Laut dem Pew Research Center "hat Deutschland zwischen Mitte 2010 und Mitte 2016 schätzungsweise 670.000 Flüchtlinge aufgenommen, von denen etwa 86 % Muslime sind. Darüber hinaus sind zwischen Mitte 2010 und Mitte 2016 680.000 'reguläre' Migranten von außerhalb der EU (Nichtflüchtlinge, die aus wirtschaftlichen, familiären oder anderen Gründen zugewandert sind) nach Deutschland gekommen, wobei ein kleinerer Prozentsatz dieser Migranten (40 %) Muslime sind. Insgesamt hat Deutschland in diesem Zeitraum etwa 1,35 Millionen Migranten aufgenommen – darunter schätzungsweise 850.000 Muslime. In dieser Zahl nicht enthalten sind weitere 540.000 Asylbewerber, deren Asylanträge abgelehnt wurden oder deren Ablehnung aufgrund der Bewilligungsquoten in der Vergangenheit zu erwarten ist". Siehe N.N.: *The Growth of Germany's Muslims*, Pew Research Center, op. cit. Für ein Profil der Asylbewerber 2015 in Deutschland siehe Sabrina Juran und P. Niclas Broer: "A Profile of Germany's Refugee Populations", *Population and Development Review*, 43, 2017, S. 149-157. https://doi.org/10.1111/padr.12042.

Der Querschnitt der neuen Gruppe von Flüchtlingen und Asylbewerbern – vor allem Araber und nahöstliche Muslime aus Ländern, in denen die Zivilehe nicht bekannt ist – könnte Jarabas wichtigstes Untersuchungsergebnis erklären. Eine wachsende Zahl von Muslimen in Deutschland, so schreibt er, insbesondere jene in arabischen und Flüchtlingsgemeinschaften "entscheiden sich derzeit für rein religiöse Ehen, ohne sie nach den staatlichen Gesetzen und Vorschriften zu registrieren".[62]

Die deutschen Behörden erkennen rein religiöse Ehen nicht an. Aber in Deutschland ist es einfach und schnell möglich, eine solche Ehe zu schließen. Sie wird als islamische Eheschließung, Moschee-Ehe oder einfach als *Nikah* bezeichnet. Sie muss alle oder zumindest einige der Elemente einer gültigen islamischen Ehe enthalten: zwei Zeugen (zwei männliche Zeugen oder einen Mann und zwei Frauen), *mahr* (Mitgift) und/oder die Zustimmung der Familie sowie eine öffentliche Bekanntmachung der Eheschließung. In den Fällen, auf die Jaraba gestoßen ist, waren die islamischen Ehen jedoch nicht mit einer zivilen Zeremonie verbunden und erfüllten nicht vollständig die Voraussetzungen einer staatlichen Zivilehe. Rein religiöse Eheschließungen finden in Moscheen oder an privaten Orten (wie Wohnungen, privaten Büros oder manchmal Cafés) statt und werden von einer religiösen Persönlichkeit oder sogar von einem Laien durchgeführt.[63]

Jaraba stieß auf verschiedene Gründe, warum sich Menschen für eine rein religiöse Heirat entscheiden, darunter religiöse Präferenzen, kulturelle Vorurteile und fehlende Informationen über die Zivilehe. Auch unzureichende Unterlagen können ein Faktor sein, je nachdem, wie das Standesamt mit dem Paar umgeht. Nach deutschem Recht muss jeder Teil des Paares ein Ehefähigkeitszeugnis des Herkunftsstaates vorlegen, in dem bestätigt wird, dass er oder sie nicht verheiratet ist. Für Flüchtlinge aus Syrien ist es jedoch oft schwierig, dieses Dokument zu erhalten; es muss von der deutschen Botschaft in Beirut beglaubigt werden, da die deutsche Botschaft in Damaskus seit 2012 geschlossen ist.[64]

---

[62] Jaraba: "Khul' in Action ...", S. 29–30.
[63] Ebd.
[64] Ebd., S. 29–30.

Wenn eine solche Ehe in die Brüche geht und der Ehemann sich weigert, sich von seiner Frau scheiden zu lassen, gerät sie in eine schwierige Situation: Sie kann ihre Ehe nicht beenden und innerhalb der Religionsgemeinschaft nicht wieder heiraten, ohne geschieden zu werden. Und sie hat keinen rechtlichen Schutz. In solchen Fällen wenden sich die Frauen für eine Scheidung an eine von zwei Arten religiöser Handlungsträger: an Imame, die nach wie vor die wichtigsten religiösen Akteure sind, und an selbsternannte unabhängige Vermittler und Schlichter, die in der Regel unabhängig von Moscheen oder Gebetsräumen arbeiten.[65]

Diese religiösen Akteure, ob Imame oder unabhängige Akteure, befassen sich mit der Beilegung privater, religiöser, wirtschaftlicher oder sozialer Konflikte durch Formen der Mediation oder Schlichtung und wenden bei der Behandlung von Familienstreitigkeiten und bei der Ausstellung von Heirats- und Scheidungsurkunden und von *khula*-Zertifikaten Bestimmungen des islamischen Rechts an.

Aus der Perspektive der religiösen Akteure ergibt der "Prozess der Mediation eine Win-win-Situation, die sie als fair ansehen und [die] alle beteiligten Parteien zufriedenstellt". Aber in der Realität, schreibt Jaraba, "sind nicht unbedingt alle Parteien zufrieden oder überzeugt, dass sie ihre vollen Rechte bekommen haben".[66] Seine Ergebnisse bestätigen diesen Sachverhalt.[67]

Wissenschaftler wie Mathias Rohe, die Formen der religiösen Mediation oder Schlichtung – genannt *Alternative Dispute Resolution* (ADR) – unterstützen, knüpfen ihre Unterstützung oft an folgende Voraussetzungen[68]:

- "Die Parteien müssen sich uneingeschränkt auf den ADR-Mechanismus einigen, und ein Ausstieg muss jederzeit möglich sein;

---

[65] Ebd., S. 30.
[66] Ebd., S. 33.
[67] Ebd.
[68] Rohe: "Alternative Dispute Resolution ...", S. 96.

- unangemessener Druck oder die Ausübung von Gewalt gegenüber den Parteien, Zeugen oder anderen beteiligten Personen muss vermieden werden;
- das ADR-Verfahren muss neutral und professionell durchgeführt werden; die Grenzen des obligatorischen Landesrechts müssen beachtet werden."

Im vorliegenden Buch habe ich gezeigt, dass diese Voraussetzungen oft nicht eingehalten werden. Oft sind die Mediatoren/Schiedsrichter nicht neutral, und – was ganz entscheidend ist – die Formen der religiösen Gesetze, die in der Schlichtung verwendet werden, diskriminieren Frauen von vornherein, verletzen ungestraft ihre Rechte und behandeln sie rechtlich als Minderjährige.

Auch Mahmoud Jaraba, der Autor der Studie, kommt zu dem Schluss, dass diese Voraussetzungen nicht beachtet werden: "Auf der Grundlage der durchgeführten Feldforschung lässt sich feststellen, dass die verschiedenen außergerichtlichen religiösen Formen der Mediation und Schlichtung unter arabisch-sunnitischen Gemeinschaften in Deutschland einige oder alle der zuvor angeführten Voraussetzungen nicht erfüllen."[69]

Zu diesem Befund macht er drei konkrete Aussagen.[70] Erstens handele es sich bei diesen Formen um inoffizielle und informelle Praktiken, die Richtlinien seien nicht ausreichend transparent und es fehlten institutionelle Strukturen und standardisierte Verfahren. Zweitens verfüge keiner der von ihm befragten religiösen Akteure über die erforderliche Zertifizierung in Mediation oder über die gesetzlich vorgeschriebenen Lizenzen, um den Beruf ausüben und soziale und familiäre Konflikte bearbeiten zu dürfen. Und schließlich verzichteten Einzelpersonen in einigen Fällen unter starkem religiösem und sozialem Druck auf ihre Rechte, insbesondere auf die Rechte von Frauen, um eine Einigung zu erzielen. Jaraba stieß auf mehrere Fälle, in denen Frauen unter Druck gesetzt wurden, auf ihre finanziellen Rechte (z. B. ihre *mahr*) zu verzichten, um dann eine islamische Scheidung oder *khula* zu erhalten.

---

[69] Ebd., S. 33.
[70] Ebd.

Jaraba kommt daher zu dem Schluss, dass "es manchmal einen Unterschied zwischen der Theorie (gemäß der religiösen Mediatoren) und der Realität gibt".[71]

Einige Imame, die versuchen, Frauen vor dem Missbrauch ihrer Ehemänner im Zusammenhang mit den *khula*-Praktiken zu schützen, erwägen, *talaq al tafwid* in den Ehevertrag einzuführen – das würde der Frau das Recht geben, sich selbst zu trennen. Diese Lösung ist zwar wichtig, regelt aber nicht die finanziellen und Sorgerechtsansprüche der Frauen. Es ist wichtig zu verstehen, dass das deutsche Recht in Fragen des Sorgerechts eingreifen kann, wenn sich ein Paar trennt, auch wenn die Ehe nur religiös geschlossen wurde. Wenn es keine zivile Heiratsurkunde gibt, behandelt die Justiz das Paar als sei es eines, das unverheiratet zusammenlebt, und entscheidet über Sorgerechtsansprüche auf der Grundlage der Interessen der Kinder.[72]

Andere Imame erwägen eine Art Scharia-Rat einzurichten: ein "beratendes Gremium", das "darauf abzielen würde, Familienstreitigkeiten zu schlichten" und sich mit Fragen im Zusammenhang mit islamischen Scheidungen zu befassen, "insbesondere in Situationen, in denen ein Ehemann sich weigert, sich von seiner Frau scheiden zu lassen". Wieder andere islamische Organisationen und Moscheen haben begonnen, Kurse zu organisieren, um Imame in Mediations- und Schlichtungstechniken auszubilden.[73]

Diese Maßnahmen, so argumentiert Jaraba, befassen sich im Grunde mit den Folgen des Problems und nicht mit der eigentlichen Ursache: "Die muslimischen Gemeinschaften sollten sich vielleicht mit der Ursache für die Notwendigkeit von *khula* überhaupt auseinandersetzen, nämlich mit der Existenz der islamischen, rein religiösen Ehe."[74]

Um diese Ursache anzugehen, bedarf es weiterer Forschung über die tatsächlichen Zahlen der "nur religiösen Ehen" in Deutschland. Jaraba räumt ein, dass es keine offiziellen Statistiken über die Häufigkeit solcher Ehen in Deutschland gibt und die von ihm be-

---

[71] Ebd.
[72] Ebd., S. 43.
[73] Ebd.
[74] Ebd.

fragten Imame widersprüchliche und unqualifizierte Schätzungen abgegeben hätten.[75] Wir brauchen diese besseren Zahlen aber noch aus einem anderen Grund. Immer mehr arabische Frauen finden in den deutschen Gesetzen einen Anlaufpunkt ihrer Emanzipation: Sie nutzen das Gesetz, um sich von ihren Ehemännern zu trennen.[76]

Es ist jedoch wichtig, dies nun nicht als Vorwand für die Schaffung von Scharia-Räten zu benutzen. Wie ich in diesem Buch gezeigt habe, sind die Scharia-Räte in Großbritannien und die muslimischen Schiedsgerichte sicherlich keine Lösung. Sie fördern nur das bestehende Problem der Segregation in Großbritannien, während sie ungestraft religiöse Gesetze anwenden, die ihrerseits Frauenrechte verletzen.

Zu den besseren Lösungen, die Jaraba vorschlägt, gehören die Beschleunigung der Registrierung zur Eheschließung und die Durchführung von Aufklärungskampagnen, die deutlich machen, dass nicht registrierte Ehen die Rechte der Frauen und ihre Sozialleistungen nicht schützen.[77]

Schlussbetrachtung

Ja – Mathias Rohe hat Recht! Es gibt einen "blinden Fleck" in der Forschung zum Rechtspluralismus mit besonderem Fokus auf die Anwendung des islamischen Rechts für Familienangelegenheiten in den deutschsprachigen Ländern. Das Fehlen umfassender Daten erfordert weitere Untersuchungen. Die Daten aber, die wir haben, verlangen, dass wir uns um politische Maßnahmen und politisches Handeln bemühen.

---

[75] Ebd., S. 30.
[76] "Was ist der Grund für den Anstieg der Scheidungsrate unter syrischen Flüchtlingen in Deutschland?" (auf Arabisch), *Deutsche Welle Arabic*, 29. Dez. 2019, https://p.dw.com/p/3VLLy; Zaman Al Wasl: "Syrian Refugees Blame German Feminists for Encouraging Wives to Ask Divorce", *The Syrian Observer*, 29. Jan. 2020, https://syrianobserver.com/news/55679/syrian-refugees-blame-german-feminists-for-encouraging-wives-to-ask-divorce.html; Aryn Baker: "Syrian Women Are Embracing Their New Lives in Germany. But at What Cost?", *Time*, 3. Jan. 2019, https://time.com/5492641/syrian-refugees-women-germany/.
[77] Jaraba: "Khul' in Action …"

Wir wissen, dass der Vorrang der Zivilehe nicht immer respektiert wird. Wir wissen, dass die Kombination aus der Nichtbeachtung des zwingenden Erfordernisses einer zivilen Trauungszeremonie vor einer religiösen Eheschließung, kombiniert mit der Gewohnheit, religiöse Ehen innerhalb von Familienstrukturen zu führen, den Weg für Kinder- und Zwangsehen eröffnet. Wir wissen, dass dies ein Problem in der Schweiz und auch in Österreich und Deutschland ist. Und dieses Problem ist nicht nur eines der muslimischen Gemeinschaften, sondern erstreckt sich auch auf andere Religionsgemeinschaften.

Wir wissen, dass einige Formen religiöser Mediation die Rechte der beteiligten Parteien, insbesondere der Frauen, nicht schützen. Dies geschieht, wenn der Mediator seine Aufgabe nicht mit der notwendigen Neutralität wahrnimmt, die Beteiligten nicht über ihre Rechte im Rahmen der staatlichen Rechtsordnung informiert und/oder eine bestimmte Lösung aufgrund der eigenen religiösen Überzeugung favorisiert. Mediation mit derartigen Mängeln findet auch innerhalb christlich-fundamentalistischer Kreise statt. Und ebenso innerhalb anderer religiös-fundamentalistischer Kreise.

Wir wissen auch, dass sich immer mehr Muslime in Deutschland, insbesondere Flüchtlinge und solche in überwiegend arabischen Gemeinden, "derzeit für rein religiöse Ehen entscheiden, ohne sie nach staatlichen Gesetzen und Vorschriften registrieren zu lassen".[78] Wenn eine Frau die Scheidung anstrebt, befindet sie sich in einer schwierigen Situation: Sie kann ihre Ehe nicht beenden, kann innerhalb der Religionsgemeinschaft nicht wieder heiraten, wenn sie nicht geschieden ist, und hat keinen rechtlichen Schutz. In solchen Fällen wendet sie sich an religiöse Akteure: Imame oder selbsternannte unabhängige Mediatoren und Schlichter. Und wir wissen, dass Frauen schutzlos ausgeliefert sind und manchmal unter starkem religiösem und sozialem Druck gezwungen werden, auf ihre Rechte zu verzichten, um eine Einigung zu erzielen.

Das ist es, was wir wissen. Auch hier bleibt das Ergebnis vorläufig und wir brauchen weitere quantitative und qualitative Forschung, um das Ausmaß dieser Probleme zu beurteilen.

---

[78] Ebd., S. 29–30.

Das heißt aber nicht, dass wir abwarten sollten, bis diese Forschung durchgeführt worden ist. Es wären zwei politische Maßnahmen zu ergreifen.

Die erste Maßnahme umfasst zwei Schritte:
1. Die Initiierung einer landesweiten Kampagne, um religiöses Personal (Imame, Priester) an den Vorrang der Zivilehe zu erinnern. Es darf keine religiöse Ehe vor der zivilen Ehe geschlossen werden. Setzen Sie diese Regelung mit deutlichen und harten Sanktionen gegen religiöses Personal oder Einzelpersonen um, die dagegen verstoßen.
2. Die Erhöhung der Ressourcen, bereitgestellt für Zentren und Beratungsstellen gegen Zwangsverheiratung, aber auch für Aufklärungskampagnen zu diesem Thema in Schulen.

Zweitens:
Eine landesweite Kampagne, die die Frauen in den neuen Flüchtlingsgemeinschaften erreicht, um sie über ihre Rechte, die Bedeutung der zivilen Eheschließung, die Notwendigkeit der Registrierung ihrer Ehe und über die Funktionsweise des Gesetzes in ihren neuen Gastländern zu informieren.

Am wichtigsten aber ist, sich nicht dazu verleiten zu lassen, "Beratungsstellen" zu legalisieren, die Familienstreitigkeiten schlichten und sich mit Fragen der islamischen Scheidung befassen sollen. Dies würde nur den Weg zu einer Situation ähnlich wie der in Großbritannien ebnen – was wohl kaum ein Modell ist, dem man folgen sollte. Damit würde den Scharia-Räten grünes Licht gegeben werden. Wie in diesem Buch gezeigt, führt die Willkür dieser Räte, die Art und Weise, wie sie Frauen behandeln, und die Art der religiösen Gesetze, die sie umsetzen, nur dazu, die systematische Diskriminierung von Frauen und Kindern zu legitimieren. Dies ist keine Angelegenheit von Religionsfreiheit. Dies ist eine Angelegenheit von archaischen religiösen Gesetzen, die ganz sicher ins Mittelalter gehören. Mit dem Wissen, das wir haben, müssen wir die Faktoren angehen, die zur Praxis der "nur religiösen Ehe" führen, und dafür sorgen, dass Frauen geschützt werden.

ibidem.eu